آتش زیر خاکستر

روابط ایران و آمریکا

بررسی تاریخی از ۱۹۴۷-۱۸۲۹

نگارنده: دکتر هوشنگ گیلک

برگرداننده به پارسی: دکتر ناهید گیلک

آتش زیر خاکستر

(کپی رایت)© ۱۳۹٤
حق چاپ محفوظ

برداشتی از کل و یا بخشی از این کتاب به هر روشی، چه چاپی و چه الکترونی، بدون اجازه کتبی از نگارنده و یا برگرداننده ممنوع است.

دکتر ناهید گیلک ؛ ۲۱ نوامبر ۲۰۱۵ (کپی رایت)©

TXu ۱-۹۳۰-۳٦۱ شماره کنترل کتابخانه کنگره آمریکا

شماره شابک جلد کاغذی ۹۷۸-۰-۹۹٦٦۹۲۳-۰-٤

شماره شابک جلد مقوائی ۹۷۸-۰-۹۹٦٦۹۲۳-۱-۱

این کتاب از سوی نگارنده به ایرانیانی که برای

نگهداری آزادی و سربلندی کشور خود

با قلبی آکنده از مهر به میهن و تا مرز جان

با دشمنان خارجی و مزدوران آنان

در داخل کشور جنگیده و میجنگند پیشکش میشود

فهرست کتاب

پیش گفتار بر گرداننده ix

پیش گفتار نگارنده xi

بخش نخست:

اول: رویدادهائی که موجب بر قراری روابط سیاسی بین ایران و آمریکا گردید ۱

دوم: هاوارد . سی. باسکرویل ۱۲

سوم: ویلیام مورگان شوستر ۲۰

چهارم: میلسپو: نخستین ماموریت او ۲۹

پنجم: ساموئل مارتین جردن ۳۰

ششم: آرتور اپهام پوپ ۳۷

هفتم: دکتر فیلیس اکرمن ۴۲

هشتم: آمریکائیانی که در آغاز روابط بین دو کشور کمکهای شایان نمودند ۴۵

بخش دوم:

خراب کاری اروپائیان ۶۹

۱- خشونت روسها ۷۰

۲- شرارت و پلیدی دولت انگلیس ۷۴

۳- دسیسه کشتن معاون کنسول آمریکا سر گرد ایمبری ۸۱

بخش سوم:

نفت خاور میانه و ایران ۸۷

۱- نفت عراق ۸۷

۷

۹۰	۲- نفت عربستان
۹۱	۳- مختصری از تاریخ نفت ایران
۹۱	الف- دورنمای تاریخی
۹۳	ب- امتیاز نفت انگلیس
۱۰۰	پ- نفت ایران و انگلیس

بخش چهارم:
۱۰۷	موافقت نامه ۱۹۱۹ انگلیس و ایران

بخش پنجم:
۱۲۳	نفت ایران و آمریکا

بخش ششم:
۱۴۵	نخستین رویدادهای زیان آور

بخش هفتم:
۱۶۸	گرفتاری های کنسول ایران در واشنگتن با وزیر خارجه آمریکا

بخش هشتم:
۱۸۳	توقیف وزیر مختار ایران

بخش نهم:
۱۹۳	راه های شوسه و راه آهن ایران

بخش دهم:
۲۱۱	سال های جنگ دوم جهانی: الف- پیشگفتار
۲۳۳	ب- روز تصفیه حساب

| ۲۵۹ | پ- برقراری پیمان بازرگانی با آمریکا: |

بخش یازدهم:

۲۶۸	مشاورین آمریکائی در ایران
۲۶۸	الف- نخستین ماموریت میلسپو
۲۷۶	ب - ماموریت دوم دکتر میلسپو در ایران ، شرایطی که منجر به ماموریت دوم میلسپو گردید

بخش دوازدهم:

| ۳۱۲ | جنگ جهانی دوم و اثرات آن بر اوضاع اجتماعی- اقتصادی و سیاسی ایران |

بخش سیزدهم:

| ۳۲۱ | کمبود مواد غذائی و ایجاد محدودیت در حمل و نقل |

بخش چهاردهم:

| ۳۴۴ | لهستانی ها و مهاجرت آنان به ایران بسال ۱۹۴۲ |

بخش پانزدهم:

| ۳۵۰ | رفتار و رویه آمریکائیان در ایران |

بخش شانزدهم:

| ۳۶۸ | برخورد اشغالگران در ایران |

بخش هفدهم:

۳۷۹	جدائی خواهی و بحران های ناشی از آن
۳۷۹	روسیه شوروی و نفت شمال ایران
۳۸۳	بحران های ایجاد شده توسط جدائی خواهان

۳۸۶	آغاز گام های لازم برای تجزیه استان های شمال
۳۹۶	معمای کردستان
۳۹۸	کردهای عراقی
۴۰۰	نقش پرزیدنت روزولت در گرفتاری با روس ها
۴۰۲	موضوع بندر آزاد
	مقابله با رویداد های آذربایجان و کردستان- آرشیو
۴۰۵	روسیه شوروی
۴۱۰	دولت های ایران در درازای سال های ۱۹۴۶-۱۹۴۵
۴۱۹	نخست وزیری قوام
۴۲۳	موافقت نامه سادچیکف و اشکالات آن
۴۲۸	سیاست آمریکا در ایران در سال ۱۹۴۶
۴۳۰	تقاضا های تازه دولت شوروی
۴۴۰	پایان اغتشاش تجزیه طلبان

سخنان پایانی:
نمایندگان سیاسی آمریکا در ایران از

۴۴۱	
۴۴۶	۱۸۸۳-۱۹۷۹
۴۴۹	نمایندگان سیاسی ایران در آمریکا ۱۸۸۶-۱۹۷۹
۴۵۱	فهرست برخی از نگارش های مفید:

پیش گفتار برگرداننده:

بررسی تاریخ ثابت میکند که برای پایداری و پیشرفت تمدن، هر ملتی میبایست که گذشته خود را بطور جدی و دقیق مورد بررسی قرار دهد. گذشته هائی که دانش و هنر و تمدن و سیاست مردمی و دولتی را شامل باشد. در چنین صورتی است که میتوان برای نظم درست و پا بر جائی آینده نقشه ریزی نمود. اگر ملتی گذشته خود را فراموش نماید، بناچار اشتباهاتی را که به شور بختی و ناکامی انجامید تکرار خواهد نمود. چنین امری در مورد ایران و ایرانیان بیش از سایر ملل حائز اهمیت است. ایرانی که بیش از چند هزار سال دارای تاریخ نگاشته‌ای بوده و در درازای چنین زمانی همه گونه رویدادهای ناگوار را متحمل شده است.

همسرم دکتر هوشنگ گیلک، بمدت تقریباً پانزده سال جهت نگارش کتاب "آتش زیر خاکستر" پژوهش های گسترده‌ای انجام داده است. این کتاب روابط ایران و آمریکا را مورد بررسی کامل قرار میدهد، روابطی که بطور کلی از سال ۱۸۲۹ آغاز گردید. کتابهای بیشماری که در این مورد بزبانهای فارسی و انگلیسی و فرانسه نگاشته شده‌اند چه از کتابخانه شخصی خود و چه آنهائی که از کتابخانه‌های معتبر دیگر بودند مورد مطالعه دقیق قرار داد. جستجو در جریانات سیاسی بین دو کشور و دخالتهای دولت هائی که در صدد غارت منابع طبیعی کشور ایران بودند کار آسانی نبود. پرونده های سرّی وزارت خارجه آمریکا و انگلستان از آن هنگام که از بایگانی سرّی خارج و در معرض استفاده عموم قرار گرفته، منابع مفیدی جهت تدوین این کتاب بوده اند.

از آنجائیکه همسرم یک میهن پرست و ایران دوست واقعی است و گرفتاریهای کشورش برای او دردناک میباشند، زحمت نگارش این کتاب را بعهده گرفت تا شاید بتواند مردم دنیا و ایران را از آنچه گذشت و میگذرد آگاهی دهد.

کوشش بسیار شد که این نوشته از اشتباه بدور باشد ولی یقین دارم که چنین امری غیر ممکن است. از خوانندگان خواهشمندم که در صورت دیدن خطائی مرا با خبر نمایند تا در اصلاح آنها اقدام شود.
با سپاس بی پایان

دکتر ناهید گیلک

پیش گفتار نگارنده:

رویدادهای تاریخی در روابط ایران و آمریکا از هنگامی که نخستین آمریکائیان پای در ایران گذاشتند تا به امروز گفتگوهائی را به میان میآورد که مورخین بسیاری تا کنون بدآنها اشاره نموده‌اند. دربیشترین اینگونه نوشته‌ها جنبه انسانی آنچه که رخ داده در بوته فراموشی قرار گرفته و اشاره ای به آنها نشده است. در این نگارش کوشش بر آن شد که تا سرحد امکان این موضوع مورد بررسی قرار گیرد، عواملی که باعث خوشحالی و یا افسردگی مردم میشد ویا آنچه که برای آنها کامیابی و نا امیدی در بر داشت و یا با شکست و پیروزی همراه بوده است.

بر گردیم به چند دهه گذشته، شکی نیست که سال ۱۹۵۳ را هیچ ایرانی که گواه به رویدادهای آنزمان بوده بتواند در هیچ دوره‌ای ازز ندگانی خود بفراموشی بسپارد. در آن هنگام کشور یکی از دشوارترین دوره سیاسی خودرا میگذراند. دکتر محمد مصدق نخست وزیر قانونی ایران برای آزادی میهن و زندگی سیاسی خود در چندین جبهه در نبرد بود. دولت انگلیس حاضر نبود که از چپاول و غارت سرمایه ملی ایران "نفت" دست بردارد. شناسائی قانون ملی کردن نفت و پذیرش آن برای دولت بریتانیا غیر ممکن بود (ملی شدن نفت در ۱۹ آوریل سال ۱۹۵۱انجام گرفت). انگلیسی ها دست به محاصره دریائی زدند و از صدور نفت ایران و فروش آن جلوگیری بعمل آوردند.

چنین کاری باعث گردید که وضع مالی کشور بشدت مختل گردد. دولت ایران برای مبارزه با وضع موجود تمامی هم خود را متوجه آمریکا نمود و بر این امید بود که پشتیبانی آنها را در مبارزه بر علیه ستم و بیدادگری دولت استعمارگر انگلیس بسوی خود جلب نماید. برای نخستین بار در تاریخ ایران هسته یک دولت آزاد و ملی در کشور کاشته شده بود. مردم و دولت میبایست که به ترمیم کارهای نادرست و ندانم کاری‌های پیشین دولتها بویژه در دوره شاهان سلسله قاجار که برای کشور ایجاد شده بود

بپردازند. با چنین پیش درآمدی، افتخاری در مردم ایران نسبت به میهنشان ایجاد گردید و خوشحال بودند که در برابر فشار دولت انگلیس و مزدوران داخلی آنان ایستادگی میکنند.

درآنزمان دموکراسی نوبنیاد ایران نیاز به کمک مادی و معنوی آمریکا را داشت. گفتگوهائی که میان دولت ایران و شرکت نفت ایران- انگلیس در واقع دولت بریتانیا انجام گرفت در تمام موارد منجر بشکست گردید. دولت انگلیس از دادن هر گونه امتیازی به ایران خودداری نمود و میانجی‌گری آمریکا در همه موارد بی نتیجه ماند. انگلیسیها از همان آغاز پیشنهاد آمریکا را که سهم ایران را به مانند آنچه که شرکتهای آمریکائی در عربستان نمودند به ۵۰٪ برسانند نپذیرفتند. در چنین احوالی بود که "دین اچسن"، وزیر خارجه وقت آمریکا، پس از ملی شدن صنعت نفت در ایران گفت:"هیچ سابقه ندارد که معدودی، چنین ثروتی را بیفکرانه واینطور بسرعت از دست بدهند."[1]

شرکت نفت و دولت انگلیس پیشنهاد های زیادی به ایران دادند که مورد پذیرش واقع نگردید. درواقع تمام پیشنهادها یکی بودند و فقط ظواهر امر عوض میشد. آنچه که برای ایرانیان بسیار قابل اهمیت بود و انگلیسی ها نمیخواستند به آن تن در دهند، شرکت در اداره امور کمپانی نفت بود که دولت بریتانیا نمیخواست که ایران در آن کوچکترین دخالتی داشته باشد و دولت مصدق جز آنرا نمی پذیرفت. بریتانیا جریان امر را در ۲۶ ماه می ۱۹۵۱ به دیوان بین المللی لاهه برد. دولت مصدق بر این باور بود که بررسی ملی شدن نفت ایران از اختیارات دادگاه لاهه خارج میباشد. رای داوران دادگاه بسود ایران بود و آنان عقیده دولت ایران را تائید نمودند. نه نفر از داوران، موافق ایران و پنج نفر به سود انگلیس رای دادند. پس از این

---

[1]-Kermit Roosevelt: Counter Coup (1979), p. 84

شکست، انگلیسیها خواستند از سازمان ملل متحد استفاده کنند که از آن راه نیز سودی بنردند.
دولت ترومن تا آنجائیکه ایرانیان میتوانستند حدس بزنند پشتیبان آنان بود و کوشش میکرد که راه حلی برای این وضع پیدا و دموکراسی نوبنیاد آنان را یاری کند. دولت انگلیس نقشه حمله به ایران و اشغال نواحی نفت خیز را آماده نموده بود که این امر با مخالفت شدید ترومن روبرو شد. نقشه بعدی آنان ایجاد کودتا در ایران بود که آن نیز از سوی دولت ترومن رد گردید. ترومن بر این عقیده بود که دولت ایران بطور دموکراسی انتخاب شده، هیچ دولتی این حق را ندارد که موجب ایجاد کودتا در ایران گردد. عقیده وی بر این منوال بود که دولت آمریکا نمیباید به هیچ وجه در برانداختن دولتی بصورت نهانی اقدام نماید. این اصل مقدس را آیزنهاور زیر پا گذاشت.
کرمیت روزولت در کتاب خود از برخوردی که با مامورین دستگاه جاسوسی انگلیس (ام. آی. سیکس)[۲] داشته سخن میگوید که آنان از دید وی در باره انجام کودتا درایران پرسش نمودند. روزولت میگوید که در پاسخ آنان گفتم: "دولت پرزیدنت ترومن به چنین امری راضی نخواهد شد و انگلیس باید منتظرباشد تا دولت آیزنهاور بسر کار بیآید."[۳]
آیا در واقع دولت ترومن پشتیبان واقعی دکتر مصدق بود؟ این امریست که پاسخ بدان مشکل است. فشار شرکتهای نفتی آمریکا به آن دولت هر روز افروده میشد. آنها به هیچوجه مایل نبودند که ایران در کار خود پیروز گردد و ترسناک بودند که پیشبرد ایران باعث آن گردد که دولتهای دیگر از آنان پیروی نمایند و در نتیجه منافع شرکتهای نفتی در خطر قرار گیرد. بدین برهان شرکتهای بزرگ نفت آمریکا با انگلیسی ها همزبان شدند.

۲- MI 6

۳ - S. Kinzer; All the Shah's Men; 2003, p. 149

اوریل هریمن، نماینده ترومن در زیر چنین فشاری قرار گرفت و بناچار عقیده خود را عوض نموده و همکاری با شرکتهای نفت آمریکا و بطور غیر مستقیم با انگلیسی‌ها را در پیش گرفت.[۴] وی موافقت خود را با انگلیس اعلام نمود و گفت که در چنین موقعیتی کنترل شرکت نفت باید در دست انگلیسی ها باقی بماند![۵]

کمپانیهای آمریکائی بویژه استاندارد اویل نیوجرسی و سوکونی واکیوم، بر علیه ملی شدن نفت ایران دست به تبلیغات دامنه‌داری زدند و فشار خود را به وزارت خارجه آمریکا افزودند که ملی شدن نفت ایران را برسمیت نشناسد.

دوایت.دی.آیزنهاور ریاست جمهوری خود را در ژانویه ۱۹۵۳ آغار نمود. یکی از نخستین اقدامات دولت جدید قطع تمامی کمک‌های مالی آمریکا به ایران بود. بریدن این کمکها و فشار انگلیس و محاصره دریائی آنان باعث گردید که وضع مالی ایران بسرعت رو به وخامت رود. در خلال چنین گرفتاری شدید، شگفت‌آور این بود که مردم عادی کشور دشواری ها را تحمل میکردند و تنها رده بالا که منافع شان در خطر بود خیانت را پیشه خود نمودند و با دشمنان ساختند. مردم ایران آرزو داشتند که آزادی ملی و مالی خود را از دست انگلیسیها و بطور کلی از خارجیان رها نموده و خود عنان کارشان را در دست گیرند. در چنین راهی جوانان کشور پیشرو بودند. مردم خوشبین ایران فکر میکردند که دولت آمریکا آنان را همراهی خواهد نمود و فراموش کرده بودند که دولت آمریکا در هنگام اشغال کشورشان در سال ۱۹۴۱ با وجود درخواست یاری از سوی رضا شاه به پرزیدنت روزولت، کوچکترین گامی در این راه بر نداشتند .

---

[۴] - FO 371/Persia; 1951/91610

[۵] - FO 371/Persia; 1951/91471

درخواستهای متعدد ایران برای کمکهای مالی از آمریکا توسط آیزنهاور رد شد. وضع کشور روز بروز رو به وخامت میرفت. رادیو تهران جلسات مجلس شورای ملی را بطور کامل پخش مینمود. بدستور نخست وزیر سانسور بطور کلی از میان بر داشته شد و سخنان نمایندگان کاملا به گوش مردم میرسید. در چنین هنگامی مزدوران دولتهای خارجی بویژه جیره خواران انگلیسی از تریبون مجلس استفاده نمودند و به زشت ترین وجهی نخست وزیر ایران را مورد عتاب قرار میدادند. سخنان آنان از انتقاد تا دشنام بود. با کمال تاسف برای این گروه، کارهای انها نتیجه معکوس داد و باعث گردید که بیشتر مردم از عمل آنها ناراضی و با تصمیم دولت موافقت نشان دهند.

قدر مسلم آن بود که طبقه عادی مردم از آنچه در پشت پرده میگذشت هیچگونه آگاهی نداشتند. در چنین زمانی گروهی از همکاران مصدق بمانند روزنامه نویسان، سیاستمداران، علمای دین و غیره تغییر ماهیت داده و به مخالفت با او پرداختند که در برخی از موارد به صورت دشمنی در آمد. آنچه که مسلم است این است که این تغییر و تبدیل را در بعضی از افراد میتوان پذیرفت ولی قبول چنین کاری از گروه دیگری ممکن است دشوارتر باشد. از علمای دین، پذیرش چنین دگرگونی کار مشکلی نیست و در طی زمان، عدم میهن پرستی بسیاری از آنان بمردم به ثبوت رسیده است.

نظری به تاریخ گذشته کشور بر ما مسجل میکند که اعتماد به سرکردگان دینی در بیشتر اوقات منجر به بدبختی کشور و مردم گردیده است. آیت الله کاشانی کسی بود که کارش برای این نگارنده از آغاز دگرگونی در ایران مورد شک و تردید بود.بیشترین افراد به اصطلاح روحانیون، علاقه‌ای به کشور و مردم را در برنامه خویش ندارند و نداشتند. آنان تنها سود شخصی شان را مورد توجه خود دارند و دین وسیله‌ایست که بتوسط آن بتوانند نیّات خود را بمرحله عمل برسانند. بیشترین آنان مخالف تحصیل برای عام

هستند زیرا کاملا آگاه بدین امرند که زیر یوغ گرفتن کسان با دانش، بسیار دشوارتر است تا افراد بیسواد. کاشانی با دریافت پولهای هنگفت از سفارت آمریکا کمر بر برانداختن مصدق بست و سهم بزرگی را در اینباره بگردن دارد و خیانت به ملت و کشور و پذیرش نوکری بیگانگان را بر خدمت به ملت و مملکت ترجیح داد.

اگراندکی به دقت به تاریخ کشور بنگریم می‌بینیم که در زمان انقلاب مشروطیت هنگامیکه لایحه تازه به مجلس ارائه شده بود، روحانیون با شدت با چند مفاد آن مخالفت ورزیدند. آن مفاد عبارت بودند از: اجباری کردن تحصیلات ابتدائی برای تمام کودکان – آزادی روزنامه ها – تساوی حقوق زن و مرد – یکی بودن تمام مردم کشور در برابر قانون، صرفنظر از نژاد و دین. علما بهیچوجه حاضر به پذیرش چنین طرزفکری نبودند. آنها بر این باور بودند که: "یک غیر مسلمان نمیتواند با یک مسلمان برابر باشد.[۶]" مخالفت آخوند ها در مجلس باعث گردید که تمامی این مفاد از لایحه ارسالی به مجلس حذف گردد.

اگر به تاریخ گذشته برگردیم، جنایات این افراد را بیشتر خواهیم دید که چگونه رفتار گروه زیادی ازآنان پیوسته به زیان مردم و کشور بوده است. جنگ دوم روس و ایران توسط این افراد به وقوع پیوست که با صدور فتوای جهاد، دولت را بدان جنگ کشاندند. برای آنان درخواست دولت و گفته های فرماندهان لشکر، که کشور نمیتواند در شرایط موجود آنروز وارد جنگ دیگری با روسیه گردد کوچکترین ارزشی نداشت. قدرت مالی کشور قادر به پرداخت هزینه جنگی نبود و ارتش توانائی برابری با نیروی روسیه را درخود نمیدید. نتیجه چنین عملی باعث گردید که نبرد دوساله -۱۸۲۴

[۶] - Vanessa Martin: Islam and Modernism; the Iranian Revolution of 1906 (1989), p. 118-119.

۱۸۲۶ با شکست ایران پایان یابد و بسیاری از استانهای آنزمان شمال ایران جزء روسیه گردد.

باید بپذیریم که بیشترین این روحانیون روابطی بس نزدیک با دولت انگلیس پیدا کرده و به درازای سده ها آنرا حفظ نموده و مینمایند. توسط اینگونه افراد بود که دولت انگلیس توانست نیات خودرا پیوسته بر ملت و دولت ایران تحمیل کند. دوستی و همکاری علمای دین و انگلیس سابقه-ای بسیار جالب دارد که به زمان صفویه و به ویژه شاه طهماسب میرسد (صفویان از سال ۱۷۳۶-۱۵۰۲ در ایران حکمرانی کردند). از آنجائیکه رهبران دینی پیوسته دردوره های متفاوت و بطور مختلف در امور کشور بنحوی از انحاء دخالت میکردند و یا به مانند امروز که اداره امور را بدست دارند، صلاح در این است که کارهای آنان را درگذشته بطور خلاصه بیان کنیم.

درسال ۱۵۶۱ یک بازرگان انگلیسی بنام " انتونی جنکینسن"[۷]از روسیه بسوی ایران رهسپار میشود[۸] که در ضمن نمایندگی ملکه الیزابت را نیز عهده دار بود. هنگامیکه بسوی قزوین میآمد در ایروان با حاکم آنجا "عبدالله خان" ملاقات میکند و معرفی نامه‌ای برای شاه میگیرد. جنکینسن مورد ملاطفت شاه طهماسب قرار میگیرد و هدایائی که از سوی ملکه آورده به وی تقدیم میکند (سلطنت شاه طهماسب از ۱۵۷۶-۱۵۲۴ بود). روحانیون شیعه از این کار احساس خطر نمودند که ممکن است قدرت خویش را در نزد شاه از دست بدهند و از اینروی به مخالفت با سفیر بر آمدند و بر وی شوریدند. کار به جائی رسید که احتمال کشتن فرستاده انگلیس در میان آمد. دخالت عبدالله خان باعث گردیدکه جنکینسن جان

---

۷ - Anthony Jenkinson

۸ - W.B. Fisher and P. Jackson; The Cambridge History of Iran (1986), p. 383.

سالم از ایران بدر برد. درهنگام خروج او، بدستور آخوند ها، مستخدمین با سطل‌های پراز خاکستر جای پایش را میپوشاندند که نجسی آنرا پاک کنند!

سی وهفت سال از آنزمان گذشت، تا اینکه نمایندگان دیگری بنام برادران شرلی (رابرت و انتونی)[۹] در سال ۱۵۹۸ بدربار شاه عباس بزرگ آمدند (سلطنت شاه عباس از سال ۱۵۸۷ بود تا ۱۶۲۹). این برادران از سوی "ارل اسکس"[۱۰] ماموریت داشتند که به ایران بیآیند و اتحادی با شاه ایران بر علیه دولت عثمانی ببندند. در این مرحله انگلیسی ها رویه دیگری را در پیش گرفتند و با هدایای زیاد به نزد ملاها رفتند و از سوی آنان بدربار راه یافتند. بدین ترتیب رابطه‌ای دوستانه بین انگلیسی ها وبیشترین روحانیون شیعه بر قرار گردید که هر یک منافع دیگری را تضمین مینمودند وهمزیستی مسالمت آمیزی را با هم آغاز نمودند که تا بامروز ادامه دارد.

پس از انتخابات۱۹۵۲ که ایزنهاور بریاست جمهوری انتخاب گردید، دولت انگلیس بلافاصله و بدون از دست دادن لحظه‌ای برنامه خود را در باره اجرای کودتا در ایران به میان آورد و منتظرتغییر دولت نماند. چرچیل نخست وزیر انگلیس توانست بآسانی پرزیدنت انتخابی آمریکا را مجاب به همکاری خود نماید. دیگر ترومنی در کار نبود که منافع دور دست آمریکا را در دید خویش محسوب دارد. البته دولت بریتانیا با نقشه دیگری پیش آمد. آنان سخنی از نفت و شرکت نفت ایران و انگلیس و یا ملی شدن صنعت نفت ایران را ننمودند، بلکه مسئله نفوذ وپیشرفت کمونیسم را در ایران پیش کشیدند. انگلیسی ها بخوبی ازوحشت بینهایت دولت آمریکا ازکمونیسم که به صورت یک بیماری روانی در مغز و روان آنان جای گرفته بود آگاهی کامل داشتند و بهره تمامی در این مورد بردند.

---

۹ - Robert and Anthony Shirley.

۱۰ - Earl of Essex.

کمونیسم در ایران آنچیزی نبود که بریتانیائی ها وانمود میکردند و خود آنان در واقع بدان ایمان نداشتند. مثلا هنگامی که اچسن، وزیر خارجه آمریکا با آنها در باره بر خورد نا متعادلشان با دکتر مصدق گفتگو میکرد، این موضوع را پیش آورد که آیا کارشان باعث قدرت حزب توده در ایران نمیشود؟ جوابی که انگلیسی ها دادند این بود که حزب توده قدرت آنرا ندارد که باعث گرفتاری گردد.[۱۱] این امرکاملا نشان میدهد، هنگامیکه منافع انگلیس در میان است همه چیز تغییر و تبدیل مییابد :خوب، بد و بد خوب میگردد.

دراینجا مبحثی که پیش میآید اینست که پرزیدنت آیزنهاور را نمیتوان بهیچ وجه با چرچیل در یک ردیف قرار داد. چرچیل، سیاستمداری کهنه کار، پخته، که نردبان سیاسی را یک یک پیموده تا بر راس آن رسید. ایزنهاور یک فرد ارتشی بدون کمترین تعلیم و دانش سیاسی. آن یکی، احتمالاً مبرزترین و یا یکی از مبرزترین سیاستمداران سده بیستم و آن دیگر تازه واردی بدانش سیاسی. نتیجه چنین عدم تساوی این شد که پرزیدنت به آسودگی به تله انگلیس افتاد. وزیر خارجه کابینه ایزنهاور "جان فاستر دالس" ورئیس اداره"سی.آی.ا" ، "الن دالس" بودند. هردو برادر عضو تشکیلات وکلائی که حفاظت منافع شرکت نفت ایران و انگلیس را در آمریکا به عهده داشتند[۱۲].

کودتای ایران بدست مامورین<سی.آی.ا>آمریکا زیر نظر دستگاه جاسوسی انگلیس و با همکاری جیره خواران و مزدوران بیگانه و خائنین کشور انجام یافت. از ارکان این مزدوران علاوه بر علمای دینی، روزنامه نگاران بودند. حتی روزنامه‌ای به مانند کیهان که وجهه نیکوئی در میان مردم داشت و

---

۱۱ - FO 371/Persia 1952/98608--- E. Abrahamian “The 1953 Coup in Iran”; Science and Society; vol. 65; 2001, p. 20

۱۲ - E. Abrahamian “The 1953 Coup in Iran”, Science and Society, Vol. 2 (2001), p. 197.

در اوایل ملی شدن صنعت نفت پشتیبان چنین اقدامی بود که بعدا تغییر مشی داده و از جمله دشمنان مصدق در آمد. سردبیر آن روزنامه "عبدالرحمن فرامرزی" نویسنده‌ای بود زبردست و دانشمند که خامه‌ای بسیارگیرا داشت ولی متاسفانه درآخر از راه راست منحرف شد.[۱۳] چنین اعمالی در داخل کشور رو به ازدیاد بودکه بدست مزدوران دولتهای خارجی صورت میگرفت.

کودتای روز ۱۹ اگوست ۱۹۵۳ را هیچ ایرانی که شاهد آن بود نمیتواند فراموش کند. آنانی که به مانند این نویسنده گواه آن بودیم برای همیشه آثار شوم آنروز را در قلب و مغز خود خواهیم داشت: روز گرم تابستان بود، نگارنده انترن بخش داخلی سرویس دکتر معتضدی در بیمارستان پهلوی بودم. این بیمارستان اندکی خارج ازمیدان ۲۴ اسفند به سوی فرودگاه مهرآباد قرارداشت. تازه بررسی بیماران را تمام کرده و برای اندکی استراحت به سوی استراحتگاه کار ورزان میرفتم. همزمان با من یکی از دوستان که از شهر میآمد وارد ساختمان شد. او بینهایت عصبانی و به زمین و زمان و بویژه به آمریکا و انگلیس دشنام میداد و من و سایر دوستان از رفتارش متحیر ماندیم. در پاسخ پرسش دوستان فقط این جمله را ادا نمود: "آمریکائیان از پشت بما خنجر زدند." و اشعارداشت، از شهر که میآمد مشاهده نموده که ماشینهای ارتشی و جنگی و تانکهای کوچک از سفارت آمریکا به سوی خیابانها در راه بودند وگفت که: "باداشتن چنین دوستانی نیاز به هیچ دشمنی نداریم."

چند روزی بعد آیزنهاور در باره کودتای ایران سخن گفت و اشاره نمود: "رویداد ماه اگوست... که خطردیکتاطوری مصدق با یاری توده‌ای ها همراه

---

[۱۳] سی. آی. ا. از طریق دو نفر از عمال خود بنام فرخ کیوانی و علی جلالی رشوه هائی به روزنامه نگاران ازجمله بروزنامه کیهان داد.

بود، خوشبختانه با وفاداری ارتش و ترس مردم از کمونیسم به پایان رسید."[۱۴]

متاسفانه سخنرانی پرزیدنت آمریکا دروغی بیش نبود. جای تاسف برای مردمی است که پرزیدنت آنان حقیقت را تحریف و رویدادها را مطابق سیاست خود نشان بدهد که منجر به شرمندگی آن مردم گردد. در روزهای پس از کودتا، نگارنده شخصا گواه کشمکش های خیابانی بودم. کشته شدن مردم بیگناه و غارت اموال آنان و دستگیری دسته جمعی افراد دانشمند، تحصیل کرده، میهن پرست و آزادیخواهان را بچشم خویش دیدم. نخست وزیر حقیقی کشور بازداشت و در یک دادگاه ساختگی محاکمه و بسه سال حبس مجرد محکوم گردید. در این ماجراها حکومت آیزنهاور با دخالت دادن سفارت آمریکا، سفیر و وابسته نظامی آن کشور، مستقیما در این عملیات تروریستی دست داشتند و دست نشاندگان ایرانیشان در این راه با آنان همکاری نمودند. آبراهامیان، مورخ و استاد تاریخ در اینباره مینویسد:" سی.آی.ا از یک طرف از افراد وابسته بجناح راست بهره برداری نمود و از سوی دیگر در ربودن افراد و شکنجه دادن وکشتن دسته جمعی دست داشته است."[۱۵] او بدین نتیجه رسید که برای پنهان نمودن چنین بزهکاری بود که سی. آی. ا. آرشیو عملیات انجام شده ایران را مخفی نگهداشته و بخشی از آنها را از بین برده است.[۱۶]

رفتار غیر قانونی دولت خمینی با کارمندان سفارت آمریکا که گروهی از آنان را بر خلاف قواعد بین المللی به گروگان گرفتند، مورد اعتراض شدید دولت آمریکا قرار گرفت. باوجود اینکه چنین کاری سابقه پیشینی نداشت و شایسته مردمی متمدن و فهمیده نبود باید ریشه آنرا در رویدادهای سالهای نخستین دهه پنجاه جستجو نمود. مردم آمریکا از سیاست دولت

14- Ibid, p. 182[۱۴]

[۱۵] - Ibid.

[۱۶] - Ibid.

خود بیخبر بودند و نمیدانستند که پرزیدنت آنان چگونه باعث از بین بردن یک دولت آزاد و مستقل شده و شاه را بعنوان یک تحت الحمایه بکشور، مستقر کردند. بیمورد نبود که شاه در روز ۲۳ اگوست ۱۹۵۳ در ملاقاتی که با کرمیت روزولت عضو سی. آی. ا. و مامور آنان در برانداختن مصدق بود گفت: "من تاج و تخت خود را مدیون خداوند خود، مردم خود، ارتش خود و شما میدانم.."۱۷.

کرمیت روزولت نوه بیست وششمین پرزیدنت آمریکا تئودر روزولت بود. او در گزارش نهائی خود به وزیر امورخارجه آمریکا جان فوستردالس میگوید: کودتا وقتی منتّج به نتیجه میشود که حمایت مردم وارتش را داشته باشد و اینطور نتیجه گرفت که در ایران این عوامل کاملاً موجود بود و باعث شد بتوانیم به راحتی کار خود را به پایان رسانیم. وی اضافه میکند:"ما کاردرستی انجام دادیم... هنگامی که مردم و ارتش مجبورشدند که تصمیم به انتخاب بگیرند و مصدق به آنان فشار میآورد که بین شاه و یک فرد انقلابی که توسط روسیه شوروی پشتیبانی میشد یکی را بپذیرند و شوروی چنین انتخابی را به آنان تحمیل مینمود، با اندک یاری از سوی ما، مردم و ارتش همگی به کمک شتافتند..."۱۸

کرمیت روزولت بقدری حقایق را تغییر و تبدیل داد که امر بر او مشتبه گردید و توانائی تشخیص حقیقت را بکلی از دست داد. او فراموش کرد که چقدر پول به ارازل و اوباش بمانند شعبان بی مخ داده بودند که باعث ایجاد اغتشاش در پایتخت گردد. وفراموش کرد که هزاران دلار که از سوی سفارت آمریکا به آیت الله کاشانی داده شده بود که بیسوادان و افراد بی فرهنگ را از بازار به خیابانها بریزند تا بر علیه دولت تظاهر نمایند.۱۹ او حقیقت را از دید خود دور کرد که سفارت آمریکا هزاران هزار دلار به

۱۷- Kermit Roosevelt; Countercoup; 1979, p. 199.

۱۸ - Ibid, p. 210

۱۹ - Stephen Kinzer; All the Shah's Men; 2003, p. 178.

روزنامه نویسان رشوه داد که بر علیه نخست وزیر و دولت مقالات نادرست بنویسند. ما نمیدانیم که چه مقدار پول به افسران خائن ارتش داده شد که آنان را دراین راه همراه خود کنند.

پس از پایان کارش در تهران کرمیت روزولت در برگشت به سوی آمریکا چندی در لندن توقف نمود. و برای بار دوم با نخست وزیر انگلیس وینستن چرچیل ملاقات نمود. نخستین بر خورد آنان در ماه های پایانی پرزیدنسی ترومن بود که در آنزمان چرچیل بسیار مایل بود که کودتا در تهران انجام گیرد ولی با مخالفت ترومن روبرو شد.[۲۰]

در این جلسه آخرین، چرچیل به وی میگوید "ای جوان اگر من چند سالی جوانتر بودم با طیب خاطر در زیر نظر تو در این رویدادها شرکت میکردم."[۲۱] چرا چرچیل چنین سخنی را نگوید؟ دولت آمریکا بزرگترین خدمت ها را به آنان نمود بدون انکه درک کنند چه صدمه ای به حیثیت کشور خود زده است.

کرمیت روزولت کتاب خود را که در باره این کودتا نوشته، بمردم ایران تقدیم نمود و درپیشگفتار آن آورده است: "برای دوستی دراز مدت بین ایرانیان و مردم آمریکا و به آرزوی ادامه این دوستی در مراحل سخت." اینکار وی توهینی به ایرانیان و دشنامی بزرگ به ملت ایران بود. تقدیم از سوی کسی که باعث نابودی آزادی در کشور شده، شگفت انگیز میباشد.کرمیت روزولت شاید میخواست که تقلیدی از"مورگان شوستر" نماید که در آغاز سده بیستم از سوی دولت ایران استخدام شده بود که وضع نابسامان اقتصاد ایران را سروسامانی دهد و به تهدید روسها و دسیسه انگلیس ها نتوانست حتی یکسال در کشور باقی بماند. شوستر پس از

---

[۲۰] - Ibid.

[۲۱] - Kermit Roosevelt; Countercoup, the Struggle for Control of Iran, (1979), p. 207.

برگشت به آمریکا کتاب خود را در باره ایران بنام"خفه کردن پرشیا"[۲۲] در سال ۱۹۱۲ منتشر نمود و آنرا به مردم ایران که تا آخرین زمان اقامتش در آن کشور، او را یاری دادند هدیه نمود.

در آغازکتاب خود چنین مینگارد: "برای مردم ایران که مدیون آنان هستم: کوشش میکنم که به اندازه ناچیزی از محبتهائی که در باره من روا داشتند و به خاطر اعتمادی که در شرایط نا مطلوب بمن عرضه نمودند سپاسگزاری نمایم و این کتاب را که در زمان آن ماموریت نوشته‌ام به آنان هدیه میکنم.»

به آسانی روشن میگردد که هیچ تشابهی بین این دو نفر موجود نبود. شوستر انسانی شرافتمند بود که از سوی دولت ایران با تصویب نمایندگان مردم انتخاب گردید تا وضع مالی ایران را سامان دهد ولی کرمیت روزولت از سوی دولت آمریکا، به دسیسه انگلیسی ها برای از بین بردن دولت قانونی ایران فرستاده شده بود، تا بتوانند آزادانه به غارت ثروت کشور ادامه دهند.

کتاب کرمیت روزولت نکات نادرست زیادی را دربر دارد. او کوشش کرده که به دخالت غیر قانونی آمریکا در ایران جنبه اخلاقی و قانونی بدهد. این کتاب بیشتر برای آمریکائیان که کوچکترین اطلاعی ازآنچه که در دنیا میگذرد ندارند، نوشته شده نه بعنوان یک پدیده تاریخی. او مینویسد: "اتحّادی از چرچیل و آیزنهاور و ایدن و جان فوستر دالس و شاه تشکیل گردید تا نخست وزیر ایران "دکتر مصدق" را از میان بردارند. دکتر مصدق میخواست که شاه را اخراج کرده و خود جای او را رابگیرد که به مقصود نرسید."[۲۳]

---

[۲۲] - W. Morgan Shuster; Struggling of Persia (1912).

[۲۳] - Kermit Roosevelt; Countercoup, The Struggle for Control of Iran, (1979), p.2

این نوشته ها بکلی از حقیقت بدورند و تا به امروز هیچ موّرخ معتبری این امر را تائید نکرده است. دکتر مصدق سوگند یاد کرده بود که قانون اساسی کشور را که شامل حفاظت پادشاهی نیز میگردید نگهداری کند و بعنوان فردی معتمد و با حیثیت هیچوقت دست به چنین کاری نمیزد. درقانون اساسی ایران شاه می بایست سلطنت نماید نه حکومت.

بدید مردم کشور، مسلّم شد که دولت آمریکا مسبب ایجاد گرفتاریهای نوین برای آنان بود. امری که باعث عدم اطمینان و اعتمادشان گردید. با گذشت زمان، شدت حکومت استبدادی زیادت گرفت وآزادی از مردم سلب شد و مردم دولت آمریکا را مسبب اعمال ناشی از دولت خود دیدند و دشمنی و کینه شان نسبت به آنها افزوده شد تا منجر به انقلاب ۱۹۷۹ گردید.

چرچیل و دولتش نقش خود را به خوبی انجام دادند و آیزنهاور را مجاب کردند که دست به چنین کاری بزند و تنها برهانی که برای دولت آمریکا داشتند این بود که وجود مصدق باعث پیدایش کمونیسم در ایران خواهد شد! برای انجام چنین کاری، لندن یکی از مبّرزترین عضو"ام. آی. سیکس" را بنام "کریستوفر منتاگیو وودهاووس"[۲۴] به واشینگتن فرستاد با تاکید به آنکه اسمی از نفت نباید برده شود و فقط موضوع کمونیسم باید مطرح گردد.[۲۵]

آیزنهاور که دارای دانش سیاسی بسیار ناچیزی بود به راحتی آنچه که از سوی دولت بریتانیا به او گفته شده بود پذیرفت. در اینباره کمکهای شایان برادران دالس را باید با اهمیت تلقی کرد. با چنین ندانم کاریهائی، دولت آیزنهاور ضربه ای بزرگ به آمریکا در خاور میانه زد.

---

[۲۴] - Christopher Montague Woodhouse.

[۲۵] - Stephen Kinzer All the Shah's Men (2003), p. 3. :

طرز تفکر آیزنهاور به سبب نداشتن آنچه که یک سیاستمدار در مورد سیاست خارجی باید حائز آن باشد، یک فکر بسته‌ای بیش تلقی نمیگردد. بالنتیجه وی قادر بدین نبود که با سیاسیون دیگر وارد مذاکره عمیق شود. در زمان پرزیدنسی او جنگ سرد به نهایت درجه خود رسید و روابط آمریکا و روسیه یکی از بدترین دوران خودرا طی مینمود. اتفاق هواپیمای "یو ۲" و باطل کردن خروشف ملاقات خود را با آیزنهاور از دیگر رویدادهای زمان اوست.

برخلاف آنچه برخی تصور میکنند، چرچیل احترامی برای ژنرال نداشت. نخست وزیر انگلیس سیاستمداری کهنه کار و با تجربه و استادی در دسیسه‌گری و آیزنهاور فاقد چنین صفاتی بود. ترومن در باره او، هنگامیکه نامزدی وی برای ریاست جمهوری آمریکا اعلان شده بود گفت:

"ژنرال همان قدری از سیاست میداند که خوک از یکشنبه." وجنرال مک آرتور پس از پایان انتخابات، در باره او اظهارداشت: "آیزنهاورپرزیدنت خوبی خواهد شد... او بهترین منشئی بود که من داشتم."

در ماه جون ۱۹۵۳ هنگامیکه چرچیل دوره نقاهت سکته مغزی خود را میگذراند نامه‌ای به آیزنهاور نوشت و از او خواست که مشترکاً ملاقاتی با "مالینکف"[۲۶] که بعد ازمرگ استالین در سال ۱۹۵۳ جانشین او شده بود بعمل آورند. (مالینکوف از دوستان نزدیک استالین و بریا[۲۷] بود. او در کشت و کشتار ۱۹۳۰ استالین شرکت داشته و بعداً منشی کمیته مرکزی حزب کمونیست شوروی گردید. پس از مرگ استالین در سال ۱۹۵۳ بعنوان رئیس مجمع وزرا انتخاب شد. زمامداری او خیلی کوتاه بود و مجبور گردید در سال ۱۹۵۵ از موقعیت خود به سود خروشف استعفا دهد.) آیزنهاور این درخواست را رد نمود و در جواب نوشت: "من دوست

---

[۲۶] - Malenkov; January 8, 1902- January 14 1988.

[۲۷] - Beria.

ندارم با کسانی که میخواهند ما را در تله بیاندازند و باعث ناراحتی ما گردند ملاقات نمایم.[۲۸]" چرچیل از این پاسخ بینهایت ناراحت شد. او بر این باور بود که ملاقات با مالینکف ممکن بود که از شدت جنگ سرد بکاهد."

برطبق اظهارات منشی ویژه چرچیل"جان کولویل" که مینویسد؛" چرچیل هنوز بر این عقیده بود که آن امکان وجود دارد که با دیدار رو در رو با روسها شاید بتوان نتیجه مثبتی بدست آورد.[۲۹]" کولویل در دنباله آن مینویسد:"چرچیل بینهایت از رفتار آیزنهاور ناراحت شد و رئیس جمهور را فردی «ضعیف و احمق» خواند و از اینکه دموکراتها نتوانستند کاخ سفید را بدست آورند اظهار ناراحتی نمود.[۳۰]" "جان لوکاس" پس از بررسی کامل از مکاتبات چرچیل و آیزنهاور در باره او اینطور اظهار عقیده میکند: "آنچه که ثابت شده اینست که وی مردی کاملا خود رای و خیره سر و از خودراضی بود، با دید تازه و واهی از دنیا و به شدت تحت تاثیر افکار نا سنجیده و اغلب نادرست و بسیار خطرناک جان فوستردالس قرارداشت."[۳۱]

با آنچه که گفته شد باید اذعان نمود که اگر خائنین و میهن فروشان داخلی وجود نداشتند نه انگلیس، نه روس و نه آمریکا نمیتوانستند اقدامی بر علیه کشور و مردم ایران بکنند. چنین افرادی در تمام ردههای مردم موجود بودند: ملاکین، درباریها، ملاها، کارمندان عالیرتبه دولت و تعداد زیادی از تحصیلکرده های کشور. در این مورد، گروه اخیر خطرناکتر از دیگران بودند.

---

[۲۸] - Eisenhower Papers; Letter of July 21, 1953/ Martin Gilbert: Churchill and America; (2005), p. 422.

[۲۹] - Martin Gilbert; Churchill and America (2005), p. 422.

[۳۰] - John Colville; The Fringe of Power; Diary Entry of July 24, 1953; p. 672

[۳۱] - John Lukace; “Ike, Winston and the Russians” New York Times, February 10, 1991.

این خیانتها در زمان زمامداری سلسله قاجار (۱۹۲۵-۱۷۹۴) به منتهی درجه شدت خود رسید ، بویژه در اواخر سده نوزدهم و اوایل سده بیستم. مردم ایران نمیتوانند برای بدبختی خود هیچکس را سرزنش کنند مگر خودشان را. در سال ۱۹۱۹ نخست وزیر وقت ایران، وثوق الدوله، پس از اینکه مبلغ ۲۰۰ هزار تومان (۶۷ هزار پوند) رشوه از دولت انگلیس دریافت نمود و قراردادی امضاءکرد که کشور را تحت الحمایه آنان قراردهد. دو نفر از اعضای کابینه وی با او در این عمل شریک بودند: فیروز میرزا فرزند فرمانفرما و صارم الدوله، پسر ظل‌السلطان و نوه ناصرالدین شاه، که هرکدام مبلغ صد هزار تومان (۳۴ هزار پوند) از انگلیس رشوه گرفتند. علاوه بر این رشوه‌ها از سوی کنسول انگلیس به هرسه نفردرنامه‌ای اعلام گردید که اگر موردی پیش آید که حتی یکی از آنان از سوی دولت ایران تحت تعقیب قرار گیرند، میتوانند درهرنقطه ای ازسرزمینهای متعلق به دولت انگلیس و تحت الحمایه آن دولت پناه جویند. انگلیسی ها به خوبی از وجود چنین خائنینی در داخل کشور آگاهی داشتند و در موقع مقتضی از آنها بهره برداری میکردند.

در ژانویه ۱۹۱۸" لرد رابرت سیسل" به وزیر مختار انگلیس در تهران اجازه داد هر کسی را که وی فکر میکند میتواند بدولت آنها کمک نماید، رشوه لازم و در خورشان مطابق اهمیت آنها و کاری که میتوانند برای بریتانیا انجام دهند بدهد. بزودی آشکار گردید تعداد این افراد بسیار زیادند که خود شاه را نیز شامل میشد. احمد شاه درخواست ماهی بیست هزار تومان (۷ هزار پوند) میکرد تا وثوق الدوله را به پست صدر اعظمی که انگلیسی ها میخواستند منصوب کند.[۳۲] وزارت خارجه انگلیس پذیرفت که

[۳۲] - Hushang Sabahi; the British Policy in Persia 1918-1925; p. 11

ماهی شش هزار تومان (دو هزار پوند) به فرمانفرما حاکم فارس تا زمانی که وی در آن پست باقی است بدهند که نسبت به انگلیس وفادار باشد.[۳۳]
باکمک همین خائنین بود که توانستند کودتای ۲۳ اگوست ۱۹۵۳ را انجام دهند و پیروزی انقلاب بعدی ۱۹۷۸-۱۹۷۹ را به ثمر رسانیدند. کسانی که به مصدق خیانت کردند بسیار بودند،[۳۴] از جمله همکارانش: بقائی، مکی و کاشانی. گفته میشد که شاه بطور خصوصی با مکی و بقائی به تنهائی گفتگو نمود و بهرکدام وعده نخست وزیری داد. ملاها و گروهی از تحصیل کرده ها در انقلاب خمینی به کشور خیانت کردند. عده‌ای از آنان در داخل و گروهی از خارج در این گناه شریک بودند. شواهد این امر بسیار زیاد است. ایرانیانی که در آمریکا بسر میبردند با نوشتن نامه به پرزیدنت کارتر از وی میخواستند که شاه را معزول کند.
دربسیاری از شهرهای آمریکا گروه های بزرگی از ایرانیان دست به تظاهرات برعلیه شاه زدند. درشهر هیوستن- تکزاس نیز به مانند سایر نواحی، ایرانیان تحصیل کرده، پرچمداری نمودند و امضاء جمع نموده و به کارتر فرستادند. اگر میخواستند که شاه را بردارند، چرا خود برای چنین مبارزه ای به تهران نرفتند؟ خیلی ساده میتوان بدین پرسش پاسخ داد، کار آنان فقط برای حفاظت منافع شخصی خود بود، نه برای آینده کشور و مردم. در میان این گروه همه نوع افرادی بودند از پزشک و مهندس و پیشه‌ور، دانشجو و غیره. پس از پیروزی انقلاب، گروهی از این بزرگواران به ایران رفتند تا بتوانند پاداش خویش را در برابر خدماتی که کرده بودند دریافت دارند. اکثریت آنان با دست خالی بر گشتند.
اگر از این افراد پرسشی میشد که از چه رو بچنین کاری دست زدند میگفتند که "اشتباه نمودیم." پاسخی بدون معنی. اگر شما نمیدانستید که

---

۳۳ - Ibid.

۳۴ - Stephen Kinzer; All the Shah's Men (2003), p. 82.

با چه گروهی دست اندرکار هستید برای چه با آنان همدست شدید؟ بطور کلی بیشترین افراد این گروه آنچه که میخواستند بدست آوردند، مایملک خویش را در ایران حفظ کردند و در عین حال توانستند آنچه که در آمریکا بدست آورده‌اند براحتی نگهداری نمایند. راه رفت و برگشتشان باز شد و فرزندانشان تمامی تسهیلات آموزشی رادر کشورهای خارج بدست آوردند. از اینکه باعث شدند که صدها هزار جوانان ایرانی از تحصیل محروم شوند برایشان اشکالی نداشت. دانشگاه تهران را برای چند سال بستند و یکی از مسببین آن، امروزه با آزادی تمام بین ایران و آمریکا در سفر میباشد و ادعای مخالفت با دولت فعلی کشور را دارد. برخی از این افراد مطابق آنچه که ازاعضاء خانواده شان شنیده شد جیره خوار دولت ملا ها بودند و همین کسان به راحتی و آزادی هرسال و گاهی بیشتر به ایران سفر میکنند بدون اینکه کوچکترین مزاحمتی برای آنان در ایران و یا در آمریکا پیش آید؟ در حقیقت با خیانت خود سود از هر دو طرف بردند.

هنگامی که خمینی در پاریس مستقرگردید، دو تن ازایرانیان ساکن آمریکا: ابراهیم یزدی و صادق قطب زاده به پاریس رفتند و به همراهی بنی صدر خود را در اختیار او گذاشتند. این سه تن در میان ایرانیان بنام مثلث بیق معروف گشتند. باگذشت زمان، خمینی قطب زاده را به قتل رسانید. بنی صدر به فرانسه گریخت ولی یزدی تنها کسی بود که در باطن کوچکترین مزاحمتی برای وی ایجاد نگردید. او پیوسته بین ایران و آمریکا در مسافرت است. نگارنده موفق نشد در هیچ آرشیو آمریکائی پیدا کند که چرا هیچوقت این مرد توسط مامورین آمریکا مورد مواخذه واقع نشد ؟ و حال اینکه در بدترین مواقع تاریخی دارای پست های حساس در ایران بود. یزدی در نظر اکثریت قریب به اتفاق ایرانیان فردیست خائن و مزدور و جیره خوار بیگانگان.

در مسافرتی که نگارنده در اوایل سال ۱۹۷۲ به تهران نمودم با نخست وزیر وقت "امیر عباس هویدا" ملاقاتی در منزل مادر ایشان بعمل آوردم. با

نخست وزیر آشنائی کامل داشتم، و از زمانی که به نخست وزیری رسید تا روزی که به آمریکا آمدم سمت پزشک ویژه ایشان را عهده دار بودم. هویدا علاقه مفرطی به دانستن اوضاع ایرانیان در خارج از کشور نشان میداد و راجع به آنانی که در هیوستن بودند پرسش نمودند. نام چند نفر از جمله نام یزدی را بر زبان راندم. پس از شنیدن اسم او، نخست وزیر به من هشدار اکید داد که از مصاحبت با او دوری کنم و اشاره نمود که یزدی از مامورین ساواک و سی. آی. ا. آمریکا میباشد.

اشتباه بزرگ "پرزیدنت کارتر" و سپس "پرزیدنت ریگن" در سالهای پایانی دهه هفتاد و سالهای دهه هشتاد نمودار کامل بیدانشی دولتهای آمریکا در ایران و خاور میانه بود. ۲۵ سال پیش از حادثه انقلاب ۷۹ دولت آیزنهاور مرتکب اشتباهی بزرگ با ایجاد کودتای ۱۹۵۳ گردید و اینکار را مجدداً در ۱۹۷۸ تکرار نمودند.

امیدوارم که در این پیشگفتار از چگونگی وضع ایران، خواننده بتواند تا اندازه‌ای از اوضاع آنکشور و خاورمیانه آگاهی بدست آورد. در درازای پانزده سال، برای نوشتن این کتاب کوشش بسیارنمودم و نوشته‌های موجود در اینمورد را که در دسترس بود مورد مطالعه قرار دادم. کتابها و مقالات و متون سخنرانیهای بسیاری را مرور نمودم. امید بر این دارم که توانسته باشم که این کتاب را تا حدود امکان متعادل نگهداشته باشم، باوجود اینکه در بسیاری از موارد این امری بود بینهایت دشوار، بویژه در برابر ستم های دولتهای نیرومند انگلیس، روس و آمریکا که بر مردم بیگناه ایران وارد میآوردند. این کشورها برای کارهای غیر انسانی خود برهانهای بیشمار در دسترس دارند که بزهکاریهای خود را معقول نشان دهند. چنین امری درست انسان را بیاد نوشته فیلسوف و نویسنده معروف فرانسوی "ژان دو

لا فونتن"در باره داستان گرگ و میش می‌اندازد که میگوید:" برهان آنکه توانا تراست بهترین برهانها است."۳۵

۳۵- Jean de La Fontaine (1621-1695). Les Fables de La Fontaine; Le Loup et L'Angneau, "La Raison de Plus Fort est Toujours la Meilleur."

سپاسگزاری

پیش از بستن این بخش ، خود را موظف میدانم از کسانی که در نگارش این کتاب و به پایان رساندن آن مرا یاری دادند سپاسگزاری نمایم. از صمیم قلب از همسرم بانو دکتر ناهید گیلک که در جمع آوری و خواندن متن نوشته ها، کمکهای شایانی نموده‌اند سپاسگزاری مینمایم و پیوسته مدیون مهربانی های ایشان خواهم بود. یقین دارم که بدون یاریشان اتمام چنین کار بزرگی برای من ممکن نبود.

همچنین چند تن از دوستان حق بسیاری بزرگ بگردن من دارند که در جهات گوناگون به کمکم شتافتند. زنده یاد دکتر "جی گلوک"[۳۶] در اوایل ده ۱۹۹۰ که با وی تماس گرفتم و درباره چنین کتابی با ایشان مشورت نمودم، مرا باین امر تشویق و راهنمائی های پرارزش نمودند. عکسهای "دکتر پوپ" و "دکتر اکرمن" حاصل مهربانیهای ایشان میباشند.

سپاس بی پایان از دکتر "ویلیام پاول"[۳۷] دارم که نسخه انگلیسی این کتاب را چندین بار مورد مطالعه قرار دادند و از انتقادهای بجای و راهنمائی پر ارزش ایشان سپاسگزارم. از بانو دکتر"میشل سیرپینا"[۳۸] و راهنمائی‌های ایشان، بویژه ازانتقادهای بجایشان تشکر مینمایم. اطلاعاتی که گروهی از دوستان ساکن ایران بمن دادند بسیار پر ارزش بودند و بر طبق درخواست آنان از بردن نامشان خوداری مینمایم.

سپاس بسیار از دکتر محمد ظفرنیا دارم که عکسهائی از باسکرویل را ازآلبوم شخصی خویش برای استفاده در این کتاب فرستادند.

---

[۳۶] - Dr. Jay Gluck (1927-December 19, 2000). He worked with Dr. Arthur Upham Pope and Dr. Ackerman and wrote the book of "The Surveyors of the Persian Arts." 1996. I had corresponded with him in mid-1990 at which time he was living in Japan with his wife Sumi Hiram.

[۳۷] - Dr. William Powell.

[۳۸] - Dr. Michelle Sierpina.

بخش نخستین

ورود آمریکائیان بایران

اول– رویدادهائیکه موجب برقراری روابط سیاسی ایران و آمریکا گردید:

در سالهای نخستین سده نوزدهم دولت آمریکا هیچ علاقه و انگیزه‌ای برای دخالت در فعالیت های سیاسی در خاورمیانه، به ویژه ایران را نداشت. این کشورها برای آمریکا مکانی بسیار دور افتاده بودند و تاثیری در رویه زندگی آنان را نداشتند. از سوی دیگر، بازرگانی دولت آمریکا کمترین رابطه‌ای با دول این ناحیه را شامل نمیشد. آمریکائیان تابع سیاستی بودند که نمی خواستند دخالتی در امور این کشورها داشته باشند. اما در این حال بسیاری از ایرانیان میهن پرست و افراد سرشناس دولتی می خواستند که توجه آمریکا را به این نواحی جلب نمایند. ایرانیان بدین باور بودند که با آوردن آمریکا به ایران، خواهند توانست که نقشه‌ها و سیاستهای دول روسیه و انگلیس که جز تخریب و غارت کشور مقصود دیگری نداشتند، تا حدی خنثی نمایند. البته باید توجه داشت که روسیه و انگلیس کمترین تمایلی نداشتند که پای آمریکا را در کشوری باز کنند که آن را جزء قلمرو سیاسی و اقتصادی خود میدانستند.

در دهه سوم سده نوزدهم با ورود میسیون های آمریکائی تغییراتی در این اوضاع پیدا شد. برای نخستین بار دو میسیونر آمریکائی، از مبشّرین پرسپیترین[۳۹] بنام های الای اسمیت[۴۰] و دکتر تیموتی دوایت[۴۱] در سال ۱۸۲۹ برای کمک به آسوریهائی که از ستم دولتهای ترکیه و ارمنستان به ایران پناهنده شده بودند و در شهر ارومیه جای گزین شدند.

---

[۳۹] - Presbyterian

[۴۰] - Reverend Eli Smith

[۴۱] - Reverend Timothy Dwight

بسال ۱۸۳۴ کشیش دیگری بنام جاستین پرکینز[۴۲] و همسرش وارد تبریز شدند و سال بعد دکتر آساهل گرانت[۴۳] و خانمش به آنها ملحق گردیدند. در این سال همه آنان از تبریز به ارومیه برای کمک به آسوریها رفتند. این گروه نخستین میسیون انجیلی را در آنسال در ارومیه تشکیل دادند و بدایره خدمت آنان افزودند. در سال ۱۸۳۹ پرکینز پس از کسب اجازه از محمد شاه قاجار موفق به تاسیس موسسه آموزشی گردید که در آن دروس ریاضیات و فیزیک و علوم تدریس میشد. در سال ۱۸۴۰ یک ماشین چاپ قابل حمل و نقل بدست آوردند و پرکینز آغاز به چاپ کتابهای درسی مورد لزوم و بروشورهای مربوط به حفظ سلامتی و بهداشت و کتابهائی که مورد بهره برداری عامه مردم بود مبادرت کرد.[۴۴] در سال ۱۸۴۸ نخستین روزنامه این موسسه بنام اشعه نور[۴۵] بدست مردم رسید که بطور مداوم تا جنگ اول جهانی بچاپ میرسید.

در سال ۱۸۸۰ حروف فارسی به چاپخانه آنان افزوده شد و توانستند ماهنامه ای را به فارسی چاپ کنند. این درست در زمانی بود که میهن پرستان ایرانی آغاز به فعالیت بیشتر نمودند و از فساد و خیانت دولت انزجار خویش را نشان میدادند و به شکایت آنان از دخالت دائمی روس و انگلیس در امور کشورشان افزوده گردید. کم کم طغیان بر علیه محمد شاه و دولت او را آغاز کردند. از تبریز، درخواستهای چاپ بروشورهائی برعلیه دولت و بیگانگان میشد، که میسیونرهای آمریکائی برای آنان چاپ نموده و در دسترس میهن پرستان قرار میدادند که بین مردم منتشر میگردید.

---

۴۲ - Reverend Justin Perkins

۴۳ - Dr. Asahel Grant

۴۴ - Ali Pasha Saleh; The cultural Ties between Iran and the US; 1976, p. 63

۴۵ - Ray of Light

بدین ترتیب و بطور غیر مستقیم میسیون آمریکائی میهن پرستان ایرانی را برای رسیدن به آزادی یاری نمودند[۴۶].

دو نفر از نخستین مروجین آمریکائی: پرکینز[۴۷] و دکتر گرانت[۴۸] بعداً خاطرات خود را به رشته تحریر در آوردند و بدین ترتیب برخی از آمریکائی های دیگر نیز به آنان تاسی نمودند. پس از مدتی وظایف این افراد از تدریس پا فراتر گذاشت و درمانگاه‌ها و بیمارستان هائی برای مردم بی بضاعت تاسیس کردند و روشهای نوین برای تشخیص و درمان بیماریها به مردم عرضه نمودند. بیمارستان های آمریکائی بدستگاه‌هائی مجهز بودند که تا آنزمان در ایران موجود نبود. در آن بیمارستان ها بیماران یا بطور رایگان و یا با پرداخت مقدار نا چیزی درمان میشدند. در عین حال بیماران از مهارت پزشکان و پرستاران مجرب آمریکائی استفاده میکردند.

یکی از این بیمارستان ها در استان گیلان و در شهر رشت تاسیس شد.[۴۹] آمدن آمریکائیها به رشت بنا بدرخواست یکی از بزرگان رشت بنام فتح الله اکبر بود. اکبر از کنسول آمریکا در گیلان خواست که اقدام لازم برای ایجاد چنین بیمارستانی را در آن استان بنماید. کنسول امریکا در آنزمان، روی موافق با این امر را نشان داد. بنظر میآمد که آمریکائیان میخواستند نفوذی در شمال کشور داشته باشند. اولین پزشک آمریکائی که به رشت

---

[۴۶] - Ali Pasha Saleh; The Cultural Ties Between Iran and the US; 1976, p. 63

[۴۷] - J. Perkins; A Resident of Eight years in Persia Among the Nestorian Christians with Notice to Mohammedans

[۴۸] - A. Grant; Account of Nestorian Christians Settled in Urumieh.

[۴۹] - نگارنده در شهر رشت بدنیا آمدم و چندین بارمرا به این بیمارستان بردند و از مراقبت های خوب و مهربانی پزشکان و پرستاران بهره مند شدم

آمد دکتر دی. جی. فریم[۵۰] بود. اهالی بدین روی بیمارستان آمریکائی رشت را بنام بیمارستان فریم میشناختند.[۵۱]
برای درک خدمات این افراد لازم است که توضیحات بیشتری در این موضوع داده شود. بیشترین این گروه صرفا بخاطر کمک به اشخاص بی بضاعت از خانه و فامیل خود دور گشتند و به مکانی که بکلی و ازهر جهت برای آنان نا آشنا بود آمدند. مروجین پرسپیترین در سال ۱۹۰۵ بنا بدرخواست فرماندار استان گیلان وارد رشت شدند و خدماتی که انجام میدادند عبارت بود از : امور فرهنگی، تعلیم و تربیتی، بهداشتی و درمانی. بودجه آنان از تشکیلات مذهبی پرسپیترین و همچنین از درآمدی که از اشخاص متمول دریافت میشد تامین میگردید. بیمارستان آمریکائی رشت تا سال ۱۹۶۳ در آنشهر فعالیت داشت. این بیمارستان، همانطور که در فوق بدان اشاره گردید در اصل بنام بیمارستان مسیحی آمریکائی که در میان عامه بنام بیمارستان فریم معروف و مورد نیاز بسیار برای مردم گیلان بود.
دکتر فریم در سال ۱۸۸۰ در ایالت ویسکانسن[۵۲] آمریکا بدنیا آمد. و از دانشگاه پنسیلوانیا در شهر فیلادلفیا فارغ التحصیل شد و درجه دکترای پزشکی خود را دریافت داشت. پس از ورود به رشت زمانی طول نکشید که محبت اهالی را بخود جلب نمود و مورد تقدیر و احترام همگان قرار گرفت. دکترفریم در سال ۱۹۱۵ با خانم گریس موررای[۵۳] یکی از اعضاء میسیون ازدواج نمود. از این ازدواج صاحب چهار فرزند شدند. یکی از پسرانش در رشت در گذشت. همسرش را نیز در سال ۱۹۳۹ در آن شهر از

---

[۵۰] - D. J. Frame

[۵۱]. آراباني: گیلان ۱۹۹۵؛ جلد سوم . ص ۵۴۵

[۵۲] - Wisconsin

[۵۳] - Grace Murray

دست داد . در مراسم خاکسپاری آن بانو صدها نفر از اهالی معمولی و بزرگان شهر، و افرادی از مذاهب مختلف شرکت داشتند و ادای احترام بجای آوردند.

دکتر فریم پس از درگذشت همسرش به آمریکا برگشت و مجددا در سال ۱۹۴۰ به ایران مراجعت نمود. در ماه جون ۱۹۴۱ با یکی از همکارانش خانم دکتر ادلاید کیب[۵۴] ازدواج نمود و از او دختری بنام مارگریت داشت. دکتر فریم در سال ۱۹۴۱ به احتمال قوی در اثر سرطان پانکراس در گذشت و او را در جوار پسر و همسرش در آرامگاه ارامنه رشت به خاک سپردند.

علاوه بر تاسیس بیمارستان، میسیون یک آموزشگاه پرستاری نیز ایجاد نمود. دانشجویان آموزشگاه پرستاری میبایست که بدون چادر و روبنده باشند و از اینروی دختران مسلمان نمیتوانستند در این امر شرکت نمایند و تمام داوطلبان از مسیحیان و یهودیان بودند. ولی دختران گیلان بزودی بر این مشکل فائق آمدند و چادر و روبنده را در مدرسه کنار گذاشتند و توانستند وارد آموزشگاه گردند. در اینصورت این دختران در حدود ۱۲ سال پیش از رسمی شدن رفع حجاب آنرا اجرا نمودند.

مدیریت آموزشگاه پرستاری را خانم الن نیکلسن[۵۵] بعهده داشت. او در سال ۱۹۲۲ وارد رشت شد و علاوه بر سر پرستاری بیمارستان مدیریت آموزشگاه را نیز بعهده داشت و تا سال ۱۹۴۷ در رشت باقی ماند و پس از آن به بیمارستان آمریکائی کرمانشاه منتقل گردید و درسال ۱۹۵۳ ایران را ترک و به آمریکا برگشت و دو سال پس از آن زندگی را بدرود گفت. بانوان آمریکائی دیگری که در آن موسسه خدمت کردند عبارت بودند از :

54- Dr. Adelaide Kibbe

۵۵ - Ellen D. Nicholson

یونیس باربر،[۵۶] اما دگنر،[۵۷] گوآن بلگمن،[۵۸] گرترود بنز،[۵۹] هارو،[۶۰] اسکات،[۶۱] ،براون،[۶۲] بین[۶۳] و کی گن.[۶۴]

پزشکان دیگری که در این بیمارستان خدمات با ارزشی بمردم آن دیار کردندعبارت بودند از :

۱ – دکتر هری برینک من.[۶۵] کارهای ارزنده وی در رشته های فیزیولژی، آناتومی، و میکروب شناسی بود. او در سال ۱۹۳۴ در رشت شروع بکار نمود.

۲ – دکترادلایدکیب: درسال۱۹۳۶به رشت رفت و با دکتر فریم ازدواج نمود و پس از مرگ فریم با پزشک دیگری بنام هافمن ازدواج کرد.

۳ – دکترهافمن:[۶۶] در سال ۱۹۴۵ از مشهد برشت منتقل گردید. اندکی بعد خانمش با بیماری سرطان فوت نمود و و او با دکتر ادلاید کیب ازدواج کرد.

۴ – پزشکان: وال استرام،[۶۷] گوردن اسکات،[۶۸] مورراى، ساتر الکر.[۶۹] این افراد نام نیکی از خود در خدمت به مردم بجای گذاشتند.[۷۰]

---

[۵۶] - Unise Baber

[۵۷] - Emma Degner

[۵۸]- Guan Belgman

[۵۹] - Gertrude Benz

[۶۰] - Harve

[۶۱] - Scott

[۶۲] - Brown

[۶۳] - Bean

[۶۴]- Kigen

[۶۵] - Dr. Harry Brinkman

[۶۶] - Dr. Hoffman

[۶۷] -Dr. Walstram

نتیجه کوشش و فداکاری آنان در تخفیف آلام مردم محتاج بود که توانستند محبت و عشق ساکنین آن استان را جلب نمایند و خاطره آنان پیوسته در قلب مردم گیلان باقی مانده و در تاریخ آن استان یادگار دائمی از خود بر جای گذاشتند. افراد کهن سال اجتماع، فداکاری این کسان را برای جوانان بازگو میکنند. با گذشت زمان، تعداد آمریکائیانی که به ایران می آمدند افزوده میشد.

پس ازچاپ نسخه انگلیسی این کتاب آگاهی بسیارجالب توجه و مفیدی در یافت شد حاکی از آنکه مسیحی های ارومیه علاوه بر کارهای عام المنفعه خود اقدام به ساختن بیمارستانی در آنشهر کردند و در دنباله اینکار بدین نکته بر میخورند که برای اداره کلینیک نیاز به کادر پزشکی نیز دارند. بدین روی نخستین دانشکده پزشکی ایران را بوجود آوردند.[۷۱]

این دانشکده در سال ۱۸۸۱ گشایش یافت و مروجین مسیحی سرپرستی آن را بعهده داشتند. در سال اول چهار دانشجو را با دقتی کامل انتخاب نمودند. آموزش دوره های نخستین را بعلت کمبود پزشک فقط دو سال تعیین نمودند. سر پرستی دانشکده بعهده دکتر کاکران[۷۲] بود که در سال ۱۹۰۵ در گذشت. دانشکده در جمع شش دوره پزشک تربیت نمود.

پس از درگذشت دکتر کاکران، جراح عالیقدر دیگری بنام دکتر هری پاکارد[۷۳] مسئول تعلیم در دانشکده گردید. پزشکانی دیگر همچون خانم نورَا مک کومب[۷۴] در سال ۱۹۱۶ به یاری دکتر پاکارد آمد و همچنین

---

[۶۸] Dr. Gordon Scott

[۶۹] - Dr. Satter Elker

[۷۰] - Dr. H. Taeb: the Hospitals of Rasht.

[۷۱] این اطلاعات توسط دکتر ژوزف ملیک هوسپیان در اختیار ما گذاشتند و از ایشان سپاسگزاریم.

[۷۲] - Dr. Cochran

[۷۳] - Dr. Harry Packard

[۷۴] - Dr. Laura McComb

دکتر ساموئل کلمنت.[۷۵] از اعضا برجسته کلیسا که قسمت اعظم هزینه احداث و اداره دانشکده و بیمارستان را تقبل کرد. از این دانشکده جمعا ۳۴ پزشک فارغ التحصیل شدند که بیشترین آنان آسوری بودند.

ایجاد روابط سیاسی بین ایران و آمریکا:

دولت ایران و میسیون مسیحی، هر دو مایل بر این بودند که روابط کامل دیپلوماتیک بین ایران و آمریکا ایجاد گردد. به ویژه که پیمان تجاری و دوستی بین دو کشور در ۱۳ دسامبر ۱۸۵۶ در هشت ماده در شهر اسلامبول (ترکیه) امضاء شده بود. امضاء کنندگان عبارت بودند از: کارول اسپنسر[۷۶] به نمایندگی از سوی دولت آمریکا و امین الدوله فرخ خان از سوی ایران. این پیمان را مجلس سنای آمریکا در تاریخ ۱۲ مارچ تصویب و توسط رئیس جمهور وقت جیمز بوکانن[۷۷] امضا شد.

با وجودیکه عهدنامه دوستی و بازرگانی بین دو کشور بر قرار بود، دولت آمریکا ایجاد روابط سیاسی بین دو کشور را بتاخیر می انداخت. تعدادی زیادی از مردم بخصوص بعضی از نمایندگان کنگره آمریکا بر این عقیده بودند که تا روابط سیاسی – اجتماعی و روابط بازرگانی با ایران بر قرار نشود روابط کامل دیپلوماتیک ایجاد نخواهد شد. در بین این افراد نماینده کنگره آمریکا آقای داوس[۷۸] که در آنموقع خواهر و شوهر خواهرش در ایران از مروجین مسیحی بودند آگاهی های دست اول راجع به ایران و ایرانیان را باو داده بودند.[۷۹] در حالیکه روابط دوستانه و بازرگانی بین دو کشور بر قرار بود، آقای داوس برنامه روابط سیاسی با ایران را مقدم

---

۷۵ - Samuel Clement

۷۶ - Carroll Spencer

۷۷ - James Buchanan

۷۸ - Dawes

۷۹ - Ali Pasha Saleh; The Cultural Ties Between Iran and the US, 1976,

میدانست. ولی بواسطه نا آشنائی مردم آمریکا با اوضاع ایران، داوس نتوانست توجه کنگره آمریکا را برای برقراری روابط سیاسی با ایران جلب کند.
داوس در سال ۱۸۸۲ پرونده‌ای در مورد گرفتاری های آمریکائیها در ایران که نتیجه دخالت روسیه و انگلیس بود تشکیل داد. آنان به هیچوجه مایل نبودند که دولت آمریکا وارد صحنه سیاسی ایران بشود. با ارائه این گزارش داوس مجددا ایجاد روابط سیاسی بین این دو کشور را درخواست نمود.
در ضمن، بسیاری از ایرانیان صاحب مقامات رسمی و دولتی، مایل به پیدایش یک کانون آمریکائی در ایران بودند. این امر همچنین آرزوی نمایندگان ایرانی در خارج از کشور بود. در دوم ماه می ۱۸۸۱ جان. و. فاستر[۸۰] سفیر آمریکا در سنت پیترزبورگ گزارشی بر این مبنی به وزارت خارجه آمریکا میفرستد و اظهار میدارد:" در جریان جشن امپراتوری تزار، نماینده ایران در روسیه[۸۱] در ملاقات با سفیر آمریکا، به سبب برقرار نکردن سفارتی در تهران اظهار تاسف نمود."سفیر آمریکا این موقع را مغتنم شمرد و تاکید نمود که سفیر ایران در دربار سنت جیمز[۸۲] انگلیس، مکرراً لزوم ایجاد یک کانون آمریکائی را در ایران واجب دانسته است. در همان نامه فاستر اظهار داشت که در ملاقاتی که دو سال پیش در روسیه با شاه ایران، ناصر الدین شاه، داشته اینطور استنباط نموده که شاه بسیار مایل به برقراری روابط با آمریکا بوده است. بالاخره در سوم اگست ۱۸۸۲، کمیسیون امور خارجه کنگره آمریکا فرستادن نماینده‌ای را به ایران تصویب نمود و مبلغ ۵۰۰۰ دلار برای اینکار اختصاص داد و برای تصویب نهائی به کنگره فرستاد.

---

۸۰ - John W. Foster

۸۱ میرزا حسین خان سپهسالار

82- Saint James.

این لایحه مورد تائید چند عضو کنگره بود که از آن دفاع میکردند[۸۳]. فاستر سفیر آمریکا در روسیه، و کیسن[۸۴] کنسول سابق آمریکا در اطریش در دفاع از این لایحه صحبت نمودند. کیسن اظهار داشت که داد و ستد در ایران بطور متوسط در هر سال معادل ۱۸ تا ۲۰ میلیون دلار است. پنبه آمریکا در ایران به فروش میرسد بدون اینکه کوچکترین سودی از بابت آن به آمریکا برسد و تمامی بهره نصیب صادر کنند گان انگلیسی میشود. سر انجام این لایحه در ۵ اگست ۱۸۸۲ به تصویب میرسد.

ابتدا پست وزیر مختاری در ایران را به یکی از مروجین مسیحی آمریکائی بنام کشیش هنری جیسپ[۸۵] که در سوریه بود پیشنهاد میکنند. او از پذیرفتن این مقام بعلت اینکه با روح مبلّغی و مبانی دینی او مغایرت دارد خود رامعذور داشت. پس از آن وزیر خارجه وقت آمریکا، فردریک .ت. فرلینگ هاوزن[۸۶]، از تعداد کسانی که توسط برخی از نمایندگان کنگره به وی معرفی شده بودند، جی. و. بنجامین[۸۷] را که سابقه ۲۴ سال تجربه در خاور میانه و کشورهای اطراف مدیترانه داشت و همچنین به زبانهای یونانی و ترکی و فرانسه تکلم میکرد و کتابی راجع به روابط بین یونان و ترکیه تالیف نموده بود، برای پست ایران انتخاب میکند.

بنجامین در ۲۷ فوریه ۱۸۸۳ اعتبارنامه خودرا از چستر آرتور[۸۸] رئیس جمهور آمریکا بعنوان نخستین نماینده سیاسی آن کشور در ایران گرفت. او در تاریخ ۹ جون ۱۸۸۳ پس از ۶۵ روز حرکت از نیویورک وارد تهران

---

[۸۳] - William (Wisconsin)/ Curtin (Pennsylvania)

[۸۴] - Kasson

[۸۵] - Reverend Henry Jessup

[۸۶] - Fredrick T. Frelinghausen

[۸۷] - Samuel Greene Wheeler Benjamin

[۸۸] - Chester Arthur

شد. در آن سفر از کشور فرانسه (شهرهای بوردو، و مارسی) و ترکیه (اسلامبول) و شهر باکو گذشته وارد بندر پهلوی میگردد و در آنجا پادشاه (ناصرالدین شاه)، کشتی سلطنتی را در اختیارش قرار میدهد که او را به بندر پیربازار برساند. در آن شهر وی و همراهانش مورد استقبال استاندار گیلان قرار میگیرند و با آنان برشت مرکز استان گیلان میروند.
در رشت صدها نفر از مردم عادی و اعضای رسمی ادارات از آنان استقبال شایان کردند. در آنموقع تلگرافی از طرف شاه دریافت شد که عازم رفتن به محل تابستانی خود میباشد و اگر بنجامین میخواهد معرفی نامه‌اش را تسلیم نماید، باید هر چه زودتر خود را به پایتخت برساند. پس از دریافت آن تلگراف، بنجامین مصلحت دید که بفوریت بسوی تهران حرکت نماید. بنابراین قبل از اینکه خانواده‌اش وارد ایران شوند عازم تهران شد. زمانی که هنوز در بین راه بود مجددا تلگرافی در تاریخ ۱۰ جون ۱۸۸۳ از جانب شاه رسید مبنی براینکه شاه حاضر است با عالی ترین افتخارات بنجامین را بحضور بپذیرد و روز بعد را برای این ملاقات تعیین نموده بود.[۸۹] در ساعت یک بعد از ظهر ۱۱ جون ۱۸۸۳ یک درشکه سلطنتی جهت بنجامین فرستاده شد تا او را به کاخ شاهنشاهی برساند. بمحض ورود درشکه بدربار به افتخار او توپها شلیک شد. شاه با کمال احترام باو خوشایند گفت.
بنجامین در باره این برخورد اینطور نقل میکند: "بیشترین نگرانی شاه آن بود که آیا آمریکا میخواهد نماینده دائمی در ایران داشته باشد یا نه؟[۹۰]"
این موضوع نشان میدهد که چقدر ایرانیان مایل به دخالت یک قدرت بیطرف بودند و میخواستند که از آن قدرت استفاده و خود را از قید و بند روسیه و انگلیس رها کنند. اما بعلت اتفاقاتی که بعداً رخ داد، ثابت شد آنطوریکه ایرانیان مایل بودند آمریکائیها نخواستند مقابله به مثل کنند.

---

[۸۹] - Ali Pasha Saleh; The Cultural Ties Between Iran and the US; 1976,p. 251
[۹۰] -Ibid

بنجامین تا آوریل ۱۸۸۵ در پست خود باقی ماند و پس از اینکه حزب دموکرات بکاخ سفید راه یافت، وی مطابق معمول زمان از پست خود در تهران استعفاء نمود.

پس از برگشت از ایران کتاب مفصلی بنام "ایران و ایرانیان" نوشت و جزئیات مشاهدات خود را از اوضاع وقت و زندگی اجتماعی و فرهنگ مردم ذکر نمود. همچنین مقداری از دخالتهای بیجای دولتهای خارجی را گزارش داده است. در تاریخ ۵ اپریل ۱۸۸۶، فردریک وینستن [۹۱] دومین وزیرمختار آمریکا بایران آمد و فقط به مدت یک ماه در ایران بود. دولت ایران تا زمانی که آمریکا سومین وزیر مختار خودرا نفرستاد، نماینده ای به آمریکا گسیل نداشت. سومین نماینده آمریکا در ایران اسپنسر پرات [۹۲] بود که در تاریخ ۸ اگست ۱۸۸۶ وارد ایران شد. در آنموقع بود که شاه ایران تصمیم گرفت که کشورش باید نماینده‌ای در آمریکا داشته باشد. بدین سبب حاج حسین قلی خان معتمد الوزاره را که فردی سیاستمدار بود انتخاب نمود. این شخص که به لقب حاجی واشینگتن نامیده میشد یکی از پسران آقا خان نوری صدر اعظم سابق ایران بود. حاجی همراه با ده تن از افرادی که به زبان انگلیسی آشنائی داشتند در سال ۱۸۸۹ وارد واشینگتن گردید.

دوم:

هاوارد. سی. باسکرویل یا لافایت آمریکائی: [۹۳]

با آغاز سده بیستم میلادی تعداد آمریکائیان در ایران رو به افزایش گذاشت. رفتار آنان نسبت به ایرانیان و موقعیت آنان در قبال بیرحمی و خونخواری دولت و گرفتاریهای ایجاد شده توسط انگلیس و روسیه باعث

---

[۹۱] - Fredrick Winston

[۹۲] - Spenser Pratt

[۹۳] - Howard Conklin Baskerville (the American Lafayette.)

شد که این تازه واردان قهرمان ملی ایران شوند. افراد آمریکائی بهر جا که میرفتند، مردم ایران با آغوش باز از آنان استقبال میکردند. در آنموقع تفاهم واقعی بین میزبانان ایرانی و میهمانان آمریکائی آنان بر قرار شد. رفتار آمریکائیها باعث شد که خلائی که در قلب ملت ایران بود پر و پنجره ای برپایه یک آینده روشنتری به روی آنان باز شود. موفقیتهائی که بعضی از این آمریکائیان تازه وارد در ایران بدست آوردند باعث تحسین ایرانیان شد زیرا که از دولت انگلیس و روسیه نفرت داشتند.

هاوارد. سی. باسکرویل زمانی که وارد ایران گردید ۲۳ سال داشت. وی در ده اپریل ۱۸۸۵ در نورث پلات نبراسکا[۹۴] چشم به جهان گشود. از مدرسه تئولوژی (علوم دینی) دانشگاه پرینستن [۹۵] در سال ۱۹۰۷ فارغ التحصیل و در آنموقع کنتراتی سه ساله با میسیون مبلغین پرسپبیترین امضاء کرد و اورا به تبریز فرستادند تا در مدرسه مموریال، انگلیسی و علوم را تدریس نماید. پس از مدت کوتاهی در تبریز، با یکی از معلمین ایرانی، حسین شفیع زاده[۹۶] که شخص میهن پرست و ملی گرائی بود آشنا شد. شکی نیست که افکار سیاسی شفیع زاده تاثیر شدیدی در روحیه باسکرویل داشت وشهادت سیاسی شفیع زاده، خاطره تلخی در مغز این جوان آمریکائی بر جای گذاشت.

اعتقادات شاگردان باسکرویل نسبت به کشورشان و امید بداشتن یک دولت بهتری برای ایرانیان باعث بر افروختن آتش آزادی در روح حساس باسکرویل گردید و تاثیری بس ژرف در او گذاشت. بطور یقین باسکرویل احساس مسئولیت در برابر این شاگردان را میکرد. او با یکی از شاگردانش

---

[۹۴] - North Plate Nebraska

[۹۵] - Princeton University

[۹۶] - Dr. R. Shafagh; Howard Baskerville; Tehran Journal , 1978, No. 313

«رضا زاده شفق» بسیار نزدیک شد. بعد ها این شاگرد بنام دکتر رضا زاده شفق، استاد زبان و ادبیات فارسی در دانشگاه تهران گردید.
درسال ۱۹۰۸، روزی باسکرویل از شفق میخواهد که به دفترش رود و از او درخواست میکند که راجع به اغتشاش و شلوغی شهر و محاصره آن توسط نیروهای دولتی برای او شرحی بدهد. شفق آنچه که در باره آن اوضاع آشفته میدانست برای استاد خود توضیح داد. باسکرویل نیز شمه‌ای در باره جنگ استقلال آمریکا را برای شاگرد خود بیان نمود[۹۷].
در تاریخ شش اوگست ۱۹۰۶، مظفرالدین شاه قاجار با خواست ملت ایران قانون مشروطیت را اعلام نمود، ولی بدست آوردن دموکراسی واقعی برای مردم ایران به حقیقت نپیوست. شاه و افراد مرتجع مانع ایجاد و برقراری دموکراسی بودند. پس از مرگ مظفرالدین شاه پسرش محمد علی شاه[۹۸]جانشین او گردید. وی کاملا با حکومت مشروطه مخالف و چندین بار بار کوشش نمود که آنرا لغو نماید و با حمایت دولت روسیه سعی نمود که مجلس را منحل کند.
سر انجام با یاری هنگ قزاق که زیر فرمان سرهنگ روسی، لیاخوف[۹۹]بود تعداد زیادی از نمایندگان مجلس را زندانی و یا تیرباران نمودند. محمد علی شاه براین باور بود که حکومت مشروطه تهدید بزرگی بر علیه پادشاهی او خواهد شد. تنش بین شاه و اصلاح طلبان شدت گرفت بطوریکه لیاخوف دستور داد که مجلس را به توپ بستند و حکومت نظامی اعلام شد. در آن ماجرا بسیاری از مشروطه طلبان کشته شدند. این اقدام دولت باعث گردید که شورش در تهران و شهرهای دیگر برقرار گردد.

---

[۹۷] Dr. R. Shafagh; Tehran Journal; Dec. 14, 1959

[۹۸] محمد علی شاه (۲۱ ماه جون ۵-۱۸۷۲ اپریل ۱۹۲۵ و از ۸ ژانویه ۱۹۰۸ تا ۱۶ جولای ۱۹۰۹ سلطنت نمود) -

[۹۹] - Colonel Liakoff

در تبریز یکی از آزادیخواهان بنام ستارخان، ارتشی که شامل عده‌ای از میهن پرستان بود تشکیل داد تا بر علیه حکومت مرکزی قیام نماید. با دستور دولت روسیه، شاه قشونی برای سرکوبی انقلابیون فرستاد. میهن پرستان یکسال تمام شجاعانه با وجود نداشتن غذا، و اسلحه و کمکهای پزشکی با نیروی دولتی جنگیدند.

معلم جوان آمریکائی، باسکرویل، به تمام آنچه میگذشت از نزدیک آگاه بود و با شاگردانش همدردی میکرد. این احساس در او ایجاد گردید که نمیتواند به آنچه در مجاورش میگذرد بی تفاوت بماند. از بیعدالتی شاه مستبد و اعمالی که از سوی قدرتهای خارجی به انقلابیون تحمیل میشد بینهایت آزرده خاطر بود و شهامت جنگجویان ایرانی را جهت دستیابی به آزادی تحسین مینمود. باسکرویل بسبب پیمان ۱۹۰۷ سنت پیتزبورگ که مبنی بر تقسیم ایران بسه قسمت میشد، انزجار شدیدی نسبت به وزیر خارجه انگلستان سر ادوارد گری [۱۰۰] پیدا کرده بود. در این پیمان بخشهای شمالی و جنوبی برای حفاظت منافع روس و انگلیس و بخش مرکزی بنام قسمت بیطرف منظور شده بود.

قوای آزادیخواهان با ارتش قزاقها میجنگیدند تا محاصره تبریز را بشکنند. شاگردان جوان مدرسه مموریال تبریز نیز در این جریانات فعالیت کامل داشتند. در آنهنگام باسکرویل سازمانی از دانشجویانش تشکیل داد و آموزش جنگی را برای آنان آغاز نمود. در اسلحه خانه شهر تعدادی از تفنگهای کوتاه آلمانی موجود بود که از آنها برای اینکار استفاده نمود.

دکتر ساموئل گراهام ویلسون [۱۰۱] مدیر مدرسه از باسکرویل درخواست نمود که در امور داخلی ایران دخالت نکند و یاد آوری نمود که اینکار بر خلاف

---

[۱۰۰] - Sir Edward Gray

[۱۰۱] - Dr. Samuel Graham Wilson

رسالت میسیون و مدرسه میباشد[۱۰۲]. باسکرویل بدین هشدارها اعتناعی ننمود. خانم آنی .ری . ویلسون[۱۰۳]همسر دکتر ویلسون، که در ایران هنگامیکه پدرش از مبلغین مسیحی بود بدنیا آمده بود، نامه‌ای به خانواده باسکرویل نوشت و نگرانی خود را به آنان گوشزد کرد و هشدار داد که باسکرویل خود را در معرض شهادت قرار داده است. این خانم شخصا باسکرویل را پند میداد که در این انقلاب مشارکت نکند و به او اینطور اظهارکرد: "تو میدانی که بخودت تعلق نداری[۱۰۴]" . باسکرویل در پاسخ میگوید" درست گفتید من متعلق به ایران هستم ."

باسکرویل و شاگردانش بجنگجویان ستّارخان پیوستند. ستّارخان مایل نبود که یک آمریکائی در این جنگ با او شرکت نماید، وی بمراتب ترجیح میداد و میگفت که باسکرویل اگر بصورت معلم بماند، خدمت بیشتری بما خواهد کرد.[۱۰۵] سال نو ایرانیان فرا رسید و سیزدهم نوروز را همگان در خارج از شهر جشن گرفته بودند. سال ۱۹۰۹ سیزده نوروز به مانند سایر سالها بود. ستارخان بگمان اینکه در آنروز قوای دولتی بر علیه میهن پرستان اقدامی نخواهند کرد دستور داد تا میتینگی از تمام آزادیخواهان در یکی از میدانهای شهر تشکیل شود که بتواند نقشه‌ای برای آینده طرح نمایند. در این هنگام یکی از آزادیخواهان گزارش داد که کنسول آمریکا در تبریز ویلیام . اف. دوتی[۱۰۶] در اینجا است و میخواهد که با ستّارخان صحبت کند. شفق داستان این برخورد را بدین نحو گزارش میدهد:

---

۱۰۲ - Ali Pasha Saleh; Cultural Ties Between Iran and the US, 1976,p. 320

۱۰۳ - Annie Rhea Wilson

۱۰۴ - Robert D. Burgener; Iranian, August 1998, 1.

۱۰۵- Dr. Shafagh; Cultural Ties between Iran and the US, 1976,p.320

۱۰۶ - William F. Dotty

"ستار خان بمن گفت ای جوان آنچه را که بتو میگویم میخواهم که برای کنسول آمریکا ترجمه کنی:" ما به آمدن شما در اینجا خوش آمد میگوئیم و مطمئن هستیم که آمریکائیها با آرمان ما برای آزادی همدردی میکنند." در این موقع کنسول آمریکا سخنان ستّارخان را قطع نمود و گفت ملاقات من با شما بخاطر باسکرویل است. ستّارخان در پاسخ اظهارداشت: "ما بوجود باسکرویل افتخار میکنیم که در تلاش ما ایرانیان برای بدست آوردن آزادی و رهائی از نفوذ خارجیها و استبداد فعالیت میکند... این امر ممکن است که بقتل او منتهی گردد... که باعث کمال تاسف ما خواهد شد... من میخواهم که او جنگیدن را بعهده ما بگذارد و به تدریس خود که بسیار بدان نیاز است ادامه دهد... اما اگر اصرار برای جنگیدن دارد و میخواهد با ما همکاری نماید مانعی ندارد ولی ما نمیتوانیم مسئولیت آنچه که ممکن است اتفاق بیافتد بعهده بگیریم."

پس از این سخنان کنسول آمریکا روی به باسکرویل نموده و گفت:"بعنوان نماینده رسمی آمریکا مجبورم گوشزد کنم که شما یک فرد آمریکائی هستید و نمیتوانید در سیاست داخلی این کشور دخالت کنید. شما بعنوان یک آموزگار به اینجا آمده‌اید نه بصورت یک فرد انقلابی... من نصیحت میکنم که این افکار را فراموش کنید و بکار تدریس خود مشغول شوید."[۱۰۷]

باسکرویل در پاسخ کنسول دوتی میگوید: "من از محبت شما بینهایت سپاسگزارم ولی در مقابل مردمی که رنج برای بدست آوردن حق خود میبرند نمیتوانم ساکت بنشینم و بی تفاوت باشم. درست است که من یک شهروند آمریکائی هستم و بدان افتخار میکنم ولی در ضمن یک انسان هم هستم ... بشما اطمینان میدهم که از کشته شدن هیچ واهمه‌ای ندارم و مصمّم هستم که خدمت به آرمانهای ملی ایرانیان را ادامه بدهم ."

---

[۱۰۷] - Cultural Ties 1976, p. 321

در سحرگاه روز ۱۹ اپریل ۱۹۰۹ که مصادف با دویستمین سالروز جنگ لکزینگتن-کنکورد[۱۰۸] آمریکا میشد، باسکرویل به همراه معدودی از شاگردانش به ستّارخان پیوست. مقصودشان بر این بود که به کمک یکدیگر بتوانند محاصره قزاقها را بشکنند. به آنان دستور داده شد که در خندق ساکت بمانند تا قشون اصلی وارد شود و حمله نکنند تا اینکه دستور این امر صادر گردد. در بین این آزادیخواهان فقط یک سرباز با تجربه وجود داشت. او به باسکرویل هشدار داد که مبادا پیش از حمله دشمن بر پا خیزد. اما جوان آمریکائی با یک مانور متهورانه بسوی قشون دشمن خزید و ایستاد و شروع به شلیک نمود . در همان احوال گلوله ای به او اصابت نمود و بر زمین افتاد. یکنفر فریاد زد: "آمریکائی گلوله خورد" در این هنگام تمام آزادیخواهان یکباره بدشمن حمله کردند که فرصتی ایجاد شود تا بتوانند باسکرویل را از صحنه خارج نمایند. شفق مینویسد: "شاگردهایش اولین کسانی بودند که خودشان را به او رساندند و با کمک یکدیگر باسکرویل را از میدان خارج نمودند. من سرش را بر سینه خود گذاشتم و دیدم که خون از زیرکراواتش جهش میکند، چند لحظه بعد آخرین نفس را کشید ."

خبر کشته شدن آن جوان آمریکائی بسرعت برق در شهر انتشار یافت که باعث تاثر و تالم مردم گردید. پیکرش را به مدرسه مموریال نزد دکتر ویلسن بردند. او را در آرامگاه ارامنه در جنوب باختری شهر تبریز بخاک سپردند. در مراسم خاکسپاری ده ها هزار از مردم تبریز و شهرهای اطراف شرکت کردند. مرگ باسکرویل مردم ایران را تکانی شدید داد. روزنامه های کشور مقالاتی در باره او انتشار دادند و اظهار داشتند که زندگی خود را فدای آزادی ملتی نمود که آنان را شناخت و عاشق شان شد. مجلس تازه تشکیل شده، فداکاری باسکرویل را تحسین نمود و به او لقب" لافایت

---

[۱۰۸] - Battle of Lexington- Concord

آمریکائی"را داد. گروهی از آزادیخواهان تبریز دستور دادند که تصویر او را بر روی یک قالی نفیس بافته تا برای بازماندگانش فرستاده شود.
باسکرویل جوانی بود با هوش سرشار و با علم و معرفت و در بین دوستانش محبوبیت فراوان داشت. بهمچنین در مدرسه مموریال. یکی از دوستانش از دانشگاه پرینستن دکتر ا. ام. داد،[۱۰۹] اورا بدین نحو توصیف میکند:
"باسکرویل را اینطور بخاطر دارم: مردی با قلبی پاک، مشتاق، مصمّم، و سخت کوش که همیشه مشغول کاری بود و دائم عازم به محلی. دارای ایده های والا و بسیار به دیانتش معتقد و دوستان زیادی داشت. در هنگامی که به مرگ وی واقف شدم، شوک عظیمی بمن دست داد."
خانم مبّشر مسیحی دیگری، سارا مک داول، [۱۱۰] از تبریز در باره‌اش اینطور مینویسد: "باسکرویل جوانی بود با شانه‌های پهن، موهای قرمز و چشمهای آبی... زمانیکه او در تبریز بود، شهر در قحطی شدیدی قرارداشت، مردم گرسنه بودند. به خاطر دارم مناظری از کودکان که شکم هایشان در اثر خوردن علف بجای غذا متورم بود. باسکرویل با روح حساسی که داشت از دیدن آن اوضاع بینهایت متاثر میشد. شاگردانش معتقد بودند که او نسبت به آنان بردبار بوده و شخصیتی دلپذیر داشته است."
در سال ۱۹۵۰ با اجازه دولت آمریکا میهن پرستان تبریز پلاکی برای قبر باسکرویل تهیه وبر آرامگاهش جای دادند. روی پلاک شعری از شاعر معروف ایرانی عارف نگاشتند. عنوان شعر عبارت بود، "برای لوح آرامگاه هاوارد باسکرویل- فدائی مشروطیت ایران." شعر نیز بدین مضمون بود:

ای محترم مدافع حّریت عباد وی قائد شجاع و هوادار عدل و داد
کردی پی سعادت ایران فدای جان پاینده باد نام تو وروحت همیشه شاد

---

[۱۰۹] - Dr. A. M. Dodd

[۱۱۰] - Sara Mc Dowell

سفیر آمریکا در ایران ادوارد وایلر ۱۹۵۸[۱۱۱] ۱۹۶۱- در این مراسم یادبود چنین گفت : "ما آمریکائیها آنطور که تاریخ گواهی میدهد بر این باور هستیم و ثابت کرده‌ایم که هر گاه برای عدالت و دفاع از آزادی از ما کمکی خواسته شود به فوریت بدان درخواست پاسخ مثبت خواهیم داد."

توماس .م . ریکس استاد دانشگاه ویلا نوا[۱۱۲] در سال ۱۹۸۰ بدیدار آرامگاه باسکرویل در تبریز رفت و در این زمان بود که شعارهای ضد آمریکائی در ایران به شدّت رایج بود. بقرار اظهار این دانشمند هردفعه‌ای که بدیدار آن آرامگاه میرفت گل رز، زرد رنگ، تازه‌ای بر آن مشاهده مینمود و فراد محلی میگفتند که در بیشتر اوقات این قبر با گل رز تازه پوشیده است.

هفت سال پس از مرگ باسکرویل در سال ۱۹۱۶ دکتر ساموئل گراهام ویلسون مدیر مدرسه مموریال در حالیکه جهت کمک به آسیب دیدگان و افراد نیازمند رفته بود جان خود را از دست داد و او را در جوار دو کودک جوان خود و باسکرویل به خاک سپردند.

سوم

ویلیام مورگان شوستر[۱۱۳]:

در اواخر دهه اول سده بیستم اوضاع اقتصادی ایران دچار بی نظمی شدیدی بود. در آن هنگام دول انگلیس و روسیه سعی میکردند که با روش ویژه خود از اوضاع آشفته کشور حد اکثر استفاده را بنمایند. برای انجام این منظور بسر سپردگان ایرانی خود احتیاج وافر داشتند. این گروه اخیر شامل برخی از اعضا خانواده سلطنتی، درباریان، علمای دینی، و اعضا عالی

---

۱۱۱ - Edward T. Wailes

۱۱۲ - Thomas M. Ricks; University of Villanova

۱۱۳ - William Morgan Shuster

رتبه دولت و کسانی که برای منافع خصوصی، کشور خود را فروخته بودند میشد.

دولت روسیه نفوذ بیشتری بر احمد شاه،[۱۱۴] آخرین پادشاه قاجار و خانواده سلطنتی و بعضی از مامورین دولتی داشتند از این روی بر دولت انگلیس احساس برتری میکردند. تقاضا های آنان از دولت ایران بیشتر به صورت فرمان صادر میگردید. در عین حال انگلیس برای تامین منافع سیاسی و اقتصادی خود از پرداختن رشوه بهره گیری مینمود. اینکار را باشرکت اعضاء سلطنتی ایران و برخی از کارمندان دولت و بطور شدیدتری توسط علمای دینی انجام میدادند.[۱۱۵]

در آنزمان بیشترین در آمد دولت ایران از دریافت مالیاتهای گمرکی بود و اداره این سازمان در دست شخص بلژیکی بنام مونراد[۱۱۶] که از دست پروردگان روسها بود قرار داشت. مونراد در حقیقت یک غارتگر واقعی برای ایران بود. او با همکاری و حمایت اربابانش به مانند اعضاء سلطنتی و کارمندان عالی رتبه دولتی مشغول فریب دادن مردم ایران بود.

مجلس ملی تازه تشکیل شده، بر این باور بود که باید شخص با سابقه ای در امور اقتصاد را جستجو نمایند که پیشینه خوبی در این امر داشته باشد و بتواند به این وضع سردرگم و ندانم به کاری ادارات کشور خاتمه دهد. نمایندگان مردم بر این باور بودند که چنین شخصی نباید تابع روس و انگلیس باشد. بیشترین امید آنان بر این بود که بتوانند فردی از آمریکا که دارای معلومات و سوابق کافی در این امور باشد پیدا کنند. در ماه های نوامبر و دسامبر ۱۹۱۰ دولت ایران در این کار کوشش بسیار بکار برد و

---

[۱۱۴] - احمد شاه در تاریخ ۲۱ ژانویه ۱۸۹۸ متولد و در ۲۱ فوریه ۱۹۳۰ درگذشت واز ۱۶ جولای ۱۹۰۹ تا ۳۱ اکتبر ۱۹۲۵ سلطنت نمود.

[۱۱۵] - H. Sobhani; British Policy in Persia 1918-1925, Eastern Committee 45th meeting, Dec. 30, CAB 27124.

[۱۱۶] - Monrad

نمایندگان ایران در واشینگتن از وزارت خارجه آمریکا برای پیدا کردن چنین شخصی که واجد شرایط باشد یاری خواستند و توانستند شخص مورد نظر، "ویلیام مورگان شوستر" را پیدا کنند .
کنتراتی برای مدت سه سال بین او و دولت ایران امضاء گردید که در آن شوستر به عنوان خزانه دار کل کشور تعیین شد. ناگفته نماند که این تصمیم ایران با مخالفت سختی از سوی روس و انگلیس روبرو گردید. آنان با آوردن فشار های زیاد به نمایندگان مجلس که اکثراً تحت نفوذشان بودند دستور دادند که بمحض ورود شوستر لایحه استخدام او را در جا لغو نمایند. با وجود همه این فشارها، لایحه استخدام شوستر با اکثریت آرا به تصویب رسید.
زمانی که استخدام شوستر رسمیت یافت، نماینده روسیه در واشینگتن نامه اعتراضی شدیدی به وزارت خارجه آمریکا نوشت و اظهار داشت:"چقدر استخدام یک مستشار مالی برای کشور ایران غیر عاقلانه و جهت روسیه غیر دوستانه محسوب میشود.[۱۱۷]" پاسخ وزارت خارجه آمریکا به آنان این بود: "کنترات مورد بحث بین یک آمریکائی متخصص و یک دولت پادشاهی مستقل انجام یافته است و دولت آمریکا به هیچوجه خود را واجد شرایط به مداخله در چنین کاری نمیبیند".
شوستر و همکارانش در تاریخ ۱۲ می ۱۹۱۱ نیویورک را ترک کردند. او برای شغلی که استخدام شده بود کاملا شایستگی داشت و تجربه زیادی درامور مالی و کمرگی در کوبا و فیلیپین در بین سالهای ۱۸۹۷ تا ۱۹۰۵ آموخته بود. همچنین بین سالهای ۱۹۰۶-۱۹۰۸ در وزارت آموزش فیلیپین سابقه خدمت داشت. دولت ایران به شوستر اختیارات تام داد تا هر که را صلاح میداند استخدام نماید.[۱۱۸] طولی نکشید که مخالفین آغاز

---

[۱۱۷] - W.M. Shuster; Strangling Persia, 1912, p. 5

[۱۱۸] - Charles I. Mc Caskey, Ralph W. Hill; Bruce G. Dickey.

تبلیغات سوء بر علیه وی نمودند. این امر از طرف روس و انگلیس آغاز گردید و سپس به نمایندگان ایرانی آنان منتقل شد. همدستان آن دو دولت خارجی، شایعات دروغین در باره شوستر ایجاد و منتشر نمودند. بزرگترین آن شایعات این بود که او را بعنوان یک فرد بهائی معرفی کردند. این امر سابقه‌ای دراز در ایران دارد، هر وقت بخواهندکسی را در میان مردم منفور نمایند برچسب بهائی بودن به آنان میزنند. در کشوری مانند ایران که با فقر بسیار شدید فرهنگی و تسلط ملاها بر مردم روبرو است استفاده از این امر کاملا شایع و یکی از موازینی بود که توسط بیگانگان بویژه انگلیس مورد بهره برداری قرار میگرفت. شوستر خود منشاء این شایعه را از وزرای مختار انگلیس سر جرج بارکلی[۱۱۹] و روسیه پوکلسکی کوزیل[۱۲۰] میداند. آنها به این وضع میخواستند که شخصیت او را در میان ایرانیان با این بر چسب نابود کنند.[۱۲۱]

شوستر و همکارانش برای آغاز اصلاحات اوضاع مالی ایران اتلاف وقت نکردند و بلافاصله شروع بکار نمودند. اندکی پس از ورود، صورت کامل بودجه را سریعا تهیه وتقدیم مجلس نمودند که به تصویب رسید. پیشنهادات شوستر برای منافع ملاکین عمده و افراد ثروتمند زیان آور بود. بدین ترتیب آنان نیز به گروه مخالفین او پیوستند و آلت دست خارجیان شدند و خائن به ملتی که جهت آزادی و تمامیت کشور تلاش میکرد.

در چنین زمانی روسها به رویه همیشگی خود که زور گوئی بود تکیه کردند و با تشویق انگلیسیها التیماتومی بدولت ایران دادند که اگر بخدمت آمریکائیان خاتمه ندهند به ایران حمله خواهند نمود. درعین حال نمایندگان فرانسه و اطریش- هنگری و آلمان بدین فکر که شاید شوستر

---

۱۱۹ - sir George Barclay

۱۲۰ - Powkleski- Koziel

۱۲۱ - Shuster; Strangling Persia (1912), p.33

منافع آنها را نیز در خطر قرار دهد به روس و انگلیس پیوستند و اولتیماتومهائی بدولت ایران دادند. نمایندگان مجلس تقاضای روسیه را مبنی بر خلع شوستر رد کردند. این امر به مذاق بیگانگان خوش نیامد. واضح بود که اگر اوضاع اقتصادی ایران رو به بهبود میگذاشت و برای کشور بودجه ثابتی بر قرار میگردید که اتکاء آنان را از آن دو قدرت کاهش میداد، طبیعتا توانائی غارتگری آنها از دارائی مملکت کاسته و یا از بین میرفت. در تاریخ ۱۱ اکتبر ۱۹۱۱ روسیه التیماتوم دیگری بدولت ایران داد که در آن بطور جدی خواستار خلع شوستر شدند و اظهار داشتند یا وی را از ماموریتش منفصل کنید و یا ما به ایران حمله خواهیم کرد. انگلیسی ها که در خفا این نقشه را میریختند به ایرانیان دستور دادند که با درخواست روسیه موافقت نمایند.

در تاریخ ۲ نوامبر ۱۹۱۱ دولت انگلیس به ایران خبر داد که در حال فرستادن دو لشکر سوارکار هندی به خلیج فارس و سپس به شیراز میباشد که به موقع لزوم از کنسولگری انگلیس محافظت نمایند. در ۱۱ نوامبر ۱۹۱۱ مجلس به اتفاق آرا پیشنهاد شوستر را مبنی به استخدام هفت نفر اقتصاد دان دیگر از آمریکا جهت کمک به او تصویب نمودند. در همان روز منشی سفارتخانه شرق روسیه مجددا برداشتن شوستر را از پست خود خواستار گردید و تاکید نمود که چنانچه از درخواست دولت متبوعه وی سرکشی کنید این امر منجر بقطع روابط سیاسی بین دو کشور خواهد شد.

با همه این دشواریها و فشار دول روس و انگلیس و جیره خواران آنها در داخل کشور، شوستر بکار خود ادامه داد و شجاعانه و شرافتمندانه با دخالت های بیجای قدرتهای خارجی جنگید. او در کتاب خود "خفه

کردن پرژیا"واضحاً از وزیرخارجه انگلیس سر ادوارد گری[۱۲۲] انتقاد کرد میکند که او بود که دولت روسیه را برای خروج شوستر از ایران تحریک میکرد. شوستر با تمام قوا برای خنثی کردن نیروهای خارجی جهت اصلاح اوضاع مالی ایران جنگید. روزنامه‌های انگلیس به تاسی از دولت خود از انتقاد این گروه آمریکائی کوتاهی نکردند. تایمز لندن شوستر را متهم نمودو نوشت: "شوستر همدست میهن پرستان ایرانی شده است".

تهدیدات روسیه و انگلیس در حمله بشمال و جنوب، محیط ترسناکی در کشور ایجاد نمود. وحشت و اضطراب و ناتوانی به اعضای دولت غالب شد. اشتباه بزرگ ایرانیان در این بود که در چنین اموری با دولت بریتانیا مشورت میکردند، و حال اینکه آن دولت مسبب اصلی تمام گرفتاریها بود. درجواب دولت ایران در باب دخالت روسیه، پاسخ وزیر خارجه انگلیس آن بود که نه تنها ایران باید التیماتوم روس را بپذیرد بلکه باید از آنان در باره استخدام شوستر برای اصلاح کارهای اقتصادی ایران پوزش بخواهد.این امر کاملا نشان میدهد که این دو قدرت در آنزمان همکاری کامل با هم داشتند که ازاقدامات شوستر جلوگیری نمایند.

دولت ایران با موافقت بریتانیا اولتیماتوم روسیه را پذیرفت. وزیر خارجه وقت وثوق الدوله که خود از جیره خواران انگلیس بود با کنسول روسیه در تهران ملاقات نمود و به او اطلاع داد که تقاضای آنان را پذیرفته است. در عین حال در ۲۴ نوامبر ۱۹۱۱ کنسول روسیه اولتیماتوم جدیدی صادر نمود و درخواست کرد که این کار باید در عرض ۴۸ ساعت انجام یابد. در عین حال نخست وزیر ایران صمصام السلطنه به روسها اطمینان داد که مجلس شورای ملی ایران بدون هیچ مخالفت جدّی، لایحه برکناری شوستر را خواهد گذراند و او از مجلس درخواست اختیار تام در این مورد را خواهد نمود که اینکار را به پایان برساند.

---

[۱۲۲] - Sir Edward Gary

شوستر در کتابش مینویسد، روزیکه پیشنهاد رد پیمان با وی در مجلس خوانده شد: "سکوت عمیقی محوطه را فرا گرفت که پس از خاتمه خواندن لایحه نیز ادامه یافت: "هفتاد و شش نفر از نمایندگان که عبارت بودند از جوانان و حقوقدانان وتجار و شاهزادگان و غیره با اضطراب در جای خود نشسته بودند، یکی از وکلا از جای برخاست و در نطقی کوتاه اظهارداشت «ممکن است که خواست خداوند در این باشد که آزادی و استقلال ما را بزور از دست ما بگیرند، ولی اجازه دهید که این حکم را به دست خود امضا نکنیم.» این چند کلمه تاثیری بس ژرف درکلیه نمایندگان نمود و احساس میهن پرستی را در آنان به شدّت تحریک کرد. هنگام اخذ آرا، اسامی نمایندگان که خوانده میشد، هر یک از جای بر میخواستند و رای خود را میدادند و بدون استثنا همگی رای بر عدم پذیرش اولتیماتوم روسیه را دادند. این نمایندگان از شرافت خود دفاع کردند و آزادی و آزادگی و آزاد زندگی کردن خود را اعلام نمودند." شوستر مینویسد که هریک از این نمایندگان به سرنوشت خود می اندیشیدند و مرگ خود و گرفتاریهای خانواده خود را در نظر داشتند که در زیر چنگال خرس بزرگ شمالی بودند. برطبق قانون اساسی ایران این رای مجلس بعنوان رای عدم اعتماد بدولت بود. بنا براین از آنروز کابنیه دولت ساقط تلقی میشد و دیگر دولتی وجود خارجی نداشت.

در ۲۴ دسامبر ۱۹۱۱ کابینه معزول به یاری عده‌ای از خائنین و با پشتیبانی روس و انگلیس به مجلس حمله نمودند، وکلا را بزور از مجلس بیرون انداختند، ساختمان آنرا بستند و حکومت نظامی اعلام کردند. به عبارت دیگر در آنروز کودتائی بر علیه دولت مشروطه ایران صورت گرفت. شوستر براین باور بود که وجود او در ایران باعث آنهمه گرفتاری شده است و تصمیم گرفت که استعفای خود را تقدیم دولت نماید. اما هر روز نمایندگانی از آزادیخواهان و مردم عادی از او درخواست میکردند که تحت

هیچ نوع فشار و شرایطی استعفا ندهد. آزادیخواهان بر این باور بودند که استعفای شوستر ضربه شدیدی بدولت ایران وارد خواهد کرد.

با وجود اینکه کابینه و دولت غیر قانونی بودند، چندین بار از شوستر درخواست کردند که استعفا بدهد و قول دادند که تمام دستمزد او را به پردازند و نشان درجه اول شیر و خورشید را به او اهدا نمایند. شوستر این امر را نپذیرفت. او کابینه را غیر قانونی و منحل میدانست. کنترات شوستر با نمایندگان و مجلس ایران بود و آنان تنها کسانی بودند که میتوانستند استعفای او را بخواهند. قبلا در ۲۵ نوامبر ۱۹۱۱ نامه‌ای به شوستتر فرستاده شده بود که از وی درخواست استعفا را نمودند. آن نامه به امضای هفت نفر از اعضای کابینه منحل شده بود.

شوستر مینویسد در چنان زمانی سه راه برای وی باقی میماند:

۱ – پیشنهاد آنهارا قبول کند

۲– در مقابل درخواست آنان پایداری کند و

۳– یا اینکه پاسخی به آنها ندهد. در صورت اول که کارش را نمیتوانست به اتمام برساند که این امر باعث ناراحتی خود او میشد. در شق دوم یقین داشت که میهن پرستان به یاری او می شتافتند و در چنین موقعیتی احتمال بروز جنگ و خونریزی بوجود میآمد و در نتیجه گروهی از مردم بیگناه کشته میشدند زیرا نمیتوانستند در مقابل ارتش مسلح روس و انگلیس پایداری نمایند. از اینرو شوستر تصمیم میگیرد که راه نخستین را انتخاب نماید و در روز ۲۶ دسامبر ۱۹۱۱ استعفای خود را به کابینه منحل میفرستد.

عجیب این بود که پس از این واقعه، هم روس و هم انگلیس درخواست کردند که شغل شوستر را به مورنارد رئیس سابق گمرکات بدهند با وجود اینکه سابقه او را کاملا میدانستند و در این باره نیز به تهدید ایران دست زدند. از قرار معلوم مورنارد با هر دو قدرت خارجی همکاری داشت.

شوستر و خانواده‌اش روز پنجشنبه ۱۱ ژانویه ۱۹۱۲ تهران را به مقصد بندر پهلوی و دریای خزر ترک کردند، که از آنجا به روسیه و اروپا و سپس به آمریکا بروند. شاه اتومبیل تازه خود را با راننده در اختیارش گذاشت که آنها را از تهران به بندر پهلوی برساند. او در روز ترک تهران در جمع گروهی از دوستان آمریکائی و ایرانی سخنرانی کوتاهی نمود و در کتابش اینطور آورد: "آنروز که من در بین یک عده آمریکائی و ایرانی با خاطری افسرده ایستاده بودم بهیچوجه فراموش نمیکنم که هشت ماه پیش که وارد ایران شدم درست در همان مکان ایستاده بودم. در چنین هنگامی بود که استنباط کردم که امید مردم رنج دیده ای که میخواستند مقام خود را باز یابند، بطور بیرحمانه‌ای توسط ارتشهای به ظاهر متمدن ملل مسیحی پایمال شدند."

مردم ایران و قاطبه نمایندگان آنها در مجلس علاقه فراوان به شوستر داشتند و این احترام وی برای سالیان دراز در ایران زنده ماند. در حدود یک دهه بعد یک فرد آمریکائی دیگر مجددا بهمان شغل شوستر به ایران آمد. او دکتر آرتور. سی. میلسپو نام داشت. که در باره شوستر مینویسد: "شوستر از طرف اکثریت نمایندگان مجلس و عدّه زیادی از مردم حمایت میشد و اشکالات بین المللی که منجر به استعفای اوشد هرگز نتوانست باعث کم شدن احترام مردم به وی گردد اگر چه نتوانست به مقصود نهائی و نتیجه مطلوب خود برسد."

در سال ۱۹۱۲ شوستر کتاب خود را که حاوی تجاربش در ایران بود بچاپ رسانید و آنرا بنام "خفه نمودن پرژیا" نام نهاد. و در مقدمه آن کتاب مینویسد: "برای مردم ایران که مدیون آنان هستم. کوشش میکنم که باندازه ناچیزی از محبتهائی که در باره من روا داشتند و بخاطر اعتمادی که در شرایط نا مطلوب به من عرضه نمودند سپاسگزاری نمایم و این کتاب را که در زمان آن ماموریت نوشته ام به آنان هدیه میکنم."

جای تاسف دیگر آنست، دولت آمریکا که میتوانست در چنین موقعیت خود را وارد کار کند و از منافع شهروندانش دفاع نماید، کوچکترین گامی در این راه بر نداشت و تمام این رویدادها را در بوته فراموشی سپرد. یکی از سیاستمداران برجسته ایرانی آنزمان با یاد آوردن این حوادث مینویسد: "در این اوضاع اسفناک، افسردگی و نا امیدی، هرج و مرج و اغتشاش و افلاس و فلاکت و غمزدگی ایرانیان، ایالات متحده آمریکا خود را کنار کشید. بیطرفی آنان باعث شد که آنچه که باید انجام گیرد بکلی فراموش شود و در بوته اجمال قرار گرفت."[۱۲۳]

چهارم:

آرتور.سی. میلسپو،[۱۲۴] نخستین ماموریت او:

ایرانیان هرگز مجاهدات خستگی ناپذیر شوستر را که برای بهبودی اوضاع مالی کشور بود فراموش نکرده‌اند. چندین سال پس از برکناری او که ساخته و پرداخته دست روس و انگلیس بود، دولت ایران دریافت که وضع اقتصادیش مجددا در معرض انقراض میباشد و تصمیم گرفتند که دوباره از دولت آمریکا یاری بجویند، که شخصی را برای کمک به سرو سامان دادن آن اوضاع بایران بفرستند. در چنین امری هم مجلس و هم هئیت دولت هم عقیده بودند.

ایرانیان از سال ۱۹۲۱-۱۹۲۰ آغاز جستجو برای فردی با دانش در رشته اقتصاد نمودند، که منجر به انتخاب دکتر میلسپو گردید. این شخص مشاور مالی وزارت خارجه آمریکا بود. با موافقت وزارت خارجه آمریکا، دولت ایران میلسپو را در مقام خزانه داری کل و مالی ایران استخدام نمود. از سال ۱۹۲۷-۱۹۲۲ میلسپو در این پست در ایران خدمت نمود و از پشتیبانی مردی قدرتمند، رضاخان سردار سپه، برخوردار و بدین روی توانست

---

[۱۲۳] Ali Pasha Saleh

[۱۲۴] - Arthur C. Millspaugh

وظایفش را انجام دهد، که مورد رضایت دولت ایران باشد. او خود از اینکه در چنین موقعیتی قرار گرفته کاملا راضی و خشنود بود و برعکس شوستر از قدرت دولت برخوردار بود و توانست که برنامه خود را انجام دهد. وی بدین امر اشاره میکند و میگوید: "زمانی که شوستر در ایران بود دولت موثری در کشور وجود نداشت و خیانتهای روس و انگلیس بحد اعلا رسیده بود. وجود رضا خان تنها اختلافی بود که در این دو مرحله وجود داشت..."
میلسپو دراین ماموریت طولانی خود کوچکترین کوششی نکرد که نکته ای از فرهنگ و زبان ایران را بیآموزد و نخواست که تاریخ ایران را مطالعه نماید و مایل نبود که اطلاعاتی در باره گرفتاریهای ایران را با روس و انگلیس کسب نماید. آنچه که باعث موفقیت او در انجام نقشه هایش شد بودن رضا خان بود که ابتدا بعنوان نخست وزیر و از سال ۱۹۲۵ به عنوان پادشاه در وظایفش بدو کمک مینمود. میلسپو در این باره مینویسد: "[۱۲۵] ما قراربود که با شکست روبرو شویم... چنانچه نیروی ارتشی ایران و حمایت رضا شاه نبود ما موفق نمیشدیم."[۱۲۶]
در باره کارهای میلسپو، در بخش مربوط به مشاورین آمریکائی در ایران، به تفصیل گفتگو خواهیم کرد.

پنجم :

ساموئل مارتین جردن :

شوستر و میلسپو در مورد اقتصاد و دارائی و سیاست مالی کشور توسط دولت ایران استخدام شدند. اما افرادی که از این به بعد از آنان سخن خواهد رفت، کسانی هستند که از سوی تشکیلات گوناگون برای بهبود

---

[۱۲۵] - Arthur C. Millspaugh, The American Task in Persia (1949)p. 187-188

[۱۲۶] - Ali Pasha Saleh: Cultural Ties Between Iran and the US, (1976), p. 109.

اوضاع فرهنگی و انسان دوستی به ایران فرستاده شدند. نخستین کسی که بدین منظور از وی سخن گفته خواهد شد فردی است که در کمک به ایرانیان و بویژه جوانان ایران نقش بسیار بزرگی داشته است و یادگار او هیچگاه از خاطره ها فراموش نخواهد شد و از خدمات او در ایران میتوان کتابها نوشت.

این مرد ساموئل مارتین جردن[۱۲۷]بود که باتفاق همسرش برای تدریس جوانان به ایران آمدند. جردن در شش ژانویه ۱۸۷۱ در استوآرت تاون[۱۲۸] ایالت پنسیلوانیا زاده شد. او در سال ۱۸۹۲ وارد کالج لافایت[۱۲۹] گردید. در نخستین سال تحصیلی‌اش راجع به مبلغین مسیحی و کار آنان در هندوستان آگاهی یافت و به آنگونه خدمات علاقه پیدا کرد و بدین فکر افتاد که این خدماتی است که وی مایل به انجامش میباشد. در اینمورد احساساتش را اینطور بیان میکند:"... من هرگز با عجله تصمیمی نگرفتم که بعدها از انجام آن عاجز باشم. از آن روز دیگر شکی برای من نماند که شغل آینده من چه خواهد بود..."[۱۳۰]

پس از فارغ شدن از کالج لافایت در سال ۱۸۹۶، به دانشگاه پرینستن در قسمت الهیات مشغول به تحصیل گردید و بسال ۱۸۹۸ تحصیلاتش را به اتمام رسانید. پس از آن ریاست یک دبیرستان پسرانه را از سوی مبلغین پرسپیترین در تهران بعهده او گذاشتند. در اینجا باید گفته شود که مهاجرت به ایران در برنامه او نبود و خودش مایل بود که شغلی در کشور"کره " داشته باشد، که این درخواست وی پذیرفته نشد.[۱۳۱]

---

[۱۲۷] - Samuel Martin Jordan

[۱۲۸] - Stwartz Town

[۱۲۹] Lafayette College

[۱۳۰] - Arthur C. Boyce; Cultural Ties between Iran and the US, 1976, p. 159

[۱۳۱] - Ibid.

جردن و همسرش، مری وود پارک جردن،[۱۳۲] در تاریخ ۹ نوامبر ۱۸۹۸ از آمریکا بسوی ایران حرکت کردند. دکتر جردن در خاطراتش مینویسد: ".... باهستگی وارد آبهای عمیق اوقیانوس شدیم... مانند بقیه مردم به نرده ها تکیه دادیم و چشمهای خود را بدوستان دوختیم ، تا آخرین نگاه را به آنان بیاندازیم... در آنموقع متوجه شدیم که در واقع سالیان درازی از وطن و عزیزانمان دور خواهیم بود." مسافرت آنان در تاریخ ۱۷ سپتامبر ۱۸۹۸ از نیویورک آغاز شد. ابتدا به لندن و سپس به پاریس و اسلامبول و بالاخره بدریای خزر رسیدند. از آنجا با کشتی به بندر انزلی که بعد ها بندر پهلوی نامیده شد وارد شدند. از بندر انزلی با اسب به رشت و از آنجا به تهران سفر کردند.

دراواخر سده نوزدهم مدارس مبشرین مسیحی در ایران در سه بخش مشخص و تحت قوانین مختلف اداره میشدند:

۱- شعبه پرسپیترین خاوری[۱۳۳] که مسئول تهران و همدان و رشت و مشهد بودند

۲- شعبه بخش باختری[۱۳۴] که شامل ارومیه و تبریز بودند.

۳- شعبه جنوبی که با تصویب سایر مروجین مسیحی زیر نظر انجمن مبلغین کلیسای انگلستان بود.[۱۳۵] در سال ۱۹۳۰ دو مدرسه پرسپیترین با یکدیگر ملحق و بنام میسیون ایران نامیده شدند.

میسیون تهران در سال ۱۸۷۲ افتتاح گردید و مدرسه در مارچ ۱۸۷۳ آغاز بکار نمود. در سال ۱۸۹۸ مدرسه‌ای برای دختران گشایش یافت و بیمارستانی نیز به این تشکیلات اضافه گردید. زمانی که جردن در تهران

---

۱۳۲ - Mary Woodpark Jordan

۱۳۳ - East Presbyterian

۱۳۴ - West Presbyterian

۱۳۵ - Church Missionary Society of England

آغاز بکار نمود، مدرسه دخترانه وجود نداشت. در آنموقع دولت ایران فکر نمیکرد که برای دختران مدرسه‌ای لازم باشد. دکترجردن از این موضوع بینهایت ناراحت بود و عقاید مذهبی را سبب این امر میدانست، زیرا علمای شیعه در ایران تحصیل علم را برای دختران لازم نمیدانستند. دکتر جردن از جدائی بین پسران و دختران در اسلام رنج میبرد و معتقد بود که کار تعلیم و تربیت را بسیار مشکل میکند. به آن برهان که نه معلم مرد میتوانست به دختران درس بدهد و نه معلم زن به پسران که موضوعی شرم آور بود.[۱۳۶]

ماموریت جردن در دبیرستان پسرانه بود. وی درخواست نمود که اجازه داده شود که همسرش نیز به شاگردان او تدریس کند. تا آنزمان هیچکس ندیده و نشنیده بود که خانمی در مدارس پسرانه درس بدهد. جردن با زحماتی زیاد موفق شد که به دولت ایران بفهماند که تدریس بانوان در مدارس پسرانه دارای اهمیت بسیاری برای رشد اجتماعی آنان می باشد. وی مینویسد"... دلایل قانع کننده او باعث شد که عقیده مامورین دولت ایران را عوض کند و آنان را مجبور نماید که درخواست او را بپذیرند. میگوید که این پرسش را مطرح کردم که چگونه یک پسر جوان مسلمان قدر یک بانوی تحصیل کرده را میتواند درک نماید در جائیکه هیچوقت یک بانوی تحصیل کرده‌ای را ندیده باشد."[۱۳۷] بالاخره با این دلایل موفق شد که برای همسرش اجازه تدریس در مدرسه پسران را بگیرد. جردن در عین حال گاهی مجبور میشد که در مدارس دیگر مسیحیان انجام وظیفه کند، چنانکه برای چندین ماه اینکار را در همدان انجام داد. در سال ۱۹۰۴ که بیماری وبا در تهران همه گیرشد جردن به گروه امداد

---

[۱۳۶] - Ali Pasha Saleh; Cultural Ties Between Iran and the US, (1976), p. 165.
[۱۳۷] - Ibid

وبا پیوست و به بیمارستان آمریکائی و پزشک آن دکتر ویچارد[۱۳۸] کمکهای شایان نمود.

درسال ۱۹۰۶ که این زوج به آمریکا میرفتند مدیریت میسیون از آنان درخواست نمود کد در سر راه خود، به نمایندگی از سوی میسیون خاوری ایران در کنفرانس کارگردانان مبشرین مسیحی در قاهره شرکت کنند. در هنگامیکه در قاهره بودند از چگونگی کار کالج آمریکائی سوریه و بیروت که بعدها بنام دانشگاه آمریکائی بیروت نامیده شد تحقیقات کاملی بعمل آوردند.

دیدار از مراکز آموزشی برای آنان الهام بخش بود و این فکر را بوجود آورد که مدرسه تهران را بدان صورت در آورند. پس از رسیدن به آمریکا پیشنهاد خود را به مدیریت کالج لافایت فرستادند که از آن استقبال شد. برای بررسی در این موضوع کمیته‌ای تشکیل گردید. پس از بحث و گفتگو بسیار، کالج آمریکائی تهران تشکیل شد که شعبه‌ای از کالج لافایت را تشکیل میداد و برای سالیان متمادی استادان آن کالج برای تدریس به تهران میرفتند.

مدرسه آمریکائی پسران تهران که در سال ۱۸۷۳ تاسیس شد، ابتدا برای ارامنه و کلیمیان اختصاص داشت و با کمال تعجب با مخالفت شدید کلیسای ارامنه مواجه گردید که از تشکیل چنین مدرسه‌ای برای ارامنه ناراضی بودند جردن میگوید: "برخی از ارامنه ضدیت شدیدی با این مدرسه داشتند تا به درجه‌ایکه یکی از اسقف های آنان به تهران آمد و به حضور شاه رسید و اظهار داشت که آمریکائیها تصمیم دارند که ارامنه و مسلمانان را از مذهب پدرانشان دور کنند."[۱۳۹] دولت ایران شخصی را برای

---

[۱۳۸] - Dr. Wichard

[۱۳۹] -Ali Pasha Saleh; Cultural Ties between Iran and the US (1976) p. 176

پژوهش در این اتهام مامور کرد. فرستاده پس از تحقیق بدین نتیجه رسید که اتهامات اسقف ارمنی بکلی عاری از حقیقت و بی پایه بود.

با چنین آغازی و دشمنی ارامنه، مدیران مدرسه از پذیرش شاگردان مسلمان ترس داشتند. در سال ۱۸۸۷ کشیش ساموئل رئیس مدرسه[۱۴۰] از شاگردان متقاضی مسلمان خواست که هر یک میبایست معرفی نامه از یک فرد معتبر و شناخته ایرانی برای نامنویسی در دست داشته باشد. چون به تدریج تعداد این دانش آموزان رو به ازدیاد گذاشت پس از مدتی دیگر نیازی به گرفتن چنین معرفی نامه را ندیدند.

در سالهای ۱۸۹۷-۱۸۹۶ تعداد شاگردان به ۱۳۴ نفر رسید که نیمی از آنان مسلمان بودند. مدرسه یک رشد تصاعدی را در پیش گرفت و هر سال بر تعداد شاگردانش افزوده شد. در سال ۱۹۱۲ این مدرسه تبدیل به دبیرستان گردید و در سال ۱۹۲۵ شروع به تدریس دروس کالج را نمودند. دکتر جردن و همسرش در واقع بانیان این ترقی محسوب میشوند و همچنین استادانی که از کالج لافایت برای تدریس به تهران می آمدند در این امر سهیم بودند.

در دهه ۱۹۳۰ دولت ایران مصمم شد که مدارس خارجی را تعطیل نماید، بدین منظور که برخی از دول خارجی دولت ایران را متهم به پشتیبانی از دولت آمریکا کردند. متاسفانه کالج آمریکائی تهران نیز مشمول این امر میشد و وزارت فرهنگ ایران اختیار مدرسه را بعهده گرفت و چون میبایست که تمام نامها نیز ایرانی باشند، در نتیجه نام کالج آمریکائی به کالج البرز تبدیل شد.

پس از این تغییر و تحوّل، شاگردانی که در آن مدرسه تحصیل کرده بودند از دکتر جردن قدردانی نمودند و به وی یک قالی زیبای ایرانی و یک سری

---

[۱۴۰] - Reverend Samuel Ward

از کتابهای بررسی هنرهای ایران تالیف آرتور اپهام پوپ را[۱۴۱] هدیه دادند. جردن و همسرش در اکتبر ۱۹۴۰ ایران را ترک کردند و با خود احترام و حق شناسی هزاران شاگرد و فامیل آنان و بسیاری از ایرانیان بلند پایه و میهن پرست را به یادگار بردند. این خانواده مدت چهل سال به جوانان ایران خدمت نمودند.

در اواخر جنگ دوم جهانی ارتباط ایران با آمریکا آسیب بسیار دیده بود و رو به وخامت میرفت. دولت آمریکا بدین نتیجه رسید که وزارت خارجه آمریکا باید روشی بکار برد و به ایران ثابت نماید که آن کشور دوستی واقعی با ایران دارد. در چنین موقع حساسی از دکتر جردن خواستند که بعنوان سفیر حسن نیت به ایران سفری کند. بدین جهت بار دیگر در اکتبر ۱۹۴۴ وی بتهران آمد و مدت کوتاهی در ایران ماند و با تعدادی از افراد دولت و اعضاء کابینه و اشخاص سر شناس کشور ملاقاتهائی بعمل آورد. نتیجه مجاهدات وی بخوبی معلوم نشد.

در شب تولد ۷۷ سالگی او تندیس وی را که با سنگ ساخته شده بود در تالار جردن در کالج البرز نصب کردند[۱۴۲] که هدیه شاگردانش برای قدر-دانی از او بود. این تندیس را هنرمند ایرانی از روی عکس وی ساخته بود که در ۵ ژانویه ۱۹۴۸ از آن پرده برداری شد. و همان روز تلگرافی به او نمودند و تولد ۷۷ سالگیش را به وی تبریک گفتند. او در جواب تلگراف زیر را فرستاد: "از فاصله ده هزار مایل که از شما دور هستیم، هر دوی ما مراتب قدردانی قلبی و بهترین آرزوها را برای فرد فرد شما در تلاشهائی که برای آسایش و رفاه ملت ایران میکنید آرزو میکنیم. مجددا سپاس ما را از محبت شما و افتخاری که بما دادهاید از ما بپذیرید".

---

[۱۴۱] - Arthur Upham Pope

[۱۴۲] - Cultural Ties Between Iran and the US; (1976), p. 270

دکتر جردن در جون ۱۹۵۲ در لس آنجلس در گذشت و چند ماهی کمتر از دوسال همسرش، مری پارک جردن در ۶ مارچ ۱۹۵۴ به او پیوست. آندو نفر پیوسته در خاطر ایرانیان برای کمکهائی که به آموزش و پرورش ایران نموده‌اند جاودانه باقی خواهند ماند. در مجله پرسپیتیرین لایف[۱۴۳] دکتر وایسهم[۱۴۴] راجع به دکتر جردن نوشت و او را " مستر چیپس تهران"[۱۴۵] نامید.

ششم.:

آرتور اپهم پوپ[۱۴۶]:

آمریکائی جوانمرد دیگری که به ایران و ایرانی و فرهنگ آنان عشق میورزید، پروفسور پوپ بود. تحسین او برای کشور ایران و فداکاریهایش برای زنده نگهداری فرهنگ وهنر ایران، امری بود خودساخته و کوچکترین ارتباطی با هیچ تشکیلات دولتی نداشت. پوپ میگوید "آرزوی من برای یادگیری هنر ایران از زمانی آغاز گردید که در منزل یکی از بستگانم یک قالی زیبا بافت ایران را دیدم."[۱۴۷]

پوپ در فوریه سال ۱۸۸۱ در شهر فینیکس[۱۴۸] در ایالت رودآیلند[۱۴۹] بدنیا آمد. در سال ۱۹۱۲ از دانشگاه براون[۱۵۰] فارغ التحصیل شد و با رتبه

---

[۱۴۳] Presbyterian Life

[۱۴۴] - Dr. Wysham

[۱۴۵] - Mr. Chips of Tehran

[۱۴۶] - Arthur Upham Pope

[۱۴۷] - Jay Gluck: Surveyors of Persian Arts (1996), p 10.

[۱۴۸] - Phoenix

[۱۴۹] - Rhode Island

[۱۵۰] - Brown University

استادی در رشته زیبا شناسی در دانشگاه برکلی[۱۵۱] استخدام گردید. در آنجا بود که با دکتر فیلیس اکرمن آشنا شد و چند سال بعد با او ازدواج نمود. خانم اکرمن[۱۵۲] نیز در زنده نمودن هنرهای ایران نقش مهمی را به عهده داشت.

پوپ به صنعت معماری ایران علاقمند و برای آن ارزش بسیاری قائل و از طرفداران آن بود، در یکی از سخنرانیهایش خطاب به آرشیتکت های ایرانی، در سال ۱۹۳۴ اینطور میگوید: "برای من باور نکردنی است که یکی از قدیمی ترین و پر افتخارترین ملل که طرحهای معماری آنان حاصل میراث پر ارزش نیاکانشان و مورد تحسین و برگزیده عالم است رها کنند و تقلید از آرشیتکتور بسیار متوسط و معمولی کیف و خارکف را بنمایند. "

سفیر ایران در آمریکا «حسین علا» در جلسه انستیتوی پادشاهی آرشیتکتهای بریتانیا در لندن راجع به این مرد بزرگ اینطور گفت: "پروفسور پوپ با حرارت و پشتکاری که داشت ما را تحت تاثیر خود قرارداد و باعث شد که ما بتوانیم از هنر مجلل و والای خود که سهم بزرگی در شناسائی زیبائی دارد استقبال نمائیم."[۱۵۳] با پیشنهاد پوپ بود که آرشیتکتور باستانی ایران دوباره زنده گردید و چندین ساختمان ملی به سبک ساختمان های باستانی ساخته شد: بمانند ساختمان بانک ملی ایران، موزه ایران باستان و ساختمان شهربانی تهران در باغ ملی. بتوصیه و تشویق او بود که بافندگان قالی بجای کاربرد رنگهای مصنوعی مجدداً رنگهای طبیعی را مصرف نمودند.

دولت ایران از پروفسور پوپ در خواست نمود که غرفه ایران را که در مراسم نمایشگاه یکصد و پنجاه سالگی استقلال آمریکا در فیلادلفیا تشکیل

---

[۱۵۱] - Berkley

[۱۵۲] - Phyllis Ackerman

[۱۵۳] - Jay Gluck

میشد طرح و نظارت نماید. در سال ۱۹۲۶ ساختمانی از طرح و نقشه مسجد شاه اصفهان ساخته، که زیباترین بنائی بود که در معرض نمایش گذاشته شده بود. در سال ۱۹۲۸ با راهنمائی و ابتکار پوپ انستیتوی آمریکائی هنرهای ایران و باستان شناسی تشکیل گردید. این تشکیلات مقدمه سازمان انجمن آسیائی در سالهای بعد شد. درسال ۱۹۳۰ ساختن غرفه ایرانیان در لندن و نظارت آنرا به عهده وی گذاشتند.

در سال ۱۹۲۶ پرفسور پوپ دو پروژه در آمریکا انجام داد. نخست آنکه صاحب هتل فرمونت[۱۵۴] در سانفرانسیسکو مصمّم شد که در آخرین طبقه هتل یک بخش مستقل و مجهز و با تزیینات بسیار عالی بسازد و از پوپ خواست با آشنائی که با معماری ایرانی داشت انجام آن برنامه را به عهده گیرد. پوپ با این کار موافقت نمود و بطور کامل در انجام آن از هنرهای ایرانی استفاده کرد و نام آن بخش را "دربار ایران"[۱۵۵] گذاشت. در سال ۱۹۸۶ تعمیراتی در آن انجام گرفت. کرایه هر شب آن بخش بالغ بر چهار هزار دلار بود.

دومین پروژه او هتل اهوانی[۱۵۶] در یوسمتی پارک[۱۵۷] که تزئینات داخلی ساختمانش بد منظر بود. از پوپ درخواست تعمیر و تزئین هتل را نمودند. او مجدداً از طرحهای ایرانی استفاده نمود و سالن‌های آنرا به مانند اطاقهای دربار ایران آرایش داد.

پوپ در حدود بیست مرتبه به ایران مسافرت نمود، که ده مرتبه آن بین سالهای ۱۹۲۵ تا ۱۹۳۹ بود. درسالهای اولیه بود که توانست فهرست و دسته بندی هنر و صنایع دستی ایران را به اتمام برساند و کتابی بنام

---

[۱۵۴] - Fairmont Hotel

[۱۵۵] - Persian Court

[۱۵۶] - Ahwahnee Hotel

[۱۵۷] - Yosemite Park

"بررسی هنرهای ایران"[۱۵۸]در شش جلد تالیف نماید. بخاطر خدمات و فداکاریهائی که برای هنر و فرهنگ ایران کرد همه طبقات مردم از دولتی و مردم عادی قدر او را میشناختند و چندین جایزه و مدال دریافت داشت از جمله مدال تاج، مدال همایون و مدال علمی. پوپ دکترای افتخاری از دانشگاه تهران دریافت کرد و عضویت جمعیت حفاظت از ساختمانهای ملی ایران به او محوّل شد.

پوپ جوانمردی بود طرفدار حقوق بشر. هنگامی که از یک ژورنالیست هندی که برای احقاق حقوق هندوها دفاع میکرد، توسط مدعی العموم سان فرانسیسکو متهّم به انقلابی بودن شد. زمانی که دادستان[۱۵۹] آمریکا از پوپ جزئیاتی راجع به آن نویسنده هندی پرسید، او در پاسخ اظهار داشت: "من مطلع هستم که مردم هند از سیاست انگلستان نسبت به کشورشان ناراضی و شکایت دارند و چنین امری میتواند و مجاز است که عکس العمل شدیدی بوجود آورد..."

عشق پوپ به ایران به اندازه ای بود که آرزو داشت پس از مرگش پیکر او در خاک ایران مدفون شود و راجع به این موضوع با پادشاه ایران و چند نفر از اعضاء هئیت دولت صحبت کرده بود. پادشاه «محمدرضا شاه پهلوی" به درخواست او پاسخ مثبت داد. پوپ مکانی را در کنار زاینده رود نزدیک پل خواجو انتخاب و نقشه ساختمان آرامگاه را تعیین نمود که در آن از ساختمان آرامگاه شاه اسمعیل سامانی در شهر بخارا الهام گرفته است.

یکی از بزرگترین آرشیتکت های آنزمان، محسن فروغی، مسئولیت ساختمان را بعهده گرفت. در مورد انتخاب محل آرامگاه، پوپ نامه‌ای بوزیر فرهنگ وقت عیسی صدیق در ۱۶ اکتبر ۱۹۶۵ نوشت:

---

[۱۵۸] - Survey of Persian Arts

[۱۵۹] - John W. Preston

"اصفهان شهریست که من عاشق آنم... همانطور که میدانید اعلیحضرت دو مرتبه قبول کردند که ترتیب اینکار داده شود....و اطمینان دادند که اگر روزی خاکستر من بایران حمل شد، آنرا در زاینده رود بریزند... منظور اصلی من از گزیدن آخرین منزل در اصفهان این است که بمردم ایران نشان داده شود که اندیشمندان بزرگ، هنرمندان، سخنوران و رهبران اخلاق و دانشمندان آنان چنان اوصاف و خصائلی دارند که باعث ژرفترین ستایش متفکران همسان سایر کشورها میگردند تا آنجاییکه این دانشمندان خارجی میخواهند که ابراز حق و اخلاص آنان تنها زبانی نباشد. این گروه میخواهند به زائرانی که از سایر اقطار عالم بآنجا میآیند ثابت کنند که اگر کسی در ایران به خاک سپرده شود، به این علت نیست که تصادفا در آنجا جهان را بدرود گفت، بلکه بر اثر اعتقاد راسخ آنان به مقدس بودن این سرزمین است و برای کسانی که به مقام معنوی ایران پی برده اند مزّیت و افتخاری است که ایران را آخرین منزل خود قرار داده تا بدینوسیله ایمان خود را به سر زمین و مردان بزرگی که آنرا طی قرن ها بوجود آورده اند و آینده پر افتخاری که برای آنان پیشگوئی میکنند ابراز دارند."[۱۶۰]

پرفسور پوپ درتاریخ ۳ سپتامبر ۱۹۶۹ در شیراز به ابدیت پیوست و پیکرش به اصفهان حمل و در آرامگاهی که خود در کنار زاینده رود انتخاب کرده بود به خاک سپرده شد. جلال الدین همائی[۱۶۱] شاعر معاصر، شعر زیبایی سروده که متن آن مبنی بر نامه‌ایست که پوپ بدکتر عیسی صدیق فرستاده، و این شعر برسنگ مزارش نوشته شد:

---

[۱۶۰] ترجمه نامه پوپ به دکتر صدیق توسط دکتر عیسی صدیق انجام یافته است –

- [۱۶۱] همائی متخلص به سنا ، اشعار رادر اردیبهشت سال ۱۳۵۰ خورشیدی سروده است.

شما ای که بر خاک من بگذرید — سزد، ژرف در حال من بنگرید
اگر چه نباشد زبانم بکار — زخاکم شود راز دل آشکار
منم پیکری از هنر ساخته — به عشق هنر عمر در باخته
مرا آرزو بود کاندر جهان — به ایران زمینم سرآید زمان
در ایران از آن جستم آرامگاه — که تا باز دانند یاران راه
که اندر جهان هرکه دانشوراست — از این خاک پاکش بسر افسر است
از آنرو سپردم تن اندر به خاک — که خاکم شود جزو این خاک پاک
گزیدم ز ایران زمین اصفهان — جهانی که خوانیش نصف جهان
نهادم بر این تربت پاک سر — که گنجینه دانش است و هنر
زدم خیمه در ساحل زنده رود — که تا جان شود زنده ز آواز رود
ز آثار ملی بفرمان شاه — شد اینجا مرا طرفه آرامگاه
در این سرزمین تا برآسوده‌ام — سر فخر در آسمان سوده‌ام
بود تا ز پیشینگان یاد بود — بر آیندگان، باد از من درود
به پنجاه و سیصد پس از الف سال — سنا گفت بگذشته را وصف حال

هفتم:

دکتر فیلیس آکرمن:

در ۲۶ سپتامبر ۱۸۹۳ در اوکلند کالیفرنیا پا به عرصه وجود گذاشت. بانوئی بود بسیار با فراست و سخت کوش. تحصیلات خود را در رشته نساجی و هنرهای تصویری انجام داده و یکی از شاگردان پوپ بود و این آشنائی منجر بازدواج آنان شد (او همسر دوم پروفسور پوپ میباشد). پس از اتمام تحصیلات، در دانشگاه برکلی در قسمت فلسفه و زیبا شناسی بمدت سه سال به تدریس پرداخت.

بانو اکرمن بغیر از خدماتی که خود برای ایران نمود در همکاری با دکتر پوپ نقش اساسی در زنده کردن آثار هنری ایران را داشت، بویژه در تهیه و تکمیل پروژه همسرش. او چندین بار کتاب بررسی هنرهای ایران را که

پوپ تالیف میکرد مرور نمود تا برای چاپ آماده گردد. اکرمن نه فقط در رشته هنرهای ایران مهارت کامل داشت بلکه در مورد هنر برنز کشور چین[۱۶۲] نیز استاد بود. در سال ۱۹۴۵ کتابی در باره برنز های قدیم چین تحت نظر جمعیت آسیائی منتشر نمود.

یکی از همکارانش از دانشگاه برکلی از او اینطور میگوید:[۱۶۳] "افکارش بینهایت دقیق ... و دانش او طوریست که نه من و نه کسی دیگر کمتر میتواند با او رقابت کند."[۱۶۴]

در سال ۱۹۲۹ زمانی که ساکن مصر بود به بیماری فلج اطفال[۱۶۵] دچار گردید. از آنرو وی را به پاریس منتقل کردند و برای مدتی مدید در بیمارستان بستری گردید. پزشک معالجش به او هشدار داد که ممکن است هرگز نتواند مجددا راه برود. فیلیس که فردی مصمّم بود نه تنها پیشگوئی پزشک را نپذیرفت بلکه عزم خود را جزم نمود که از آن بیماری مخوف و خطرناک نجات یابد و مدتها کوشش نمود تا توانست پاهای خود را تکان داده و کم‌کم بتواند براه افتد. پرستار او، زمانی این امر را مشاهده کرد که فیلیس بپا ایستاده است و بطرف پنجره در حال حرکت است، به پزشک معالج اطلاع میدهد و خود از فرط ناباوری بیهوش میگردد. پزشک نیز نتوانست باور کند که بیمارش بتواند مجددا راه برود و گفت: "... این غیر ممکن است که او بتواند بر پای خود بایستد..."[۱۶۶] فیلیس از حکایت نمودن این داستان همیشه لذت میبرد.

---

[۱۶۲] - Chinese Bronze

[۱۶۳] - Dorothy Rieber Joralemon

[۱۶۴] - Jay Gluck; Surveyors of Persian Arts, (1996), p 62

[۱۶۵] - Poliomyelitis

[۱۶۶] - Ibid. p. 63

بعلت این بیماری و محدویتی که برای او ایجاد شده بود دچار شکستگیهای متعدد استخوانی شد و سالهای آخر عمر را برصندلی چرخدار میگذراند. آخرین مسافرتش برای شرکت در کنفرانس بین المللی باستان شناسان بود که درسال ۱۹۷۲ در اکسفورد انگلیس تشکیل میشد. پادشاه ایران دستور داد که مخارج او و همچنین رحیم[۱۶۷] پیشکارش در این سفر، از سوی دولت ایران پرداخته شود. فیلیس در ۲۵ ژانویه ۱۹۷۷ در شیراز در گذشت و پیکرش را به اصفهان بردند و در جوار همسرش در آرامگاه پوپ بخاک سپردند. نارنجستان قوام که در زمان زندگی آنان مرکز هنرهای آسیائی بود پس از مرگ آنان بنام موزه پوپ نامیده شد.[۱۶۸]

- [۱۶۷]رحیم منابری پیشکار باوفایی بود که تا آخر عمر در خدمت این زوج باقی ماند و پس از مرگ آنان تصدی موزه را بدست گرفت.

- [۱۶۸]در آخرین سفر خود به ایران و شیراز در سال ۱۹۹۵ از نارنجستان قوام که روزگاری مرکز هنرهای آسیائی بود دیدن کردیم. این خانه پس از درگذشت آنان تبدیل به موزه گردید . متصدی موزه رحیم منابری خاطراتش را ز زمان مرگ پوپ برای ما نقل کرد که چگونه پیکر اورا تا به اصفهان همراهی کرده بود. رحیم اظهارداشت که پوپ مقادیر زیاد از اشیائ باستانی ایران را که جمع آوری نموده بود بدان موزه اهدا کرده ولی با روی کار آمدن رژیم اسلامی، مامورین دولت بیشترین آن اشیاء را ربودند. در آن زمانکه در آنجا بودیم، بیشتر قفسه ها خالی بودند............

هشتم :

آمریکائیانی که در آغاز روابط بین دوکشور کمکهای شایان نمودند:

پیش از پایان دادن به این بخش لازم است که از آن گروه از آمریکائیان و بویژه بانوان آمریکائی که در زمانهای گذشته و در بخشهای مختلف به یاری مردم ایران شتافتند نام برده شود. بیشترین این افراد از رشته‌های تعلیم و تربیت و بهداشت و پزشکی بودند. در اوایل سده بیستم بهائیان آمریکا تشکیلاتی بنام هیئت تربیتی ایران و آمریکا[۱۶۹] به وجود آوردند و گروهی از اعضای خود را برای بالا بردن سطح معلومات بانوان ایران بسوی آنکشور گسیل داشتند. این بانوان آمریکائی مدارس دختران و پسران را تاسیس کردند و خود در آن موسسات تدریس می نمودند. درمانگاه هائی نیز برای بانوان ایرانی ایجاد کردند و بانوان پزشک و پرستاران آموخته برای درمان ناراحتی های زنان به ایران فرستادند. این بانوان آمریکائی برخی تا آخر عمر خود در ایران ماندند که پس از مرگ در آرامگاه های بهائیان بخاک سپرده شدند. از این گروه چند نفری را بیاد میآوریم:

۱ – بانو دکتر سوزان مودی [۱۷۰] : دکتر مودی در ۲۰ نوامبر ۱۸۵۱ متولد شد. بعداز اتمام تعلیمات اولیه، وارد دانشکده پزشکی نیویورک گردید. پس از مدتی کوتاه از این امر پشیمان و دانشکده را ترک کرد و برشته موسیقی و هنر پرداخت. ولی پس از گذشت زمانی مجددا به پزشکی روی آورد و در سن ۵۲ سالگی وارد دانشکده پزشکی شیکاگو گردید. پس از اتمام تحصیل بلافاصله داوطلب کار در ایران شد. بمحض ورود بتهران یک مرکز پزشکی برای بانوان بی بضاعت تاسیس نمود (نوامبر ۱۹۰۹) و از اکثر آنان پولی دریافت نمی نمود. صبحها در بیمارستان به افراد بی بضاعت میرسید و بعد

---

[۱۶۹] - Organization of Iranian-American Educational Council of Baha's of America

[۱۷۰] - Dr. Susan Moody

از ظهر ها در مطب شخصی از بیماران دیدن میکرد. بغیر از وظایف پزشکی، مدرسه‌ای برای دختران تاسیس نمود و چندین معلم بهائی به تهران آورد و تنها هدفش تعلیم و تربیت و حفظ بهداشت و سلامت زنان ایرانی بود.

دکتر مودی پس از ۱۵ سال خدمت در ایران به آمریکا مراجعت نمود ولی مجددا در سال ۱۹۲۸ در سن ۷۷ سالگی به ایران برگشت و کارهای خیریه خود را از سر گرفت. او در ۲۳ اکتبر ۱۹۳۴ در سن ۸۳ سالگی در تهران در گذشت و در گلستان جاوید بهائیان تهران به خاک سپرده شد.[۱۷۱] این گورستان پس از انقلاب ۱۹۷۹ بدست افراد رژیم اسلامی ویران گردید و سنگهای روی مزارها و زمین را بفروش رساندند.

۲ – بانو لیلیان کاپس[۱۷۲] : این دختر جوان و جذاب در سال ۱۹۱۱ در سن ۲۱ سالگی، به دعوت خانم دکتر مودی به ایران آمد و اداره امور مدرسه و تعلیم و تربیت دختران را به دست گرفت و وظیفه تدریس در دبیرستان دختران (مدرسه تربیت) نیز به او محوّل شده بود. کاپس بانوئی بود ساعی و فداکار که وظائفش را با عشق و محبت انجام میداد و از اینرو مورد تحسین همگان بود. او در تهران دچار بیماری تیفوس شد و در روز اول دسامبر ۱۹۲۰ دیده از این جهان فرو بست. تعداد زیادی از شاگردانش، پدران و مادران آنان و اشخاص بسیاری از طبقات و ادیان مختلف در مراسم خاکسپاری او شرکت کردند.

بانوان دیگری که با دکتر مودی در سفر اول و دوم همراهی کردند:

---

[۱۷۱] در سال ۱۹۸۰-۱۹۷۹ پس از پیروزی رژیم خمینی، بدستورخامنه‌ای تمام آرامگاه های بهائیان را درگلستان جاوید تهران و سایر شهرستان ها نابود و ویران کردند، آرامگاه های این خادمان به مردم و فرهنگ ایران را نیز از بین بردند.

[۱۷۲] - Lillian Kappes

دکتر سارا کلاک:[۱۷۳] که تا آخر عمر با دکتر مودی همکاری نمود و در سال ۱۹۲۲ در ایران در گذشت.

- **الیزابت استوارت:**[۱۷۴] که با دکتر مودی به ایران آمد و به عنوان دستیار با او همکاری میکرد.

- **ادلید شارپ:**[۱۷۵] ابتدا استاد کالج کلرادو و بعدا در سانفرانسیسکو تدریس میکرد و به دعوت دکتر مودی به همراه مادرش کلارا شارپ به ایران آمده و به تعلیم و تربیت ایرانیان پرداخت.

لوئیس درایفوس : وزیر مختار آمریکا در ایران:

پیش از پایان دادن این بخش لازم است در باره دوست داشتنی ترین نماینده سیاسی آمریکا در ایران سخنی چند گفته شود. "لوئیس درایفوس:"[۱۷۶] که در بخشی از سالهای وحشت انگیز جنگ دوم جهانی ۱۹۴۴-۱۹۳۹ وزیر مختار آمریکا در ایران بود. در موقع هجوم و اشغال کشور بدست روس و انگلیس درایفوس، در برابر قوای مهاجم ایستادگی نمود که باعث ایجاد احترام بسیار از سوی مردم و دولت ایران شد.

درایفوس با دانش کامل بوضع و موقعیت زمانی کاملا مقاصد شوم روس و انگلیس را دریافته بود و کوشش بسیار مینمود که وزیر امور خارجه وقت آمریکا را با این اوضاع آشنا کند ولی سعی او بی نتیجه بود. انگلیسی ها از این موضوع کاملا مطلع و وجود او را در تهران باعث گرفتاری و سدّی در برابر پیشرفت مقاصد خود میدانستند. ساده لوحی" کردل هال"، وزیر

---

[۱۷۳] - Dr. Sara Clock

[۱۷۴] - Elizabeth Stewart

[۱۷۵] - Edlid Sharp

[۱۷۶] - Luis G. Dreyfus

خارجه آمریکا، این منظور آنان را برآورد و درایفوس را از تهران منتقل کردند. در بخشهای بعدی از این مقوله سخن بیشتری گفته خواهد شد.

همسر درایفوس، بانو "گریس درایفوس"،[۱۷۷] هنگامی که تهران در میان بلاها و بدبختی ها غوطه میخورد و بیماری تیفوس همه‌گیر شده بود، درمانگاهی در تهران و همچنین یتیم خانه‌ای برای کودکان بی سامان دایر نمود. دکتر میلسپو در باره این بانوی بزرگوار اینطور مینویسد: "خانم وزیر مختار (گریس) با کارهائی که برای مردم انجام داده است، قلوب ایرانیان را بخود جذب نموده...کمک های موثرش شامل افراد بی بضاعت میگردید... هر روزبیش از صد نفر از مردم بینوا در درمانگاه او درمان میشدند... هیچ پروپاگاندی نمیتوانست بهتر از خدمت گریس باعث بهبودی والاتری در روابط ایران و آمریکا شود... سادگی و بی آلایشی و صمیمیت و زحمات خستگی ناپذیرش دلهای ایرانیان را ربود. "

خلاصه و نتیجه‌ای از بخش نخست:

در این بخش مختصری از زحمات تعدادی از افراد آمریکائی را که یا به دعوت ایران و یا با برگزیدن از سوی تشکیلات مختلف مانند تشکیلات دینی به ایران آمدند مورد بررسی قرار دادیم. این افراد با انجام خدمات پر ارزش و فداکاری، مشهوریت بسیار کسب کردند و مورد احترام و تحسین اکثر مردم ایران شدند. از رفتار و کردار این کسان بود که ایرانیان بدین نتیجه رسیدند که همه آمریکائیان بدین روند هستند و از اینرو نسبت به همه آنان احترامی بی نظیر پیدا کردند. اینان نشان دادند که تا چه حد از خود گذشته و فداکار بودند و با قلبی پاک و مراعات اخلاقی و انسانیت به ایران آمدند. عشق برای انسانها و آزادی فردی داشتند و در حقیقت همان طوریکه دیدیم تعدادی از آنان در این غربت و دور از دیار و خانواده خود

---

[۱۷۷] - Grace Dreyfus.

در گذشتند و در محلی بخاک سپرده شدند که هیچ امیدی که کسی از اعضاء خانواده ازآرامگاه آنان دیدنی نماید نداشتند بویژه که بدستور دولت اسلامی ایران آرامگاه گروهی از آن فداکاران را ویران نمودند.

چه شد که اینهمه احترام مردم ایران نسبت به این افراد از بین رفت و عشق و علاقه آنان مبدّل به تنّفر گردید، موضوعی است که در بخشهای آینده مورد گفتگو قرار خواهد گرفت.

هاوارد سی. باسکرویل دبیر آمریکائی که با آزادیخواهان ایران همگام شد و در راه آزادی ایران شهید گردید

پیکره هاوارد سی. باسکویل در تبریز

قالی که با تصویر باسکرویل بافته شده بود تا برای خانواده‌اش فرستاده شود.

آرامگاه باسکرویل در تبریز

ویلیام مورگان شوستر
نخستین رایزن اقتصادی آمریکا در ایران

پروفسور آرتور اپهام پوپ

پرفسور پوپ و همسرش دکتر اکرمن در سالهای آخر زندگی در شیراز

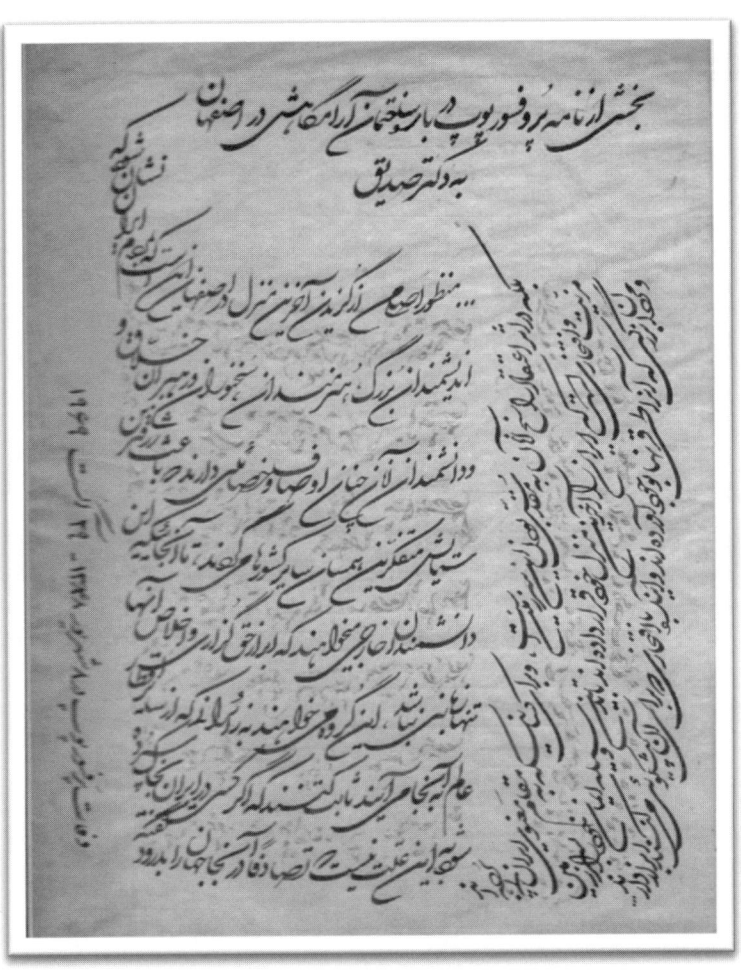

بخشی از نامه پروفسور پوپ درباره ساختمان آرامگاهش در اصفهان
به دکتر صدیق

... منظور اصلی از گزیدن آخرین منزل در اصفهان این است که به عالم ایران نشان داده شود که
اندیشمندان بزرگ، هنرمندان، سخنوران و رهبران جهان و
دانشمندان آن چنان که از صفا و خصایص ملی دارند با عشق و ارزش
ستایش متفکرین همسایه سایر کشورها میکنند تا آنجا که این
دانشمندان خارجی میخواهند که ابراز حق گزاری و اخلاص آنها
تنها بیان نباشد. این گروه میخواهند به ایرانیان که از سده
عالم به انجام آیند ثابت کنند که اگر کسی در ایران به خاک سپرده
شود به این علت نیست که تصادفاً در آنجا جهان را بدرود گفته

نامه پوپ به دکتر صدیق در باره اجازه دفن وی
پس از درگذشتش در اصفهان
(نوشته از بایگانی ویژه نگارنده و برگرداننده میباشد)

آرمگاه دکتر آرتور اپهام پوپ و همسرش دکتر فیلیس اکرمن در کنار زاینده رود در اصفهان

دکتر ساموئل جردن ، استاد کالج البرز تهران

دکتر جردن و همسرش مری وود کلارک جردن

دکتر مودی (در وسط) در میان شاگردان دبستان به همراه بانو کپس (نفر آخر در راست دکتر مودی) و بانو الیزابت استوارت (آخرین نفر در چپ دکتر مودی و سارا کلارک (اولین نفر در سمت چپ مودی)

لوئیس جی. درایفوس
وزیر مختار آمریکا در تهران . هنگام شدت جنگ دوم جهانی.
وی تنها نماینده آمریکا بود که بجنایتهای روس و انگلیس
پی برده و گزارش کامل ولی بدون نتیجه
به وزیر خارجه آمریکا میداد

بانو گریس درایفوس ، همسر لوئیس درایفوس که خدمات بسیاری به مردم ناتوان تهران نمود

بانو گریس همسر کنسول آمریکا در تهران
هنگام بازگشت به ایران در سال ۱۹۵۰
برای بازدید از درمانگاه خود

بنجامین، نخستین فرستاده آمریکا به تهران

حاج حسینقلی خان معتمدالوزاره
نخستین نماینده ایران در آمریکا

دکتر جوزف پلمب کاکران یکی از نخستین افرادی بود
که در ایجاد دانشکده پزشکی ارومیه دست داشت

خانم نیکلسن

نخستین سر پرستار بیمارستان آمریکائی رشت

بخش دوم:

خراب کاری اروپائیان:

در این بخش فعالیت های روس و انگلیس را در اواخر سده نوزده و بیست از نظر میگذرانیم. برای درک این موضوع از تاریخ ایران لازمست بدانیم که چگونه رقابت بین انگلیس و روس صرفا برای بهره برداری از منابع ایران بوده و هیچ ارتباطی با عقاید شخصی آن دولت ها (ایدئولژی) را نداشت. برخلاف باور سفیر آمریکا جورج آلن (۱۹۴۸-۱۹۴۶) [۱۷۸] که فکر میکرد گرفتاریهای ایران با دو کشور متخاصم فوق مربوط به فلسفه حکومتی آنان است، کمونیسم در برابر کاپیتالیسم.

آلن در این باره مینویسد: "نادانی محض است، فکرکنیم که قدرتهای بزرگ دیگر در ایران باهم رقابتی ندارند، مشکل بزرگ امروز ایران مانند هر قسمت دیگردنیا، نتیجه رقابت دو ایدئولوژی مختلف کمونیسم وکاپیتالیسم است و موضوع بهره برداری آنان نیست."[۱۷۹] این دلایل بسیار کودکانه و کاملا از حقیقت بدور هستند. برهان این امر بسیار روشن میباشد. ایدئولژی‌های گوناگون وقتی ایجاد میگردند که از قبال آنها بتوان دیگران را بسوی خود جلب و در نتیجه منابع آنان را بسود خود بدست گرفت.

در این نوشتار کراراً نام روس و انگلیس برده میشود، که مقصود فقط دولتهای مزبور هستند نه مردم آن کشورها. گناه اصلی را مردم ایران مرتکب شدند که در حفاظت منافع خود اهمال کردند. نیروهای بیگانه از خیانت مردم کشور، بسود خودبهره برداری میکنند و خائنین نیز از این راه سود خود را میجویند و با کمال تاسف در این مقوله گروههای متعددی از مردم ایران در چنین خیانتی دست داشتند.

دراین بخش گرفتاری های مهمی که توسط دولتهای انگلیس و روس بر ایران وارد شده مرور خواهد شد. باید متذکر گردید که روش عملیات این

178- George Allen

۱۷۹ - G. Lenczowski; Russia and the West in Iran; 1918-1948, Vii.

دو کشور کاملا متفاوت بود ولی پس از آنکه به مقصودشان رسیدند معلوم میشد که هدف آنها یکی بوده و هر کدام روش خیانت و دوروئی مخصوص بخود را داشته‌اند.

۱- خشونت روسها :

همانطور که در نیمه دوم سده بیستم در اروپا مشهود است، رفتار روسها همیشه بطرزی بود که با زور میخواستند به مقصود خود برسند. آنان فقط یک زبان را میدانستند "زبان زور" در انعقاد معاملات، قابل اعتماد نبودند، یکی از شواهد زنده این امر آنست که پس از جنگ جهانی دوم نمیخواستند نیروهای خود را از ایران خارج کنند. برحسب قرارداد متفقین که بین ایران و روسیه و انگلیس در ژانویه ۱۹۴۲ امضاء شده بود، کلیه قوای خارجی شش ماه پس از خاتمه جنگ میبایست خاک ایران را ترک کنند. در عوض روسها یک حکومت مجازی در آذربایجان و کردستان تشکیل داده و از خروج از ایران امتناع مینمودند.

تخلیه قوای روس از ایران زمانی صورت گرفت که سازمان ملل و ایالت متحده آمریکا در زمان ریاست جمهوری ترومن فشار لازم را بر آنان آوردند.[۱۸۰] در آنزمان دولت آمریکا یگانه قدرت دنیا و تنها کشوری بود که سلاح های اتمی در دست داشت که در صورت بروز اختلاف دست بالا از آن او بود و میتوانست آن سلاح را بکار برد.

بدرازای سده‌ها، آرزوی دولت روسیه بر این بود که خود را به آبهای گرم خلیج فارس برساند تا شاید به ثروت هنگفت شبه قاره هندوستان دستیابی کند. برای رسیدن به چنین مقصودی چندین راه برایشان باز بود: راه های ایران، افغانستان و تبت. در قرن هیجدهم و اوایل قرن نوزدهم افغانستان و تبت زیر سلطه انگلستان بود و برای روسیه امکان نداشت که

---

[۱۸۰] - President Harry Truman

از آن دو کشور بتواند برای رسیدن به مقصود خود استفاده نماید، مگر اینکه وارد جنگ با انگلستان شود.

بنابراین برای آنان، ایران بهترین راه برای رسیدن به آبهای گرم خلیج فارس بود. در آنموقع اوضاعی پیش آمد که یکی از تاریکترین دوران تاریخ ایران زمین بشمار میرود. کشور ایران در زیر سلطه پادشاهان فاسد سلسله قاجار اداره میشد. شاهان رشوه خوار، اعضای نادرست ومتقلّب دولتهای آنان وهمکاری و طمع روحانیون شیعه جمعا دست بدست هم دادند که برای تامین منافع خود خیانت به کشور و ملت را پیش گیرند.

در سال ۱۷۲۴ پطرکبیر به استانهای شمال ایران حمله‌ور شد و موقتا استان گیلان را اشغال نمود. این استان در جنوب غربی دریای خزر قراردارد. در زمان سلطنت کاترین بزرگ فتنه و دسیسه های نظامی روسیه رو به ازدیاد گذاشت. در سده نوزدهم، روسیه به ایران حمله کرد و جنگی را آغاز نمود که بمدت ده سال ادامه یافت (۱۸۱۳-۱۸۰۴). ارتش ایران به فرماندهی ولیعهد عباس میرزا با کمال شجاعت جنگیدند و در مواردی هم توانستند ارتش قوی روسی را شکست دهند. متاسفانه پادشاه از ادامه کمک های لازم اباء نمود و جنگ با شکست ایران خاتمه یافت. در نتیجه معاهده ننگین ۲۴ اکتبر ۱۸۱۳ بنام عهدنامه گلستان را امضاء کردند. این معاهده کاملاً یکطرفه و بسود روسیه تمام شد و ایران تعداد زیادی از استانهای شمالی خود را که در باختر دریای خزر بود از دست داد. در آنزمان سر گور اوزلی[۱۸۱] سفیر انگلیس در ایران بود که معاهده صلح را با مشورت وزارت خارجه انگلیس تهیه نمود. اوزلی هیچ نوع دوستی نسبت به ایرانیان نشان نمیداد و اگر موقعیتی پیش میآمد با استهزا و مسخره از آنان سخن میگفت. در ۱۵ اکتبر ۱۸۴۴ اوزلی راجع به ایرانیان اینطور اظهار عقیده نمود :"در حقیقت اعتقاد شخصی من بر این است که مقصود ما

---

[۱۸۱] - Sir Gore Ouseley

حفاظت از هندوستان است، ما باید ایران را ضعیف و خرافاتی و وحشی نگاه داریم و هیچ نوع سیاست دیگری بجز آنچه تا بحال گفتیم نداشته باشیم.[۱۸۲]"

مفاد عهدنامه گلستان شامل یازده قسمت بود که پنج قسمت اول آن بدترین شرایط را داشت. ماده سوم عهدنامه حق کشتیرانی در دریای خزر را از ایران صلب نمود. ماده پنجم تنها ماده بسود ایرانیان بود و عبارت بود از اینکه روسها از حقوق ولیعهد که به تاج و تخت برسد حمایت خواهند کرد.

درتاریخ ۱۹ مارچ ۱۸۰۹ عهدنامه‌ای بین دولت انگلیس و ایران به امضاء رسید، مبنی بر اینکه آن کشور، ایران را در برابر هر متجاوزی که به آنان حمله کند، حمایت نماید، مشروط بر اینکه ایران، به هیچ ارتشی اجازه عبور از خاک آن کشور برای ورود به هندوستان را ندهد.[۱۸۳] انگلستان هرگز پیروی از این عهد نامه نکرد. این عادت همیشگی آنان بود. به بهانه اینکه نمی خواست با روسیه در گیری پیدا کند، زیرا در آنصورت چنین وضعی به نفع ایران تمام میشد. در ۱۶ جولای ۱۸۱۲ انگلستان با روسیه معاهده‌ای بر علیه ناپلئون امضاء کرد و برای قدردانی از روسها معاهده گلستان را تهیه کردند و این پیمان در قریه گلستان در آذربایجان امضاء شد. اوزلی خود دلّالی آنرا بعهده داشت. این عهد نامه حدود این دو کشور را معلوم نکرد که خود اشکالات جدیدی را ایجاد نمود. از طرف دیگر روسها شروع به بدرفتاری با مردم مسلمان استانهای تازه یافته خود نمودند. مسلمانان آن استانها شکایت به شاه کردند و از علمای اسلام مدد خواستند. علما به شاه فشار آوردند که هر چه زودتر به نواحی اشغالی

[۱۸۲]-باقر علوی: فصل نامه میراث ایران ؛ شماره ۳۹ تاریخ ۱۱ آپریل ۲۰۰۹ –

[۱۸۳] - Javad Sharif NeJad: Dismembring of theIranian-Caucasian Lands; Pardis Periodical, July 2005; 25.

لشکرکشی کند و ممالک از دست رفته را دوباره باز یابد و مردم معتقد مسلمان را از شرّ کافران نجات دهد. علما فتوی جنگ بر علیه روسیه را دادند. شاه چاره‌ای جز قبول پیشنهاد روحانیون نداشت. با وجودی که ولیعهد و سران لشکری بکلی مخالف جنگ در آنزمان بودند و شاه را هشدار دادند که از جنگ بر حذر باشد. از طرف دیگر روسیه منتظر بهانه بود که میدان نفوذش را وسیعتر نماید وآنرا در اعمال و رفتار روحانیون ایران پیدا کرد.

دومین جنگ، سیزده سال پس از خاتمه اولین جنگ آغاز گردید و به مدت دو سال ۱۸۲۸-۱۸۲۶ بطول انجامید. این جنگ نیز منجر بشکست ایران شد. در این هنگام عهدنامه دیگری بنام عهدنامه ترکمانچای امضاء شد که در آن چند ایالت دیگر شمالی ایران بدست روسیه افتاد که استانهای بسیار غنی قفقاز بودند که شامل شهرهای: قره باغ، شیروان، دربند، باکو و نخجوان نیز میشدند.

در سال ۱۸۳۸ روسیه شروع به پیشروی در اطراف خاور دریای خزرکرد و به تدریج به آسیای مرکزی تسلط یافت و در سال ۱۸۷۳ شهرهای بخارا و خیوه را اشغال کردند. شکست های پی در پی نه تنها آسیب های هنگفت مالی برای ایران بر جای گذاشت بلکه روسها قدرت و تسلط شان را در کلیه اعمال و رفتار دولت ایران دخالت میدادند و مهارت زیادی در نشان دادن قدرت به شاه و دولت پیدا کردند. از این قدرت برای گرفتن امتیازات بیشتری به ایران فشار میآوردند.

در سالهای پایانی سده نوزده نفوذ تسلط سیاسی روسیه بر ایران بیشتر محسوس میشد. زورگوئی آنان و وجود سرحد طولانی که با ایران داشتند و قرض هائی که به شاه ایران برای مسافرتهای بیربط به اروپا پرداخته بودند همگی دست بدست هم دادند تا آنان هر گونه درخواستی را که میخواستند بدولت ایران تحمیل کنند.

در این زمان روسیه تیپ قزاق ایران را به سرپرستی افسران روسی تشکیل داد و قرار شد که ایران مخارج آنرا بپردازد و به همین نحو، ارتش خود را در شمال ایران بطور دائم مستقر کردند و دولت ایران را زیر تهدید قرار دادند. از این نیرو برای گرفتن امتیازهای متعدد استفاده میکردند. ارتش روسیه هزاران ایرانی را در شمال و شمال باختری کشور کشتند، و بیرحمانه بر علیه مشروطه خواهان رفتار کردند و یار و یاور شاه مستبد قاجار محمد علیشاه بودند

۲–شرارت و پلیدی دولت بریتانیا:

این بخش را با گفته تاماس جفرسن ، سومین پرزیدنت آمریکا در باره انگلیس آغاز مینمایم:

"دولت انگلستان که هرگز از وجود اخلاقیات در مورد سیاست بوئی نبردند، خود معترفند که هر قدرتی که بدست آوردند حق مسلم آنان است."

هیچ فردی در ممالک متحده آمریکا و حتی در دنیا باندازه تاماس جفرسن، سومین پرزیدنت آمریکا، گزند انگلیسی ها را درک نکرده است. نظریه او نسبت به آن کشور همانند آنانیست که بدست انگلستان قرنها آسیب و رنج دیده‌اند. هیچ قدرتی در دنیا وجود ندارد که بتواند آنان را از آنچه هدف و مقصودشان است منصرف نماید. برایشان قابل قبول است که شرافت ملتی را پایمال کنند تا بتوانند منافع مادی خود را حفظ نمایند. در حکمرانی و غارت درطی قرون متعدد استاد شدند و در این مورد تجربه زیادی از هندوستان و کشورهای دیگر بدست آورده‌اند و پیوسته وانمود میکنند که خواهان رفاه و آسایش ملل دیگر هستند. ولی مللی که تحت انقیادشان بودند هرگز فریبشان را نمیخورند.

ملت ایران سالیان دراز است که روش انگلیسی ها را به خوبی میشناسند و ضرب المثل معروف "مواظب انگلیسی ها باش که با پنبه سر میبرند" بوجود آوردند. این احساسات محدود و منحصر به ملت ایران نیست.

بسیاری از دانشمندان و نویسندگان دنیا عقیده شان نسبت به سیاست انگلستان به همین نحو است. یکی از نویسندگان فرانسوی بنام «هنری بوردو» مینویسد:" فرو پاشی یک ملت هنگامی آغاز میگردد که با انگلستان از در دوستی در میآیند." از یک سوی با روسیه معاهده دوستی میبندند و از سوی دیگر ژاپن را یاری میدهند تا روسیه را در جنگ شکست دهد (ماننذجنگ ۱۹۰۵ ۱۹۰۴- بین ژاپن و روسیه) .

رفتار انگلیس در هندوستان در این کتاب مورد نظر ما نیست و همچنین حکایت های ملل دیگر که در زیر نفوذ آنان بودند در این مقوله نمیگنجد. این مطالب را باید مورخین دیگر به آنها اشاره کنند. انگلیس غرور و شرافت ملی هند و هندیان را از بین برد و خود را آقا و فرمانفرمای یکتا نمود و هندیها مجبور بودند که آنان را مانند بردگان، بنام «صاحب» خطاب کنند.

در اواخر سده شانزدهم و اوایل سده هفدهم که انگلیس هندوستان را مستعمره خود نمود، بنا بود که با قدرتهای دیگری به مانند پرتقال دست و پنجه نرم کند. در آنزمان پرتقالی ها در خلیج فارس بوده و از دولت ایران اجازه گرفته بودند که از بنادر خلیج فارس جهت ایجاد مراکز تجارتی استفاده نمایند و البته میخواستند بدین ترتیب راه خود را به هند باز کنند که در آنصورت منافع انگلیس را در خطر میانداختند. در زمان پادشاهی صفویان در ایران (۱۷۲۲-۱۵۰۱) انگلیسی ها چندین بار کوشش کردند که با ایران روابط بر قرار کنند. اولین نماینده آنان که در سده شانزدهم به دربار شاه طهماسب وارد شد، «سر آنتونی جنکینسن »[۱۸۴] وی با هدایائی برای شاه از سوی ملکه الیزابت اول همراه داشت. شاه از وی استقبال شایانی نمود ولی ملایان و علمای شیعه نا رضایتی عظیمی نشان دادند و به جرم کافر و نجس بودن درخواست اخراجش را از شاه نمودند. اگر

[۱۸۴] - Sir Anthony Jenkinson

دخالت امیر شیروان نبود، سرش را از دست میداد. آخرین تصمیم بر این شد که او را از ایران اخراج نمایند. بدستور ملایان، مستخدمین با سطلهای پر از خاک بدنبال وی راه افتادند که جای پای ا ورا با خاک بپوشانند و نجاست آن را پاک کنند.

انگلیسها از این تجربه پند گرفتند و با ذکاوت دریافتندکه چگونه میبایست با ملاها کنار آمد. در حدود سی و هفت سال بعد در دوره پادشاهی شاه عباس بزرگ، برادران شرلی، رابرت و انتونی،[۱۸۵] به ایران آمدند. نخستین گام آنان ادای احترام به ملاهای شیعه بود که هدایای بسیاری از سوی دولت انگلیس برای آنان آوردند و از طریق این علما توانستند به دربار راه یابند. انگلیسی ها و ملایان علاقه مفرطی به یکدیگر پیدا کردند و این ارتباط تا زمان حال ادامه دارد و پایه و اساسی برای قدرت انگلستان گردید که نه تنها در ایران بلکه در تمام خاور میانه به معرض ظهور رسید.

برادران شرلی مقصودشان ظاهراً جهت بر قراری روابط بازرگانی و توافق در خرید و فروش اجناس بود و شاه عباس آنان را به خوبی و احترام پذیرفت. رابرت، فرد نظامی و با تجربه ای بود که میخواست ارتش ایران را مدرنیزه کند و شاه عباس از این عقیده استقبال کرد و تمام وسائل لازم را برای او تامین نمود. هم چنین در مواردی او را بعنوان سفیر ایران به دربارهای اروپائی فرستاد. انگلیس ها از دو جهت توجه خاص به ایران داشتند. مهمترین آنها این بود که نخست دشمنانشان، در آنزمان پرتقالیها، را از خلیج فارس تار و مار کنند. دوم اینکه بتوانند وسائلی فراهم آورند که منافع خود را در هندوستان حفظ نمایند.

---

[۱۸۵] Robert and Anthony Shirley

دومین تلاش آنان برای ازدیاد قدرت نظامی ایران بود که با عثمانیان در افتند تا آنها هوس حمله به ممالک اروپائی را از سر بدر کنند. اینکار را نیز با موفقیت کامل به انجام رساندند و توانستند از توسعه امپراطوری عثمانی تا حدودی جلوگیری کنند. طولی نکشید که شاه عباس دستور حمله به پرتقالیها را در خلیج فارس داد. در آنزمان نیروی دریائی بریتانیا به موازات ارتش ایران جنگیدند. و در این جنگ فاتح شدند و توانستند خلیج فارس را از وجود پرتقالی ها خالی کنند. ماموریت آنان بخوبی انجام شد و کمپانی هند شرقی از رقابت با پرتقالی ها نجات یافت. به تدریج با تشدید قدرت انگلستان در بین ملایان، توانستند که در دربار نفوذ کنند و همچنین با بسیاری از مردمان سرشناس آشنا شوند. بدین روی دسیسه و فتنه انگیزی آنان آغاز گردید و به مرور زمان شدت بیشتری پیدا کرد تا در زمان حکومت قاجار (۱۹۲۵-۱۷۹۴) به بالا ترین مرحله کمال رسید.

در اواخر قرن هیجدهم و اوائل قرن نوزدهم رقابت بریتانیا با روسیه در ایران آغاز شد. برای پیشرفت خود در ایران انگلیسی ها از روش ساده لرد کورزن[۱۸۶] استفاده نمودند: هنگامی که ازکورزن پرسیدند که چگونه میتوانند مقاصد خود را در ایران اجرا نمایند؟ در جواب گفت: « اینکار نسبتا ساده‌ایست و این موضوع را با پول نقد میتوان حل کرد و چنین سیاستی از دو راه به ما کمک میکند: اولاً با این پول دولت متفقی برای انگلیس میخریم و ثانیاً با کمک سران آنان، کشورشان را پاره‌ای از امپراطوری بریتانیا مینمائیم. »

انگلیس ها احساس کردند که باید ایران را تجزیه کنند تا بتوانند به مقصود خود برسند. آنان در قرن نوزدهم باعث جدائی افغانستان از ایران شدند. مردم هرات (یکی از شهرهای معتبر شمال غربی افغانستان) به انگلیسی ها اعتراض کردند که پیوسته نوکران خود را به شهرداری هرات منصوب

---

[۱۸۶] - Lord Curzon, British Foreign Secretary

مینمودند. بعلت این نارضایتی از شاه ایران درخواست کردند که بار دیگر آزادی آنان را بخودشان برگرداند. ارتش ایران شهر هرات را محاصره کرد. انگلیس ها اعتراض شدیدی کردند و ایران را تهدید بحملات نظامی نمودند. نیروی دریائی آنان بنادر ایران را در خلیج فارس بمباران کردند. در آن شرایط شاه چاره‌ای جز بازخواندن لشکر خود نداشت.

در سال ۱۹۰۷ کمپانی آلمانی بنام همبورگ- آمریکن لاین [۱۸۷] سرویس خود را بین بنادر خلیج فارس و آلمان افتتاح نمود. انگلیس‌ها احساس کردند که آلمان ممکن است تهدیدی بقدرت و تسلط آنان باشد و لطمه شدیدی به منافع آنها وارد آورد. از این امر بینهایت هراسان شدند و به این مناسبت دولت انگلیس توسط لرد لنزداون[۱۸۸] وزیر خارجه خود به آلمانها هشدار داد و اعلام کردند که چنانچه یک قدرت خارجی در خلیج فارس پایگاه نظامی برقرارکند که تهدیدی برای منافع انگلستان باشد آنان با تمام قوا در مقابلشان مقاومت خواهند کرد.[۱۸۹]

داستان فوق و اتفاقات دیگر باعث شد که بریتانیا و روسیه دست در دست و با یکدیگر همکاری کنند. باپیشنهاد انگلستان و موافقت روسیه تصمیم گرفتند که ایران را بسه قسمت تجزیه نمایند. اینطور توافق شد که شمال ایران تحت نفوذ روسیه باشد و جنوب ایران زیر حفاظت انگلیس و قسمت مرکزی کشور بیطرف بماند. این موافقت انگلیس- روس در ۱۸ اگوست ۱۹۰۷ توسط سر آرتور نیکلسن [۱۹۰] سفیرویژه انگلیس و الکساندر ایزولسکی[۱۹۱] وزیر امور خارجه روس در سنت پیترزبورگ امضاء شد. این

---

[۱۸۷] - Hamburg-American Line

[۱۸۸] - Lord Lanzdowne

[۱۸۹] - Lenczowski; Russia and the West in Iran 1918-1948, p. 146

[۱۹۰] - Arthur Nicholson

[۱۹۱] - Alexander Iswolsky

موافقت نامه با این جمله آغاز شد: "هر دو دولت بر خودلازم میدانند که احترام و دوستی مان دو جانبه باشد و ایران کاملا مستقل بماند." اظهارات این دو قدرت بزرگ با دروغ و فریب کاری و با کمال بیشرمی بود و خود آنان کاملا میدانستند که منظورشان چیست. از یکطرف قبول کردند که حیثیت و استقلال ایران را کاملا مراعات کنند و از سوی دیگرکشور را به چندین پارچه بنفع خود تقسیم کردند. تا چه حد ضد و نقیض؟ به خوبی واضح بود که این دو قدرت بزرگ آمالشان غارت ثروت ایران بود بدون اینکه منافع یکدیگر را بخطر بیاندازند.

این عهدنامه شامل پنج قسمت بود که بطور کلی منافع دو قدرت بزرگ را تامین مینمود. زمانی که خبر بستن این معاهده به ایران رسید انقلاب عظیمی بر پا خواست، بازارها و مغازه ها بسته شدند و مردم در خیابانها ریختند و از دولت تقاضا کردند که اقدامی کند. دولت نامه‌ای تعرض آمیز به کنسول انگلیس در تهران سر سیسل اسپرینگ رایس [۱۹۲] نوشت. آقای کنسول سعی مجازی برای سرپوشی قضیه کرد و گفت که با وزیر امور خارجه انگلیس صحبت کرده و او قول داده که هیچکدام از این قدرت‌ها دخالتی در امور کشور ایران نخواهند کرد. سر ادوارد گری [۱۹۳] وزیر خارجه انگلیس و الکساندر ایزولسکی کنسول روسیه قول دادند که به استقلال و تمامیت ایران لطمه‌ای وارد نکنند. موجب شگفتی است که سفیر انگلیس در ایران سر ریدر بولارد [۱۹۴] (۱۹۴۶-۱۹۳۹) گستاخانه نوشت که ایرانیان اشتباهاً در این عقیده بودند که قرارداد ۱۹۰۷ باعث تجزیه ایران بود. نخستین اثر نا مطلوب این عهدنامه، عمل کرد روسیه بود. آنان بلافاصله شروع به دخالت در امور داخلی ایران نمودند و شاه مستبد را در منحل

---

[۱۹۲] Sir Cecil Spring Rice

[۱۹۳] - Sir Edward Gray

[۱۹۴] - Sir Reader Bullard; Britain and the Middle East, 1951, p. 1.

کردن مجلس و مشروطه یاری دادند.[۱۹۵] خوشبختانه این معاهده در هیچ زمانی رسمیت پیدا نکرد.

در سال ۱۹۱۹ پس از برکناری دولت تزاری روسیه، حکومت کمونیستی آن کشور برآن شد که رویه و رفتار خوبی به ایران نشان دهد و بدین سبب کلیه معاهدات مملکت خود را با ایران که شامل قرارداد ۱۹۰۷ نیز میشد لغو نمود. اما انگلیسی ها هیچوقت از مداخله خود در امور داخلی ایران دست بر نداشتند. اگر چیزی را میخواستند با پرداخت رشوه به نیت خود میرسیدند. مردم ایران از شاه فاسد و نخست وزیر خائن(وثوق الدوله) و فرماندار غدّار و ملاهای بی دین شیعه و درباریان خائن و بزرگان بی وطن ایرانی ایمنی نداشتند.

زمانی که انگلیس میخواست تا عهدنامه ۱۹۱۹ را بمرحله عمل بگذارد، آنان ماهی ۱۵۰۰۰ تومان که معادل پنج هزار پوند انگلیس به وثوق الدوله (نخست وزیر) میپرداختند. و هم چنین مبلغی معادل ۲۵۰۰۰ پوند هم در دسترس علما گذاشتند[۱۹۶] که وظیفه آنان بسیج کردن عامه بنفع وثوق الدوله بود. نخست وزیر تعهدنامه دیگری نیز امضاء کرد که اختیارات مالی و امتیازات نفت و سیاست ایران را به انگلیس بسپارد. ولی معاهده ۱۹۱۹ هرگز در مجلس تصویب نشد و نخست وزیری هم که جانشین وثوق الدوله شد این معاهده را رد کرد.

نقشه های لرد کروزن همه برای جلوگیری از پیشرفت سیاسی و یا اقتصادی ایران و دفع هر گونه رقیب بود. در زمینه همین سیاست بود که وزارت خارجه انگلیس مصمّم شدکه از دخالت آمریکا در امور ایران جلوگیری نماید و این تصمیم مطرح شد تا به وزیر امور خارجه وقت

---

[۱۹۵] محمدعلی شاه با کمک روسها مجلس را به توپ بست و بطور موقت دولت مشروطه را تعطیل نمود-

[۱۹۶] - Cyrus Ghani: Iran and the Rise of Reza Shah; 1998, p.27

آمریکا، رابرت لنزینگ،[۱۹۷] بگویند: "ایران متعلق به ما میباشد و این در آسیا همان مقامی را دارد که دکترین مونرو در آمریکا... و این است اعتقاد ما ..."[۱۹۸]

وزیر امور خارجه ایران نصرت الدوله فیروز، زمانی که در لندن بود عقیده کروزن را پرسید که آیا مداخله کمپانی های نفت آمریکائی در کاوش میدانهای نفت شمال ایران امکان پذیر است؟ وزیر خارجه انگلیس بی پرده به او هشدار داد که هیچ نوع معاملهای با آمریکا نباید انجام شود. بدترین سناریو حاصل از این روش انگلیسی ها نقشه قتل معاون کنسول آمریکا در تهران بود که در تابستان سال ۱۹۲۴ روی داد.

در سالهای نخستین ۱۹۲۰ آمریکائی ها جداً خواستار مذاکره با ایران در مورد کاوش در میدانهای نفتی شمال ایران بودند. در ۲۳ دسامبر ۱۹۲۳ موافقت نامهای بین ایران و کمپانی نفت سینکلر امضاء شد. دولت انگلیس مخالف هر گونه معامله ایران با آمریکا بود و شرکت نفت ایران- انگلیس رقیب سر سخت شرکت سینکلر بود. از آنجائیکه این امر دارای اهمیت بسیاری است، لازم است که توضیحات بیشتری در اینمورد داده شود:

دسیسه قتل معاون کنسول آمریکا سرگرد ایمبری[۱۹۹] درتهران :

این دسیسه با دقت کامل طرح ریزی وانجام شد. ابتدا با صحنه پیدایش یک معجزه آغاز گردید. مردی که ظاهرا بطور مادرزادی از دو چشم نابینا بود با روشن کردن شمع در سقاخانه آشیخ هادی بینائیش را بازیافت. بدین معنی که مرد شیاد با گذاشتن عینک دودی و رفت و آمد مرتب به

---

۱۹۷ - Robert Lansing

۱۹۸- دکترین مونرو عبارت از این است که: هر گونه دخالت کشورهای اروپائی در قاره آمریکا ، چه شمالی و چه جنوبی، بمنزله دخالت در امور ایالات متحده محسوب و بر آن پایه دولت ایالات متحده اقدام خواهد کرد.

۱۹۹ - Major Imbrie

سقاخانه خود را به مردم و کسبه محل شناساند و چندین روز با کمک برادرش به آن سقاخانه میرفت. در روز موعود مرد با برادرش به سقاخانه مراجعه و به متولی آنجا، از خوابیکه شب قبل دیده بود میگوید، بدین معنی، در خواب دیده که با روشن کردن شمع در سقاخانه چشمهایش بینا شده. آن مرد و برادرش از متولی سقاخانه میخواهند که به آنان کمک نماید و شمع ها را روشن نموده و در موضع خود قرار دهد. متولی درخواست آنان را اجابت میکند. پس از مدت کوتاهی، مردی که ظاهرا کور بود ناگهان فریاد میزند "ای خدا، من میتوانم ببینم. عینک سیاه از چشم بر میدارد و میگوید حالا میتوانم که دنیا را ببینم... "مرد همراه وی فریاد میزند "ای مسلمانان جمع شوید سقاخانه معجزه کرده و مرد کور را بینا نموده." متولی نیز به آنان ملحق میشود و فریاد میزند که «اتفاق عجیبی افتاده است».

در مدت کوتاهی جمعیت بدآنجا هجوم آوردند. تا محل سقاخانه را که اینطور معجزه میکند زیارت کنند. آن دو شخص شیاد که ماموریت خودرا بخوبی انجام داده بودند بزودی از صحنه خارج میشوند و اثری از آنان باقی نمی ماند و کسی نمیدانست آن دو نفر به کجا غیبشان زد.

این جریان در روزنامه ها و اخبار کشور منعکس شد و در مدت کوتاهی مردم شهر از این مطلب آگاه شدند و صحبت معجزه در همه جا پخش گردید. هر روز انبوهی از جمعیت زود باور به زیارت سقاخانه معجزه آور میرفتند.

سرگرد ایمبری که معاون کنسول آمریکا و نماینده مجله ناشنال جئوگرافی در ایران بود توسط همردیفش معاون کنسول انگلستان در تهران از جریان معجزه آگاه میشود و این دو قرار میگذارند که بایکدیگر از محل معجزه دیدن کنند. روز موعود هم ردیف انگلیسی به بهانه‌ای به ایمبری خبر میدهد که گرفتار شده است و او را در محل واقعه ملاقات خواهد کرد.

ایمبری که علاوه بر شغل دولتی نماینده مجله جغرافیائی ملی[۲۰۰] آمریکا نیز بود و در حرفه عکاسی مهارت داشت، بهمراهی سیمور[۲۰۱] یکی دیگر از کارمندان کنسولگری با تجهیزات لازم و دوربین عکاسی به محل سقاخانه وارد میشوند.
قاتلان منتظر ورود ایمبری بودند. پس از پیاده شدن آنان از درشکه، شخصی از بین جمعیت فریاد زد "ای مردم، این بهائی ها اینجا چکار دارند. این کافران حق ندارند که باین محل مقدس بیایند، آنها را بکشید... همین الان آنها را بکشید. این بهائی‌ها آب سقاخانه را مسموم کرده‌اند و میخواهند زن و بچه های ما را مسموم کنند." این دو نفر بیگناه توسط اوباش و ارازل بی انصاف و خونخوار مورد ضرب و شتم قرار گرفتند. در آنموقع بهر طریقی بود از چنگ آنان فرار کردند و توسط پاسبانی به بیمارستان برده شدند. جمعیت اوباش با راهنمائی اشخاص نا معلومی بدنبال آنان خود را به بیمارستان رساندند و به ایمبری آنچنان ضربات مهلکی زدند که وی در بیمارستان در گذشت.
بلافاصله پس از این رویداد دولت ایران اعلام حکومت نظامی کرد و گروهی را بعنوان مسئول حادثه توقیف نمودند و سه نفر محکوم و اعدام گردیدند. ولی معلوم نیست که مقصر اصلی کی بوده است و علت کشتن مامور یک دولت خارجی چگونه بدین صورت انجام گرفت. این فاجعه باعث بحث و گفتگوی بسیار شد.
دولت ایران توسط نماینده خود در واشینگتن رسما از دولت آمریکا پوزش خواست و وعده داد که اصل مطلب را جستجو نماید. دولت ایران به فامیل ایمبری شصت هزار دلار غرامت داد و مبلغ صد و ده هزار دلار به نیروی دریائی آمریکا برای بازگرداندن پیکر معاون کنسول به آمریکا پرداخت

---

۲۰۰ - National Geographic Magazine

۲۰۱ - Mr. Seymour.

نمود. همچنین مبلغ سه هزار و پانصد دلار برای صدمات وارد به سیمور داده شد.

نوشته های زیادی در آن زمان در اینباره منتشر گردید و اکثراً دولت انگلیس و شرکت نفت انگلیس را مسئول اینکار دانستند. این نوشتارها بر این باور بودند که دولت انگلیس دست بدینکار زده تا از آمدن آمریکا به ایران برای وارد شدن به استخراج نفت جلوگیری نمایند. سرویس های خبری روسیه نیز این نوشته ها را تائید کردند.[۲۰۲]

مجله گاز و نفت [۲۰۳]چاپ آمریکا و همچنین نیویورک هرالد تریبیون در شماره ۲۹ سپتامبر ۱۹۲۴ کمپانیهای نفت سینکلر و استاندارد اویل را مقصر دانستند. روزنامه‌های ایران راجع به این مطلب اینطور نوشتند: "ملایان که حقوق بگیران دولت انگلیس هستند مسئول حمله و قتل ایمبری بودند»[۲۰۴]. حتی در انگلستان برخی از روزنامه‌های انگلستان معتقد بودند که دولت آنان در این واقعه دست داشته است[۲۰۵]. گزارش سّری سفیر ایران در لندن در نامه خود به وزارت خارجه ایران مبنی بر این بود که یکی از روزنامه‌های انگلستان، دولت انگلیس را مقصر اصلی قتل ایمبری دانسته است.

تعداد زیادی از افراد اداری آمریکا نیز بر همین عقیده بودند . حتی پس از گذشت هشتاد سال دولت آمریکا قادر نشد مدارک این واقعه را از دولت انگلیس دریافت دارد. مقالات بسیاری که در اینمورد نوشته شده که

- [۲۰۲]موژنی: روابط ایران و آمریکا ۱۹۲۵-۱۸۵۱ ؛ ۱۱۹.

203- The Oil and Gas Journal; July 31, 1924

- [۲۰۴]پیک رشت نمره ۸۸۳، سال ۱۹۲۴

[۲۰۵]موژنی روابط ایران با آمریکا ۱۹۵۵ ؛ ۱۲۰

درآخر این صفحه ذکر میشود و خوانندگان میتوانند در صورت تمایل به آنها مراجعه نمایند.[۲۰۶]

حمید خواجه نصیری، نویسنده زندگی نامه آیت‌اله پسندیده، برادر بزرگتر آیت الله خمینی، ازقدیم با خانواده آنان آشنائی کامل داشته است. بخاطر این آشنایی قبلی بود که پسندیده شرح زندگانی خود و فامیلش را برای خواجه نصیری نقل کرد. برخلاف اینکه پسندیده مایل نبود که در زمان زندگی او شرح حال خانواده‌اش به چاپ برسد، ولی نویسنده کتاب در زمان زندگی پسندیده، کتاب را به چاپ رسانید تا اینکه کسی مشکوک به صحت و اعتبار آن نشود و آن کتاب بنام« وارث ملک کیان.»[۲۰۷] و در دسترس عموم است.

خواجه نصیری در آن کتاب مینویسد که در ماجرای قتل ایمبری، پسندیده، کسی بود که نقش شخص نابینا را بعهده داشت و برادرش خمینی با او همکاری کرد. همچنین عموی آنان نقش مهمی در ارتباط بین دو برادر با نماینده انگلیس داشت. مرگ ایمبری باعث شد که شرکت نفت سینکلر پیمان خود را با ایران باطل نماید و نمایندگان کمپانی را به آمریکا باز خواند و هم چنین کارمندان شرکتهای نفتی کشور های دیگر نیز ایران را ترک کردند.

باید متذکر شد که تا چه حد روزنامه های انگلستان موضوع قتل ایمبری را عنوان کردند تا روابط ایران و آمریکا را بکلی نابود کنند. کافیست بدانیم که در یک مورد، روزنامه انگلیسی تایمز عراق[۲۰۸] چاپ بصره در شماره ۱۷۱ روز ۲۲ جولای ۱۹۲۶ اینطور نوشت: "در تهران به کشور آمریکا

۲۰۶- New York Harold Tribune July 27 &28 1924/ Times of London Aug. 1, 1924/ Chicago Tribune 27-28, 1924/ Evening Star Aug. 1924/ Washington Post 26-28, 1924

۲۰۷-حمید خواجه نصیری؛ وارث ملک کیان ۱۹۸۳.

۲۰۸ - Iraq Times

حمله ور شدند... وقت آنست که آمریکا در فکر سیاست خارجی و ارتباطاتش باشد..."

مجلات و روزنامه‌های انگلستان واضحا به دولتشان تاسّی کردند و سعی آنان بر این بود که آمریکائیان را از هر نوع معامله با ممالکی که انگلستان در آنجا دارای منافعی هستند مایوس و ناامید کنند. نقشه‌های آنان به خوبی انجام شد و سالیان سال آمریکائیها از هر گونه فعالیتی در ایران بر حذر بودند. به خوبی واضح بود که انگلیسی ها طی قرون متمادی مهارت زیادی برای استعمار ممالک دیگر پیدا کردند، همانطوریکه تاماس جفرسن عقیده داشت (انگلیسها زمانی که مطلب سیاست شان در بین است خود را پای بند هیچ نوع اخلاقیاتی نمیکنند). باید متذکر شد که موقعیت آنان بستگی بدو اصل مسلم دارد:

۱ – تفرقه بیانداز و حکمرانی کن: همانطوریکه در بسیاری ازکشورها تفرقه انداختند و حکومت کردند.

۲– هرگز اشخاصی که بنفع آنان کارکردند فراموش نمیکنند و پیوسته از نوکرانشان بخوبی نگهداری مینمایند. مطلبی که آمریکا هرگز یاد نگرفت. این قسمت را نمیتوان کامل نمود مگر اینکه از سخنان گران قیمت تاماس جفرسن در نامه‌ای که به مادام سائل[۲۰۹] در ۲۴ می ۱۸۱۳ نوشت ذکر کنیم: " ... نه خانم عزیز؛ مقصود انگلستان تسلط دائمی و اختصاص کامل تجارت دنیا بخودشان است ... " این جمله را نیز بگفته جفرسن اضاف میکنم : « بهر قیمتی که باشد. »

---

[۲۰۹] - Sael

بخش سوم:
نفت - خاورمیانه و ایران:

برای درک تنش‌های بزرگی که در خاورمیانه و بویژه ایران ایجاد شده، بسیار مهم است که بدانیم باعث اصلی آن مشکلات چه بوده: "نفت و صنعت نفت." در این بخش شمه‌ای از تاریخچه و دیدگاه کلی نفت را درخاورمیانه بطور مختصر مرور میکنیم و موضوع نفت ایران را با جزئیات و عمق بیشتری بررسی خواهیم کرد. در این مختصر، رفتار انگلیس که چگونه در راه بدست آوردن نفت کوشش کرد و برای منافع خصوصی خود در اوضاع سیاسی اعمال نفوذ نمود، شرح خواهیم داد و بالاخره نتیجه اعمال آنها که منتج به ملی کردن نفت شد باختصار اشاره خواهیم نمود:

۱ – نفت عراق:

در سالهای آخر سده نوزده و اوایل سده بیست تا زمان جنگ جهانی اول، بخشی از خاور میانه که عبارت بود از عراق، فلسطین، و عربستان سعودی تحت فرمانفرمائی امپراطوری عثمانی بودند. در اوایل سال ۱۹۰۰ آلمانها از سلطان عبدالحمید، پادشاه عثمانی درخواست کردندکه در سرزمین عثمانی برای نفت کاوش کنند و همچنین راه آهن را در این مناطق بوجود آورند. دولت عثمانی در سال ۱۹۰۴ چنین اجازه‌ای را به آنان داد ولی این پروژه ها هیچوقت بصورت عمل در نیامدند.

در سال ۱۹۰۲ شرکت نفت «رویال داچ شل»[۲۱۰] با پیشنهاد شخصی از ارامنه بنام گلبنگیان[۲۱۱] که از اهالی ترکیه بود، اجازه کاوش نفت را در آن کشور درخواست نمود. گلبنگیان در سال ۱۸۶۹ در ترکیه متولد شد وتحصیلات خود را در انگلستان بپایان رسانید. وی با خرید وفروش نفت

---

[۲۱۰] - Royal Dutch Shell

[۲۱۱] - Golbangian

ثروت هنگفتی بدست آورد و تابعیت انگلیس را پذیرفت و نماینده و مباشر آنان شد و پیوسته در حفاظت منافعشان کوشا بود.

در چنین برهه از زمان درخواستهای کاوش برای نفت از هر گوشه و کناری سر بر میآوردند. یکی از نخستین درخواست ها در این زمینه از آمریکا در سال ۱۹۰۸ توسط دریادارکلبی- چستر[۲۱۲] بود. در سال ۱۹۰۹ درخواست دیگری از دکتر بروس گلاسکو[۲۱۳] نیز بدان افزوده شد. در آن زمان دولت انگلیس نیز به اهمیت نفت پی برده و از راه های گوناگون رقابت را با دیگران آغاز نمود. چون این کار منافع مالی نیز در برداشت، آنان بانکی بنام بانک ملی ترکیه[۲۱۴] را تحت نظر و مدیریت سر اچ. بابینگتن- اسمیت[۲۱۵] تاسیس نمودند[۲۱۶] و از این موسسه برای پیشرفت اهداف خود استفاده کردند و بالاخره شرکتی بنام « جرمن شل اویل-گلبنگیان »[۲۱۷] تشکیل دادند. همانطوریکه انتظار میرفت انگلستان، آمریکا را بکلی از این معامله محروم نمود. ولی بعلت پیدایش جنگ اول جهانی این کاوشها صورت عمل بخود نگرفت.

در پایان جنگ جهانی اول و شکست آلمان و هم پیمان های آنان، اوضاع خاور میانه بکلی عوض وتغییراتی نمود که یکی از بزرگترین آنها از بین رفتن امپراتوری عثمانی بود. متفقین ممالک عثمانی را بچند بخش تقسیم نمودند. عراق زیر سلطه انگلیس در آمد و حفاظت سوریه و لبنان به

---

[۲۱۲] - Admiral Colby Chester

[۲۱۳] - Bruce Glasco

[۲۱۴] - National Bank of Turkey

[۲۱۵] Sir H. Babington Smith

[۲۱۶] - Times Magazine, Jan. 1, 1951

[۲۱۷] - German Shell Oil Company

فرانسه واگذار شد. دو دولت انگلیس و فرانسه پیمانی [۲۱۸] بین خود در باره نفت عراق بستند بدین ترتیب: که شرکتی تشکیل داده شود که در آن فرانسه **۲۵%** و رویال شل هلند ۲۲٫۵٪ وبریتیش پترولیوم **۴۷٫۵%** وگلبنگیان ۵٪ از سهام را داشته باشند. مجددا ملاحظه میگرددکه آمریکا را با همه کمکهائی که در جنگ به آنان نموده بود و در پیروزی انگلیس و فرانسه نقش اساسی داشت هیچگونه دخالتی در این امر ندادند.

دولت آمریکا و شرکتهای نفتی آن کشور از این رویداد بسیار ناخرسند شدند. در این زمینه استاندارد اویل نیوجرسی واکنش بیشتری را نشان داد. این قضیه مطلبی داغ برای روزنامه نگاران شد. جراید آمریکا از معاهده فرانسه و انگلیس به شدت انتقاد نمودند و تقاضای تحریم معاملات با فرانسه و انگلیس را خواستار شدند[۲۱۹]. دولت انگلیس از این واکنش به خوف افتاد. آنان میدانستند که محرومیت از پشتیبانی آمریکا برایشان خیلی گران تمام خواهد شد. برای حل این مشکل یکی از ماهرترین و با فراست‌ترین نمایندگان خود «سر جان کادمن» [۲۲۰] را که در صنعت نفت تخصص وافر داشت به آمریکا فرستادند تا در اینباره با آنان مذاکره نماید. گفتگوی کادمن با آمریکائی ها نتیجه مطلوب را داد و قرارداد بشکل زیر تغییر یافت: آمریکا، فرانسه و رویال شل هرکدام، **۲۳٫۷۵%** سهم انگلستان ۲۵٪ و گلبنگیان ۳٫۷۵٪ را داشته باشند.

---

[۲۱۸] - This Treaty was called the Sam Remo Treaty, signed on May 17, 1920

[۲۱۹] - James A. Paul: Greta Power Conflict on Iraqi Oil; The World War Era Global Policy Forum, Oct. 2002

[۲۲۰] - Sir John Cadman, a British Oil Executive., Later the Director of the Anglo-Persian Oil Company.

۲ –نفت عربستان:

درسال ۱۹۰۱ عبدالعزیز سعود با کمک انگلیس با دولت عثمانی جنگید و سر زمین خود را آزاد نمود و کشور عربستان سعودی را بوجود آورد. در سال ۱۹۱۵ انگلیسی‌ها با عربستان موافقت نامه‌ای امضاء کردند که عربستان اجازه نداشته باشد که حق کاوش نفتی را به هیچ کمپانی و یا دولتی بدون اجازه انگلیس بدهد. این موافقت نامه بین دولت عربستان و سرگرد فرانک هلمز[۲۲۱] از سندیکای جنرال انگلیس امضاء شد. اندک مدتی بعد، این موافقت نامه توسط عربستان لغو گردید.

در سال ۱۹۳۱ شخص انسان دوست ومیلیونری بنام سی. آر. کراین[۲۲۲] مهندسی را بنام کارل توییچر[۲۲۳] استخدام نمود تا در باره آبهای زیر زمینی عربستان کاوش نماید. اجازه چنین کاوشی نه فقط برای آبهای زیرزمینی، بلکه برای هر گونه معادن از سوی دولت سعودی بوی داده شد. توییچر نتوانست منبع آبی را پیدا کند ولی در عوض علائم امیدوار کننده-ای از وجود مخازن فراوان نفت را بدست آورد. او در آن هنگام نقشه‌ای مقدماتی برای کاوش نفت طرح کرده و به کمپانیهای نفتی آمریکا فرستاد. کمپانی استاندارد اویل[۲۲۴] آمریکا آن نقشه را قبول و مذاکره با عربستان را در سال ۱۹۳۳ آغاز مینماید در چنین موقعی انگلیس نیز پیشنهادی میدهد که از سوی عربستان رد میشود، زیرا که منافع عرضه شده از سوی انگلیس به مراتب از آنچه که از آمریکا پیشنهاد شده بود کمتر بوده است. کنترات بین استاندارد اویل و سعودی امضا میگردد. در سال ۱۹۳۶ سایر

---

۲۲۱ - Frank Holmes of the Eastern and General Syndicate (British).

۲۲۲ - C. R. Crane

۲۲۳ - Carl Twitchelle

۲۲۴ - Standard Oil of California.

کمپانیهای نفتی آمریکا بآنان ملحق شدند و شرکت نفت آرامکو[۲۲۵] را ایجاد نمودند.

در سال ۱۹۳۸ اولین چاه به نفت رسید و استخراج آن آغاز شد و در سال ۱۹۵۰ هر دو طرف تصمیم گرفتند که پس از پرداخت مالیات بدولت آمریکا سهم هرکدام ۵۰٪ باشد. در سال ۱۹۵۲ با فشار سعودی موافقت نامه‌ای بین هر دو طرف امضاء شد که سهم عربستان ۵۰٪ کل درآمد، پیش از پرادخت مالیات به دولت آمریکا باشد[۲۲۶]. این رویدادها درست در زمانی رخ داد که در ایران شورشی بر علیه کمپانی نفت ایران- انگلیس در جریان بودو آغاز برداشتن گام برای ملی کردن نفت. این امر احتمالاً باعث آن گردید که امریکائیان با درخواست سعودی موافقت کنند.

۳ –مختصری از تاریخ نفت ایران:

الف- دور نمای تاریخی:

درسال ۱۸۷۲ شخصی بنام بارون جولیوس دو رویتر[۲۲۷]توانست با پرداخت رشوه به مجرمین، خیانتکاران، درباریان و نخست وزیر وقت میرزا حسین خان سپهسالار و بطور غیر مستقیم به شاه ایران، امتیاز کلی برای هر گونه کاوش منابع طبیعی در پهنه کشور ایران دریافت کند. در ازاء این امتیاز از دولت ایران، قرار گذاشتند که ٪۱۵ ازمنافع خالص از آنچه بدست میآوردند به ایران داده شود. این معامله یکی از بدترین معاملات یکطرفه بود که کاملا بنفع یک قدرت خارجی ترتیب داده شده بود و همچنین بدترین کنتراتی بود که در تمام دنیا تا آنزمان بسته شده بود و هنگامی که

[۲۲۵] - ARAMCO

- [۲۲۶] مصطفی فاتح : تاریخ پنجاه ساله نفت ایران (۱۹۵۶) ص. ۱۸۸

Baron Julius de Reuter- 227 یکی از یهودیان آلمانی بود که تبعیت انگلیس را پذیرفته و ایجاد کننده شبکه خبری رویتر میباشد

محتوای این قرارداد برملا گردید، شورشی در ایران بپا شد. بدین جهت دولت چاره ای نداشت مگر اینکه قرار داد مزبور را لغو کند.
پیشنهاد نقشه‌های متفاوت برای کاوش‌های نفتی در ایران هرگز قطع نشد و دولت هر سال چندین درخواست در این باره دریافت میداشت. در سال ۱۸۹۴ یک کمپانی انگلیسی بنام هوتز اند سان[۲۲۸] اجازه امتیاز کاوش برای منابع نفت در اطراف شهر بوشهر واقع در جنوب غربی ایران را دریافت کرد، ولی متاسفانه تلاش آنان بی ثمر بود و به نتیجه‌ای نرسید.
در ضمن رویتر که امتیاز خودرا از دست داده بود، گاهگاهی توسط وزارت خارجه انگلیس و یا کنسول آنان در ایران شکایت میکرد و از دولت ایران برای خسارتی که متحمل شده بود درخواست تادیه آنرا مینمود.

سال ۱۸۸۹

ناصرالدین شاه، پادشاه وقت کشور که دو بار با افراط‌کاری و خرجهای بیهوده بسفر اروپا رفته و باعث ورشکستگی کشوری که از لحاظ مالی ذخائرش را از دست داده بود، برای مرتبه سوم هوس رفتن به اروپا را می نماید. دولت ایران هیچ نوع سرمایه‌ای در دست نداشت که بتواند خرج سفر او را تامین کند. در آنموقع انگلیس ها وقت را مغتنم شمرده و به یاری شاه آمدند و کنسول انگلیس، سر دراموند ولف[۲۲۹] باکمک نخست وزیر وقت، امین السلطان ترتیبی دادند که شاه توانست برای بارسوم به اروپا سفر کند.
همکاری انگلیس با شاه در اینمورد باعث شد که دوباره با رویتر قرار دادی تازه به بندند و کلیه آنچه که در خواست کرده بود دوباره به او محوّل کنند ودر عوض رویتر بشاه مبلغ چهل هزار پوند پرداخت نماید که تا او بتواند به

---

[۲۲۸] - Hotz and Son

[۲۲۹] - Sir Drummond Wolf

سفر اروپا برود. این موافقت بنام موافقت بانک شاهنشاهی ایران[۲۳۰] نامیده شدکه مجری معاهده بود. موسسه فوق یک مرکز جاسوسی انگلیس، خارج از سفارت خانه، و فعالیت آنان دخالت در کارهای ایران بود. بانک شاهنشاهی امتیاز نفت را که بدین ترتیب بدست آورده بود، به یک کمپانی انگلیسی بنام پرشین ماینینگ[۲۳۱] فروخت .

درضمن این احوال، دولت روسیه امتیاز کاوشهای نفتی را در استانهای شمالی ایران گرفت ولی این امتیاز نیز لغو شد، زیرا نتیجه مثبتی نداشت. در سال ۱۹۲۲ پس از غلبه کمونیستها، دولت روسیه یک جانبه کلیه امتیازات خود در ایران از جمله کاوشهای نفتی را لغو نمود. این عمل را بعنوان یک حرکت حسن نیت نسبت به دولت ایران وانمود کردند.

ب– امتیازنفت انگلیس:

در اواخر قرن نوزدهم یک باستان شناس فرانسوی مسیو دو مورگان[۲۳۲]که مدتی در جنوب ایران کار میکرد، پس از مراجعت به کشورش مقاله‌ای انتشار داد و مشهوداتش را در آن توجیه نمود[۲۳۳]. در آن گزارش اشاره کرد که در جنوب ایران علائمی از مواد نفتی وجود دارد. مقاله مورگان را یک مامور عالی رتبه ایرانی بنام آنتوان کتابچی[۲۳۴] (کتابچی خان) که دوست نزدیک امین السلطان نخست وزیر بود، در هنگام بازدید از نمایشگاه پاریس در سال ۱۹۰۰ بحسب اتفاق ملاحظه کرد. کتابچی که سابقا اطلاعاتی از وجود منابع نفت جنوب داشت، حدسش مبدل به یقین شد و

---

[۲۳۰]. بانک شاهنشاهی ایران با سرمایه انگلیس به توسط آنان ایجاد گردید و حافظ منافع بریتانیا و یک مرکز جاسوسی بود

[۲۳۱] - Persian Mining Company

232- de Morgan

[۲۳۳] - Les Annals de Mine.

[۲۳۴] - Encyclopedia Iranica; Vol. VIII; 1996. P. 24

چون سابقه آشنایی کامل با کنسول سابق انگلیس، «سر درامونددوولف» در ایران داشت، به وی خبر گزارش مورگان را که مبنی بر وجود ذخایر نفتی فراوان در جنوب ایران بود داد. کتابچی از«وولف» درخواست کرد که او را با کمپانیهای انگلیسی و یا اشخاصی که علاقه‌مند در اکتشاف نفت میباشند در تماس بگذارد. کنسول، کتابچی را به سر ویلیام ناکس دارسی[۲۳۵] که یک تاجر انگلیسی بود و با ثروت هنگفت،[۲۳۶] معرفی کرد. دارسی رل عمده‌ای درتشکیل صنعت نفت در سالهای اولیه قرن بیستم داشت. بدین جهت تاریخچه مختصری از بیوگرافی او و دخالتش در کارهای ایران و خاور میانه حائز اهیمت میباشد.

ویلیام ناکس دارسی به سال ۱۸۴۹ در شهر نیوتون آبوت در داونشایر[۲۳۷] انگلیس متولد شد. پس از اتمام تحصیلاتش در مدرسه وست مینیستر[۲۳۸] در لندن با خانواده‌اش به استرالیا کوچ کردند. او در آنجا به عنوان منشی پدرش که دفتر حقوقی داشت مشغول بکار شد. روزی یکی از مشتریانش قطعه سنگی که ذرات طلا در آن دیده میشد به او داد و گوشزد کرد که مکانی وجود دارد که از آن قبیل سنگها به مقدار فراوان میتوان تهیه کرد. پس از تجزیه سنگ معلوم شد که آنها دارای مقادیر زیادی طلا هستند. هوش سرشار دارسی بکار افتاد و بلافاصله یک کمپانی برای استخراج طلا تشکیل داد.[۲۳۹] کوشش او بسیار مفید افتاد و در زمان کوتاهی صاحب میلیونها ثروت گردید. این جریان همزمان با موقعی بود که کاوشهای نفتی

---

[۲۳۵] - Sir William Knox D'Arcy

- [۲۳۶] مصطفی فاتح؛ تاریخ پنجاه ساله نفت ایران ؛ ص. ۲۵۴-۲۵۰

[۲۳۷] - Newton Abbot in Devonshire

[۲۳۸] - Westminister

[۲۳۹] - Mont Morgan Mine

در بین اشخاص ثروتمند مرسوم شده بود و دارسی هم آرزومند بود که او نیز در آن کاوشها دستی داشته باشد.

به این مناسبت زمانی که سر دراموند وولف، کتابچی را به دارسی معرفی کرد، وی بینهایت علاقه مند شد که صنعت نفت ایران را بدست آورد و بلا فاصله شروع بفعالیت کرد. ابتدا زمین شناسی بنام اچ. تی. بورلز[۲۴۰] استخدام کرد و او را برای بررسی اوضاع زمین شناسی به ایران فرستاد و همچنین شخصی را به نام دالتن[۲۴۱] بعنوان آسیستان بورلز برای کمک او تعیین نمود. گزارش زمین شناس بسیار خوش آیند بود. پس از دریافت این خبر، دارسی نماینده خود" ماریوت[۲۴۲]" را به همراه کتابچی به تهران فرستاد که بتوانند امتیاز کاوشهای نفتی را از سردمداران ایران بگیرند (در سال ۱۹۰۱). در ضمن دولت انگلستان بطور غیرمستقیم خود را در این جریان وارد نمود. بدین معنی که وولف نامه‌ای بکنسول انگلیس در تهران سرآنتونی هاردینگ[۲۴۳]نوشت و سفارش نمایندگان دارسی را به وی نمود. همچنین وزارت خارجه انگلیس به هاردینگ دستور داد که با ماریوت کاملا همکاری و منتها درجه سعی خود را مبذول دارد. در ضمن به هاردینگ هشدار دادند که مبادا حرفی و یا عملی از او سر بزند که روسها را از فعالیت هائیکه در حال تحول است آگاه کنند. هاردینگ پس از دریافت نامه وزارت خارجه انگلیس و دستورات آنان و سفارش نامه وولف، به ماریوت دستور داد که هر نوع جملاتی که در مورد کاوشهای نفتی در شمال ایران است از نامه هایش حذف کند. با کمک هاردینگ توافق نامه ای توسط ماریوت تهیه شد و کتابچی آن موافقت نامه را بحضور

---

[۲۴۰] - H.T. Burlz

[۲۴۱] - Dalton

[۲۴۲] - Marriott

[۲۴۳] - Sir Anthony Harding

مظفرالدین شاه عرضه کرد. چون شاه تحت نفوذ روسها بود، به فوریت و بدون هیچ نوع شک و تردید موافقت نامه را رد کرد. در آنموقع هاردینگ متوسل به نخست وزیر ایران شد. در کتاب خود هاردینگ بنام « دیپلومات ها در شرق »[۲۴۴] شرح ملاقاتش را با نخست وزیر مینویسد که چگونه او موافقت نامه را مطالعه و مشکلات آنرا مرتفع کرد.

نخست وزیر به هاردینگ پیشنهاد نمود که نامه‌ای به فارسی به دولت ایران از جانب دارسی برای درخواست اجازه کاوش نفت نوشته شود. نخست وزیر اظهار داشت که وی این نامه را که به فارسی است به کنسولگری روس خواهد فرستاد و از آنان درخواست موافقت با آنرا خواهد نمود و چند روز به آنها برای دادن پاسخ مهلت خواهد داد و اعلام نمود که کنسول روس به زبان فارسی آشنایی ندارد و منشی و مترجم او برای مدتی به مرخصی رفته اند.

این کار توسط هاردینگ انجام یافت و رونوشت نامه به کنسولگری روس فرستاده شد و چون در زمان معین شده پاسخی از سوی آنان دریافت نگردید، موافقت نامه دارسی تائید و امضا شد. پس از برملا شدن این جریان کنسول روس بینهایت خشمگین و ناراحت گردید ولی دیگر کار از کار گذشته و او در برابر کاری انجام شده قرار گرفته بود. پس از پایان این برنامه، کتابچی هدیه بزرگی دریافت داشت که با آن پول، خانواده خود را از ایران به اروپا برد و ساکن آن دیار گردیدند. نخست وزیر مبلغ ده هزار پوند حق الزحمه دریافت نمود و دو نفر دیگر از اعضا کابینه (مشیر الممالک و مهندس الممالک) که در انجام اینکار دخالت داشتند هر یک مبلغ پنج هزار پوند هدیه گرفتند.

[۲۴۴] - Diplomats in the East

دارسی پس از اخذ این قرارداد شرکتی بنام «فرست اکسپلوریشن کمپانی»[۲۴۵] تشکیل داد و آغاز به کاوش نمود. لرد کروزن[۲۴۶] نائب السلطنه هندوستان که بعدها وزیر امور خارجه انگلیس گردید مخالف اینکار دارسی بود و نامه‌ای به مسئول امور هندوستان مینویسد: «من بشما نصیحت میکنم که نگذارید اصلاح و بازگشت صنعتی نفت ایران شروعش بدست دارسی باشد...».[۲۴۷]

کاوش های نفتی در سال ۱۹۰۳ آغاز گردید ولی نتیجه رضایت بخشی نداشت. دارسی پس از آنکه ۲۲۵ هزار پوند از سرمایه شخصی خود را خرج کرد بدین نتیجه رسید که نیاز به مقادیر بیشتری دارد و به این فکر افتاد که کسانی دیگر را با خود شریک نماید. در چنین زمانی موضوع نفت اهمیت زیادی در جهان پیدا نموده بود و دول بزرگ میخواستند که کشتیهای خود را از زغال سنگ به سوخت نفتی تبدیل نمایند. این فکر به ویژه در وزارت جنگ و دریاداری انگلیس بیشتر مورد گفتگو قرار داشت. در چنین برهه‌ای از زمان لرد فیشر[۲۴۸] که از موافقین این عقیده بود به وزارت دریاداری انگلیس منصوب گردید. او بلادرنگ دستور تشکیل کمیسیونی برای بررسی در اینکار را نمود و ای.جی. پورتمن[۲۴۹] را به ریاست آن کمیته انتخاب کرد. پورتمن از لرد استراتکونا[۲۵۰] که یک فرد بسیار ثروتمند و

---

[۲۴۵] - First Exploration Company

[۲۴۶] - Lord Curzon

[۲۴۷] - Dennis Wright; The English Among Persians; p. 108/ رایت پس از کودتای ۱۹۵۳ بایران فرستاده شد که سفارت انگلیس را مجددا باز کند . او در سال ۱۹۶۳ دوباره بسمت سفیر انگلیس در تهران منصوب گردید و کتاب دیگری بنام ایرانیان در میان انگلیسی ها نوشت.

[۲۴۸] - Lord Fisher

[۲۴۹] - E. G. Pretyman

[۲۵۰] - Lord Strathcona

شخصیت شناخته و معروف در بخش سیاسی انگلیس بود، درخواست کمک نمود. در این مرحله استراتکونا ازکمپانی نفت برمه[۲۵۱] درخواست کرد که به آنها ملحق شوند.

از سوی دیگر دارسی با شعبه فرانسوی روتچایلد[۲۵۲] تماس گرفته و از آنان تقاضا نمود که با وی همکاری نمایند. در این زمان دولت انگلیس خود را در اینکار دخالت داد و از لرد استراتکونا و کمیته پورتمن خواست که با دارسی همکاری نمایند. در سال ۱۹۰۵ این گروه کمپانی تازه‌ای بنام کنسشن سندیکیت[۲۵۳] در گلاسکو، اسکاتلند[۲۵۴] تشکیل دادند. سهامداران این کمپانی عبارت بودند از: دارسی، لرد استراتکونا و کمپانی نفت برمه. شرکت جدید التاسیس، نیاز مبرمی به کارمند و کارگر داشت که بتواند به محل اکتشاف بفرستند. برای جلب افراد، مزایای جالبی برای متقاضیان قائل شدند، بطوریکه برای آنان مشکل بود که چنین شغلی را نپذیرند. دنیس رایت در کتاب خود بنام "انگلیسی ها در بین ایرانیان" اینطور توضیح میدهد: «خانه ها و مدارس و بیمارستان ها به مراتب بهتر از هر نقطه ایران برای کارمندان ساخته شد...»[۲۵۵]. پس از تشکیل کمپانی بلافاصله عمل حفاری آغاز گردید. نتیجه مطلوب تا سال ۱۹۰۸ بدست نیامد. در آن سال بود که برای نخستین بار چاه آنها به نفت رسید. دولت انگلیس پس از دریافت این خبر، به اهمیت قضیه پی برد و با گام هائی که برداشت، خود را شریک آن کمپانی نمود. از این رو شرکت تازه ای با سرمایه دو میلیون پوند:" کمپانی محدود نفت ایران و انگلیس"[۲۵۶]

---

[۲۵۱] - Burma Oil Company

[۲۵۲] - Rothschild Company

[۲۵۳] - Concession Syndicate

[۲۵۴] - م.فاتح: تاریخ پنجاه ساله نفت ایران ؛ ۱۹۵۶. ص. ۲۵۶ .

255- Ibid, p. 257

[۲۵۶] - Anglo-Persian Oil Co. Ltd.

تشکیل گردید . لرد استراتکونا به ریاست کمپانی و دارسی جزء هیئت مدیره آن انتخاب گردیدند. دارسی تا هنگام مرگ خود در سال ۱۹۱۷ در این سمت باقی ماند.

از این زمان جنایتهای انگلیس در ایران سیر صعودی خود را می پیمود. آنان کوچکترین بهانه را جستجو میکردند که در امور داخلی ایران مداخله کنند. بزرگترین بهانه آنها این بود که باید از سرمایه‌ای که در کشور گذاشته‌اند محافظت نمایند. طولی نکشید که کمپانی نفت انگلیس، دولتی در دولت ایران تشکیل داد. انگلیسی‌ها با روسای عشایر سازش کرده و با پرداخت مقرری کوچکی، آنان را فرمانبردار خود مینمودند و بر علیه دولت مرکزی از پشتیبانی شان بهره برداری میکردند.

دراین مورد شرکتی بنام کمپانی نفت بختیاری[۲۵۷] تشکیل دادند که توسط شرکت نفت ایران و انگلیس اداره میشد. با ایجاد چنین نقشه هائی هر روز از قدرت حکومت مرکزی کاسته میشد و انگلیسی ها نفوذ بیشتری برای اجرای مقاصد خود بدست میآوردند. در استان خوزستان، محلی که ذخائر نفتی ایران به وفور وجود داشت با شیخ خزعل که رئیس قبیله‌ای بود معامله بر قرار کردند. شیخ خزعل پس از مرگ برادرش به فرمانداری خوزستان بر گزیده شد. او بلا فاصله زمینی به مساحت یک مایل در یک مایل را بشرکت نفت فروخت که ساختمان پالایشگاه آبادان را که بزرگترین پالایشگاه دنیا بود در آن بنا نهادند. شیخ خزعل با انگلیس ها ارتباط نزدیک داشت و یکی از ذیقیمت ترین نمایندگان آنان شد و به اخذ چند مدال و القاب از دولت انگلستان نائل گردید و همچنین به عضویت جمعیت فراماسونری درآمد. درسال ۱۹۰۹ به شیخ، درجه

---

[۲۵۷] - Bakhtyary Oil Co.

کی.سی.آی.ای[۲۵۸] و در ۱۹۱۵ بدستور فرماندار کل هندوستان درجه کی. سی. اس. آی[۲۵۹] نیز بدو اهدا گردید.
شیخ دشمن مسلم دکتر میلسپو و رسالتش در ایران بود. در دهه ۱۹۲۰ ندای اربابان خود، دولت انگلیس را تکرار میکرد. شیخ تهدید بزرگی برای دولت ایران شد و بدین جهت نخست وزیر وقت، رضاخان او را از خوزستان به تهران تبعید کرد. این عمل به مذاق انگلیسی ها خوش نیامد.
از آغاز کار تا سال ۱۹۵۰ شرکت نفت ایران و انگلیس بکلی منافع ایران را نادیده و هیچ مسئولیتی در قبال ایران به عهده نگرفتند، و کنترات نفت را بکلی کنار گذاشتند . معاهده به نحوی نوشته شده بود که منافعش فقط منحصر به منافع بریتانیا میشد.

پ– :نفت ایران وانگلیس:

زمانی که دولت انگلیس دخالت در امور نفت ایران را آغاز نمود، مشکلات شرکت نفت ایران و انگلیس تماما حل شد. شرکت نفت از دولت انگلستان برای رسیدن به آرمانهایشان تقاضای کمک کرد. برای این موضوع کمیته-ای به ریاست دریادار اسلید[۲۶۰] تشکیل شد تا شرکت نفت به راحتی بتواند راههائی برای تامین نظریاتش جستجو کند. یکی از اعضاء کمیته، شخصی بنام سر جان کادمن،[۲۶۱] مشاور نفتی در وزارت مستعمرات بود. کادمن بعد ها در مذاکرات ایران و آمریکا دخالت داشت. نتیجه اقدامات این کمیته را به آسانی میتوان حدس زد و پیش بینی نمود. همانطور که انتظار میرفت این موضوع مورد توجه دولت بریتانیا واقع شد و توانستند که به شرکت نفت کمک کنند بشرط اینکه دولت بریتانیا در کارها و اداره

---

[۲۵۸] - Knight commander in the Most Eminent Order of India

[۲۵۹] - Knight Commander in the Most Exalted Order of the Star of India

[۲۶۰] - Admiral Slade

[۲۶۱] - Sir JOHN Codman

شرکت نفت دخالت داشته باشد. شرکت نفت با کمال مسرت این پیشنهاد را پذیرفت.

در سال ۱۹۱۴ پارلمان انگلستان معاهده بین دولت خود را با شرکت آنگلو-پرشین اویل کمپانی[۲۶۲] تصویب کرد و با این اقدام برای دولت ایران غیر ممکن شد که بتوانند مشکلات خود را مستقیما با شرکت نفت بعنوان یک موسسه تجارتی حل کنند و میبایست با دولت بریتانیا در حل هر مشکلی روبرو شوند. اولین سودی که بریتانیا برد، دسترسی به نفت بسیار ارزان، که به مراتب پائین تر از بازار نفت بود[۲۶۳] (در حدود یک چهارم قیمت رایج). وینستن چرچیل در کتاب خود بنام وورلد کرایسیس[۲۶۴] مینویسد دولت انگلستان از خرید نفت از ابتدا تا آخر جنگ جهانی۷/۵ میلیون پوند صرفه جوئی کرد.

پس از انتشار این گزارش، سهامی که به شرکت های بیگانه تعلق گرفته بود مردم و دولت ایران بینهایت خشمگین شدند. چه که تمام سود شرکت متوجه انگلستان شد. شکایتهائی که به مراجع انگلیس چه در ایران و چه در انگلیس ارسال گردید، هیچ نوع اهمیتی به آنها داده نشد. دولت انگلیس کوچکترین ابهامی در انجام رویه‌ای که در پیش گرفته بود نداشت. فقط شعار آنان این بود که باید «منافع انگلیس را محافظت نمود». وینستن چرچیل (وزیر دریاداری)[۲۶۵] حتی بخود این زحمت را نداد که گزارشی از این موضوع به مجلس عوام بدهد[۲۶۶]. زمانی که نتایج کارشان آشکار شد او در جواب سئوال یکی از اعضای پارلمان که پرسیده بود « اگر ملت ایران بر

---

[۲۶۲] - Anglo-Persian Oil Company

[۲۶۳] - م. فاتح ؛ تاریخ پنجاه ساله نفت ایران ؛ ۱۹۵۶؛ ص. ۲۶۵.

[۲۶۴] - World Crisis

[۲۶۵] - Lord of Admiralty

[۲۶۶] - House of Common

علیه ما شورش کنند شما چکار خواهید کرد ؟» وی در پاسخ گفت "ما آنطور با آنان رفتار میکنیم که با دشمنان خود رفتار خواهیم کرد."[۲۶۷] این نشان میدهد که چرچیل تا چه حد خود پسند و مغرور بود و احترامی برای زندگی و آسایش دیگران نداشت.

در همان جلسه رهبر حزب کارگر رمزی ماکدونالد[۲۶۸]چرچیل را مخاطب قرارداد و گفت :"رفتاری که این شرکت نفت در ایران در پیش گرفته رفتاری است استعماری و این به استقلال ایران صدمه خواهد زد... دولت انگلیس باید از مداخله در امور مملکت ایران خوداری کند و باید آنان را حمایت نماید."[۲۶۹] سر ادوارد گری[۲۷۰] وزیر امور خارجه انگلستان از دولت خود دفاع کرد و اظهار داشت که اگر احیانا احتیاجی باشد ما میتوانیم برای محافظت نفت لشکر بفرستیم و این هیچ نوع دخالتی در قدرت و خود مختاری دولت ایران نخواهد داشت. انگلیس ها بدنبال مقصد و مرام خود در ایران بودند، بدون اینکه هیچ نوع احترام و ملاحظه‌ای برای دولت ایران داشته باشند. شرکت نفت را دولت انگلیس اداره میکرد و اکثر کارمندانشان را از ممالک استعماری خود مانند هندوستان و برمه میآوردند. در ذهنشان اینطور رخنه کرده بود که والاتر از ایرانیان هستند و هدیه‌ای از سوی خداوند و ارباب و صاحب میباشند. نمونه آشکار این رفتارشان در هندوستان بود که مردم را به زور وادار کردند که آنان را صاحب خطاب کنند. ایرانیان را در مقام مدیریت نگذاشتند. پرونده های کمپانی را به طور سری نگاه داشتند و بدولت ایران و به کارمندان ایرانی شرکت ، اجازه نمیدادند که آنها را ببینند و یا بررسی نمایند. حتی برای

- [۲۶۷]تاریخ پنجاه ساله نفت ایران ۱۹۵۶؛ ص. ۲۶۶

[۲۶۸] - Ramsay Mc Donald

[۲۶۹]– همان کتاب .

[۲۷۰] - Sir Edward Gray

کاوشهای علمی دسترسی به نوشته های شرکت نبود. بدین ترتیب ایرانیان هیچوقت نتوانستند از مقدار در آمد شرکت آگاه شوند و نمیتوانستند دریابند که دقیقا سهم آنان چه مقدار خواهد بود.[۲۷۱]

تولید نفت ایران به تدریج افزوده میشد. مقدار تقریبی نفت استخراج شده در آنزمان بشرح زیر بود: چهار میلیون و۵۶۶ هزار تن در سال ۱۹۲۶ و در سال ۱۹۳۳ این مقدار به هفت میلیون و ۸۷ هزار تن رسید و در سال ۱۹۴۵ به شانزده میلیون و ۸۳۹ هزار تن و در آخرین سال استخراج ا به سی و یک میلیون ۷۵۰ هزار تن رسید. ارزش پولی در آن دوره به پول انگلیس بشرح زیر بود: تا ۱۹۵۰ مقدار نفت استخراج شده از ابتدا سیصد و بیست و شش میلیون و ۶۶۰ هزار تن بود و مقدارکل سود پرداختی به سهامداران ۱۱۵میلیون پوند بود. مالیات پرداختی بدولت انگلیس ۱۷۵ میلیون پوند، مقدار پول ذخیره ۵۰۰ میلیون پوند و درآمد دولت ایران از تمام این معاملات فقط ۱۰۵ میلیون پوند بود.

با یک نگاه اجمالی مشاهده میگردد که در آمد ایران در تمام این دوره اندکی بیش از نصف مالیاتی بود که بدولت انگلیس پرداخته شد. در سال ۱۹۴۷ در آمد خالص نفت بمبلغ ۳۳،۴۱۲،۹۹۹ پوند بود. مالیاتی که به دولت انگلیس پرداخت شد ۱۵،۲۶۶،۶۶۵ میلیون پوند بود و سهم دولت ایران ۷،۱۰۱،۴۸۹ میلیون پوند که کمتر از ٪۵۰ مالیاتی بود که بدولت انگلیس پرداخت شده بود.

---

[۲۷۱]-نگارنده بایک شخصیت ژمین شناس ایرانی-مصری، دکتر علی گلستانه ، مصاحبه ای داشتم . وی اظهار داشت که در سالهای ۱۹۵۰ در شرکت نفت آبادان کارمند بود و اجازه بررسی در پرونده های زمین شناسی داشت ولی پس از آغازگفتگو در باره ملی شدن نفت ، وی نیاز به پرونده ای پیدا کرد ولی متصدیان شرکت به او اجازه وارد شدن به محل پرونده ها را ندادند و به او گفتند که دستور از مقامات بالا آمده و وی بعلت داشتن تبار ایرانی ازاین امر محروم میباشد.

در سال ۱۹۵۰ آخرین سال کاری شرکت نفت ایران و انگلیس، وضع مالی شرکت را میتوان بشرح زیر توجیه کرد: سود حاصله ۴۴۰،۱۹۳،۱۵۱ پوند؛ استهلاک ۷۲،۹۵۳،۳۴۱ پوند؛ مالیات بدولت انگلیس ۵۰۷۰۶۸۸۰ پوند؛ ذخیره عمومی ۲۶ میلیون پوند ؛ سهم ایران ۱۶۰۳۱۳۷۵ پوند بود.[۲۷۲]
بخوبی مشاهده میگردد که در سال ۱۹۵۰ دولت ایران در حدود ۳۱،۶ در صد از مقدار مالیاتی که بدولت انگلیس پرداخت شده بود به عنوان در آمد نفت در یافت کرد[۲۷۳]. انگلیس ها نه تنها کوچکترین احساس گناهی از چپاول ثروت ملی ایران نکردند بلکه به خود اجازه دادند که به عنوان نیکو کار و ناجی ایران، مردم را از حقوق اصلی خود محروم کنند. همانطور که بعد ها مشاهده خواهد شد تمام پیشنهادات و تذکرات دولت آمریکا را که به درخواستهای ایران وقعی بگذارند، نادیده گرفتند.
وسائل مالی تنها گرفتاری بین شرکت نفت ایران و انگلیس و ایرانیان نبود. کمپانی عمداً با کارمندان ایرانی بدرفتاری میکردند. در سال ۱۹۲۹ یک کارگر ایرانی مزدش در یک روز فقط ۲۹ سنت بود و حقوق آنان هرگز مخارج روزانه را تامین نمیکرد. در سالهای ۱۹۳۶ تا ۱۹۴۰ مخارج زندگی درست دو برابر شده بود ولی مزد کارمندان و کارگران ایرانی اصلا تغییری نکرده بود. کارگران از کلبه‌هائی که از حلبی یا چوب ساخته شده بود و فاقد وسایل بهداشتی و دستگاه تهویه برای خنک کردن هوا بود زندگی میکردند. در صورتی که با کارگران انگلیسی رفتاری به مانند کارمندان عالی رتبه را داشتند. منزلشان دارای دستگاه تهویه و اتوبوسهای آخرین سیستم برای رفت و آمد، مدارس جداگانه جهت کودکان آنان ایجاد کرده بودند. استخر شنای مخصوص، بیمارستان مجهز و مقادیر زیادی تجهیزاتی

- [۲۷۲]م. فاتح ؛ تاریخ پنجاه ساله نفت ایران؛ ۱۹۵۶ صفحه. ۳۲۰

[۲۷۳]– همان کتاب ، مجددا صفحه ۳۲۰

[۲۷۳]– همان کتاب صفحه ۳۱۷

که برای ایرانیان داشتن آن وسائل مطلقا میسر نبود. اما صاحبان گرانقدر عالم، خیرخواهان بشریت، قهرمانان آزادی، نجات دهندگان انسانها، هدایای خداوند به مردم دنیا، کمترین شرمی از آنچه که مرتکب میشدند نداشتند و فقط در فکر ازدیاد ثروت روز افزون خود بودند.[۲۷۴]

در سالهای دهه ۱۹۴۰ جنایات و شقاوت و غارتگری انگلستان را مردم ایران درک نمودند و دشمنی هایشان در روزنامه ها منعکس شد. جنگ جهانی دوم باعث شد که مردم تا حدی از اوضاع دنیا و کشورشان آگاهی پیدا کنند. غارت ثروتهای ملی و بدرفتاری با کارمندان و کارگران ایرانی به ایرانیان ثابت کرد که مردمی که قبلا از انگلیس ناراضی بودند، تنفر بیشتری به آنان پیدا کردند. بر خلاف آنچه که بریتانیا میخواست که مردم دنیا بدان باور باشند، رفتار شان باعث پیشرفت و رواج کمونیسم در ایران گردید و میهن پرستان کشور را در دامان حزب توده انداختند که روز بروز در حال گسترش بود. ایرانیان مشغول به همکاری با حزب توده شدند و شروع به تلافی بر علیه کارهای انگلیس کردند. با همه این احوال بسیاری از ایرانیان از کمونیسم و روسها نفرت داشتند. ایرانیان هرگز دشمنی های روسیه را از ۱۵۰ سال گذشته فراموش نمیکنند.

برای اولین بار در ۱۴ جولای ۱۹۴۰ کارمندان و کارگران شرکت نفت اعتصاب عمومی بر علیه شرکت و مسئولان انگلیسی آن کردند. متاسفانه

---

[۲۷۴]– در شهر آبادان، در جنوب باختری ایران (در راس خلیج فارس) درجه حرارت در حدود ۱۲۰ درجه فارنهایت میرسد. در تابستان سال، ۱۹۶۴، نگارنده ماموریت داشتم که شعبه بیمارستان پارس را که در اهواز تشکیل شده بود بررسی نمایم و سر وسامانی بوضع آنجا بدهم. برای انجام کار ویلائی برای من تهیه و اتومبیل شورلت تازه ای در اختیارم گذاشته شده بود.بعلت گرمای شدید درمانگاه های بیمارستان ازنیمروز تا ساعت ۴ بس از نیمروز تعطیل بودند. در آن ساعت بهنگام رفتن به بیمارستان احساس میشد که اسفالت های خیابان بسبب گرمای شدید نرم شده بخوبی نشان لاستیک ها روی آنها دیده میشد. از این روی میتوانستم بخوبی درک کنم کارگران شرکت نفت در آن کلبه های حلبی چه حالتی داشتند. جنایات انگلیس را نمیتوان بهیچ نوعی توجیه نمود.

همانطور که معمول این نوع موقعیت ها بود، اعتصاب از کنترل آنان خارج شد که بیشتر بعلت این بود که حزب توده موقعیت را غنیمت دانستند و نفوذ و تحریکاتی به نفع خود انجام دادند و نگذاشتند اعتصاب کارگران به ثمر برسد. بین پلیس و تظاهرکنندگان تصادم شدید ایجاد شد و چهل و هفت نفر کشته و ۱۷۳ نفر زخمی بجا گذاشت.

این عقب نشینی به نحوی نشانه پدیده بارزی برای ایرانیان شد و نخستین بار بود که ایرانیان برعلیه امپریالیسم و استعمار قدرت انگلیس قد علم کردند. کلیه روزنامه های محلی و بین المللی و آژانسهای خبری این اتفاقات را گزارش دادند. دولت انگلستان متوّسل به قدرت نظامی بر علیه ایرانیان شد. کشتی های جنگی انگلیس در بندر بصره عراق، در خلیج فارس روبروی بنادر ایران لنگر انداختند. انگلیس ها تهدید کردند که قشون هندوستان را به بنادر جنوب ایران خواهند فرستاد. این تهدیدات نه تنها ایرانیان را از رسیدن به مقصودشان منع نکرد، بلکه به آنان قدرت فوق العاده‌ای بخشید تا بتوانند جهت رسیدن به اهدافشان بجنگند.

در شش اگوست ۱۹۴۶ بعلت فشاری که روزنامه ها و منابع خبری به انگلستان آوردند مجبورشان کردند که به کردار نادرست خود و اشتباهاتشان در خلیج فارس برای نخستین بار اعتراف کنند. ولی اعتراف آنان هیچ نوع تغییر و تحولی در رفتارشان نشان نداد و همان رویه‌ای که از سابق داشتند ادامه دادند و این باعث شد که ایرانیان بر علیه آنان شورش کنند و هسته ملی شدن صنعت نفت در اوایل سال ۱۹۵۰ پایه گذاری شد.

بخش چهارم:

موافقت نامه ۱۹۱۹ انگلیس و ایران:

از زمانی که هندوستان تحت الحمایه انگلستان قرار گرفت،[۲۷۵] دولت انگلیس پیوسته مضطرب بود که مبادا کشورهای دیگر با آنان رقابت کنند و آن مالکیت ارزشمند (هندوستان) را از دست بدهند. ترس آنان بیمورد نبود . اروپائیان بخصوص فرانسه و روسیه در این اندیشه بودند که بتوانند جای پائی در هندوستان با شرکت یکدیگر ایجاد کنند. ناپلئون اول از فرانسه و الکساندر اول تزار روسیه نخستین اشخاصی بودند مصمّم به حمله هندوستان. از سوی دیگر انگلیسی ها برای باز داشتن روسیه و فرانسه از تصمیمی که داشتند بهر ترفندی متوسل میشدند تا منافعشان در شبه قاره هند حفظ شود. برای رسیدن به مقصودشان تابع هیچ نوع عمل شرافتمندانه‌ای نبودند و حاضر بودند ملل ضعیف تر را قربانی کنند و آبروی آنان را پایمال نمایند تا بتوانند در آرزوی خود کامیاب شوند.

در اواخر قرن نوزدهم و اوائل قرن بیستم روسیه بزرگترین دشمن شناخته شده انگلیس بود. در زمان حساس جنگ جهانی اول بین سالهای ۱۹۱۵ تا ۱۹۱۷ گرد همآئی سری در قسمت اروپائی شهر اسلامبول بین انگلیس و روس تشکیل شد. در آن جلسه تصمیم گرفتند در قرارداد ۱۹۰۷ که

- [۲۷۵] اولین اروپایی که قدم در هندوستان گذاشت پرتقالیها بودند و« واسکو دو گاما »پرتقالی درتاریخ ۲۰ می ۱۴۹۸ وارد بندر کلکته گردید. اسپانیایی ها بزودی به او تاسی کردند . انگلیسی ها در سال ۱۶۰۱ کمپانی هند شرقی را تشکیل دادند و در سال ۱۶۱۰ با نیروی دریایی پرتقال جنگیدندو آنان را فراری دادند و یک پاسگاه در سورات هند ایجاد نمودند. اولین فرستاده از سوی جورج اول پادشاه انگلیس بود بنام« سر تاماس روو» که وارد دربار شاه جهانگیر مغول شد و برای تاسیس یک آژانس تجارتی امتیاز گرفت. نفوذ بریتانیا با گذشت زمان افزوده شد و بالاخره هندوستان یک جزء جدا نشدنی در اقتصاد انگلیس قرارگرفت . در ضمن محافظت این قاره برای بریتانیا در بالا ترین درجه اهمیت واقع شد.

میخواستند ایران را بسه قسمت تقسیم کنند تغییری بعمل آورند، و قرارداد جدیدی نوشتند و آنرا بنام «قرارداد سری اسلامبول»[۲۷۶] خواندند، که در تاریخ ۱۸ مارچ ۱۹۱۵ امضاء شد. قرار شد که پس از اتمام جنگ، شهر اسلامبول را به روسیه بدهند و در چنین موقعیتی تمامی دریای سیاه و بغاز بسفر به آنان تعلق میگرفت تا بتوانند راه آزاد به دریای مدیترانه داشته باشند. و در عوض انگلستان هم قسمت بیطرف ایران را تصاحب کند. مقصود انگلیس این بود که بدین نحو روسیه را راضی نگه داشته و در نتیجه فکر آنها را از هندوستان منحرف نماید.

در سال ۱۹۱۷ بلشویک های انقلابی، کشور روسیه را تصرف کردند ولی این پیروزی با مشکلات داخلی زیادی مواجه شد و روسیه را از صحنه سیاست بین‌المللی خارج نمود. انگلیسی ها گمان بردند که در غیاب روس ها میتوانند مقاصد شان را بزور به ایرانیان تحمیل کنند و به آسانی سلطه اقتدارشان را به ایالات جنوبی روسیه توسعه دهند. ولی قضاوتشان در باره دولت کمونیستی غلط از آب در آمد. تشکیلات انقلابی کشور نوین متحده سوسیالیستی[۲۷۷] روسیه از ترفند انگلیس ها آگاه شدند. در ۱۹ دسامبر ۱۹۱۹ لنین در یادداشتی به دولت ایران نوشت: «ما از معاهده سری در باره تقسیم ایران به خوبی آگاهیم و میدانیم که معاهده لغو شده است، پس ازپایان این جنگ جهانی، ما ایران را ترک خواهیم کرد و ایرانیان حق دارند که سرنوشت خود را تعیین کنند.»[۲۷۸] روسها در نوامبر ۱۹۱۷ متن قرارداد سری ۱۹۱۵ را صرفا به خاطر رسوا نمودن انگلیس در ایران منتشر کردند. سر دنیس رایت که بعد ها سفیر انگلیس در تهران شد، اوضاع را اینطور بررسی میکند: "بلشویکها برای خوش آیند و بهبود روابط خود با

---

[۲۷۶] - Secret Treaty of Constantinople.

[۲۷۷] - Union Soviet Socialist Republic.

[۲۷۸] - Sir Dennis Wright; The English Among Persians, 1977, p. 177

ایران بطور یکطرفه کلیه قرادادهائی را که درزمان روسیه تزاری بین دو کشور بسته شده بود و به زیان ایران بود لغو نمودند. همچنین برای بی آبرو کردن انگلیس ها متن قرارداد ۱۹۱۵ بین روس و انگلیس را منتشر نمودند[۲۷۹]. این قرارداد شامل الحاق بخش بیطرف ایران به انگلیس پس از جنگ جهانی اول بود."[۲۸۰]

در ۱۶ ژانویه ۱۹۱۸ تروتسکی[۲۸۱] نامه‌ای به کنسول ایران در سنت پیترزبورگ نوشت که در آن، ایران را از حسن نیت روسیه مطمئن ساخت. نامه وی اینطور آغاز میگردد: "دانسته باشید از آنجائیکه ایرانیان درمورد تعهد نامه ۱۹۰۷ مشکوک هستند، دولت سوسیالیست روسیه محترما باطلاع شما میرساند، بعلت قرارداد بین المللی که در دومین جلسه کمیسار روسیه که در تاریخ ۲۶ اکتبر ۱۹۱۷ منعقد شد، به علت اینکه قرار داد پیشین با اصول استقلال ملت ایران مباینت داشت، دولت روسیه توافق میکند که کلیه قراردادهائی که در دوره تزاری بسته شده بود لغو نماید."[۲۸۲]

انگلیسیها با بی اعتنایی کامل به آنچه که میگذشت به روش خود ادامه میدادند و در پی فتوحات بیشتری در سیاست و اقتصاد ایران بودند. ولی روش آنان پس از انتخاب لرد کروزن به وزارت امور خارجه عوض شد و نقشه کشیدند که ملل فرمانبرداری ایجاد کنند، که نه تنها در خاور میانه

---

[۲۷۹] - Ibid

[۲۸۰] - Ibid

[۲۸۱] - Leon Davidovich Trotsky (Nov. 7, 1879-Aug. 21, 1940)

تروتسکی یک یهودی و بلشویک انقلابی بود. او کمیسار مردم در وزارت خارجه شوروی ، بنیانگذار و فرمانده ارتش سرخ و همچنین یکی از بنیان گذاران «پولیت بورو» بود. بعلت اختلاف با استالین در ۱۹۲۰ اورا از حزب کمونیست اخراج نمودند. وی نزدیک شهر مکزیکو سکونت اختیار کرده بود و توسط یکی از دستیاران استالین بنام «رامون مرکادر» در ۲۱ اگوست ۱۹۴۰ بقتل رسید.

- [۲۸۲]بهرام چوبینه ؛ بیست و سه سال علی دشتی .

بلکه در کشورهای جنوب غربی روسیه نیز نفوذ داشته باشند تا بتوانند با روس ها مبارزه کنند. در آن میان ایران مهمترین وضعیف ترین کشوری بود که نمیتوانست از خود دفاع کند. لرد کروزن احساس کرد که اگر به حکومت ایران دست یابد، به خوبی میتواند مانع قویتری بر علیه روسیه بگذارد تا از هجوم آنان به هندوستان جلو گیری نماید.[۲۸۳]

نیروی امپریالیستی انگلیس در ایران شروع به کارهای مخفیانه کردند که برای دولت و یا حکومت طرفدار انگلیس راه را باز کنند و نخست وزیر وقت را که تابع سیاست آنان نبود از کار بر کنار نمایند. در تاریخ ۴ جون ۱۹۱۸ گروهی از ملایان، با تحریک انگلیسی ها در آرامگاه شاهزاده عبدالعظیم متحصن شدند و تقاضای بر کناری نخست وزیر، صمصام الدوله بختیاری را داشتند. در بین آنان آخوند معروف سید حسن مدرس بود. وی از جمله علمای دینی بود که تمام مردم احترام زیادی برای او قائل بودند. ملایان قدرت زیادی بر بازرگانان و بازاری ها داشتند. با دستور علما بازار را بستند و بازرگانان تقاضای استعفای نخست وزیر را کردند. مدرّس که مردم او را مردی درستکار و میهن پرست میدانستند، با برخی دیگر از علما هم آواز گردید و به هواخواهی وثوق الدوله بر خواست و در یکی از سخنرانیهایش که بر علیه نخست وزیرصارم الدوله بود گفت: "ما چه میخواهیم، چرا ما اینجا هستیم، ... ما احتیاج بیک دولت قوی داریم، در حال حاضر کسی بجز وثوق الدوله شایسته اینکار نیست[۲۸۴] و بدین مناسبت ما خواهان نخست وزیری او هستیم..." تحت فشار علما در جولای ۱۹۱۸ پادشاه موافقت کرد وثوق الدوله را که همگان میدانستند جیره خوار انگلستان است به نخست وزیری بر گزینند. دو پست حساس دیگر نیز بدو نفر از

---

[۲۸۳] - Olson: Anglo-Iranian Relation, 222-223.

[۲۸۴]- باقر عاملی؛ روزشمار تاریخ ایران- روزنامه تاریخ ایرانیان جلد اول ص. ۳۶۸

مزدوران انگلیس محوّل گردید: وزارت دارائی به صارم الدوله[۲۸۵] و وزارت امور خارجه به نصرت الدوله فیروز فرمانفرما[۲۸۶]. هر دوی این وزرا با توصیه کنسول انگلیس در تهران انتخاب شدند،[۲۸۷](این سه نفر از وزرای ایران، بنام وزرای سه گانه می نامیدند[۲۸۸])

مدت کوتاهی پس از برقرارای حکومت جدید ایران، لرد کروزن، « سر پرسی کاکس»[۲۸۹] را در مقام کنسول انگلستان در ایران بر گزید (-۱۹۱۸ ۱۹۲۰). کاکس مدتی در نواحی خلیج فارس در عراق خدمت میکرد و کاملا موافق با کروزن بود و احساس همدردی و یا دلسوزی برای زنده کردن حس میهن پرستی ایرانیان را نداشت.[۲۹۰]رفتارش طوری بود که ایرانیان مخالفتش را احساس میکردند و بهمین دلیل دل خوشی از او نداشتند، زیرا قدرتی وابسته به نقشه کروزن بود، که بالاخره منجر بامضای معاهده‌ای گردید که ذیلا شرح داده خواهد شد.[۲۹۱] وضعیت و رفتار او نسبت به کشور ایران طوری بود که ایرانیان او را دائما ملامت میکردند و بطور کلی مردم ایران به فرستادگان سیاسی انگلیس در تهران که قبلا در مستعمرات آنان کار میکردند اعتمادی نداشتند.

کنسول انگلیس همراه با وزرای سه گانه، دست بدست هم دادند و مذاکرات محرمانه‌ای داشتند که پس از شش ماه به توافق رسیدند و منجر به امضای قراردادی بین دو کشورگردید که بنام «قرارداد ایران و انگلیس

---

[۲۸۵] صارم الدوله از شاهزادگان قاجار، پسر ظل السلطان و نوه ناصرالدین شاه بود-

[۲۸۶] نصرت الدوله پسر ارشد فرمانفرما که خود او نیز از دست نشانده های انگلیس بود.-

[۲۸۷] باقر عاملی ؛ نخست وزیران ایران (۱۹۹۱) ص. ۲۳۷-

[۲۸۸] - The Triumvirates

289 - Sir Percy Cox

[۲۹۰] - Sir Dennis Wright; The British Among Persians

[۲۹۱] - Ibid

۱۹۱۹» نامیده شد و شامل دو قسمت بود: اول خود قرارداد و دوم قسمت تکمیلی آن.

قسمت اول:

این بخش دارای شش ماده بود که اگر به تصویب مجلس میرسید، ایران راتحت الحمایه و در دایره سیاسی و مالی و اجتماعی انگلیس قرار میداد. این مواد عبارت بودند از:

۱ — قرارداد اشعار میدارد که: بدون کوچکترین شبهه و آنطور که قبلا هم گفته بودند انگلستان بطور کامل احترام و استقلال و حیثیت ایران را نگاه میدارد.

۲ - قرارداد اشعار میدارد که: دولت ایران مخارج خدماتی که مستشاران انگلیسی با در نظر گرفتن کارهائیکه با توافق دول ایران و انگلیس در وزارت خانه های گوناگون انجام میدهند خواهد پرداخت.

۳- قرار داد اشعار میدارد که: دولت ایران مخارج افسران و مهمات و لوازم مدرن که با صلاحدید کمیسیون مشترک نظامی ایران و انگلیس که بعدا تشکیل میشود خواهد پرداخت. چنین کمیسیونی نیازهای نظامی ایران را برای تشکیل یک نیروی یگانه جهت حفظ و نگهداری کشور چه در داخل و چه در سرحدات مورد بررسی قرارداده و در تشکیل چنین نیروئی همکاری خواهد نمود.

۴ — برای اجرای مقاصد این عهدنامه که در مواد ۲ و ۳ به آنها اشاره شده است، دولت انگلستان موافقت میکندکه ترتیب وام مکفی به دولت ایران بدهد و با درنظر گرفتن پشتوانه موجود در کشور از جمله در آمد گمرک و یا هر درآمد دیگری که در دسترس دولت ایران باشد. در حین انجام این مذاکرات و تکمیل این پیمان و تعیین مقدار وام لازم از سوی دولت انگلستان به ایران، دولت انگلیس حسابی بدین منظور باز و مبلغی در آن واریز کرد تا دولت ایران بتواند هر چه زودتر اصلاحات را آغاز نماید.

۵ - دولت انگلستان به خوبی از سیستم ارتباطات ایران آگاه است و میداند که تا چه حد احتیاج فوری برای اصلاحات دارد. هم چنین از نیاز به گسترش بازرگانی و پیشگیری از قحطی کاملا باخبر میباشد. همکاری خود را با دولت ایران در تشویق آن دولت در پیشروی در چنین راهی اعلام و حاضر است که در ساختمان راه آهن و راههای دیگر با در نظرگرفتن این موضوع که کدام به صرفه نزدیکتر و بازده بهتری میدهند اقدام نماید.

۶ - هر دو دولت موافق هستند که کمیسیون مشترکی از متخصصین دو کشور هر چه زودتر تشکیل دهند که بررسی کامل در باره عوارض گمرگی موجود را نموده، و تغییرات لازم را برای بهبود آن با در نظر گرفتن منافع کشور بدهند.

قسمت دوم:

موافقت شد که دولت انگلستان دو میلیون پوند با نزول ۷٪ که ماهیانه باید پرداخت شود به ایران قرض بدهند. در آمد گمرکات و بنادر ایران برای این قرض در گرو انگلیس خواهد بود. دونامه دیگر در زمینه این قرارداد به تاریخ ۹ اگست ۱۹۱۹ از جانب سر پرسی کاکس به وثوق الدوله نخست وزیر ارسال گردید. یکی از آنها مبنی بر این بود که دولت انگلیس خواهان تجدید نظر بر قرارداد قبلی که در حال اجرا است میباشد. نامه دوم از این قرار بود که به نخست وزیر اطمینان دهد:"... دولت انگلستان مخارج نگهداری قوای انگلیس را که در ایران برای دفاع بی طرفی آنکشور بر طبق درخواست دولت ایران به این کشور فرستاده میشوند از ایران طلب نخواهد کرد مشروط به اینکه دولت ایران هیچگونه درخواست غرامتی برای اشکالاتی که نیروی انگلیس احتمالا در ایران ایجاد کنند ننماید. "مطابق قانون مشروطه ایران (بخش چهاردهم) کلیه قرادادهائی که از سوی دولت امضاء میشود باید به تصویب مجلس برسد تا قانونی گردند. این پیمان

هرگز به تصویب مجلس نرسید[۲۹۲] و بدین ترتیب صورت قانونی به خود نگرفت. زمانی که دولت انگلیس مخفیانه این قرارداد را تنظیم میکرد، "کنفرانس صلح ورسای» در فرانسه تشکیل میشد. دولت ایران نیز نماینده ای به ورسای فرستاد تا رنجهائی را که ملت ایران در دوران جنگ جهانی اول متحمل شدند بگوش آنان برساند. این کنفرانس از کشورهائی که در جنگ پیروز شده بودند تشکیل یافت (۲۱-۱۸ ژانویه ۱۹۲۱) نمایندگان قدرتهای بزرگ عبارت بودند از: نخست وزیر فرانسه، جرج کلمانسو،[۲۹۳] نخست وزیر انگلیس، دیویدلوید جورج،[۲۹۴] رئیس جمهور آمریکا، وودرو ویلسن،[۲۹۵] نخست وزیر ایتالیا، ویتوریو اورلاندو.[۲۹۶] موضوع کنفرانس عبارت بود از تشکیل یک نظم نوین جهانی که پس از اتمام جنگ جهانی اول برقرارکنند. مشکلاتی قرار بود که مطرح شود عبارت بودند از :

۱- آلمان (قرارداد ورسای ۱۸ جون ۱۹۱۹)

۲- اطریش (قرار داد سنت ژرمین ۱۰ سپتامبر[۲۹۷] ۱۹۱۹)

۳- بلغارستان (قرارداد نوئی ۲۷ نوامبر ۱۹۱۹)؛[۲۹۸]

۴- مجارستان، (قرارداد تری آنون ۴ جون ۱۹۲۰)؛[۲۹۹]

۵- امپراطوری عثمانی، (قرار داد سورس[۳۰۰] ۱۰ اگست ۱۹۲۰)

---

۲۹۲ - The Middle East and North Africa in the World of Politics/ A Documentary Record II; J.C. Hurwitz; 1979, p 182

۲۹۳ - George Clemenceau

۲۹۴ - David Lloyd George

۲۹۵ - Woodrow Wilson

۲۹۶ - Vittorio Orlando

۲۹۷ - Treaty of Saint-Germaine

۲۹۸ - Treaty of Neuilly

۲۹۹ - Treaty of Trianon

در این کنفرانس که نمایندگان ۲۵ کشور شرکت داشتند، تصمیم گرفته شد که سازمان اتحاد ملل[۳۰۱] را تشکیل دهند. روسیه در این تشکیلات دعوت نداشت و انگلیس ها اجازه ندادند که نماینده ایران در این کنفرانس شرکت کند. در صورتی که ایران بیش از ممالکی بمانند هائیتی، گواتمالا، هندوراس، پاناما، کوبا و بسیاری دیگر، در گیرو دار جنگ بود.

لایحه مربوط به اتحاد ملل که مورد نظر رئیس جمهور آمریکا بود به تصویب رسید ، اما کنگره آمریکا این موافقت نامه را تصویب نکرد، زیرا در بخش دهم اینطور قرار بود که اگر حمله‌ای به یکی از کشورهای عضو اتحاد ملل شود، باید آن حمله را به تمام متحدین تلقی کرد و انتظار میرفت که یکدیگر را حمایت کنند و حتی در جنگ شرکت نمایند. رفتار کنگره آمریکا موقعیت رئیس جمهور را در برابر اروپا تضعیف نمود و بدین طریق دست انگلیس و فرانسه را در رسیدن به اهداف آنها باز گذاشت.

از آلمان ها تقاضا کردند که تمام مسئولیت و ملامت جنگ را به عهده گرفته و مبلغ سی و سه بیلیون دلار به متفقین به پردازند. اما رئیس جمهور آمریکا این پیشنهاد را نپذیرفت و با آلمان ها قرارداد دیگری بست.

کنفرانس ورسای تغییرات جغرافیائی دیگری را نیز بوجود آورد: در خاور میانه سوریه و لبنان را تحت الحمایه فرانسه قرار دادند و فلسطین و عراق را به انگلستان محوّل کردند. به علت عدم موافقت انگلیس با شرکت نماینده ایران در کنفرانس ورسای، غوغای شدیدی در بین مردم ایران ایجاد شد. دولت ایران برای گرفتن اجازه شرکت در آن کنفرانس از دولت

---

[۳۰۰]- Treaty of Severs

[۳۰۱] The League of Nation

آمریکا یاری خواست. نماینده آمریکا در کنفرانس صلح، جورج لانسینگ[۳۰۲] بود که تلاشش برای پذیرفتن ایران بی ثمر ماند.[۳۰۳]

وثوق الدوله، نخست وزیر ایران و دولت بریتانیا منتظر تصویب قرار داد ۱۹۱۹ از سوی مجلس ایران نشدند و به محض اینکه قرار داد توسط دولتین امضاء شد، هر دو طرف به طرزی رفتار کردند که این قرارداد سیر قانونی خود را طی کرده است. انگلیسی ها بلافاصله نماینده نیروی نظامی خود را به سوی تهران گسیل داشتند. مستشاران دیگری به مانند مستشار مالی که زیر نظر آرمیتاژ اسمیت[۳۰۴] بود به دنبال نمایندگان نظامی به ایران فرستاده شدند که کلیه امور مالی کشور را تحت کنترل خود قرار دادند. در آنزمان بررسی برای راه سازی موتوری و راه آهن نیز آغاز گردید و برای این منظور انگلیس ها سندیکائی بنام "سندیکای راه اهن ایران " تشکیل دادند تا بتوانند بطور قانونی بعدا راه آهن ایران را بسازند.

زمانی که قرارداد سّری آنان آشکار شد، مردم کشور و نمایندگان آنان، متعرض شدند و دولت را ملامت کردند که کشور ایران را به انگلستان فروخته‌اند. آسوشیتد پرس[۳۰۵] گزارش داد که کمیته مشورتی صلح در پاریس در باره این قرارداد سری که به امضاء رسید، نگرانی خود را اعلام و اظهار داشت که این پیمان، ایران را تحت الحمایه انگلیس قرار خواهد داد زیرا دولت انگلیس هیچ اقدامی در اعلام و گذاشتن این پیمان درآرشیو ملل متحد نکرد.

غوغای عجیبی در بین ایرانیان بپا گردید، به درجه‌ای که حتی روزنامه های طرفدار انگلیس از ترس گرفتن انتقام، شروع به مخالفت با قرارداد

---

۳۰۲ - George Lansing

۳۰۳ - باقر عاملی ؛ نخست وزیران ایران از مشیرالدوله تا بختیار ۱۹۹۱ ص. ۲۵۴.

304- Armitage Smith

۳۰۵ - Associated Press, Aug. 28, 1919

کردند. همانطور که آبراهامیان اظهار میدارد: «روزنامه ها بطور خصوصی از انگلیس تقاضا کردند که قرارداد را لغو کنند.»[۳۰۶]

نفرت از قرارداد بقدری شدید بود که رئیس مستشاران نظامی انگلیس به وزارت خارجه خود نوشت:

"بنظر نمیرسد که دولت ما بداند که تا چه حد این قرارداد در ایران ناخواسته وچقدر مردم با کابینه وثوق الدوله مخالف و دشمن شدند. به نظر آنان اینطور میرسد که پیمان صرفاً برای از بین بردن استقلال ایران بوده و نخست وزیر کشور، ایران را به انگلستان فروخته و به ایرانیان ثابت شد که انگلیس در حقیقت دشمنی نظیر روسیه برای آنان است. و به این نتیجه رسیدند که بلشویسم نمیتواند بدتر از انگلیس باشد و برای ملتی مظلوم و رنج کشیده ممکن است که بلشویسم بتواند عدالتی برقرارکند و صمیمیتی بکار برد. ممکن است که برای ایران مصلحت اینطور باشد."[۳۰۷]

زمانی که نخست وزیر مفاد این معاهده را اعلام کرد و مردم از آن مطلع شدند، نه فقط ایرانیان، بلکه دول دیگر به شدت از عمل انگلستان انتقاد کردند. جان دیویس[۳۰۸] سفیر آمریکا در لندن در نامه مورخه ۱۲ سپتامبر ۱۹۱۹ به لرد کورزن وزیر امور خارجه انگلیس اینطور نوشت: "رئیس جمهور و وزیر خارجه آمریکا هیچکدام از این روش مخفیانه و محرمانه دولت انگلیس در نوشتن چنین پیمان سرّی با ایران را نمی پسندند و آنان بدین باورند که چنین قراردادی مخفیانه و با تزویر انجام یافته، بویژه که از نمایندگان ایران که در آنزمان در پاریس بودند و میتوانستند در این باره نظریات دولت انگلیس را روشن کنند یاری گرفته نشد."[۳۰۹]

---

[۳۰۶] - E.A. Abrahamian: Iran Between two Revolutions(1982)p. 117

[۳۰۷] - Documents on British Foreign Policy 1919-1939, p. 585

[۳۰۸] - John Davis

[۳۰۹] - Mamed Abbasov; The Anglo-Persian Oil Controversy in Iran 1919-1924

در ضمن نخست وزیر ایران با پرداخت رشوه به تعدادی از روزنامه نگاران،[۳۱۰] آنان را بر علیه آزادیخواهان و میهن پرستان که سخت بر خلاف این معاهده بودند بر انگیخت.[۳۱۱] علاوه بر این، وثوق الدوله شروع بکارهای استبدادی دیگری نمود: عده‌ای از مخالفین را به زندان افکند و عده دیگری را تبعید کرد.[۳۱۲]

در آنزمان انگلیسی ها همچنین استخدام آمریکائی ها را در ایران محدود کردند[۳۱۳] که خود یکی از موارد اعتراض وزارت خارجه آمریکا بود. با تمام اشکالاتی که کروزن ایجاد کرده بود، معذلک انگلیس ها از کنسول آمریکا در ایران تقاضای کمک به نفع خود کردند. وزیر امور خارجه آمریکا لانزینگ در این مورد هشیاری به خرج داد و در نامه‌ای به جان دیویس با عصبانیت نوشت و اظهار داشت که این قرار داد سر پیچی از«پیمان روشنگری پرزیدنت ویلسن»[۳۱۴] میباشد.

لحظه‌ای که اصول این قرارداد در ایران منتشر شد، همه جا صحبت از این بود که وزرای سه گانه رشوه گرفته و این قرارداد را امضاء کردند. شایعات بهمه جا منتشر شد و بدین مناسبت مانع گردید که این پیمان به تصویب مجلس برسد و به زودی آشکار گردید که مبلغ چهار صد هزار تومان که معادل ۱۳۱ هزار پوند بود توسط انگلیسیها به آن سه نفر پرداخته شده. از این مقدار نخست وزیر مبلغ ۲۰۰ هزار تومان و هر یک از وزیران ۱۰۰

۳۱۰- سید ضیاالدین طباطبایی (روزنامه داد)؛ زین العابدین رهنما (روزنامه ایران) ؛ محمد بیرجندی (روزنامه صدای ایران)؛ محمد تقی بهار،ملک الشعرا، (روزنامه بهارنو) .

۳۱۱ باقر عاملی ؛ نخست وزیران ایران از ۱۹۷۹-۱۹۰۶ ؛ ص. ۲۰۶ . -

۳۱۲- اشخاص سر شناسی چون : مشیرالسلطنه؛ ممتاز الدوله؛ ممتاز الممالک؛ معین التجار حسین صبا، روزنامه ستاره ایران.

۳۱۳- باقر عاملی؛ نخست وزیران ایران

۳۱۴ - Open Covenant of Mr. Wilson.

هزار تومان دریافت داشتند.[۳۱۵] این مطلب رشوه خواری زمانی بخوبی برملا شد که در نوامبر ۱۹۲۰ وزیر خارجه انگلیس در مجلس عوام اذعان کرد که پیشاپیش ۱۳۱ هزار پوند در سپتامبر ۱۹۱۹ به سه نفر وزیر نامبرده ایران از سوی دولت انگلیس پرداخت شد. علاوه بر پرداخت رشوه، دولت انگلیس به آنان قول کتبی داد که امپراطوری بریتانیا در صورت لزوم به آنان پناه خواهد داد[۳۱۶].

در تاریخ ۹ اگست ۱۹۱۹ سر پرسی کاکس نامه‌ای به وزرای سه گانه بدین عنوان نوشت: "عالیجنابان، دولت بریتانیا در صدد است که به شما بزرگواران شغل های مناسبی در صورت ضرورت تقدیم کند و گذشته از این میتوانیم بشما در مورد لزوم پناه دهیم."[۳۱۷]

نصرت‌الدوله فیروز در زمان رضا شاه مقام والائی داشت، اما به علت فعالیتهائی که بر علیه شاه میکرد مغضوب درگاه گردید و به نظر میرسد که با دستور رضا شاه در سال ۱۹۳۶ به قتل رسید. نصرت الدوله و پدرش فرمانفرما هر دو توسط دولت انگلستان مقام نایت هود[۳۱۸] گرفتند و درجات«سنت میشل» و «سنت جورج» به آنان تعلق گرفت. در ضمن احمد شاه قاجار، شاه فاسد که خواهان قرارداد بود، رشوه‌ای که بنا بود دریافت کند هرگز به او پرداخت نشد. در این موقع آغاز مخالفت با آن پیمان را گذاشت و از انگلیس درخواست ماهی ۱۵ هزار تومان را کرد و درخواست که اضافه بر آن انگلیسی ها باید به او نوشته کتبی بدهند که

---

[۳۱۵]باقر عاملی ؛نخست وزیران ایران

[۳۱۶] - Dennis Wright: English Among Persians 1979; p. 179

[۳۱۷] - Enclosure 7, No. 734 Letter of Cox to Lord Curzon

143{141044/150/34} Aug. 22. 1919. Document of British Foreign Policy 1919-1939, Vol. IV, First Series, 1140-1142.

318- Knighthood; Order of St. Michael and St. George;

سلسله قاجار را محافظت و نگهداری خواهند کرد[۳۱۹]. انگلیسی ها از پرداخت ماهیانه سر باز زدند ولی شرط دوم را پذیرفتند.

توطئه انگلیس اثر معکوس داشت و وثوق الدوله از نخست وزیری بر کنار شد (جون ۱۹۲۰) و قرارداد هرگز راهی به مجلس نیافت و نخست وزیر جدید حسین خان مشیرالدوله قرار داد را معوّق گذاشت و بالاخره سید ضیاءالدین طباطبایی در ۱۹۲۳ آنرا لغو کرد. دولت انگلیس اصرار داشت که این معاهده جعلی را قانونی کنند تا بتوانند منافع خود را در ایران حفظ و نفوذشان را زیادت دهند و از همه مهمتر نگذارند سایر دول بخصوص آمریکا به ایران راه یابد. همچنین انگلیسی ها در مورد امتیاز نفت خوشتاریا همین سناریو را انجام دادند، چنانکه خواهیم دید.

---

[۳۱۹] - Amoli; Prime Ministers of Iran 1906-1979, p. 257.

Map of Iran

نقشه ایران

نقشه ۱۹۰۷ ایران که توسط انگلیس و روس کشور را بسه ناحیه تقسیم نموده بودند که شمال زیر نفوذ روس و جنوب زیر نفوذ انگلیس و بخش میانی ظاهراً آزاد باشد

بخش پنجم:
نفت - ایران و آمریکا:

در بخش گذشته راجع به نفت خاور میانه و ایران بطور مختصر توضیح داده شد و روشن کردیم که آمریکائی ها در دو دهه اول سده بیستم توجه زیادی به نفت ایران نشان نمی دادند و از اینکه خود را گرفتار مشکل جدال آمیزی بنمایند خوداری میکردند. اما با گذشت زمان و تشویق دولت ایران عقیده آنان راجع به نفت خاور میانه چه در بخش خصوصی و چه در سیاست دولتی عوض شد. چنان که در بخش سوم ذکر گردید، دولت ایران در سال ۱۹۰۱ امتیاز نفت جنوب ایران را به ویلیام ناکس دارسی داد. کنتراتی بین دو طرف در ۲۸ می ۱۹۰۱ امضاء شد. با این قرارداد اجازه کشیدن لوله های نفتی از هر نقطه ایران به خلیج فارس را نیز به آنها دادند. قرار داد کشیدن لوله نفت، بعد ها گرفتاریهای بسیاری برای دولت ایران ایجاد کرد. در آن کنترات از کاوش نفت در شمال ایران سخنی بمیان آورده نشد، زیرا نفت شمال دارای خصوصیت دیگری بود که بعداً از آن موضوع صحبت خواهد شد. در باره عدم پوشش نفت شمال، در ماده شش قراداد نفت اینطور نوشته شد: "این دستور شامل استانهای آذربایجان، گیلان، مازندران، استرآباد و خراسان نمیشود."

همانطور که دیده شد دارسی از کمک دولت انگلستان برای بدست آوردن این کنترات بر خوردار بود. کنسول انگلیس در ایران«هاردینگ» با دستور دولت خود نقش مهمی در گرفتن اجازه حفاری داشت. هاردینگ پس از ملاقات با «ماریوت» و مرور کردن نقشه ها پیشنهاد کرد که کلیه شرایط به هر شکل و فرمی راجع به شمال ایران باید کاملا حذف شود و گفت ماریوت و دارسی فقط باید افکارشان منحصر و متمرکز به جنوب ایران باشد. فکر هاردینگ بسیار به جا و نشان دهنده هشیاری و دانائی او بود و معلوم شد که چقدر از اوضاع آگاه است و نمیخواست با روسها ضدیت نماید و آنان را ناراحت کند. زیرا روسها میتوانستند بعلت قصور انگلستان،

به آسانی امتیاز نفت را بگیرند که برای انگلیس ها مشکل و بلکه غیر ممکن بود.

بدین جهت کاوش برای نفت شمال ایران تا سنه ۱۹۴۱ که سپاهیان انگلیس- روس به ایران حمله کردند معوق مانده بود. برای درک بیشتر از وارد شدن یا شرکت آمریکا در کاوش و بهره برداری از نفت شمال ایران و دنبال کردن انشعابات سیاسی، بهتر است که قدری اوضاع وقت را بررسی نمائیم:

در سال ۱۸۹۵ شاه ایران، ناصرالدین شاه، قطعه زمین وسیعی در شمال ایران، در جنوب دریای خزر به یکی از وزرایش محمد ولی خان خلعتبری سپهسالار، جهت کاوشهای نفتی هدیه داد. درسال ۱۹۱۶ شخصی بنام "آکی مدیوویچ خوشتاریا »[۳۲۰] که از اهالی روسیه ونماینده آنان بود با سپهسالار ملاقات و پیشنهاد همکاری و شرکت برای کاوشهای نفت در زمین های او را نمود. چنین قراردادی به وقوع پیوست، به ویژه آنکه خوشتاریا معرفی نامه‌ای از وزیر امور خارجه روسیه (سازانف) در دست داشت.[۳۲۱] در زمان جنگ جهانی اول، ایران ابتدا توسط قوای انگلیس و سپس روسیه اشغال شد. دولت ایران تحت فشار زیاد از سوی روسیه مجبور شد که امتیاز جدید دیگری برای کاوش نفت شمال به آنان بدهد. در این قرارداد، تصمیم گرفته شد که معاهده خوشتاریا – خلعتبری را نادیده بگیرند. باید متذکر گردید که دولت روسیه مجدداً خوشتاریا را به عنوان نماینده خود برای این قرارداد جدید معرفی نموده بود. در زمان درخواست این پیمان خلعتبری نخست وزیر، و وثوق الدوله وزیر امور خارجه ایران بودند. این قرارداد در زمانی که مجلس در حال مرخصی بود بین دو دولت ایران و روس امضاء گردید. کنترات نخستین، خوشتاریا-

---

[۳۲۰] - Akay Medievitch Khoshtaria

[۳۲۱] - Sazanov

خلعتبری، برای مدت ۹۹ سال بود که میتوانستند آنرا تمدید کنند. آن پیمان شامل ۱۶ ماده بود. مهمترین آن عبارت بود از اینکه کمپانی میبایست حداکثر یکسال پس از امضاء قرارداد عملیات اکتشافی را آغاز نماید و در صورت عدم اجرای این اصل، کنترات خود بخود باطل خواهد شد. این کنترات به دلیلی که گذشت باطل گردید و ناراحتی برای دولت ایران ایجاد نکرد.

دومین کنترات بین دولت ایران و خوشتاریا، نماینده دولت روسیه، در تاریخ ۹ مارچ ۱۹۱۶ امضاء گردید و در آن قید شده بود که این پیمان با پیمان پیشین خوشتاریا هیچ رابطه‌ای ندارد. امتیاز زمین هائی را که ناصرالدین شاه به سپهسالار داده بود شامل این قرارداد نیز نمیشد. قرارداد اخیر برای مدت ۷۰ سال و دارای ۱۲ ماده بود. مطابق این پیمان سهم دولت ایران ۱۶٪ میشد. برای اینکه این قرارداد صورت قانونی بخود بگیرد، میبایست از تصویب مجلس بگذرد. ولی با اتفاقاتی که در آن زمان در ایران و سپس در روسیه روی داد اینکار هرگز جامه عمل نپوشید. در سال ۱۹۱۷ روسیه تزاری سرنگون و روسیه شوروی جایگزین آن گردید و کشور بنام اتحاد جمهوری سوسیالیست شوروی خوانده شد.

دولت جدید شوروی برای برقراری روابط بهتری با ایران توافق نمود که تمام قراردادهای زمان تزاری را ملغی نماید منوط به چند شرط: یکی آن بود که در صورت انتقال کنتراتی با کشور دیگر، دولت ایران می بایست پیشاپیش از دولت روسیه کسب تکلیف کند. لغو قراردادهای پیشین توسط دولت جدید شوروی باعث خالی ماندن دست خوشتاریا گردید و نتوانست در ایران دست به کاوشی بزند. امتیازی را که در دوره تزاری گرفته بود بیمصرف ماند. در این هنگام او بدین فکر افتاد که شاید به تواند کسی و یا یک کمپانی پیدا کند که آن قرارداد را از او بخرند. برای چنین منظوری به

کمپانی نفت رویال داچ [۳۲۲] و شرکتهای فرانسوی متوسل شد ولی هیچیک از آنان زیر بار چنین برنامه‌ای نرفتند. او در آخر به شرکت نفت ایران و انگلیس روی آورد و متاع خود را به آنان عرضه داشت.

باید دانست که در بین سالهای ۱۹۱۸-۱۹۱۷ روسها کاملا سرگرم مشکلات داخلی بوده و نمیخواستند که به گرفتاریهای سایر کشورها دخالت نمایند. این مطلب باعث گردید که انگلیس ها از غیبت روسیه استفاده کرده و در محکم کردن مواضع خود بکوشند و تا بتوانند به آسانی هرنقشه‌ای که دارند به مورد اجرا گذارند. آنها از این رویداد حد کامل استفاده را در ایران نمودند، همانطوریکه ملاحظه شد مزدوران خود را بر راس قدرت نشاندند.

در چنین زمانی که کشور زیر اشغال قوای نظامی انگلیس بود و مزدوران آنان، وزرای سه گانه، مصدر کار بودند و روسها هم سرگرم گرفتاریهای خود، بهترین موقعیت برای دولت انگلیس بود، "کور از خدا چه میخواهد دو چشم بینا." بدین روی قرارداد خوشتاریا را که ازهر سو به دید آنان عملی بود و به آنها قدرت کامل بر تمامی مواضع نفتی ایران را میداد پسندیده میدیدند . معاهده خوشتاریا را با میل و رغبت به مبلغ ۱۰۰هزار پوند خریداری نمودند. و قول دادند هر زمانی که پروژه شروع بکار کرد مبالغ دیگری نیز به وی بپردازند.

در می ۱۹۲۰ انگلیسی ها «شرکت نفت شمال» [۳۲۳] را به صورت شعبه‌ای از شرکت نفت ایران و انگلیس با سرمایه معادل سه میلیون پوند تشکیل دادند. دفتر مرکزی آن را در لندن بر قرار نمودند. هیئت مدیره این شرکت عبارت بود از کهنه کارهای شرکت نفت انگلیس از تمام نقاط دنیا. از میان

---

[۳۲۲] - Royal Dutch Shell

[۳۲۳]- North Persian Oil Company Ltd.

آنان باید کسانی چون: چارلز گرینوی،[۳۲۴] رئیس نفت ایران و انگلیس، رابرت .ال . واتسن،[۳۲۵] یکی دیگر از روسای شرکت نفت انگلیسی برمه، جان لوید،[۳۲۶] و دانکن گارن[۳۲۷] از شرکت نفت ایران و انگلیس و خوشتاریا را نام برد.

هنگامی که کمپانی داشت به خود شکلی میگرفت مجلس، وثوق الدوله را از نخست وزیری خلع و به جای او مشیرالدوله پیرنیا را بدان پست منصوب نمود. دولت جدید بدون درنگ به انگلیسی ها اظهار داشت که کنترات خوشتاریا از دید دولت ایران بی ارزش بوده و نمیتوانند آنرا به پذیرند. دولت ایران در نظر داشت که اکتشاف نفت شمال را بدست دولتی بیطرف بدهد. البته هدف و منظور ایرانیان دولت آمریکا بود.

در دهه ۱۹۲۰ آمریکائیان نسبت به نفت خاور میانه توجه بیشتری پیدا کردند و سعی میکردند که به نحوی به توانند بدان نواحی رخنه کنند. این موضوع باعث شد که برای مدت کوتاهی بین آمریکا و انگلیس رقابتی ایجاد شود. دولت آمریکا به طرفداری ایران نسبت به کنترات خوشتاریا برخاست. به کنسول ایران در واشینگتن از سوی دولتش دستور داده شد که گزارش کامل آنچه که بین ایران و انگلیس اتفاق افتاده به وزارت خارجه آمریکا بدهد و اطلاع دهد که ایرانیان مایلند کاوش و استخراج نفت شمال را به آنان بسپارند.

پس از این تماس ابتدائی، سومین آسیستان وزارت خارجه آمریکا وان. اس. مرل اسمیت[۳۲۸] نامه ای به کنسول ایران در واشینگتن عبدالعلی خان

---

[۳۲۴]- Charles Greenway

[۳۲۵] -Robert L. Watson

[۳۲۶] -John Lloyd

[۳۲۷] - Duncan Garren

[۳۲۸] - Van S. Merle Smith

نوشت که یک شرکت نفت آمریکائی به نام استاندارد اویل نیوجرسی خواهان گفتگو برای دریافت کنترات نفت شمال ایران است. برای اولین بار دولت آمریکا نشان داد که مایل به داشتن چنین ارتباطی میباشد. صرف نظر از نیّت آنان دولت ایران نیز بسیار مایل بود که با آمریکا همکاری نماید. وزارت خارجه آمریکا به سفیر خود در انگلستان ، رایت ،[۳۲۹] دستور داد که راجع به کمپانی محدود نفت شمال ایران ارزیابی وپژوهش نموده و نتیجه کار خود را به آگاهی وزارت امور خارجه آمریکا برساند. اهمیت و عظمت آرزوی آمریکا برای دست یافتن به نفت شمال ایران واضح و آشکار بود، بحدی که در نامه‌ای که مرل اسمیت به کنسول، کالدول، در تهران نوشت :" تصور میرود که بنا برمفاد تلگراف ۱۶ اگوست شما بطور سر پوشیده و شفاها به وزارت خارجه ایران ابلاغ گردد که وزارت خارجه آمریکا بر این عقیده است که کمپانی های نفت آمریکائی در جست و جوی دریافت امتیاز در شهرستانهای شمال ایران میباشند و وزارت خارجه آمریکا امیدوار است که چنین امتیازی را بگیرند."[۳۳۰]

توجه آمریکا به این موضوع به قدری زیاد بود که کلبی[۳۳۱] وزیر خارجه آمریکا در مکاتبه شماره ۲۷ مورخ ۱۷ نوامبر ۱۹۲۰ به کالدول نوشت "قرارداد ایران و انگلیس ظاهراً احتیاج به امتیاز ندارد ولی در حقیقت این امتیاز در مجلس تصویب نشده و آنرا رد کرده‌اند." کلبی ادامه داد: "از این رو هیچ علتی وجود ندارد که وزارت خارجه ایران امتیاز نفت شمال را به آمریکائیان ندهد و این در صورتی است که امتیاز روسیه بطور حتم و یقین ملغی شده باشد."[۳۳۲]

۳۲۹- Wright

۳۳۰ - John Caldwell; Dept. of state,; Foreign Relations; 1920, Vol. VIII, p.353

۳۳۱ - Colby

۳۳۲ - Dept. of State, Foreign Relations, 1920, Vol. VIII, p. 355

دولت انگلیس و روسیه از تصمیم دولت ایران مبنی بر عدم شناسائی و قانونی نبودن قرارداد خوشتاریا راضی نبودند. انگلیسیها بر طبق عادت دیرینه خود، نمیخواستند که کشوری از جهان سوم مقاصدش را به آنان تحمیل کند، اگر چه حق قانونی داشته باشند. به همین مناسبت شروع به فشار آوردن به دولت ایران کردند. اولین گام آن بود که حق امتیاز نفت خلیج فارس را که به ایران میپرداختند قطع نمودند. این پرداخت هیچ نوع ارتباطی با نفت شمال و کاوش آن نداشت و انجام چنین کار غیر قانونی نیز کوچکترین اشکالی برای آنان بوجود نمیآورد، تا زمانی که میتوانستند زورشان را به ملل دیگر تحمیل کنند، به مانند داستان گرگ و میش دانشمند فرانسوی که: "برهان آنانی که قوی ترند، همیشه بهترین برهان ها است."[۳۳۳]

در دوازدهمین نشست سهامداران شرکت نفت انگلیس – ایران، منعقد در انگلستان، ریاست هیئت مدیره شرکت سر چارلز گرینوی به نماینده ایران به شدت اعتراض کرد و کنترات خوشتاریا را بنام مصادره حقوق خوشتاریا نامید[۳۳۴] و اظهار داشت که یکی از امضاء کنندگان قرارداد، وثوق الدوله نخست وزیر وقت ایران بود که در موقع امضاء قرارداد، سمت وزیر امور خارجه را داشت. گرینوی اشاره کرد که نخست وزیر سابق، وثوق الدوله اکنون در لندن زندگی میکند و حاضر است که برای این موضوع شهادت دهد. سر چارلز گرینوی، حقیقت را بد جلوه داده بود. هیچ احدی به امضای معاهده اعتراضی نداشت و مشکل اصلی این بود که معاهده هرگز در مجلس تصویب نشده و بدین جهت توسط دولت ایران بی ارزش بود و شهادت دادن برای وجود معاهده دلیل بر ارزش آن نمیشد.

پس از اینکه انگلیسی ها درآمد نفت خلیج فارس را قطع کردند، ضرر فاحشی به عایدات دولت ایران زدند و ایران در نیاز مالی شدیدی قرار

333- La Fountain

[۳۳۴]– مصطفی فاتح؛ تاریخ پنجاه ساله نفت ایران– انگلیس؛ ۱۹۵۶؛ ص ۳۳۴

گرفت و بدین جهت از آمریکائی ها تقاضای ده میلیون دلار قرض را نمودند تازمانی که امتیاز نفت شمال برقرارشود و از درآمد آن بتوانند قرض خود را مستهلک نمایند.

ملاقات بین ایران و نماینده استاندارد اویل نیوجرسی آغاز شد و در تاریخ ۲۱ نوامبر ۱۹۲۱ دولت ایران اولین گفتگوهایش را با کمپانی انجام داد و موقتا توافقی ایجاد شد و قرارشد که به مجلس مراجعه کنند و مجلس هم بدون کوچکترین تاخیر، قرارداد را تصویب کرد. به محض اینکه دولتین روس و انگلیس از تصویب قرارداد مطلع شدند شروع به اعتراض شدید به دولت ایران و به مجلس کردند. دولت روسیه به تهران هشدار داد که بنا بر توافق فوریه ۱۹۲۱ دولت ایران نمیتواند کنترات هائی را که در زمان تزاری تصویب شده به هیچ کمپانی و یا دولتی بدهد، مگر اینکه دولت روسیه را قبلا مطلع و موافقت آنان را جلب نمایند و این امر شامل کنترات خوشتاریا نیز میباشد.

دولت ایران همواره بر این باور بود که کنترات خوشتاریا هرگز از مجلس نگذشته و بنابراین نمیتوانست یک مدرک قانونی و یا یک معاهده محسوب گردد و بدین جهت جزء توافق فوریه ۱۹۲۱ نمیباشد. دولت انگلیس نیز بدین امر تکیه میکرد که چون کنترات مزبور را خریده‌اند، مالک قرارداد بوده و حق اکتشاف نفت در شمال به آنان تعلق دارد و بدین جهت ایرانیان نمیتوانستند کنترات را به یک کمپانی آمریکائی منتقل کنند، انگلیسی ها همان جوابی را شنیدند که به روسها داده شده بود.

در ۲۱ سپتامبر ۱۹۲۱ نماینده آمریکا در تهران شارژه اینگرت[۳۳۵] جواب دولت ایران را به انگلستان به اطلاع وزارت خارجه آمریکا رسانید و اظهار داشت که دولت ایران بطور رسمی جواب کنسول انگلیس را داده است که امتیاز روسیه هرگز رسمیت نیافته و بنا براین ادعای انگلستان بکلی باطل

---

[۳۳۵] - Charge Engret; Communique # 59, Teleg. 891-6363, Standard Oil 331/2

است. بریتانیائی ها دست از تقاضا و ادعای غیر قانونی خود بر نداشتند و سفیر آنان در واشینگتن، گدیس،[۳۳۶] در نامه‌ای به وزیر خارجه آمریکا نوشت که آن موافقت نامه از راه درست خریداری شده وآنرا قانونی میدانند و به دولت ایران متذکر شدند که انگلیس حق سهامداران انگلیسی ها را محافظت خواهند کرد. در پاسخ، وزیر امور خارجه آمریکا چارلز .ای. هیوز[۳۳۷] جوابی قاطع و با شدت و زننده به سفیر انگلیس در واشینگتن داد. انگلیسی ها توقع این چنین اعتراضی از آمریکا را نداشتند. هیوز مینویسد: "من از شما خیلی متشکر خواهم شد که برای تفاهم بین دودولت، بما اطلاع دهید که به عقیده دولت انگلیس آیا این قرارداد قانونی میباشد ودر اینصورت بر چه ماخذی این عقیده استوار است. ما خوشحال خواهیم شد که شما آن مدارک را بما ارائه دهید." وی سپس ادامه میدهد: " من فکر میکنم که حق با منست و براین باورم و بر طبق آن قبول دارم که تا هنگامی که ادعای انگلیسی ها به اثبات نرسیده، هیچ برهانی برای دولت آنان باقی نمیماند که بخواهند با نفوذ خود باعث شوند که شهروندان آمریکائی را از این امر محروم کنند تا از این فرصتی برای شرکت در گرفتن امتیاز نفت است باز داشته شوند."[۳۳۸]

این یکی از موارد نادری بود که آمریکائیها برای احقاق حق خود در مقابل انگلیسی ها ایستادند. انگلیسی ها به رفتار دولت ایران اعتراض کردند و در ۱۲ دسامبر ۱۹۲۱ نماینده آنان در تهران نامه‌ای به دولت ایران نوشت و رونوشت آنرا به نماینده آمریکا فرستاد و در آن رفتار ایرانیان را بطور

---

[۳۳۶] - Geddes; Letter of Oct. 7, 1921

[۳۳۷] -Charles E. Hughes

[۳۳۸] - Dept. of State, Foreign Relations; 1921; Vol. VII/ 6651891-6363; Standard Oil 137, Oct. 1921

مستقیم که حمایت از دولت آمریکا بود کاملا غیر دوستانه با دولت پادشاهی انگلیس دانست.[۳۳۹]

انگلیسی ها بالاخره ملتفت شدند که نمیتوانند از این اعتراض دائمی سودی ببرند و فهمیدند که تدبیرشان برای بدست آوردن مقصود آنان بیهوده است، و پی بردند که توانائی آنرا ندارند که بر سر یک قرارداد غیر قانونی با آمریکا بجنگند. از این روی خط مشی آنان عوض شد. آنان یکی از سیاستمداران وقت و خبرگان صنعت نفت،جان کادمن،[۳۴۰] را به آمریکا فرستادند تا به آنان گوشزد نماید که اگر بخواهند در ایران موفقیتی حاصل کنند باید از کمک انگلستان برخوردار باشند. کادمن به آسانی توانست آمریکائی ها را مجاب و با کمال مهارت دولت آمریکا را فریب داد و توانست پیشنهادات انگلیس را به آمریکا بقبولاند و همچنین توانست کمپانی استاندارد اویل را متقاعد کند که آنان نیز نمیتوانند بدون یاری شرکت نفت ایران- انگلیس بجائی برسند. انجام وظیفه‌ای که به کادمن محول شده بود با رفتار کنسول آمریکا در تهران، اینگرت، بسیار آسانتر شد. اینگرت در گزارشی که به وزیر امور خارجه آمریکا نوشت اینطور اظهار کرد:"چه قدر تاسف آوراست که اگر ایرانیان این چنین گمان کنند که ما اصولا مشتاق مخالفت با نقشه های انگلستان هستیم... انگلیسیها صرفاً بعلت موقعیت جغرافیایی شان پیوسته دارای نفوذ مشروعی در ایران خواهند بود... اگر سرمایه داران آمریکا مایلند که در نفت شمال ایران سرمایه گذاری کنند، شاید صلاح باشد که به لندن اطلاع داده شود و احتمالا تقاضای همکاری آنانرا بنمایند، و گرنه ایرانیان با کمال اطمینان از

---

۳۳۹ - Telegram # 711.99 June 21, 1921

۳۴۰ - John Cadman

تزویر اهالی مشرق زمین استفاده میکنند که برای سود خود دو طرف را بجان یکدیگر بیاندازند[۳۴۱]".

هرکس که با سیاست انگلیس آشنائی داشته باشد، میتواند از شواهد ظاهری پی ببرد که بدون شک اندیشه اینگرت از نمایندگان و یا از وزارت امورخارجه انگلیس سرچشمه گرفته است و در پایان این بخش این امر به ثبوت میرسد.

نتیجه‌ای که میتوان گرفت این است که چرا کنسول آمریکا بلندگوئی برای وزارت خارجه انگلیس شد؟ هیچ سخنانی بهتر از گفته های وی به سود نماینده انگلیس کادمن نگردید. به باور اینگرت: « انگلیسی ها بعلت موقعیت جغرافیائی، حق نفوذ در ایران را دارند.» هنگامی که چنین سخنی از سوی یک مامور آمریکائی که بدون فکر و اندیشه در مطلبی که دانش بسیار ناچیزی در آن دارد، گفته میشود، فاقد هرگونه پایه و اساس میباشد، این پرسش پیش میآید که چه کسی چنین حقی را به انگلیس داده که دارای نفوذ در یک کشور مستقل باشد. یا اینکه آقای کنسول اظهار میدارد «...مطابق عادات شرقی ها...» چه اشکالی دارد که دولتی کوشش نماید که با متقاضیان مختلف سر و کار داشته باشد تا بتواند پیمانهائی که سود بیشتری برای کشورش دارند با آنان ببندد. آیا این عادت بد و دیرینه شرقی ها است؟ این نوع طرز فکر نمایندگان آمریکا را با هیچ برهانی نمیتوان دریافت.

دولت ایران به علل سابقه‌ای که با انگلیسی ها داشتند نمیخواستند که با آنان معامله تازه‌ای انجام دهند. نامه کنسول آمریکا فقط نشان دهنده عدم بصیرت وی بود و به مثال قدیمی: "خطرناکترین دانش، داشتن دانش کم است." متاسفانه این نوع افکار و رفتار به ایرانیان اینطور نشان داد که دولت آمریکا در چنین مواردی دنباله روی سیاست انگلیس بوده و پیروی از آن

[۳۴۱] - Telegram 711.99 June 21, 1921.

در طی زمان صدمه زیادی به حیثیت آمریکا وارد آورده است. نمونه های بسیاری برای اثبات چنین امری در تاریخ موجود است و از همه روشنتر مسئله کودتای ۱۹۵۳ در ایران میباشد. چرچیل با زبردستی، آیزنهاور را وادار بدان اقدام نمود که دولت ملی ایران را از کار بردارند تا منافع نفت آنان در جنوب کشور تامین شود.

در ۲۲ دسامبر ۱۹۲۱ معاون وزارت خارجه آمریکا دیرینگ[۳۴۲] بدو نفر از کارمندان سفارت انگلیس[۳۴۳] در واشینگتن اینطور اظهار داشت: «وزارت خارجه آمریکا به توطئه ایرانیان که بخواهند موقعیت ما را با دولت انگلیس خراب کنند وقعی نخواهد گذاشت...». در این جا این موضوع پیش میاید که آیا همکاری با ایران بسود آمریکا بود یا نه و آیا منافع کشورش برای دیرینگ ارزشی داشته است ؟ آیا شخص ایشان هیچ فکر کرده بود که چه توطئه‌ای توسط دولت ایران بر ضد انگلیس در دست اجرا بوده است؟

در چنین محیطی که ایجاد شده بود، کمپانی استاندارد اویل بدون اینکه منتظر نتیجه و تصمیم وزارت خارجه آمریکا باشد به نماینده خود دستور داد که با شرکت نفت ایران- انگلیس برای ایجاد یک پیمان مشترک در باره نفت شمال ایران وارد مذاکره شود. نتیجه این گفتگوها منجر به اخذ قراردادی بین آنان شد و شرکتی بنام: "شرکت نفت شمال[۳۴۴] ایران" بوجود آمد. با ایجاد چنین تشکیلاتی توسط کمپانیهای بزرگ، پایه‌ای برای قرارداد ۱۹۲۸ گردید، که تولید کنندگان نفت بتوانند کنترل قیمت نفت دنیا را در دست بگیرند.

---

[۳۴۲] - Dearing

[۳۴۳] - Chilton and Broderick

[۳۴۴] - Harvey to Secretary of State ; Communique # 989/Teleg. 891.6363; Standard Oil 176/ Dec. 20 1921

در ۳۱ دسامبر ۱۹۲۱ وزارت خارجه آمریکا و سفارت انگلیس در واشینگتن با اصل و اساس قرارداد خوشتاریا توافق کردند.[۳۴۵] این امر باعث شادی و خوشحالی بی حد انگلیس گردید که توانست آمریکا را با خود همراه و در ورطه خطر دیگری بیاندازد. انگلیس در این امر بطور غیر مستقیم در اداره نمودن وزارت خارجه آمریکا سهمی برای خود ایجاد کرد. سفیر انگلیس در واشینگتن «گدیس»[۳۴۶] نامه‌ای به وزارت خارجه آمریکا نوشت و اظهارداشت که تا چه حد امپراطوری بریتانیا از چنین همکاری دولت آمریکا خشنود است. گدیس در عین حال برای محکم کردن کار، اضافه نمود که در این مبحث هر رویدادی که در قضیه نفت شمال پیش آید هر دو دولت باید با آگاهی یکدیگر تصمیم بگیرند. بدین نحو وی خواست که جلوی هر کاری که ممکن بود آمریکا مستقلا انجام دهد گرفته شود. گدیس همچنین اظهارداشت که «دیرینگ»[۳۴۷] و «فلچر»[۳۴۸] هر دو، با پیشنهاد وی موافقت نمودند که: "نباید اعمال ما طوری باشد که دولت ایران را تشویق نماید که آمریکا را بر علیه دولت پادشاهی انگلیس بر انگیزد."[۳۴۹] در اینجا باز دیده میشود که چگونه این سخنان شبیه آنهائی بود که توسط اینگرت گفته شده است.

سیاست انگلستان بار دیگر برتری خود را بر سیاست آمریکا ثابت نمود. انگلیسها موفق شدند که نیات خود را بر آمریکائیان بقبولانند و با کمک آنان توانستند مانعی برای ورود آمریکا به ایران ایجاد کنند. از این رویداد دولت ایران بینهایت متاثر گردید، چه این امر برخلاف میل باطنی آنان بود

---

۳۴۵ - Dept. of State; Foreign Relations; 1921; Vol. III, p. 655

۳۴۶ - Geddes.

۳۴۷- Dearing; assistant Secretary

۳۴۸ - Fletcher

۳۴۹ - Communique 965/891-6363 Standard Oil 186; Dec 31, 1921.

و تصمیم گرفتند که در مقابل هر عاملی که به حیثیت آنان صدمه بزند ایستادگی نمایند. کنسول ایران در واشینگتن به وزارت خارجه آمریکا اطلاع داد که دولت متبوعه او با هیچ شرکت آمریکائی که با دولت و یا شرکتهای انگلیسی همکاری نمایند قراردادی نخواهد بست. درتمامی این هنگام و با وجود آنچه که گذشت، دولت آمریکا از درک احساسات ایران عاجز مانده بود. پس از اینکه قرارداد استاندارد اویل و کمپانی نفت ایران و انگلیس آشکار شد، بلافاصله دولت ایران قرارداد خود را با کمپانی استاندارد اویل باطل نمود.

در اگست ۱۹۲۲ شرکت نفت دیگر آمریکائی بنام «سینکلر اویل کمپانی» نماینده‌ای به ایران فرستاد و درخواست اجازه کاوش نفت شمال کشور را نمود. مذاکرات بین سینکلر و دولت ایران به خوبی پیشرفت کرد و منتج به نتیجه گردید. در سیزده و چهارده جون ۱۹۲۳ مجلس دو قانون نسبتا مهمی را تصویب نمود که: "دولت حق دادن امتیازی به کمپانی هائی که با انگلستان و یا شرکت های انگلیسی همکاری میکند را ندارد. قانون مصوّبه دوم این بود که کلیه قراردادهای امتیازات نفتی باید به تصویب مجلس برسد تا قدرت قانونی داشته باشد، صرف نظر از آنچه درقرارداد مذکور افتد". در روز ۱۴ جون مجلس بدولت اختیار داد که با کمپانی نفت سینکلر قرارداد لازم را ببندد، مشروط بر اینکه بتوانند یک قرضه ده میلیون دلاری از آمریکا دریافت دارند. در خواست قرضه بدین جهت بود که دولت انگلیس بر خلاف قوانین بین المللی از دادن سهم ایران از شرکت نفت جنوب خودداری مینمود.

موافقت بین ایران و کمپانی سینکلر مورد مخالفت شدید کمپانی نفت استاندارد و شریک جدیدش شرکت نفت ایران- انگلیس قرارگرفت. در چنین حالی توافق نامه بین دولت ایران و شرکت سینکلر به مجلس رفته و تصویب گردید. در مجلس شورای ملی از ۶۸ نماینده ۵۰ نفر رای موافق

دادند. این در صورتی انجام گرفت که مزدوران انگلیس تمام سعی خود را میکردند که از تصویب این قرارداد جلوگیری نمایند.[۳۵۰]

تشریفات امضای قرارداد در ۲۰ دسامبر۱۹۲۳ انجام یافت. گاتلیب کنسول آمریکا در تهران، نامه‌ای به وزیر امور خارجه خود نوشت: "امروز من رسما شاهد امضای قرارداد امتیاز نفت شمال ایران با حضور رضا خان نخست وزیر و آر. سوپر[351] نماینده کمپانی سینکلر بودم.» برنارد گاتلیب[۳۵۲] قرارداد را بعنوان شاهد و نماینده آمریکا در ایران امضاء نمود.[۳۵۳]

در همین زمان شرکت استاندارد اویل و شرکت نفت ایران- انگلیس شکایتی به وزارت خارجه آمریکا تسلیم نمودند که متن آن بقرار زیر بود: "دولت ایران بطور غیر قانونی کنترات نفت را که متعلق به خوشتاریا بود به کمپانی سینکلر داده است. این کنترات توسط شرکت نفت ایران و انگلیس خریداری شده و در این زمان که استاندارد اویل با شرکت مزبور همکاری میکند، بخشی از کنترات مزبور متعلق به آنان میشود بدین روی بایستی در کاوش نفت شرکت داشته باشند."

کنسول ایران در واشینگتن «علائی» در یک یادداشت طولانی تمام جزئیات کنترات خوشتاریا و شرکتهای نفت استاندارد و نفت ایران و انگلیس را به وزیر خارجه آمریکا فرستاد[۳۵۴]. ضمنا به موارد زیر نیز اشاره نمود: "همکاری کمپانی نفت استاندارد با نفت ایران- انگلیس مخالف متن صریح قرارداد منعقد با آنان بود و این خود باعث نقض آن پیمان میشود.

---

۳۵۰ - Teleg. 891.6363 Standard Oil 1203 June 27, 1923 of the US Legation to the Dept. of State.

۳۵۱ - R. Soper

۳۵۲ - Gotlieb

۳۵۳ - Teleg. # 891.6363 Standard Oil /315 ½, Dec. 20, 19023

۳۵۴ - Ibid; 347 Feb. 21, 1924.

دیگر اینکه شرکت نفت استاندارد متن پیمان خود را با شرکت نفت ایران – انگلیس هیچوقت بدولت ایران ارائه نداده است."

در ماه جون استاندارد اویل موافقت خود را با شرایط ایران اعلام داشت ولی این موضوع در زمانی صورت گرفت که قرارداد با سینکلر تمام شده بود و منتظر امضاء بودند و بهمین جهت دولت ایران نمیتوانست تغییری در آنکار بدهد. کنسول ایران در گزارش خود به وزارت خارجه آمریکا اینطور توضیح میدهد: "اشتباه بزرگ شرکت استاندارد در این بود که باشرکت نفت ایران- انگلیس همکاری نمود. مکررا توسط مورگان شوستر مشاور مالی ایران در آمریکا به آنان گفته شده بود که تا چه حد شک و انزجار در ایرانیان نسبت به انگلیسی ها وجود دارد و ایرانیان تا آنجائیکه میتوانند نخواهند گذاشت که معاهده‌ای با انگلیس ها صورت گیرد. به همین ترتیب کراراً گفته شده بود که امتیاز خوشتاریا فاقد هر گونه ارزش قانونی بوده است".[۳۵۵]

هری. اف. سینکلر[۳۵۶] رئیس کمپانی سینکلر در سال ۱۹۲۳ مسافرتی به روسیه کرد و با روسای اتحاد جماهیر شوروی راجع به کاوش و پخش نفت گفتگوهائی بعمل آورد و کوشش نمود که امتیازاتی در این باره از آنان بدست آورد. روسها پیشنهادهای او را پذیرفتند به شرط آنکه دولت آمریکا مبلغ صد میلیون دلار وام به آنها بدهد. اشکال در این بود که دولت آمریکا در آنزمان روسیه شوروی را هنوز به رسمیت نشناخته بود. اولین گام برای رسیدن به مقصود، این بود که سینکلر کاری کند که آمریکا روسیه را به رسمیت بشناسد. سینکلر دوست نزدیک پرزیدنت هاردینگ[۳۵۷] و امیدداشت که بتواند با کمک رئیس جمهور این مشکلات را حل نماید.

---

۳۵۵ - Dept. State; Foreign Relations; 1924, Vol. II, p. 547.

۳۵۶ - Harry F. Sinclair

۳۵۷ - W.G. Harding

سینکلر ترتیبی داد که نفت شمال ایران به روسیه و از آنجا به اروپا حمل شود. متاسفانه پس از تنظیم موافقت نامه با روسها رئیس جمهور آمریکا، هاردینگ در گذشت.[۳۵۸]

استاندارد اویل و انگلیسی ها دو باره با تمام قوا با موافقت نامه های ایران و سینکلر مخالفت نمودند و سعی خود را به کاربردند تا سینکلر نتواند در موضوع نفت شمال پیشرفتی نماید. جنگ سختی بین دو کمپانی آمریکائی در گرفت که بنفع انگلیسی ها تمام شد، زیرا توانستند از ورود آمریکائی ها بقلمرو ایران جلوگیری کنند.

همزمان با این اتفاقات، البرت فال[۳۵۹] وزیر کشور پرزیدنت هاردینگ حق کاوش نفت قسمتی از ذخائر آمریکا را که متعلق به سوخت نیروی دریائی در "تی پات دوم"[۳۶۰] درایالت وایومینگ[۳۶۱] و الک هیل[۳۶۲] درکالیفرنیا بودند، به سینکلر (ماموت اویل یا سینکلر اویل)[۳۶۳] و ادوارد . ال. دوهنی[۳۶۴] (پان آمریکن پترولیوم اند ترانسپورت کمپانی)[۳۶۵] واگذار کرد. ولی گفته شد که وزیر کشور رشوه کلانی در این باب دریافت داشته است.[۳۶۶] جهت گرفتن این امتیاز و دریافت رشوه، سینکلر محاکمه شد و خطایش ثابت و

---

[۳۵۸] - هاردینگ بیست و نهمین پرزیدنت امریکا بود (۱۹۲۳-۱۹۲۱) پس از مرگش معاون وی کلوین کولیج بجای او نشست. اولین سری از کتابهائی که در سال ۱۹۳۰ توسط دیکسن تاکر منتشر شد، احتمال کشتن پرزیدنت را بمیان آوردند.

[۳۵۹] - Albert Fall

[۳۶۰] - Tea Pot Dome

[۳۶۱] - Wyoming

[۳۶۲] - Elk Hill

[۳۶۳] - Mammoth Oil or Sinclair Oil

[۳۶۴] - Edward L. Dohney

[۳۶۵] - Pan American Petroleum Transport.

[۳۶۶] - سینکلر دویست هزار دلار و داهنی صد هزار دلار رشوه به وزیر کشور فال دادند

چند ماه بزندان افتاد.[۳۶۷] اکثراً بر این باورند که استاندارد اویل کمپانی بواسطه نفوذشان در بعضی از سناتورهای آمریکا در این رویدادها دست داشتند.[۳۶۸]

انگلیسی ها از اقدامات ایران بینهایت خشمگین شدند و سهمیه‌ای را که قرار بود از شرکت نفت ایران- انگلیس به آنان بپردازند نمیپرداختند و بدولت ایران اخطار کردند که هرگز پولی پرداخت نخواهند کرد مگر اینکه مشکل کنترات خوشتاریا حل شود. این حرکت غیر قانونی آنان باعث شد که ایران در موقعیت متزلزل و عدم ثبات مالی قرار گیرد. با وجود تمام تهدیدات، نمایندگان مجلس از وظایف خویش سرپیچی نکردند و موافقت نامه سینکلر را تصویب نمودند.[۳۶۹]

امتناع کمپانی نفت سینکلر در کاوش نفت شمال ایران:

به عللی نه چندان مهم، کمپانی سینکلر بطور ناگهانی تصمیم گرفت که موافقت نامه خود را اجرا نکند و کاوشهای نفتی پیش از آنکه آغاز گردد تعطیل شد. پس از دوسال گفتگو با این کمپانی و تصویب مجلس، نماینده آنان رالف. اچ. سوپر[۳۷۰] در تاریخ ۲۸ جولای ۱۹۲۴ تهران را به قصد مسکو ترک کرد و علل زیر را برای ترک ایران ذکر نمود: "برای اینکه گفتگو و معامله خود را از ابتدا شروع کنیم، منتظریم که دولت آمریکا نسبت به قتل سرگرد ایمبری[۳۷۱] چه تصمیمی خواهد گرفت.[۳۷۲]" عزیمت سوپر به مسکو برای دولت ایران غیر منتظره بود و فکر میکردند که شاید

---

[۳۶۷]- مصطفی فاتح؛ تاریخ پنجاه ساله نفت ایران ؛ ۱۹۵۶؛ ص ۳۳۸-

[۳۶۸] - Senator Thomas J. Walsh of Montana.

- [۳۶۹]مصطفی فاتح ؛ تاریخ پنجاه ساله نفت ایران ۱۹۵۶ ص ۳۳۹-۳۳۸

[۳۷۰] -Ralph H. Soper

[۳۷۱] - Major Robert Whitney Imbrie

[۳۷۲] - Department of State, Foreign Relation 1924, Vol. II, p. 547

علت رفتنش مربوط به درخواست قرضی است که ایران کرده بود. نخست وزیر وقت رضاخان در ملاقاتی که با شارژه آمریکا داشت به او اظهار کرد: «... اگر موضوع قرض گرفتن ما باعث نارضایتی شده است، ما شرایط مربوط بقرض را نادیده میگیریم، به شرط اینکه کمپانی نفت، قرارداد خود را با ما محترم بدارد...»[۳۷۳]

در سال ۱۹۲۴ واقعه قتل معاون کنسول آمریکا در ایران «سرگرد ایمبری"» توسط بسیاری از ایرانیان و تعداد زیادی از خارجیان و روزنامه نگاران یک توطئه انگلیسی تلقی گردید که نگذارند آمریکائیها در صحنه ایران ظاهر شوند و تا مدتی که میتوانند این سیاست را ادامه دهند. بعضی از نویسندگان نام روح الله خمینی و برادر بزرگترش، پسندیده ، را که نقش مهمی در این جنایات داشته اند ذکر میکنند.[۳۷۴]

ایرانیان که مدتها بود برای ثبات مالی و امور داخلی کشور تلاش میکردند، ناگهان ملاحظه کردند که تمام امید آنان برای رسیدن به مقاصد خود نقش بر آب شد. شارژه آمریکا مورای[۳۷۵] گزارش داد که رضاخان نا رضایتی عمیق خود را در این باره اظهار داشت. زیرا پس از سه سال تلاش و خرج سنگینی که دولت ایران متحمل شده بود مبلغ سیصد هزار تومان برابر صد هزار دلار فقط برای فرستادن تلگرافات صرف شد. کمپانی سینکلر بنظر میرسید که دیگر توجهی برای اجرای قرارداد ندارد و میخواهد از آن صرفنظر کند و تلاشهای دولت ایران در درک واقعیت مسئله از سوی کمپانی نفت بلا جواب ماند. مورای که در اپریل ۱۹۲۰ در ایران شروع بکار کرد شاهد تمام این قضایا بود و در نامه‌ای بوزیر امور

---

[۳۷۳] - Dept. of State; Foreign relations ; 1924, Vol. II, p. 549, Sept. 19, 1924

[۳۷۴] - حمید خواجه نصیری ؛ میراث ملک کیان

[۳۷۵] - Murray

خارجه آمریکا[۳۷۶] که حاکی از آنچه گذشته و اوضاعی که شاهد آن بود نوشت :

"... شکی نیست که استاندارد اویل کمپانی میتوانست در نوامبر ۱۹۲۱ امتیاز نفت را بهر قیمتی که پیشنهاد میکردند دریافت دارند ولی اینکار هرگز عملی نشد و همچنین شکی نیست که پس از همکاری با شرکت نفت انگلیس– ایران نمیتوانست مگر، بطور معجزه آسائی این امتیاز را دریافت نماید... با زبان ساده، احساسات ایران نسبت به بریتانیائی ها درست یا غلط میتواند جواب بر این گفتار باشد." موررای با کمال وضوح عقیده خود را ابراز کرده است:[۳۷۷]

"اگر ایرانیان امتیاز نفت خود را به شرکت استاندارد اویل میدادند با علم به اینکه ارتباط با شرکت نفت ایران- انگلیس داشتند بدون شک کنترات بدست دولت انگلیس میافتاد، زیرا که آنان سهامدار عمده آن شرکت بودند.[۳۷۸] " انگلیسی ها مرتب برای کنترات خوشتاریا اصرار میورزیدند تا اینکه زمان تاج گذاری رضا شاه در سال ۱۹۲۵ شد. « سر جان کادمن»[۳۷۹] از طرف شرکت نفت ایران- انگلیس در مراسم جشن تاجگذاری حضور یافت از آنچه مشاهده کرد بدین نتیجه رسید که کوشش برای بدست آوردن کنترات خوشتاریا بی نتیجه خواهد بود. زمانی که به انگلستان باز گشت جریان را به نظر هئیت مدیره شرکت نفت ایران- انگلیس رسانید و پیشنهاد کرد که انگلستان باید از موافقت نامه خوشتاریا صرفنظر کند. با پیشنهاد او موافقت شد و پس از مدت کوتاهی شرکت نفت شمال ایران از هم فرو پاشید.

---

۳۷۶ - Ibid. p. 549

۳۷۷ - Ibid

۳۷۸ - Ibid

۳۷۹ Sir John Cadman

آخرین شرکت نفت آمریکائی که امتیاز برای کاوشهای نفت شمال ایران را گرفته بود شرکت نفت «آم-ایران»، [۳۸۰] شعبه ای از شرکت نفت «سی بورد» [۳۸۱] بود. این امتیاز در ژانویه ۱۹۳۷ به آنان داده شد و برای مدت ۶۰ سال اعتبار داشت. در سال ۱۹۳۹ که جنگ دوم جهانی آغاز شد این کمپانی تصمیم گرفت که به کاوشهای خود در ایران خاتمه دهد. با وقوع این جریانات دست آمریکائی ها از صنعت نفت ایران بکلی کوتاه شد تا زمانی که کودتای سال ۱۹۵۳ به وقوع پیوست .

در سال ۱۹۳۹ کمپانی استاندارد اویل نیوجرسی مجدداً درخواست کاوشهای نفت شمال ایران را نمود. نماینده آنان « لورانس اندرسن» [۳۸۲] در ۲۱ دسامبر ۱۹۳۹ برای گفتگو در این موضوع وارد تهران شد. اما دنیا در موقعیت غیر عای بود آلمان ها و طرفدارشان روسها، به لهستان حمله ور شدند و ایران در مخاطره واضح و قطعی توسط روسیه بود. بلافاصله پس از اینکه استاندارد اویل تصمیم به درخواست کاوشهای نفت شمال ایران را اعلام نمود. روسها فشار بدولت ایران آوردند وخواستند که هیچ نوع امتیازی به دولت آمریکا داده نشود. نخست وزیر ایران به اطلاع شارژه آمریکا اینگرت [۳۸۳] در تهران رسانید که دولتش قادر نیست که هیچ نوع امتیازی از نفت شمال به آمریکا بدهد و پیشنهاد کرد که استاندارد اویل بجای کاوشهای نفت شمال درخواست استخراج نفت جنوب ایران را به نماید، [۳۸۴] که آن نیز با مخالفت روسها مواجه شد و آنان مجددا درخواست

---

[۳۸۰] - Am-Iran

[۳۸۱] - Seaboard Oil Company

[۳۸۲] - Lawrence Anderson

[۳۸۳] -Engert ; Communique 170; Dec. 21, 1933

[۳۸۴] - Teleg. 891.6363 Standard Oil 1424; Jan. 8, 1940

کردند که هیچ نوع کاوشهای نفتی در هیچ نقطه ایران را نباید به آمریکائیان واگذار کنند.

متاسفانه دولت ایران در موقعیتی نبود که بتواند با روسیه مقابله نماید و میتوان گفت که ایران از نظر قدرت هرگز به پایه روسیه نمیتوانست برسد.

در این موقع وزیر دارائی ایران رضا قلی اخوان، اینگرت را از این جریانات مطلع کرد او نیز این گزارشات را بوزیر خارجه آمریکا «هال»[۳۸۵] ارائه داد.

---

۳۸۵ - Cordell Hull.

بخش ششم

نخستین رویداد زیان آور:

درماه فوریه ۱۹۳۶، روزنامه « نیویورک دیلی میرور»[۳۸۶] مقاله‌ای راجع به ایران نشر و در آن توهینی به رضا شاه بدین مضمون نمود:"... رضا شاه در سابق کارگر اصطبل سفارت انگلیس در تهران بود." انتشار چنین مقاله‌ای، همانطوری که انتظار میرفت باعث ایجاد ناراحتی شدیدی در تهران شد و گرفتاری های تازه ای در روابط ایران و آمریکا ایجاد نمود. برای درک بهتر این موضوع و تاثیر اثرات سوء آن در روابط دو کشور باید موقتاً موضوع روزنامه « نیویورک دیلی میرور» را کنار بگذاریم و نکاتی دیگر را مورد بررسی بیشتری قراردهیم.

۱ –**شخصیت رضاخان (رضا شاه بعدی):** نخستین گام در شناختن شخص رضا شاه میباشد که چگونه از بدو تولد و زندگانیش سیر ترقی را پیموده وخود را به سلطنت کشور رسانید. رضا خان در ۱۶ مارچ ۱۸۷۸ در دهکده آلشت در سوادکوه از توابع مازندران متولد شد. پدر و پدر بزرگش هر دو در نیروی نظامی ایران خدمت میکردند. پدر بزرگ او در هنگام جنگ و محاصره شهر هرات در افغانستان به سال ۱۸۵۶ کشته شد. رضا خان در سنین هفت یا هشت سالگی پدر خود را از دست داد. خانواده او به تهران کوچ کردند و او در سنین نوجوانی به خدمت نیروی قزاق، بادرجه یک قزاق معمولی در آمد.

تیپ قزاق در اواخر دهه ۱۸۷۰ در تهران تشکیل گردید. اندیشه ایجاد چنین تشکیلاتی درسال ۱۸۷۸ هنگامی که ناصرالدین شاه در دومین سفر اروپائی خود بود، آغاز گردید. در این سفر در شهر سنت پیترزبورگ، روسها ایجاد تیپ قزاق را به او پیشنهاد نمودند که چنین نیروئی زیر فرمان

---

۳۸۶ - New York Daily Mirror

روسیه قرارگیرد و حافظ سلطنت و شاه باشد. ناصرالدین شاه بدون تامل این پیشنهاد را پذیرفت و بدین ترتیب، تیپ قزاق ایران تشکیل گردید. این اقدام مصیبت بار که به نادانی به دست شاه انجام گرفت باعث گرفتاریهای بسیار برای ملت و دولت ایران در آینده گردید به ویژه در اوائل سده بیستم، در زمان ایجاد مشروطیت. شکی نبود که مقصود اصلی روسها در ایجاد نیروی قزاقها برای نگهداری منافع خود آنان بود. تاریخ نشان داد که چگونه روسها از این وسیله برای پیشبرد نظریات خود استفاده نمودند و در مبارزه با انگلیسی ها دست بالا را برای خود ایجاد کردند، و این نیرو تقریباً از ده هزار نفر پیاده و سوار تشکیل میشد.

رضا خان استعداد و توانائی زیاد در یادگیری و انجام وظایفی که به او محول میشد از خود نشان میداد. در رسیدن به اهداف و اعتقاداتش بیرحمانه رفتار میکرد. ولی باید اذعان نمود که یک میهن پرست واقعی بود. او به خود اندک سواد خواندن و نوشتن را آموخت. با داشتن چنین دانشی اندک، از تجارب اندوخته در جنگهای متعدد، سربازی با تجربه و کار کشته و با کفایت و قابل گردید. بدین روی او را به درجه افسری ارتقا دادند و مسئولیت توپخانه یکی از تیپ های قزاقان بدو محول گردید. در حدود سن چهل سالگی مجدداً ارتقا درجه یافت و به مقام میرپنجی (احتمالاً مقامی معادل با سرهنگی و یا تیمساری) رسید. رضاخان از دخالت و فعالیتهای دول خارجی روس و انگلیس در ایران بسیار آزرده خاطر بود. در اواخر قرن نوزدهم و اوائل قرن بیستم دخالت روسها و انگلیسی ها در ایران بحد اعلا رسید، روسها از پادشاهان مستبد قاجار حمایت میکردند و انگلیس ها جهت مخالفت با آنان، آزادیخواهان را تقویت مینمودند. البته نباید شکی کرد که یاری انگلیس برای آزادیخواهان صرفاً جهت ایجاد مخالفت و گذاشتن سدّی در برابر پیشرفت روسها بود، نه برای بهبود وضع و تامین آزادی مردم ایران.

با پایان یافتن جنگ جهانی اول و پیروزی بلشویک ها بر حکومت تزاری روسیه، اوضاع ایران به نحو شدیدی وخیم تر شد. اندکی پس از پایان جنگ جهانی اول قرار بر این بود که ارتش انگلیس از قفقاز و شمال ایران عقب نشینی نماید. آنان نیرو های خود را در شمال تهران در شهر قزوین مستقر کردند و بلشویک ها وارد شمال ایران، بندر پهلوی و شهر رشت شدند. از سوی دیگر عشایر از نقاط مختلف آغاز به سرپیچی کردند. آزادیخواهان ایرانی دسته دسته شده و از نقاط مختلف کشور بر علیه دولت مستبد و نادرست تهران و قوای اشغالگر سر بر افراشتند. کشور در یک نا امنی شدید قرار گرفت.

از این آزادیخواهان باید دو گروه را نام برد که برای آزادی و استقلال کشور میجنگیدند. یک گروه در گیلان بودند و جنگلهای شمال ایران را مرکز فعالیت خود قرارداده بودند و از اینرو تا حدودی از سوی نیروهای بیگانه و دولتی در امان بودند. این گروه بنام جنگلی ها نامیده میشدند. سرپرست آنان شخصی بنام میرزا کوچک خان جنگلی بود. او مردی میهن پرست، متعهد و متدّین با صفات بارز و مبادی آداب و اخلاق ولی بی تجربه در امور سیاسی و نظامی و دومین گروه در استان همسایه گیلان، مازندران با پیشوائی یک میهن پرست دیگر بنام امیر موید بود. در این میان جنگلی ها دارای نظم و ترتیب بهتری بودند و در مقابله با قوای دولت استبداد و اشغالگران کشور پایداری بهتری میکردند. آنان بمقصد گرفتن تهران تا قزوین پیش رفتند. در این زمان انگلیس ها بدقت ناظر این رویدادها در شمال ایران بودند. هنگامی که پیشرفت قوای جنگل را ملاحظه نمودند، نامه‌ای به کوچک‌خان نوشته و اظهار داشتند که حاضرند به آنان برای رسیدن به مقصودشان همیاری کنند به شرط آنکه هنگامی که به قدرت

رسیدند در حفاظت منافع انگلستان کوشا بوده و با آنان همکاری نزدیک نمایند. شادروان میرزا کوچک خان این شرایط را نپذیرفت.[۳۸۷]

در ضمن رضاخان (آنطوری که در آنروزها به وی خطاب میشد) در جنگهای داخلی پیروزی چشم گیری نصیبش شد. او به تدریج خود را از فرماندهان قزاقان دور نمود و بیشتر در فکر برقراری استقلال و آزادی کشور از خارجیان بود. در چنین زمانی، انگلیسی‌ها در دنبال کسی میگشتند که به توانند به توسط وی بمقاصد خود برسند و فکر کردند که رضاخان شایستگی کامل برای چنین کاری را دارد. دولت انگلیس در فکر ایجاد یک کودتا در ایران بود که احمد شاه را از میان بردارند. نتایج کار رضاخان آنان را بر این فکر انداخت که او بهترین فرد برای انجام مقاصد شان باشد که رهبری کودتا را بعهده بگیرد. در آغاز دو تن از ژنرالهای انگلیس به ارزش رضاخان پی بردند: جنرال «ادموند آیرونساید»[۳۸۸] و ژنرال«هنری اسمایت».[۳۸۹]بطور جدّی این دو نفر کمکهای لازم را به وی در رسیدن به آرزویش نمودند. به کمک ایرونساید رضاخان توانست در ۲۰ دسامبر ۱۹۲۰تعدادی در حدود صد نفر از فرماندهان روسی تیپ قزاق را اخراج نماید.

در تهیه و انجام کودتا، انگلیسی ها انتشار دادند که در صدد بیرون بردن ارتش خود از ایران هستند و شایع نمودند که بلشویک ها خیال حمله و اشغال تهران را دارند. این انتشارات بخوبی در مردم تاثیر نمود و احمد شاه بعلت نداشتن راهی دیگر متوسل به آمریکائی ها شد و از آنان تقاضای کمک نمود. در این زمان هم از نقطه نظر مالی و هم سیاسی کشور در یکی از بدترین مراحل دوران خود بود. کنسول آمریکا درتهران

---

[۳۸۷] - محمد علی گیلگ: تاریخ انقلاب جنگل ۱۹۹۲

[۳۸۸] - General Edmund Ironside

[۳۸۹] - General Henry Smyth

«کالدول»[۳۹۰] در نامه مورخ ۶ ژانویه ۱۹۲۱ به وزارت خارجه اینطور اظهار داشت: "چنانچه ما بخواهیم در وضعیت مالی ایران دخالتی کنیم، هیچ موقعیتی بهتر از این زمان برای ما متصور نیست."[۳۹۱]

وزارت خارجه آمریکا هیچ نوع جوابی در قبال نامه فوق نداد. آمریکائی ها کوتاهی کردند و قبل از اینکه این جریان به نتیجه‌ای برسد، انگلیسی ها وسائل کودتا را کاملا آماده کرده بودند. این قبیل بیخیالی و یا بیتوجهی سیاست خارجی آمریکا نسبت به ایران پیوسته گرفتاری های فوق العاده برای ایرانیان ایجاد کرد که اسف آور بودند.

با همکاری و یاری جنرال آیرون ساید و اسمایت رضاخان در تاریخ دوم فوریه ۱۹۲۱ بهمراه ۲۲۰۰ نفر از قزاقان و در حدود یکصد نفر ژاندارم وارد تهران شدند و شهر را بدون هیچ مقاومت و حادثه‌ای اشغال کردند. صبح روز بعد حکومت نظامی اعلام شد و همه روزنامه ها توقیف شدند. سید ضیاالدین طباطبایی که از جیره خواران شناخته انگلیس بود، خدمت احمد شاه آخرین پادشاه سلسله قاجاریه رسید که ابلاغ پست نخست وزیری خود را از شاه بگیرد. رضاخان در اینموقع به مقام سردار سپهی برگزیده شد. در این مقام که هیچگونه پست وزارتی نداشت ولی در تمام میتینگها شرکت میکرد و در زمان کوتاهی بمقام سپهسالاری رسید و در ماه مارچ همان سال به وزارت جنگ منصوب شد.

حال باید دانست که چرا دولت در آنموقع، هیچ نوع مقاومتی در مورد اشغال شهر نکرد. این امر ممکن است به چند برهان باشد، ولی به نظر آنچه موجه تر است این است که انگلیسی ها شاه را قانع کرده بودند که از هرگونه جنگ و جدال باید حذر کند.[۳۹۲]کابینه سید ضیا الدین در جون

---

[۳۹۰] - Caldwell

[۳۹۱] -Mohammad Gholi Majd: Great Britain and Reza Shah the plunder of Iran; p. 158

[۳۹۲] - Norman to Curzon; F/O 371/6403/4926

۱۹۲۱ سقوط کرد. او بعلت تبعیّت از انگلیسی ها ، یکی از منفورترین اشخاص در نظر ایرانیان بود و کابینه او را میهن پرستان ایران بنام: «کابینه سیاه مینامیدند». از ماه جون ۱۹۲۱ تا اکتبر ۱۹۲۳ چندین کابنیه تشکیل شد و هرکدام فقط بمدت کوتاهی دوام آوردند. در ۲۸ اکتبر ۱۹۲۳ با داشتن پست وزارت جنگ، رضاخان به پست نخست وزیری منصوب شد. در این زمان موقعیت برای او ایجاب میکردکه هر منصبی را که بخواهد میتوانست بدست آورد. برای مدت کوتاهی او به سوی جمهوری خواهی گام برداشت و فکر ریاست جمهوری را در سر می پروراند ولی این عقیده را بزودی کنار گذاشت و خیال پادشاهی در سر گرفت و این آرزو در ۱۲ دسامبر ۱۹۲۵ به تحقق پیوست. در چنین زمانی که نمایندگان مجلس برگزیده او بودند با اکثریت آرا، ضمیمه‌ای به قانون اضافه کردند و به تصویب رساندند که احمد شاه را از سلطنت برکنار و سلسله قاجار را منقرض نمایند و رضاخان را به تخت پادشاهی بنشانند و سلطنت را در اولاد ذکور او، ارثی نمایند. هیچ نوع مدرکی موجود نیست که آیا احمد شاه کسی را به جانشینی خودمنصوب کرده بود یا نه. با این عمل مجلس، سلسله قاجار را منقرض نمود و سلسله پادشاهی پهلوی را ایجاد کرد.

رضاخان پس از اینکه به مقصود خود رسید، رژیم دیکتاتوری را در پیش گرفت. این امر ممکن است بعلت تربیت ارتشی ویا ممکن است اینطور استنباط شودکه آن بهترین رژیمی بود که میتوانست او را به مقاصدش برساند و امکان داشت که هر دو علت در چنین امری دخالت داشتند. با وجود تمام کمبودهای این گونه حکومت، برخی از تاریخ نویسان فکر میکنند که این بهترین رویه و شاید تنها رویه‌ای بود که میتوانست کشوری به موقعیت نا به سامان ایران را سر وسامانی دهد.

بدلیل استبداد رضا شاه بسیاری از میهن پرستان از او منزجر شدند و شکی نیست که عده‌ای از آنان را بعلت اینکه با وی توافقی نداشتند از بین برد. با وجود اینکه به میهن پرستی او شکی نبود ولی رفتارش طوری بود

که ضررهای جبران ناپذیری به ملت ایران وارد کرد. او محیطی ایجاد کرده بود که افراد با شخصیت و میهن پرست که در مواقع دگرگونی کشور و حوادث غیر مترقبه به وجودشان نیاز مبرم بود در میان نبودند و خلائی بزرگ در این باره در کشور ایجاد گردید. این رفتار وی بود که امکان رشد اجتماعی حقیقی را از ایرانیان گرفته و قادر نبودند در اعمالی که برای پیشرفت کشوری آزاد و غیر دینی امکان پذیر بود شرکت کنند. با چنین رویه‌ای که او در پیش گرفت رضا شاه هیچ راهی برای خود باقی نگذاشت و مجبور شد همان اشخاصی را که با دولت پیشین کار میکردند و بیشترین آنان بوئی از میهن پرستی نبردند و با علم به اینکه اکثر آنان جیره خواران بیگانگان بودند (دول انگلیس و روس) بدور خود جمع کند.

در هر صورت باید این امتیاز را به رضا شاه داد که باعث اتحاد مردم شد و کشور را یک پارچه نمود و بسوی تجدد پیش برد. ارتشی با لباسهای یگرنگ و متحد در سال ۱۹۲۱ ایجاد کرد. در ۱۹۲۵ کاپیتالیسیون[۳۹۳] را لغو نمود و خارجیان اگر جنایتی در ایران مرتکب میشدند میبایست در آن کشور محاکمه شوند. در ۱۹۲۷ بانک ملی ایران را تاسیس کرد و قدرت بانک شاهنشاهی انگلیس را در اقتصاد کشور از بین برد. در سال ۱۹۲۹ نیروی هوائی را بوجود آورد. در سال ۱۹۳۳ دانشگاهی به سبک اروپائی به نام دانشگاه تهران ایجاد نمود. نقشه هائی برای ساختمان جاده ها و پل ها در سال ۱۹۲۵ کشیده شد.[۳۹۴] بالاترین موفقیت او ساختن راه آهن سرتاسری کشور بود، که خلیج فارس را به دریای خزر متصل میکرد. این راه آهن یکی از مهمترین وسائل پیروزی متفقین در جنگ جهانی دوم بود که آنرا «پل پیروزی» نام نهادند. آمریکائیها بدین وسیله توانستند مهمات و اسلحه به روسیه بفرستند که بتوانند با آلمانی ها بجنگند.

---

[۳۹۳] -Capitulation

[۳۹۴] - علی دشتی: پنجاه و پنج سال: ۲۰۰۳؛ ص. ۵۱

رضا شاه پس از احراز مقام پادشاهی رفتارش با انگلیسی ها عوض شد. او به خوبی میدانست که با کمک و مساعدت آنان بود که بدین مقام نائل شده ولی قلباً مانند سایر ایرانیان از دولت انگلیس منزجر و از سیاست آنان نسبت به ایران متنّفر بود. در شروع پادشاهیش سعی کرد که از آنان کناره گیری کند و به آلمانها متوسل شد که بانک ملی ایران را تاسیس نمایند. به شرکت نفت ایران و انگلیس حمله‌ور شد و آنها را متهم بغارت حقوق حقّه مردم ایران کرد. انگلیسی ها روش وی را نادیده نگرفتند و بینهایت از آنچه که میگذشت خشمناک بودند و هیچ انتظار نداشتند که دست نشانده شان با آنان چنین رفتاری نماید. بدین جهت رضا شاه اولین کسی بود که نامش در لیست اشخاصی قرار گرفت که بهر قیمتی میبایست از بین برده شوند.

در شروع جنگ دوم جهانی، ایران بیطرفی خود را اعلام کرد و این مطلبی بود که انگلیسی ها بهیچوجه آنرا نپذیرفتند و تقاضا کردند مهندسین آلمانی که در ایران مشغول کار هستند باید اخراج گردند زیرا دولت انگلستان آنان را بعنوان جاسوسان آلمانی تلقی میکرد. حمله هیتلر به روسیه باعث شد که انگلیس بهانه‌ای بدست آورد که آرزوی دیرین خود را به مرحله اجرا بگذارند و آن خلع ید رضا شاه بود. دو دشمنان سابق با یکدیگر متحد شدند و تقاضای اخراج مهندسین آلمانی را کردند. دولت ایران اکثر مهندسان آلمانی را بغیر از معدودی که برای نگهداری و تعمیرات راه آهن به آنان احتیاج بود اخراج نمود. ولی این اقدام ایرانیان برای انگلیس و روس کافی نبود. در ۲۵ اگست ۱۹۴۱ روسها از شمال و انگلیس از جنوب به ایران حمله‌ور شدند.

زیان دیکتاتوری رضا شاه به خود او در این هنگام بطور آشکار نمایان گردید. در آن موقع، متاسفانه هیچ میهن پرست و ملی گرائی نبود که کشور را در چنان موقعیت حساسی یاری دهد. درست پیش از حمله

انگلیس و روس، چهار نفر از سران ارتش ایران [۳۹۵] که مسئولیت نگهداری، امنیت و دفاع از کشور بودند در یک نشست بدون کوچکترین مشورتی با شاه، ارتش را منحل کردند. زمانی که شاه از این اقدام با خبر شد، آنان را به حضور خود طلبید. ابتدا شمشیر یکی از آنها را بدست گرفت و وزیر جنگ و رئیس ارتش را مورد ضرب و شتم قرارداد. و از یکی از خدمتکارانش تقاضا نمود که هفت تیرش را بیآورد تا بتواند بزندگی آن خائنان خاتمه دهد. ولی خدمتکار از این دستور امتناع نمود و آنان کشته نشدند. رضا شاه برای نخستین بار دریافت که افسران عالی رتبه او نوکران قدرتهای خارجی بودند و دستور زندانی کردن آنان را داد. این حرکت باعث شد که با دستور سر ریدر بولارد[۳۹۶] کنسول انگلیس در تهران شبکه رادیو بی.بی.سی. اعلام کرد که شاه ایران پا از حد خود فراتر گذاشته و قوانین مشروطه را پایمال کرده و بدون هیچ حقی افسران ارتش خود را زندانی کرده است. رضا شاه بخوبی آگاهی داشت که ارتش ۲۰۰ هزار نفری او نمیتوانستند با ارتشهای عظیم انگلیس و روس مقابله نمایند و فکر میکرد که شکست وی امری شرافتمندانه خواهد بود.

رضا شاه از فرط ناامیدی، نامه‌ای به رئیس جمهور آمریکا پرزیدنت فرانکلین .دی. روزولت[۳۹۷] نوشت و طلب استمداد نمود و از وی خواهش کرد که آمریکا برای نجات ایران کمک کند. اما دولت امریکا در اینمورد گام مثبتی برنداشت. پس از اشغال ایران توسط نیروهای خارجی برای حفظ آبرو و شرافت خود تنها کاری که برای او باقی مانده بود این بود که از پادشاهی استعفا دهد و این همان کاری بود که وی انجام داد. البته میدانست که دول متهاجم چنین نقشه‌ای را داشتند.

---

[۳۹۵] - احمد نخجوان ؛علی ریاضی؛ ضرغامی

[۳۹۶] - Sir Reader Bullard: Letters from Tehran 1991, p. 117

[۳۹۷] - Franklin D. Roosevelt

در استعفا نامه‌ای که به مجلس نوشت در خواست نمود که پسرش، محمد رضا ولیعهد، پس از او جانشین وی گردد و بعنوان پادشاه ایران شناخته شود. انگلیس ها رضا شاه را به افریقای جنوبی تبعید کردند و در همان محل در سال۱۹۴۴ در گذشت. دولت بریتانیا پس از اشغال ایران بلا فاصله از نخست وزیر وقت، محمد علی فروغی، خواستند که دولت جمهوری را اعلام دارد و خود رئیس جمهور کشور شود.[۳۹۸] ولی فروغی از قبول این پیشنهاد امتناع کرد و ترجیح داد که در همان نخست وزیری در کشور مشروطه ایران بخدمت خود ادامه دهد.

تنّفر انگلیس از رضا شاه بقدری بود که در سال ۱۹۴۲، انتونی ایدن[۳۹۹] وزیر خارجه انگلیس اعلام کرد که از این پس کشور ایران را بنام پرژیا بخوانند [۴۰۰]و همچنین اعلام داشت که کشور تایلند را بنام قبلی آن سیام نامیده شود. زیرا این دو کشور هرگز به قوانین امپریالیست بریتانیا توجه نکردند.

۲ – بررسی مقاله روزنامه دیلی میرور:

در تاریخ ۸ فوریه ۱۹۳۶ روزنامه دیلی میرور، مقاله‌ای بدین مضمون بچاپ رسانید :"شاه ایران کارگر اصطبل نمایندگی انگلیس در تهران بوده". انتشار این مطلب باعث جنجال عظیمی بین دو کشور شد. منطق آن روزنامه از نوشتن این مطلب برای کسی قابل فهم نبود. بر مبنای آنچه که از شرح زندگانی رضا شاه ذکر شد، گزارش آن روزنامه بکلی دور از حقیقت بود. استدلال و طرز تفکر ایرانیان چنین مطالب توهین آمیزی که از سوی

---

[۳۹۸] - M. Laden and W. Lewis : Debacle; the American Failure in Iran; 1981, p. 9.

[۳۹۹] - Anthony Eden

[۴۰۰] - George Lenczowski and L.P. Elwell-Sutton ; Iran Under the Pahlavis; 1978,p.3

یک کشور دوست ایراد شود، برای آنان قابل قبول نبود. بخصوص که شخص پادشاه مورد اهانت واقع شود. ایرانیان نمی توانستند تصور کنند که چنین اهانتی به پادشاه آنان بچه علت بود؟

در ۱۴ مارچ ۱۹۳۶ شارژه دافر ایران «قدس» در واشینگتن ترجمه شکایت نامه‌ای که دولت ایران به معاون وزیر خارجه آمریکا ویلیام فیلیپس[۴۰۱] نوشته بود، به وی عرضه داشت. این نامه دارای دو قسمت جداگانه بود: قسمت اول بطرزی نوشته شده بود که شاه تهدید کرده که روابط سیاسی خود را با آمریکا قطع خواهد کرد. قسمت بعدی از سوی وزارت خارجه ایران بود که از وزارت خارجه آمریکا تقاضا کرده که برعلیه روزنامه دیلی میرور اقدامات لازم بعمل آورند.[۴۰۲]

ویلیام فیلیپس سعی کرد که به قدس بفهماند که وزارت خارجه آمریکا در مقابل قوانین موجود در باره آزادی قلم و جراید کاری نمیتواند انجام دهد. وی اظهارداشت که قدس به خوبی مسئله‌ای را که دولت آمریکا با آن روبرو است درک نموده، معهذا تمایلات دولت خودرا مجددا اعلام نمود.

روز بعد ۱۵ مارچ ۱۹۳۶ والاس موررای[۴۰۳] که ریاست بخش خاور نزدیک را در وزارت خارجه آمریکا داشت با قدس ملاقات نمود و سعی کرد که موقعیت دولت آمریکا را به او بفهماند.[۴۰۴] موررای در خاطراتش اینطور مینویسد" شارژه دافر اظهار کرد که بخوبی موقعیت دولت آمریکا را میفهمد ولی دولت ایران موقعیت دولت آمریکا را نمیداند. ایرانیان اینطور استنباط کردند که دولت آمریکا دنبال بهانه‌ای میگردد و نمیخواهد کار مناسبی برای تنبیه دیلی میرور انجام دهد." موررای ادامه میدهد که پس

---

[۴۰۱] - William Phillips

[۴۰۲] - Y. Alexander and A Nanes: The United States and Iran, a documentary history 1980, p. 63

[۴۰۳] - Wallace Murray

[۴۰۴] - Ibid. p. 64

از گفتگو با قدس شکی برایش نمانده بود که دولت ایران خیال دارد روابط دیپلوماتیک خود را با آمریکا قطع کند و ادامه داد که قدس اظهار داشت که هرچه کوشش نمود که سردبیر روزنامه دیلی میرور مطلب روز ۸ فوریه را تکذیب کند، سعی وی بی نتیجه ماند.

پس از این مذاکرات موررای مسئله را با رئیس بخش اطلاعات جاری وزارت خارجه آمریکا مایکل .جی. مک درموت[۴۰۵] در میان گذاشت و از او خواست که عقیده خود را ابراز کند و اگر بتواند در این مورد کمکی بنماید. پس از مرور کامل این جریانات، وزارت خارجه تصمیم گرفت که بهتر است یک شخص سومی در اینباره با سردبیر دیلی میرور مذاکره نماید. و دولت آمریکا خود را از این رویداد دور نگهدارد و بر این باور بودند که دخالت دولت در چنین امری جایز نباشد.

از موررای تقاضا شد که با جیمز. ت. ویلیامز،[۴۰۶] وکیل شخصی هرتز[۴۰۷] (صاحب امتیاز روزنامه) در واشینگتن تماس بگیرد و از او بطور کاملاً سری تقاضای کمک کند. پس از این تماس، ویلیامز اظهارداشت که منتهی درجه سعی خود را خواهد کرد ولی نمیتواند قول دهد که نتیجه مثبتی بدست خواهد آورد. در آنموقع لااقل نور امیدی بوجود آمد که ممکن بود این مسئله را حل کنند. در ۱۷ مارچ ۱۹۳۶ معاون وزیر امور خارجه به قدس اطلاع داد که پس از بحث و گفتگوی بسیار، وزارت خارجه بدین نتیجه رسیده که دولت آمریکا قادر نیست که رسما اقدامی بر علیه دیلی میرور انجام دهد اما بطور غیر مستقیم حاضرند که برای این مسئله راه چاره‌ای توسط شخص ثالث پیدا کنند و به قدس تاکید کرد که دولت آمریکا ناراحتی آنان را درک میکند وخاطر نشان میکند که اقدامات دولت

---

۴۰۵ - Michael J. Mc Dermott

۴۰۶ - James T. Williams

۴۰۷ - Willaim R. Hearst

آمریکا در این باره نبایست باعث ایجاد سابقه‌ای برای اتفاقات بعدی گردد که مجددا چنین توقعی از دولت آمریکا داشته باشند. قدس اظهار داشت که خود او و دولت ایران بخوبی از اساسنامه دولت آمریکا و قانون محافظت مطبوعات آگاه هستند و از زحمات وزارت خارجه در باره این موضوع قدردانی فراوان کرد.

در ۱۹ مارچ ۱۹۳۶ معاون وزارت خارجه آمریکا، نامه‌ای به شارژه دافرخود درتهران مریام[۴۰۸] نوشت و خلاصه‌ای از آنچه راجع باختلافات اخیر بود برایش شرح داد. در آن نامه از او درخواست کرد که مطلب را با ایرانیان در میان نگذارد مگر اینکه آنان خود در این باره آغاز بگفتگو کنند. خوشبختانه عقیده اینکه شخص سومی برای حل قضیه دخالت کند بسیار بجا بود و سردبیر دیلی میرور موافقت کرد که نوشته خود را در روزنامه تکذیب نماید و مقاله‌ای که قرار بود در رد گفتار روزنامه نوشته شود مورد موافقت هر دو طرف واقع شد و در شماره ۲۶ مارچ ۱۹۳۶ بچاپ رسید که متن آن از این قرار است: "... مطلبی که در تاریخ ۸ فوریه ۱۹۳۶ در دیلی میرور نوشته شده بود به آگاهی ما رسید که عالیجناب رضا شاه، پادشاه ایران که در زمان پیشین در خدمت نمایندگی انگلستان در تهران بوده بکلی نادرست و بی اساس میباشد. عالیجناب از اوائل جوانی، در خدمت ارتش کشور خود بودند. روزنامه میرور از چاپ این مقاله متاثر است و بسیار مسرور است که توانسته آنرا تصحیح کند." بلافاصله پس از چاپ نامه فوق وزیر خارجه آمریکا، شارژه دافر خود را در تهران از این امر مطلع نمود.

اما گرفتاری در اینجا خاتمه نیافت. در تاریخ ۳۰ مارچ ۱۹۳۶ والاس موررای گزارشی داد مبنی بر آینکه روز قبل شارژه دافر ایران به وی اطلاع داده که دولت ایران تصمیم دارد که نمایندگانش را از واشینگتن احضار

---

[۴۰۸] - Merriam

کند. وی ادامه داد که قدس بما اطمینان داده که معنی این حرکت این نیست که روابط دیپلوماتیک بین دو کشور قطع شود و اظهار داشت که نمایندگان آمریکائی میتوانند بخدمت خود در ایران بدون هیچ محدودیتی ادامه دهند. شارژه اینطور ادامه داد: " این دستور از جانب شاه گرفته شده و نشان میدهد که عالیجناب تا چه حد از این قضیه رنجیده خاطر و خشمگین است."

همزمان با این اتفاق، اشکال دیگری پیش آمد. ویلیام .اچ. هورنی بروک[۴۰۹] پس از بازگشت از ایران گزارشی نوشت که پیش از عزیمتش از ایران، از وزیر امور خارجه کشور، کاظمی، ملاقاتی بعمل آورده. او پیشنهاد نموده که دولت آمریکا باید رویه‌ای در نظر بگیرد که به قانون اساسی آمریکا اضافه گردد که تا حدی آزادی مطبوعات را در باره نوشتن مطالب توهین آمیز به بزرگان کشورهای دوست خود محدود کنند. اظهارات و پیشنهادات وزیر امور خارجه دولت ایران حاکی از این است که او کوچکترین آگاهی از وضع زندگی آمریکائیان و قانون اساسی آنان را نداشته است. از آنجائی که دولت ایران تابع هیچ گونه قانون اساسی در داخل کشور نبود, وی این باور را داشت که همه جای دنیا باید بمانند آنان عمل نمایند و متحیر بود که چرا دولت آمریکا نمیتواند همان رفتار را داشته باشد.

هورنیبروک همچنان مینویسد : "کاظمی وزیر خارجه ایران عقل و ادراک درستی نشان نداد که بتواند به توضیحات من گوش دهد و مرتب مطلبی را پیش میآورد که : «دولت فرانسه بتازگی قانونی وضع کرده ، و توهین به یک دولت دوست را قانونا ممنوع کردند چگونه است که اگر فرانسه میتواند چنین کاری را انجام دهد، چرا دولت آمریکا نمیتواند؟»"[۴۱۰]

409-: William H. Hornibrook -هورنی بروک بعنوان نماینده خارق العاده از ۱۲ دسامبر ، ۱۹۳۳ تا ۱۶مارچ۱۹۳۶ خدامت میکرده و در آن تاریخ استعفا داد.

410- Y. Alexander and N. Nanes: The United States and Iran; A Documentary History; 1980, p. 72

وزارت خارجه آمریکا از این تقاضای بی اساس سردرگم بود. وزیر امور خارجه «هال» به نماینده خود در تهران دستور داد که بدون درنگ به وزیر خارجه ایران اطلاع دهد که چنین درخواست بی اساس و غیر منطقی آنان را نمیتوانیم بپذیریم. در دستوراتش هال اینطور نوشت : " لازم نیست که به روسای ایرانیان یادآوری کنیم که دولت آمریکا نمیتواند با یک دولت خارجی در مورد یک پیشنهاد غیر مجاز بحث و گفتگو کنند." وی ادامه میدهد که : " ارتباط شما با ایرانیان باید با احترام، دقیق و با احتیاط کامل باشد."[۴۱۱]

در اینجا بخوبی ملاحظه میشود که دونفر عضو رسمی از دوکشور مختلف که با یکدیگر ارتباط سیاسی واقتصادی دارند، مطلقاً نمیتوانند همدیگر را درک کنند و بی اطلاعی آنان را در باره اختلاف فرهنگی شان میرساند. ایالات متحده آمریکا امروزه هم از این کمبود که نمیتواند بقیه ملل را درک نماید، رنج میبرد.

[۴۱۱] - Ibid.

فاجعه ای دیگر:

اندکی پس از رویداد دیلی میرور، واقعه دیگری از همان نوع پیش آمد. در ۲۵ جولای ۱۹۳۶ شارژه دافر آمریکا «مری یام »، نامه‌ای بشماره ۸۶۰ بوزارت خارجه آمریکا فرستاد و گزارش داد :"که با درخواست سهیلی معاون وزارت خارجه ایران، وی را در دفترش ملاقات نمودم. ملاحظه کردم که با وجود اینکه بظاهر آرام و دوستانه رفتار میکرد، ولی واضح بود که رویداد بدی رخ داده است. پس از چند دقیقه از کشوی میزش قسمتی از یک روزنامه را بمن نشان داد. مقاله ای از شماره ۱۳ جون ۱۹۳۶ روزنامه بروکلین ایگل[۴۱۲] بود. موضوع عجیب تر از افسانه بود. در آنروزنامه، تصویری از رضا شاه ترسیم شده بود مبنی بر یک افسانه ، که شاه پرژیا از نسل نجیب زادگان نیست و اصولا خود او یک کارگر اصطبل بوده است."

مری یام به وزیر خارجه اظهار کرد که سهیلی از محدودیت دولت آمریکا آگاه است که نمیتواند مطبوعات را کنترل نماید. اما وی تقاضا کرد که وزارت خارجه تحقیقات لازم را بکند تا معلوم شود چه اتفاقی در پس پرده مطبوعات است که این چنین گفتار توهین آمیز در روزنامه هایشان در ماه های اخیر نوشته میشود. در این گزارش مری یام ملاحظه کرد که معاون وزیر تا چه حد درخواستش جدّی بود و ادامه میدهد :"سهیلی بینهایت علاقه مند است که بداند چه کسی و یا چه چیزی در ایران و یا در آمریکا و یا در محلی دیگر مسئول این حملات به شاه ایران در مطبوعات آمریکا شده اند[۴۱۳] که چنین نوشته های نادرست و توهین آمیز به پادشاه ایران بکنند."

مری یام اظهارداشت که من وقت را غنیمت شمردم و به معاون گفتم که دولت ایران در واشینگتن کنسولی دارد و ایشان میتوانند بروزنامه ها تلفن

---

[۴۱۲] Brooklyn Eagle

[۴۱۳] - Ibid, p. 71

کرده و بآسانی مجبورشان کند که این اراجیف را تکذیب نمایند.. متاسفانه شارژه دافر آمریکا از قضیه پیشین (دیلی میرور) آگاهی نداشت زیرا نماینده ایران در واشینگتن دو مرتبه با سر دبیر دیلی میرور تماس گرفته بود که مقالهای را که در باره شاه ایران نوشته بودند عاری از حقیقت بوده و آنرا تکذیب نمایند، ولی کوشش وی بجائی نرسید. مری یام بگزارش خود اینطور خاتمه میدهد: "حتم دارم و واضحاً ملتفت شدهام که وزارت خارجه ایران جداً فکر میکند که شخصی و یا دستگاهی عمداً مطبوعات را بر علیه شاه ایران تحریک میکنند."

در ۱۴ سپتامبر ۱۹۳۶ وزیر امور خارجه آمریکا «هال» نامه شماره ۲۵۵ به شارژه دافر آمریکا در تهران فرستاد که: «با تحقیقات انجام شده در وزارت خارجه آمریکا، روشن گردید که هیچ مشروعی در آمریکا وجود ندارد که بخواهد روابط طولانی ودوستی مداوم بین ایران و آمریکا را بهم بزند. و مطلب روزنامه بروکلین ایگل به منظور اهانت به اعلیحضرت همایونی نبوده است. حتی اگر مرتکب اشتباهی شده باشند، مقصودشان این نبود که حرفهای زننده و توهین آمیز راجع بایشان بنویسند. مردم آمریکا از روزگار پیشین پیوسته اشخاصی را که از درجه پائینی به مقام بلندی رسیدند گرامی میدارند و بیشترین تحسین ها را از آنان میکنند وحتی پرزیدنت ابراهام لینکلن[۴۱۴]، امروزه بطور عادی بنام سازنده چوب های زیر ریلهای راه آهن معروف میباشد. »

در صحبت های وزیر امور خارجه آمریکا چند نکته مهم وجود دارد که باید بدقت بدآنها توجه کرد. میان شخصی که با شرافت کار میکند و یا اینکه شخصی را متهم به بدنامی (پا دوی اصطبل) میکنند فرق بسیار است. در مورد پرزیدنت لینکلن صحیح است که در سالهای ابتدائی زندگیش سازنده ریلهای چوبی زیر راه آهن بوده ولی در مورد شاه ایران این اتهام نادرستی

---

[۴۱۴] - Abraham Lincoln

بود. همچنین از اظهارات هئیت دیپلوماتیک آمریکا در ایران و وزارت امور خارجه اینطور استنباط میشود که آنان مطلقا کوچکترین اطلاع و دانشی در مورد آداب و رفتار اجتماعی و طریقه زندگی مردمی که با آنان کار میکنند ندارند. تمام این جریانات حاکی از نارسائی عظیمی است که کشور آمریکا با آنها روبرو است که تا زمان حال نیز ادامه دارد.

متاسفانه هیچیک از افراد مسئول چه شارژه دافر آمریکا در تهران و چه وزیر امور خارجه و یا اشخاص بلند پایه آمریکا وقعی به اظهارات معاون وزارت خارجه ایران نگذاشتند و چگونگی احوال نشان میدهد که احتمال وجود یک عامل مخّرب در کار بوده که آرزو داشتند تا روابط دوستانه بین ایران و آمریکا را بهم زنند. با وجود اینکه وزیر خارجه آمریکا کردل هال در نامه خود به شارژه دافر آمریکا نوشته بود «هیچ عامل مخربی را نمیتوان یافت»، سخنان وی امری بود بدون مطالعه. در این مورد پروندهای وجود ندارد که حاکی از انجام تحقیقاتی در این باره باشد.

اکنون سئوالی پیش میآید که چرا دو روزنامه معمولی در نیویورک باید چنین ادعای غلط و نا بجائی بکنند و چنین مطلبی را بچاپ برسانند. شک و تردیدی نیست، این خبر که شاه ایران پادوی اصطبل سفارت انگلیس بوده هرگز برای آمریکائیها در ۷۰ سال پیش تقدم و اهمیتی نداشته است. حتی در این زمان نیز مردم آمریکا توجهی بآنچه در اطراف دنیا اتفاق میافتد ندارند و در مقابل این جریانات بی تفاوتند. سردبیرهای این دو روزنامه بخوبی میدانستند که نمایندگان ایران به فوریت به این نوع مطالب دست میابند و بدون شک به تهران گزارش میدهند و باعث غوغا و بر آشفتگی در ایران میشوند و مشکل عظیمی برای وزارت خارجه آمریکا خواهد شد، که در این رویداد منجر به باز گرداندن نمایندگان ایران به تهران و قطع روابط سیاسی بین دو کشور میشود. منطق اینطور حکم میکند که بدانیم آیا دلیلی برای اینکار موجود بود یا نه؟ برای چنین منظوری باید بدقت مقالات این دو روزنامه را بررسی نماییم.

ملت ایران بعلت اینکه سالیان دراز با استعمارگران و پادشاهان دیکتاتور و دولتهای فاسد و مخرب سر و کار داشته‌اند که باعث ایجاد یک حالت بدبینی در آنها گردید. بدین روی عادت ثانوی در آنان بوجود آمده که پیوسته کنجکاوند تا بدانند در پس پرده چه مطلبی وجود دارد که با منطق تطابق نمیکند. مطلب مورد بحث ما یکی از مواردی است که نمیتوان بآسانی آنرا توجیه کرد. این روحیه شک و تردید در تمام سطوح اجتماعی ایران رخنه کرده و شامل دولت ایران نیز میگردد. از این رو اظهاراتی که توسط معاون وزیر امور خارجه ایران به شارژه دافر آمریکا شده حاکی از این بود که بطور غیر مستقیم باو گوشزد کند که حدس وجود نوعی خراب کاری را تشدید میکند.

بایدبررسی کنیم، آیا در این مورد توطئه‌ای در کار بوده؟ در این صورت چه کسی و چه گروهی باعث ایجاد این گرفتاریها شده اند؟ طبیعتاً باید در فکر باشیم که امکان دارد که شخصی و یا دولتی بخواهد منافعی از برهم زدن روابط ایران با آمریکا نصیبش شود. اگر این فرضیه را قبول کنیم، شرط اصلی آن این است که این شخص و یا اشخاص ممکن است ایرانی و یا خارجی باشند. در ایران، آنزمان هیچ فردی وجود نداشت که تحت شرایط موجود دست به چنین کاری بزند، بدون آنکه دولت متوجه آن نشود. در ایالات متحده نیز بنظر بعید میرسد که افرادی بدین توطئه اقدام کنند. برای هیچیک از این دو ملت مطلب مهمی وجود ندارد که از آن سودی ببرند و هیچ مدرکی پیدا نشده که شهروندان این دو کشور مرتکب چنین عملی شده باشند، بدین روی بآسانی میتوانیم امکان اینکه دولت ایران و یا آمریکا دست به چنین کاری بزنند را رد کنیم.

مطلب بعدی که باید ملاحظه کرد این است که آیا امکان دارد که چندین قدرت خارجی با یکدیگر در این موضوع همکاری کرده‌اند؟ ولی هیچ نوع مدرکی برای اثبات این امر وجود ندارد. تنها علتی که امکان دارد به حقیقت نزدیک و قابل قبول باشد این است که یک دولت واحدی دست به

چنین اقدامی زده است. در این مورد باید در فکر دولتی باشیم که با ایران ارتباط دارد و از بهم زدن روابط ایران با آمریکا سود میبرد. تنها کشورهای اروپائی بودند که در آنزمان با ایران رابطه کامل داشتند و ممکن بود از قطع روابط ایران و آمریکا بهره‌مند شوند. در بین این گروه به آسانی میتوان تمام ممالک اروپائی را به استثنای انگلیس و روسیه رد کرد، زیرا آلمان و فرانسه و سایر کشورهای اروپا بقدر کافی در ایران ذی نفع نبودند که باعث نگرانی باشند.

همانطور که در قسمت «ورود آمریکائیان به ایران» ذکر شد که تا چه حد روسیه و انگلستان مخالف ورود آمریکا به ایران بودند. در مورد مورگان شوستر آن دو دولت دست بدست هم داده و ایران را به حمله نظامی تهدید نمودند. روس ها با تحریک انگلیسی ها موفق شدند که بخدمت شوستر پس از نه ماه در ایران خاتمه دهند و سپس در مرخص کردن میلسپو رل مهمی داشتند.

با توجه به روحیه روسها و از آنچه از طرز کار و سیاست آنان میدانیم بنظر نمیرسد که نوشته های «دیلی میرور» و «بروکلین ایگل» بدستور آنها انجام گرفته باشد. از دید تاریخی کارهای آنان بیشتر با زور توام بود تا با ظرافت سیاسی. این خصلت شوروی همان است که از زمان های پیشین داشتند. تنها دولتی که باقی میماند و میتوان حدس زد که در چنین ماجرائی دست داشته باشد، دولت انگلستان است.

در بخش نفت خاور میانه و ایران توضیح داده شد که انگلیسی ها کاملا مخالف هر گونه دخالت آمریکا در آن قسمت از دنیا بودند. برای آنها خاور میانه، هندوستان و ایران در دایره منافع شان قرارداشت و کشور دیگری نمیبایست در آن حدود مداخله نماید. همچنین در بخش مربوط به بریتانیا به وضوح بدین موضوع اشاره گردید که یکی از موارد اصلی سیاست کروزن بر همین قضیه استوار بود که از پیدایش هر گونه رقیبی در ایران پیشگیری نمایند. از دید دولت انگلیس چه سیاسی و چه اقتصادی این

موضوع قابل اهمیت بود زیرا می خواستند از دخالت آمریکا در ایران بهر نحو ممکن جلوگیری شود.[۴۱۵]

انگلیسی ها خود را صاحب خاور میانه می پنداشتند و اجازه نمیدادند که کشور دیگری در این نواحی وارد گردد[۴۱۶] و چنین باوری بطور وضوح توسط لرد کروزن[۴۱۷] اظهار شده بود. همچنانکه گفته بودند: "چرا ما شاخهای گاو را بدست نگیریم و به آمریکا نگوئیم که خاور میانه و ایران برای ما همان است که دکترین مونرو[۴۱۸] برای شما..." (دکترین مونرو توسط پرزیدنت «جمس مونرو» در ۱۸۲۳ ایجاد گردید و مبنی بر این است که کوشش هر دولت اروپائی در بدست آوردن و یا دخالت در امور کشوری در آمریکای شمالی و یا جنوبی، به دید دولت متحده آمریکا عملی تهاجمی تلقی خواهد شد و واکنش دول آمریکا را ایجاب مینماید.)

گزارشات روزنامه های نیویورک بخوبی نشان دهنده اعمال انگلیس میباشند. علت اینکه مطبوعات مهم آمریکا بدین اخبار اشاره‌ای نکردند و راجع به آنها مطلبی ننوشتند بخوبی میتوان درک نمود که اظهارات آن دو روزنامه اصلیت و اعتباری نداشتند و احتمال اینکه پولی نیز برای چنین نوشته هائی دریافت داشتند بسیار است.

بدین ترتیب بآسانی میتوان نتیجه گرفت که دولتهای ایران و آمریکا از راه و روش زندگانی یکدیگر فهم و درک درستی نداشتند که اوضاع اجتماعی و سیاسی آنان را نیز شامل میشد. ایرانیان نمیتوانستند درک کنند که چرا دولت آمریکا نمیتواند به روزنامه ها دستور دهد که حق ندارند چنین

---

[۴۱۵] - H. Sabahi: British Policy in Persia; 1990, p. 141

[۴۱۶] - Minutes by Crowe; April 18, 1919, p. 141. / British Policy in Persia, 1990.

[۴۱۷] -Lord Curzon

[۴۱۸] - Monroe Doctrine.

مطالبی را درج کنند، آنطوری که در ایران چه امروز و چه در زمان پادشاهی پیشین معمول بوده و هست.

تنها نتیجه چنین عدم آگاهی از عادات و رسوم یکدیگر فقط ببار آوردن بدبختی و مصیبت است. همانطور که در ایران شاهد هستیم. نتیجه حاصله از این گونه رویدادها در کشور کوچکی به مانند ایران در چنین موقعیتی آنقدرحائز اهمیت نیست که برای ابر قدرتی که میخواهد پیشوای دنیا باشد.

رضا شاه پهلوی – دوران پادشاهی ۱۹۴۱-۱۹۲۵

بخش هفتم:
گرفتاری کنسول ایران در واشینگتن با وزیر خارجه آمریکا:

در تاریخ ۱۷ جون ۱۹۲۵ قرارداد بین المللی جهت کنترل حمل و نقل اسلحه و مهمات جنگی در کشور سوئیس، در شهر ژنو امضاء شد. قرار بر این گردید که از قاچاق و حمل و نقل اسلحه در آبهای بین المللی جلوگیری شود. این قرارداد بیشتر بدین برهان امضاء شد که منافع کشور های استعمارگر محفوظ بماند، زیرا نمیخواستند که اسلحه بدست کشورهائی که با آنان در جنگ میباشند برسد. این جریان در اواخر قرن نوزدهم آغاز گردید، همانطور که «دی. آر. استون » اظهارداشته :[۴۱۹]" این قرارداد فقط برای مستعمرات بود و ثبات امپراطوریهای اروپا راتضمین میکرد."[۴۲۰]

پس از پایان جنگ اول جهانی قرارداد سنت جرمن [۴۲۱] ایجاد شد که مقصود از آن حمل و نقل اسلحه و مهمات بود، ولی این معاهده هیچگاه بتصویب نرسید. در سال ۱۹۲۵ جامعه ملل در ژنو ملاقات کردند و مقصودشان از آن گردهمائی کنترل تجارت و حمل و نقل اسلحه بود. آمریکا با آن پیشنهادات موافقت کرد ولی عضویت جامعه ملل را نپذیرفت. ممالک کوچک طرفدار این قرارداد نبودند زیر آگاهی داشتند که در خیلی از موارد استقلالشان بستگی بدسترس اسلحه دارد. همچنین این پیمان نیز مانند پیمان سنت جرمن هرگز تصویب نشد.

در معاهده ژنو، یکی از موارد بسیار مهم کنترل آبراه ها بخصوص در خلیج فارس، خلیج عمان و اقیانوس هند بود. این قرارداد ، قدرت کامل به افراد

---

[۴۱۹] - D. R. Stone; "Imperialism and Sovereignty; The League of Nation's Drive to control the Global Arms Trade" journal of Contemporary History, April 2000, Vol. 35, p. 213-230.
[۴۲۰] - Ibid.
[۴۲۱] - St. German

مسئول میداد تا بتوانند کشتیها را بررسی کامل کنند که در آبهای ممنوعه کشتی رانی ننمایند. سطوح این آبها بدو قسمت تقسیم شده بود: یکی سطوح غیر ممنوعه که بررسی و جستجو در آن آبها لزومی نداشته و دیگر قسمت ممنوعه که کشتی ها میبایست مورد بررسی قرارگیرند. برای مثال کانال سوئز غیر ممنوعه بود ولی خلیج فارس در قسمت ممنوعه قرار داشت. دلیل بودن کانال سوئز در بخش غیر ممنوعه این بود که آن آبراه تحت کنترل انگلیسی ها قرار داشت ولی خلیج فارس در بخش ممنوعه و کاملا تحت فرمان انگلیس نبود. منظور انگلیس این بود که کلیه کوشش خود را بکار برد و از حمل و نقل اسلحه از آن آبراه جلوگیری کند تا بتوانند از حمل اسلحه به هندوستان شرقی پیش گیری نمایند زیرا مردم آن منطقه مشغول جنگیدن برای یافتن آزادی واستقلال خود از انگلیس ها بودند.

در زمان ریاست جمهوری پرزیدنت هربرت هوور[۴۲۲] قرارداد ژنو برای تصویب به مجلس سنا عرضه شد. اما مدت هشت سال گذشت و سنای آمریکا هیچ اقدامی در آن مورد نکرد. در تاریخ ۱۲ اپریل ۱۹۳۴ وزیر خارجه آمریکا کوردل هال[۴۲۳] نامه‌ای به ریاست کمیته ارتباط خارجی سنا، سناتور پیتمن[۴۲۴] نوشت و از او درخواست کرد که قرارداد را در کمیته مطرح نماید و تقاضای تصویب آنرا بکند. همچنین وزیر خارجه آمریکا در اول می ۱۹۳۴، ریاست نمایندگان آمریکادر ژنو «ویلسن»[۴۲۵] رااز این امر مطلع کرد.

---

[۴۲۲] - Herbert Hoover

[۴۲۳] - Cordell Hull

[۴۲۴] - Senator Pittman

[۴۲۵] - Wilson

در ۱۴ می ۱۹۳۴ کنسول ایران در واشینگتن «غفار جلال»، بوزیر خارجه آمریکا مخالفت دولت خود را با طرح داده شده برای تصویب قانون حمل و نقل اسلحه از خلیج فارس به مجلس سنا اعلام داشت. بدین دلیل که پیمان مزبور در شکل عرضه شده، خلیج فارس را بیک منطقه بیطرف برای ممالک دیگر قرار میداد بخصوص برای انگلیسی ها که دست آنها را جهت دخالت در هر موردی باز میگذاشت.

جلال بوزیر خارجه اظهار داشت: «وظیفه دولت ایران است که نگهداری و امنیت آن ناحیه را حفظ نماید. و ایران نگهدارنده این منبع آب (خلیج فارس) است که در قلمرو ایران میباشد و اختیار قانونی آنرا بعهده دارد». وی به وزیر خارجه آمریکا یادآوری نمود که در اکتبر ۱۹۲۹ کمیسیونی از جامعه ملل تصمیم گرفتند که تصمیمات راجع به خلیج فارس نهایت بی انصافی نسبت به ایران است و نبایست که بمورد اجرا گذاشته شود. وزیر خارجه در جواب میگوید "من باین شرایط قرارداد که دولت شما به آن اعتراض دارد، آشنائی ندارم."[۴۲۶] و قول داد که در اینباره تحقیق کند و تصمیمات منصفانه اتخاذ نماید. در تاریخ ۱۶ می ۱۹۳۴ وزیر خارجه آمریکا نامه‌ای به کنسول ایران نوشت و به اطلاع او رسانید که بنماینده آمریکا در کنفرانس خلع سلاح ژنو دستور داده است که مخالفتی برای اصلاح قانون خلع سلاح بسود ایران نکند و همچنین تعدادی از مشکلات حمل و نقل اسلحه و اهمیت کنترل آنرا نام برد.[۴۲۷]

چندین مکاتبه بین کنسول ایران و نمایندگان وزارت خارجه آمریکا رد و بدل شد. در ۲۵ می ۱۹۳۴ کنسول ایران با معاون وزارت خارجه آمریکا فیلیپس[۴۲۸] ملاقات کرد و از وی درخواست نمود که وزارت خارجه

---

[۴۲۶] - Department of State, Foreign Relations 1934, Vol. I, p. 451

[۴۲۷] - Ibid. p. 452 Ratification of Arms Traffic Convention, June 1925

[۴۲۸] - Phillips

۱۷۰

شرایطی بپرونده مزبور الصاق نماید و در آن گوشزد کند: "انتظار دولت ایران از ایالات متحده آمریکا که هیچ نوع سود سیاسی و یا دریائی در آبهای خلیج فارس ندارند این است که منافع ممالک کوچک را درنظر بگیرند" در مورد این یادداشت معاون وزارت خارجه مینویسد: "از آنجائیکه آگاهی کامل در باره ماده سوم و وظیفه سازمان ملل را نداشتم، در این باره صحبتی نکردم و جوابی ندادم، بغیر از آنکه باو گفتم که در باره این موضوع تحقیق خواهم کرد."[۴۲۹]

در ۲۶ می ۱۹۳۴ وزیر مختار ایران، جلال در دنبال دستور صادره از تهران و دادن جواب نامه مورخ ۱۶ می، وزیر خارجه آمریکا، هال، با وی مذاکره-ای بعمل آورد و در آن عقیده دولت متبوعه خود را بوزیر خارجه اعلام نمود و اظهار داشت که از نقطه نظر دولت ایران، دولت آمریکا هیچگونه سودی در تائید قرارداد مزبور نخواهد داشت و گرفتن نقش منفی از سوی آمریکا در چنین امری باعث زیان فوق العاده برای دولت ایران خواهد شد و اضافه نمود که ادامه چنین سیاست منفی از سوی آمریکا از دید دولت ایران که انتظار شرکت فعالانه آن دولت را دارند مردود است.

برای دولت ایران این امر بینهایت مهم بود و بخصوص که جامعه ملل به اشکال مفاد ماده سوم آگاهی یافته و تصمیم به تجدید نظر آنرا داشت. نماینده ایران به وزیر خارجه آمریکا اظهارداشت که اطلاعات فوق را دولت وی در دسترس او گذاشته که به آگاهی دولت آمریکا برساند. در پایان این ملاقات بوزیرخارجه گفت: "تائید دولت آمریکا که عضو جامعه ملل نمیباشد پیش از تجدید نظر در ماده مزبور نه تنها میتواند برعلیه منافع ایران باشد، بلکه از نقطه نظر قانونی نیز اعتبار آن مشکوک تلقی خواهد شد.»[۴۳۰] وزیر مختار ایران مجدداً از وزیر خارجه درخواست نمود که

---

[۴۲۹] - Department of State, Foreign Relations, 1934, Vol. I, p. 455

[۴۳۰] - Ibid. p.456

جمله‌ای را که به معاون وزارت خارجه « فیلیپس» ارائه کرده بود قبل از فرستادن بمجلس برای تائید به آن اضافه کند.

وزیر امور خارجه آمریکا بدون کوچکترین ارزشی برای درخواست نماینده ایران، پیمان را بهمان صورت اولیه برای تائید بمجلس سنا فرستاد. هال در تاریخ ۲۴ جون ۱۹۳۴ باطلاع کنسول ایران رسانید: "در این موقعیت بهترین روش ممکن، تصویب قراردادی است که توسط دولت ارائه شده، باضافه کوشش مستمر در ژنو برای تضمین در تجدید نظر و اصلاح آن ."

اما تصمیم کمیته روابط خارجی سنا، برای وزیر خارجه «هال»بسیار شوک آور بود. کمیته مزبور با پیشنهاد سناتور کینگ قرارداد ۱۹۲۵ را با شرایطی قبول کردند. وزیر امور خارجه آمریکا جلال را متهم کرد که همه این گرفتاری ها را او در خفا ایجاد کرده است. هال در نامه‌ای به سناتور پیتمن رئیس کمیته روابط خارجی نوشت، نارضایتی خود را از تصمیمات غلط کمیته ابراز کرد و تقاضا نمود که بعنوان رئیس کمیته بتواند این قید و شرط را بردارد. اعضای وزارت خارجه آمریکا سعی کردند، آنچه که به تصویب کمیته رسیده بود عوض کنند. معاون وزارت خارجه با سناتور رابینسن[۴۳۱] یکی دیگر از اعضای کمیته روابط خارجه آمریکا تماس گرفت و در یادداشت ۱۸ جون ۱۹۳۴ اینطور اظهار نمود: "سناتور رابینسن اظهار داشت که در زمان حال هیچکاری نمیتوان انجام داد، زیرا سناتور پیتمن اکیدا مخالف هرگونه تجدید نظر است. و سناتور کینگ گفته است که اگر پیشنهاد او پس گرفته شود مجلس سنای آمریکا را درمدت تابستان باز نگه خواهد داشت."[۴۳۲] پیشنهادی که توسط سناتور کینگ[۴۳۳] داده شد و توسط کمیته امور خارجی مجلس سنا تصویب شد، بیشتر جنبه

---

[۴۳۱] - Senator Robinson

[۴۳۲] - Department of State, US Foreign Relations, 1934, p. 401.

[۴۳۳] - Senator King

سیمبولیک داشت و هیچ مشکلات جدّی برای برقرار کردن قرارداد نداشت. وزیر امور خارجه در نامه خود به سفیر آمریکا در فرانسه اشتراوس[۴۳۴] بتاریخ ۲۵ جون ۱۹۳۴ اینطور نوشت: " پیشنهاد مزبور هیچ نوع حقی به ایران نمیدهد که از آن حق سابقا محروم بوده اند."

علت اینکه وزیر امور خارجه با این پیشنهاد مخالفت میکرد بسیار نامعلوم و زیر سئوال است. او مکررا در نامه هایش اشاره کرد که هرگز عملی انجام نخواهد داد که آنچه مربوط به امور خلیج فارس است عوض شود. مقصود وی از اینکه نمیخواهد در امور خلیج فارس تغییری داده شود معلوم است، زیرا میخواهد حقوق بریتانیا را در آن ناحیه محفوظ نگاه دارد و اهمیتی به خواسته های ملل ناحیه خلیج فارس داده نشود.

وزیر امور خارجه هال قرارداد تصویب شده و متمم آنرا، نتیجه دخالت مستقیم وزیر مختار ایران دانست و در یادداشت ۲۶ جون ۱۹۳۴ اینطور مینویسد: "... با وزیر مختار ایران جلال صحبت کرده و نارضایتی خود را از وی که پا از گلیم خویش فراتر گذاشته ابراز داشته و جریان را با اعضای مجلس سنا در میان گذاشته بدون اینکه قبلا به وی اطلاع دهد و یا از او اجازه بگیرد. "هال مینویسد که جلال انکار نکرد که قبلا با سناتورها مذاکره کرده و از آنان درخواست یاری نموده.

جای تعجب در اینجا است که وزیر مختار ایران که سی سال سابقه کار در سرویس دیپلوماتیک داشت و میبایست میدانست که کاری که انجام داده بسیار اشتباه بوده، چرا دست بچنین کاری زد؟ اگر او میخواست که با کمیسیون امور خارجه سنا ملاقات نماید، بنا بود که اینکار را بر طبق برنامه های قانونی انجام میداد؟ این اشتباه باعث ازدیاد خصومت از سوی وزیر امورخارجه آمریکا نسبت باو شد و با اطلاعاتی که تا آن زمان یافته

---

[۴۳۴] - Straus , Communique No. 251

بود باید درک میکرد که وزارت خارجه آمریکا منافع انگلیس را بر ایران ترجیح میداده است.

اقدام بعدی هال این بود که به سفیر آمریکا در لندن بینگهام[۴۳۵] اطلاع دهد و از او درخواست نماید که بدفتر وزارت خارجه انگلستان مراجعه و آنانرا از قرارداد و پیشنهاداتی که از مجلس سنا گذشته مطلع کند. هال بسفیر خود در لندن دستور داد که به وزیرخارجه انگلیس اطلاع دهد و نتیجه گفتگوهایش را با دفتر وزارت خارجه بریتانیا در میان گذارد.

بینگهام در نامه شماره ۳۹۱ مورخ ۷ جولای ۱۹۳۴ به وزیر امور خارجه آمریکا اطلاع داد که وزارت خارجه انگلیس بر این باور است که شرایط مزبور دارای ارزش واقعی نیستند ولی نظر آنان این بود که تصویب این ماده باعث ازدیاد قدرت ملی گرائی ایرانیان خواهد شد و آنانرا تشویق میکند که درخواستهای بیمعنی در مورد خلیج فارس بکنند.[۴۳۶]

چرا وزیر خارجه آمریکا باید گزارش تصمیمات کمیته خارجی مجلس سنای آمریکا را بدولت انگلیس بدهد؟ و درخواست عقیده آنان را بکند. تنها سببی را که میتوان تصور نمود این است که هال میخواست به انگلیسی ها بفهماند که وی حفاظت منافع آنانرا در نظر دارد. آیا چنین کاری بسود آمریکا بوده است یا نه معلوم نیست؟

اگر چه در ظاهر انگلیسی ها این رای کمیته سنا را کم ارزش تلقی کردند ولی در باطن از این امر ناراحت بودند. در ۱۳ جولای ۱۹۳۴ مشاور سفارت انگلیس ، اف.دی. جی. آزبورن ،[۴۳۷] به موررای[۴۳۸] معاون وزارت خارجه که همچنین ریاست بخش خاور نزدیک را نیز بعهده داشت اطلاع داد که از

---

[۴۳۵] - Bingham

[۴۳۶] - US Foreign Relations; 1934, Vol. I, p. 467

[۴۳۷] - F. D. G. Osborn

[۴۳۸] - Murray

سوی دولت مطبوعه خود دستور دارد که بطور غیر رسمی راجع بعلت شرط استثنائی که کمیته خارجی مجلس سنا در تصویب لایحه مربوط به پیمان ۱۹۲۵ جامعه ملل گذاشته پرسش نماید. وی به موررای اظهار داشت که وزارت خارجه انگلیس و بویژه معاون آن وزارتخانه اولیفانت [۴۳۹] از این عمل کمیته امور خارجی مجلس سنا بسیار آشفته و مضطرب هستند و همچنین اضافه نمود که: « عمل کمیته خارجی سنا دشواریهائی برای دولت انگلیس با دولت ایران بوجود خواهد آورد و ایرانیان را بیش از آنچه که غیر قابل تحمل هستند، غیر قابل تحمل تر میکند». [۴۴۰]

موررای اظهار داشت که به کنسول انگلیس توضیح داد که استثنائی که گذاشته شده مشکلی به اصل موضوع اضافه نخواهد نمود و همچنین ادامه داد که: «تصویب لایحه دلیلی نیست که پرزیدنت آمریکا آنرا حتما امضاء خواهد کرد، همچنین به وی توضیح داد که تصویب این لایحه برهانی نخواهد بود که پرزیدنت و یا مجلس سنا دخالتی در وضع موجود در خلیج فارس و یا حوادثی که در آنجا رخ میدهد و یا رخ خواهد داد داشته باشند.» [۴۴۱] همچنین به نماینده دولت انگلیس گفته شد که آن لایحه هنوز توسط پرزیدنت امضاء نشده است.

از تمامی آنچه که گذشت میتوان اینطور استنباط نمود که دولت آمریکا یعنی وزارت خارجه آنکشور، بریتانیا را تنها قدرت مشروع در خلیج فارس میدانسته و در این مورد آنچه که مورد درخواست ایرانیان بود برای آنان ارزشی در برنداشت. وآنچه که به ایرانیان میگفتند و وعده میدادند جز حرف چیز دیگری نبود. باز این پرسش پیش میآید که چرا دولت آمریکا تا بدین حد حافظ منافع انگلیس در خاور میانه بود؟ در مدارک رسمی دولت

---

[۴۳۹] - Oliphant

[۴۴۰] - US Foreign Relations, 21934, Vol. I

[۴۴۱] - Ibid, p. 468

آمریکا مطلبی در اینباره پیدا نمیشود. شاید که خواننده باید خود نتیجه ای از این بابت بگیرد.

شکی نیست که عمل نماینده ایران، تاثیری بد و درعین حال قابل درک در روحیه شخص وزیر امور خارجه آمریکا داشت. ولی اگر وزیر امور خارجه بخود اجازه میداد که این رویداد در تصمیمی که باید میگرفت دخالت کند بسیار کار ناشایسته‌ای بود که نیّات شخصی را با تصمیمات سیاسی در هم آمیزد و چنین عملی هیچوقت بسنده یک سیاستمدار واقعی نخواهد بود. وی اگر نمیخواست که با جلال کار کند، راه حل های دیگری در پیش داشت و میتوانست به آسانی از دولت ایران بخواهد که او را از آمریکا منتقل کنند. ولی با کمال تاسف «هال» بجای گرفتن یک تصمیم درست با اعمالش دست بکارهائی زد که جریان را عمیق تر نمود که نتیجه آن به زیان هر دو کشور شد.

در نامه ۹ اگست ۱۹۳۴ هال در یادداشت خود اظهارداشت که نماینده ایران ملاقاتی با وی نمود، گفت که دولت ایران از اینکه او با سناتورهای آمریکا گفتگوئی داشته است متاسف است ولی در عین حال از آنچه که نمایندگان سنا نموده اند سپاسگزار است. هال میگوید که وزیر مختار ایران ادامه داد: "... دولت وی صمیمانه تقاضا دارد که پرزیدنت روزولت معاهده-نامه را با همان استثنائی که سنا گذاشته است امضاء نماید..." وزیر خارجه میگوید که او مراتب انزجار خود را از روشی که جلال اتخاذ نموده بود مجددا اشعار داشت و اضافه مینماید که به او گوشزد کردم رویه‌ای که در پیش گرفته بود غیر قابل بخشیدنی است و پرزیدنت معاهده را مطالعه و تصمیم مقتضی خواهد گرفت و ادامه میدهد که جلال به وی اشاره نمود که تصویب آن معاهده بدون در نظرگرفتن موارد استثنائی پیشنهاد شده توسط مجلس سنا، از دید دولت او، طرفداری از منافع انگلیس تلقی خواهد شد.

همانطوریکه ملاحظه میشود اختلاف بین این دو نفر آنقدر شدید بود که از این میتینگ ها نتیجه‌ای حاصل نگردید. شکی نیست که وزیر امورخارجه نمیتوانست اشتباه و یا کار غلطی را که وزیر مختار ایران نموده بود نادیده بگیرد و یا فراموش کند. وی با پیروی این عمل تا حدودی خود را از درک عمق مطلب بدور نگه داشت.

هال در نامه ۲۴ اگوست ۱۹۳۴ خود به نماینده ایران او را متهم به اظهارات نادرست و گمراه کننده به وزارت خارجه آمریکا نمود... و ادامه داد "در چنین صورتی بنظر من فایده‌ای در مکاتبه با شما در باره معاهده اسلحه ژنو بدست نخواهد آمد."۴۴۲

وزیر مختار ایران نامه‌ایکه ۲۴ اگوست ۱۹۳۴ به وزیر خارجه آمریکا نوشت اینطور آغاز نمود: " عالیجناب، من افتخاردارم که دریافت یادداشت شماره ۳۴ شما را باطلاع برسانم." و سپس از عمل خود دفاع نمود و اظهار داشت که همانطور که در نامه ۱۱ آگست ۱۹۳۴ اشاره نمودم، از عدالت و تساوی، که همواره رسم آمریکا بوده که با دول کوچک رفتار نماید بعید است که رویه‌ای اتخاذ نمائید که مخالف با منافع آنان باشد."... من متاسفم که در نامه آنجناب، آنطوریکه از مفاد آن بر میآید مقصود مرا درک نکردید و اظهارات گمراه کننده‌ای در باره من گفته اید..."

جلال در نامه خود در مورد قیود و شروط پیشنهادی، بتفصیل توضیح داد و اظهارداشت: "...من متاسفم که مقصود کلی ما که نشان دهنده رفتار دول متجاوز بر علیه حقوق حقّه ملت ایران میباشد، بایست با مخالفت شما روبرو شود. مقصود من این بود که مظهر عدالت را بشما خاطر نشان کنم..."۴۴۳ جلال به وزیرخارجه اعلام داشت که اقلا بخشی از نامه وی بر یادداشت فیلیپس معاون وزارت خارجه استوار است. او سپس نامه ۲۹

---

۴۴۲ - Ibid p. 483

۴۴۳ - Ibid, p. 483

می ۱۹۳۴ فلیپس را متذکر میشود که نوشته است:"بجای اینکه برنامه نوشتن پیمان دیگری را در باره کنترل اسلحه آغاز نمائیم که مناسب با درخواست ایران باشد، در پیمانی که ما اکنون در نظر داریم که بخشی از آن شامل تغییر و تبدیل در پیمان ۱۹۲۵ جامعه ملل برای کنترل اسلحه میباشد. ما امیدواریم که با انجام آن تغییر و تبدیل راهی بتوان پیدا کرد که کاملا از سوی دولت شما پذیرفته گردد..."

ولی در باره مفاد دیگر نامه جلال، که وزیر خارجه آنها را گمراه کننده می پنداشت، جلال بر این عقیده بود که شاید مربوط به گزارش وی در باره پذیرفتن تغییر و تبدیل پیمان از سوی جامعه ملل باشد که چنین تغییر و تبدیلی را پیشنهاد کرده بود و به وزیر خارجه اطلاع داد که تلگرافا از نمایندگان ایران در ژنو خواسته است که متن کامل آن گزارشات را برای وی ارسال دارند و بمحض رسید، آنرا بوزارت خارجه تسلیم خواهد کرد. جلال نامه خود را با این عبارت خاتمه داد: " آنجناب ملاحظه خواهند کرد که هیچ منظور خاصی نمیتواند در گزارش رسمی ما باشد و متاسفیم که این با گزارشات نمایندگان آمریکا تطابق ندارد."

مشکلات بین وزیر خارجه و وزیر مختار ایران در واشینگتن در میان همه اعضاء وزارت خارجه رخنه نمود و آنان نیز با رئیس خود هم آواز شدند و بقول ضرب المثل ایرانی «... مردم بر دین پادشاهان خود هستند.» اعضاء وزارت خارجه نیز بر علیه گفته های جلال گام برداشتند. چنین مطلبی را به آسانی میتوان در نامه ۲۸ اگست معاون وزارت خارجه آمریکا موررای به وزیر مختارشان در تهران هورنی بروک[۴۴۴] درک نمود که نوشت :"... نامه ۱۱ اگست وزیر مختار ایران را به وزیر خارجه به پیوست ارسال میدارم. این نامه بسیار گمراه کننده و دارای لحن بسیار تندی است." ولی هرگز

---

[۴۴۴] - Hornibrook

معاون وزارت خارجه و وزیر خارجه هال اظهار نداشتند که کدام بخش از نامه گمراه کننده بوده و کدام لحن شدید داشته است.
در ۱۵ آگست ۱۹۳۴ وزیر خارجه آمریکا، گزارش کاملی از معاهده ۱۹۲۵ جامعه ملل را که مربوط به اسلحه میشد، به پرزیدنت آمریکا، فرانکلین. دی. روزولت[۴۴۵] فرستاد و نامه را با جمله "پرزیدنت عزیزم..." آغاز نمود. و سپس گزارشی کامل از آنچه در سنا گذشته همراه با شرطی که در تصویب قرارداد گذاشتند عرضه داشت:
"... پذیرش پیمان نباید دلیل بر آن باشد که حقوقی که کشور پادشاهی ایران ممکن است در خلیج فارس و یا آبهای اطراف آن داشته باشند از آنان صلب گردد..." "او سپس از روابط بین وزیر مختار ایران و اعضاء سنا سخن گفت و وزیر مختار را متّهم نمود که بدون پیروی از آداب و اصول اخلاقی لازم، در تماس با آنان تقاضای کمک برای دولت خود نموده است. هال به روزولت اعلام نمود که وی شخصا مخالف با شرطی است که مجلس سنا بر پیمان گذارده است. و بنظر او آن شرط قابل پذیرش نبوده و ممکن است باعث گردد که بواسطه وجود آن، کشورهای دیگر پیمان را نپذیرند. هال در دنباله گفتارش به پرزیدنت اظهار داشت که در این بابت با نماینده خود، ویلسن[۴۴۶] در ژنو مشورت نموده و او نوشته است: "با نمایندگانی که من مشورت نمودم، بمن گفتند که هیچ دولتی در اینجا خواهان قدرت استعماری در خلیج فارس نیست . اضافه نمودن شرط مزبور به پیمان باعث میشود که کنار آمدن با ایرانیان مشکل تر شود."[۴۴۷] این جمله درست همان است که نمایندگان انگلیس دائما بر زبان میآوردند.

---

[۴۴۵] - President Franklin D. Roosevelt

[۴۴۶] - Wilson

[۴۴۷] - Telegram 912.23; 1934, US Foreign Relations, 1934, Vol. I, p. 463

مجدداً نشان میدهد که وزارت خارجه آمریکا عامل آنچه هست که انگلیس به آنها دیکته میکند.

وزیر خارجه در نامه خود ادامه میدهد که : "... دولت انگلیس از این واهمه دارد که چنین عملی دولت ایران را تشویق میکند که در ادعاهای واهی خود برتسلط برخی از جزایر خلیج فارس کوشا باشد..." در آخر نامه خود هال توصیه میکند که پرزیدنت پیمان را مجددا برای بررسی دوباره به سنا برگرداند.

اگر مراسلات بین وزارت خارجه آمریکا و نماینده آن وزارتخانه در ژنو را مورد بررسی قراردهیم بآسانی بدین موضوع پی میبریم که نماینده آمریکا در ژنو کورکورانه سیاست انگلیس را دنبال میکرد. در ۱۵ نوامبر ۱۹۳۴ هال در یادداشت خود اینطور مینویسد که وزیر مختار ایران در تماسی که با وی برای موضوع دیگری گرفته و از اینکه وزیر خارجه از او ناراضی شده بود اظهار تاسف نمود. هال میگوید که نارضایتی خود را در برابر عملی که کرده بود گوشزد نمودم و میگوید که نماینده ایران مرتبا انجام هر گونه کاری که باعث ایجاد ناراحتی وزیر خارجه میشد منکر گردید. در پایان یادداشت خود وزیر خارجه اظهار نمود که بالاخره جلال بدین موضوع اشاره نمود و گفت : "... اگر وجود من در اینجا مورد موافقت دولت آمریکا نیست، در چنین صورتی برای من صلاح در این است که بجای دیگر بروم. "... وزیر خارجه در پایان اضافه میکند "... من در پاسخ هیچ جوابی ندادم..."

در ۱۷ دسامبر ۱۹۳۴ موررای رئیس بخش خاور نزدیک در وزارت خارجه، نامه وزیر خارجه را به پرزیدنت و جواب او را بوزیر خارجه داد و گفت که پرزیدنت اظهار داشته است که نامه فعلا مسکوت بماند تا در ماه ژانویه مجددا بمجلس فرستاه شود. موررای پیشنهاد کرد که وزیر خارجه با پرزیدنت گفتگوئی در این باره بنماید و از وی بخواهد که با رئیس کمیته

خارجه آمریکا" پیتمن " تماسی گیرد و تقاضا نماید که شرطی را که کمیته برای تصویب پیمان ۱۹۲۵ گذاشته است از لایحه حذف نماید. از تجزیه و تحلیل این رویداد ها میتوان نتایجی بدست آورد: نخست اینکه نمیتوان رفتار و حرکات نماینده ایران که برای رسیدن بهدف خود از نمایندگان مجلس آمریکا مستقیما درخواست کمک نمود نادیده گرفت. او باید میدانست که چنین کاری از پیوند نامه (پروتوکل) سیاسی خارج است و بهیچ عنوانی نمیبایست دست به چنین کاری بزند. در حقیقت باید فکر کرد که او قادر نبود به نتیجه اعمال خود بیاندیشد. از سوی دیگر وزیر خارجه رویه سختی در پیش گرفت و با وجود پوزش وزیر مختار و اظهار مکرر که هیچگونه نیّت توهین آمیزی نسبت بوزیر خارجه نداشته، مرتبا این موضوع را پیش میکشید و بر آن تکیه میکرد. در عالم سیاسی، یک سیاستمدار با تجربه هیچوقت خود را در چنین وضعی قرار نمیدهد.

از سوی دیگر باید این موضوع را ایرانیان در نظر میگرفتند که اگر چه آنان از صَمیم قلب بر این باور بودند که آمریکائیان دوست و حامی دول کوچک هستند، در چنین موردی در اشتباه بودند. شاید عملی را که جلال انجام داد بر اساس چنین باوری بود. در آنزمان دید سیاسی آمریکا در افق دیگری بود که با دید سیاسی ایران منافات داشته و وزارت خارجه آمریکا میخواست که قانون پیمان ۱۹۲۵ بهمان وضعی که بمجلس فرستاده شده بود تائید گردد. شکی در این نیست و شواهد گواه بر این هستند که آمریکا در آن موضوع تابع سیاست انگلیس بود و آن را از دید آینده آمریکا مورد بررسی قرار نداده بودند. چنین امری کاملا در یادداشتهای وزارت خارجه و نمایندگی آنان در ژنو مشهود بود و همه آنان همان جمله را مرتبا تکرار میکردند:" افزودن شرط به پیمان ۱۹۲۵ ژنو باعث جری شدن ایرانیان میشود و کار کردن با آنان را دشوارتر میکند." این جمله‌ای بود که برای نخستین بار توسط وزارت خارجه بریتانیا عنوان شده بود و بعدا پایه و بنیان عمل آمریکا گردید که بطور دانسته و یا ندانسته حامی دولت

انگلیس گردیدند. دولت آمریکا طوطی وار آنچه انگلیسی ها به آنها میگفتند تکرار میکردند و بدون اینکه تجزیه و تحلیلی در این باره انجام دهند و دریابند که بدآنچه که تصمیم میگیرند بسود کشورشان هست یا نه.

آنچه را که آنزمان کارمندان بلند پایه آمریکا درک نمیکردند این بود که از رویدادهائیکه یک دهه پیش بین ایران و آمریکا بوجود آمده بود کوچکترین آگاهی نداشتند. شکی نیست که دولت ایران در جستجوی یک نیروی ثالثی برای خاور میانه بود که بتواند از گرفتاریهای بوجود آمده توسط انگلیس و روس جلوگیری نماید. برای ایرانیان آمریکا آن دولت موعود بود.

جای تاسف شد که وزیر امور خارجه آمریکا در برابر انجام درخواست ایران چنان مخالفت سختی نشان داد. وزیر خارجه و معاون وی کوچکترین آگاهی از متون پیمان ۱۹۲۵ ژنو که برای تائید و تصویب بمجلس فرستاده بودند نداشتند و چنین امری در یادداشتهای آنان و نامه های ارسالی بوزیر مختار ایران کاملا و بوضوح دیده میشود.

نکته دیگری که در اینجا مورد پرسش واقع میگردد، این است که چرا وزیر امور خارجه آمریکا، با تمام شواهدی که از رابطه وی با نماینده ایران داشت، از دولت ایران درخواست نکرد که کس دیگری را بجای او بدان مقام منصوب نمایند. خود جلال این موضوع را بعدا پیشنهاد نمود و او در پاسخ گفت" ...من هیچ جوابی ندادم..."

بخش هشتم

توقیف وزیر مختار ایران

در ۲۷ نوامبر ۱۹۳۵ وزیر مختار ایران، جلال، هنگامی که از نیویورک به واشینگتن بر میگشت در شهر الکتن[۴۴۸] ایالت مریلند اتومبیل او بعلت سرعت زیاد توسط پلیس متوقف شد. جلال خود رانندگی را بعهده نداشت. جزئیات این رویداد و آنچه که بین جلال و پلیس رخ داد بخوبی روشن نگردید ولی منتج به یک رابطه غیر عادی بین دو کشور شد. نتیجه حادثه این بود که نماینده سیاسی ایران توسط پلیس دستگیر و با دستبند بزندان فرستاده شد.

شکی نیست که نماینده ایران نمی بایست خود را در این ماجرا دخالت میداد و اینکار امری کاملاً غیر منطقی بود. او میبایست اجازه میداد که جریان راه قانونی خود را بپیماید و با چنین عملی خود و دولتش را در محظور بزرگ سیاسی قرار ندهد. از سوی دیگر پلیس مریلند نیز وقعی بگفته او نگذاشت و رتبه سیاسی وی را نا دیده گرفت. پس از دستگیری و آوردن وی بدادگاه، داور دادگاه به وخامت مطلب پی برد و دستور آزادی نماینده را صادر نمود.

در سوم دسامبر ۱۹۳۵ وزیر مختار آمریکا در تهران « هورنی بروک »[۴۴۹] در نامه شماره ۴۲ خود بوزیر خارجه آمریکا، کردل هال،[۴۵۰] اعتراض شفاهی و شدید دولت ایران را در این باره به آگاهی او رسانید و نوشت که دولت ایران خواستار گزارش کاملی از این حادثه میباشد.[۴۵۱]

وزیر امور خارجه آمریکا در پاسخ وزیر مختار خود در تهران، طی نامه‌ای در ۴ دسامبر ۱۹۳۵ به وی اشاره نمود که: «دولت ایران باید جریان این

---

۴۴۸ - Elkton

٤٤٩- Hornybrook

٤٥٠- Cordell Hull

٤٥١- Department of State; Foreign Relations, Vol. III, 1936, p. 342

رویداد را از نماینده خود که در این ماجرا شرکت داشت بخواهد» سخنان وزیر خارجه آمریکا کاملاً غیر منطقی میباشد و نماینده ایران از جریان گزارش‌های داخلی پلیس مریلند بی‌خبر بود و از اینرو درخواست دولت ایران امری کاملاً عادی و منطقی بنظر میرسید. وزیر خارجه آمریکا با پیروی از چنین راهی به اشکالات موجود اضافه نمود.

در دنباله این رویداد، در ششم دسامبر ۱۹۳۵ وزیر خارجه آمریکا نامه‌ای بوزیر مختار ایران بشرح زیر مینویسد: "این افتخار را دارم که به آگاهی شما برسانم که نامه‌ای از فرماندار مریلند دریافت داشتم که در آن اشاره شده است که دو پلیسی که در حادثه رانندگی دست داشتند «کلیتن الیسن»[۴۵۲] و «جیکوب بیدل»[۴۵۳] مورد توبیخ قرار گرفتند... آقای فرماندار از من خواسته‌اند که از سوی وی از شما پوزش بخواهم..." وزیر خارجه ادامه داد که اگر راننده نماینده ایران، قانون را رعایت میکرد، چنین حادثه‌ای هرگز روی نمیداد. این گفته وزیر خارجه کاملاً درست بود که متأسفانه توسط راننده نماینده ایران نقض گردید. وی بطور مودبانه بنماینده ایران نوشت: "من اطمینان دارم که دولت ایران با ما هم عقیده و هم آواز است که دولت آمریکا حق دارد که این انتطار را داشته باشد که نمایندگان سیاسی خارجی مقیم آمریکا احترام قوانین این کشور را داشته باشند."[۴۵۴]

روز اول دسامبر ۱۹۳۵ وزارت خارجه آمریکا در گزارش شماره ۱۶۷ بوزیر مختار خود در تهران، هول بروک، شرح کامل این رویداد و اقدام پلیس مریلند و دولت آمریکا را ارسال نمود. این گزارش توسط والتر.آر. مور[۴۵۵] بجای وزیر خارجه امضاء شده بود.

452- Ellison Clayton
453- Jacob Biddle
454- Department of State; Foreign Relations, Vol. III, 1936, p. 343
455- Walter R. Moore

روز بعد، ۷ دسامبر نماینده ایران ملاقاتی با موررای معاون وزارت خارجه و رئیس بخش تشکیلات خاور نزدیک بعمل آورد. موررای در یادداشت خود اظهار داشت که بدید او، نماینده ایران از نامه وزیر خارجه آمریکا راضی بود، ولی بر این باور بود که سطور آخر نامه وزیر خارجه اینطور می نماياند که، نماینده ایران، بر این عادت است که دائماً بر خلاف قوانین آمریکا رفتار میکند و این امر حقیقت ندارد. [۴۵۶] باکمال تأسف این امر درست است، و تجربه نشان میدهد که نمایندگان کشور های در حال توسعه حدود خود را بخوبی نمی شناسند و سوء استفاده از مقام خود میکنند.

متأسفانه آنطوریکه همیشه اتفاق میافتد، جریان این رویداد، نخست در آمریکا و سپس در ایران به روزنامه ها کشیده شد. روزنامه های ایران، دولت آمریکا را متهم نمودند که قوانین سیاسی بین‌المللی را زیر پا گذاشته‌اند و وزیر مختار ایران را توقیف نموده اند. چنین خبری نخست در دوم ژانویه ۱۹۳۶ در روزنامه ستاره جوان که امتیاز آنرا یکی از وکلای مجلس داشت انتشار یافت. روزنامه مزبور درخواست نموده بود که دولت ایران نماینده خود را از آمریکا بخواند. وزیر مختار آمریکا بلافاصله متن مقاله را تلگرافی برای وزیر خارجه آمریکا فرستاد.

در دنباله آن تلگرام وی تلگراف دیگری در روز ۷ ژانویه که در آن اشاره نمود: "حملات شدید روزنامه های ایران بدولت آمریکا ادامه دارد و اشعار داشت که دولت متبوع او اهمال شدیدی در باره برخی از روزنامه های آمریکا نشان میدهدکه آنها را مجبور نمی کنند که از نوشتن مقالات شدید بر علیه ایران خود داری نمایند. این مقالات باعث واکنش شدیدتری از سوی خبر نامه‌های ایران میشوند بویژه درچهار روزنامه که متعلق به نمایندگان مجلس میباشند». هول بروک از این واهمه داشت که این امر منجر به قطع روابط بین دو کشور گردد و مجدداً درخواست نمود که دولت

456- Ibid, p. 346

آمریکا جریان کامل رویداد جلال را بدولت ایران بفرستد و اظهار داشت که این جریانات او را در تنگنای شدیدی در مقابل دولت ایران و روزنامه های محلی قرار داده است، همچنین بوزیر خارجه آگاهی داد که دولت ایران جلال را بتهران احضار کرده است. اندکی پس از فرستادن این گزارش، هول بروک تهران را بقصد آمریکا ترک نمود و مریام[۴۵۷] بعنوان وزیر مختار در تهران آغاز بکار کرد.

در آمریکا، در سوم ژانویه ۱۹۳۶، جلال به آگاهی وزیر خارجه آمریکا رسانید که بر طبق دستور دولت ایران به تهران می‌رود و در غیابش اولین منشی کنسولگری، حسین قدس بطور موقت نقش وزیر مختار ایران را بعهده خواهد گرفت. در هفت ژانویه ۱۹۳۶ وزیر خارجه آمریکا به وزیر مختار جدید خود مریام خبر داد که گزارش کامل پرونده وزیر مختار ایران و نتایج حاصله از تحقیقات دولت آمریکا و پلیس مریلند را بهمراه گزارش شماره ۱۶۷، دوازدهم دسامبر ۱۹۳۵ برای او ارسال میدارد و اظهار داشت که این گزارش‌ها از راه قاهره و بغداد فرستاده می‌شود که از بغداد توسط پست انگلیسی به تهران ارسال میگردد. همچنین بوزیر مختار دستور داده شده بود که در صورت لزوم این گزارش‌ها را بدولت ایران بدهد.

درسیزدهم ژانویه ۱۹۳۶ وزیر مختار آمریکا در ایران در نامه شماره پنج خود را بوزارت خارجه آمریکا نوشت که یکی از اعضاء وزارت خارجه ایران به وی گفته است که دولت ایران بر این باور است که رابطه نزدیکی بین قضیه پلیس مریلند با کارهای پیشین جلال وجود دارد که مربوط به فعالیت او در باره کنفرانس ژنو برای بررسی در مورد حمل و نقل مجاز اسلحه در خلیج فارس میشود. همچنین وزیر مختار آمریکا اشاره نمود که بدید این عضو وزارت خارجه ایران، عدم همکاری دولت آمریکا در فرستادن اسناد مربوط به گرفتاری جلال به تهران، از این امرمیباشد. نماینده آمریکا

457- Gordon Merryam

همچنین اشعار داشت که ایرانیان بر این باورند که قضیه گرفتاری جلال در آمریکا یک امر ساختگی است.

کوردل هال در پاسخ نامه وزیر مختار خود، به وی نوشت که رونوشتی از نامه شماره ۱۶۷ او را بدولت ایران بدهد. در اینجا این پرسش پیش میآید که چرا باید وزیر خارجه آمریکا تا این حد در پاسخ درخواست ایران تعلل نماید. وی زمانی اجازه داد که رونوشت مدارک را بدولت ایران بدهند که خیلی دیر شده بود. شاید ایشان مقام خود را بزرگتر از آن میدانستند که بدرخواست دولت کوچکی اعتنا نمایند!

مسئله توقیف کنسول ایران بسرعت بهمه جا انتشار یافت. نماینده آمریکا در روسیه هندرسن،[۴۵۸] از دولت خود درخواست نمود که چگونگی این موضوع را هر چه زود تر روشن نمایند و اشاره کرد که دولت ایران بر این باور است که مطبوعات آمریکا کوشش خود را بر آن گذاشته اندکه دولت ایران را بخواری بکشند. هال در پاسخ نامه هندرسن به وی نوشت که به نماینده ایران در روسیه گوشزد نماید: "که دولت ایران در اشتباه میباشد و هیچیک از مطبوعات آمریکا در خوار کردن ایران دستی ندارند."[۴۵۹] همچنان اعلام نمود که در بررسی جراید آمریکائی، در هیچیک اثری که دلیل بر بی احترامی نسبت بدولت ایران باشد ندیده است. اگر چه همانطوریکه بعداً مشاهده خواهد شد، باورهای ایرانیان خیلی بی اساس نبود. مقالاتی که در ماههای اپریل و می در مجله تایمز و برخی دیگر از روزنامهها نگاشته شده بودند نشان میدهند که وزیر امور خارجه چقدر از جریان بی اطلاع بود. در ۲۹ ژانویه ۱۹۳۶ نماینده آمریکا در تهران به وزارت خارجه خود گزارش داد، در ملاقات یک ساعتی که با معاون وزارت خارجه ایران داشت بدین نتیجه رسیدکه دولت ایران گزارشات رسیده از وزارت امور خارجه آمریکا را پذیرفته و این امر را پایان یافته میداند.

458- Henderson to Secretary of State, Communique # 22, Jan. 15, 1936
459- Foreign Relations, Vol. 3 (1936), p. 348

رویدادی که برای جلال بوجود آمد از چند جهت دارای اهمیت میباشد و باید مورد بررسی بیشتری قرار گیرد. نخست: شکی نیست که نماینده ایران، جلال پا از حدود خود فراتر گذاشته و در کاری که رابطه‌ای با او نداشت دخالت نمود. جلال نمی بایست در کار پلیس که وظیفه خود را انجام میداد وارد مباحثه گردد. پلیس آمریکا آگاهی از اوضاع روانی ایرانیان ندارند که این امر کاملاً در فرهنگ آنان قابل پذیرش است. متأسفانه کسانی را که دولت ایران بعنوان نماینده خود بکشورهای دیگر میفرستاد بستگی بفرهنگ و دانش آنان نداشت بلکه از روی ارتباطات غیر مجاز انتخاب میشدند و در چنین صورتی جز کاری که جلال کرد توقع دیگری از آنان نمی توان داشت. اگر او دارای کمترین دانش سیاسی بود باید مداخله در اینکار نمیکرد و میگذاشت که جریان سیر طبیعی خود را طی کند و بعداً از مجاری سیاسی میتوانست اقدام، و موضوع را بخوبی حل نماید. از سوی دیگر رفتار پلیس تا حدی غیر منطقی بود. آنان میتوانستند بوضع سیاسی یک نماینده اندکی احترام بگذارند، یا می توانستند از روسای خود کسب تکلیف نمایند که چنین کاری را انجام ندادند.

از سوی دیگر پا فشاری و عدم پذیرش وزیر خارجه آمریکا بدرخواست یک دولت دیگر، کاملاً بی‌منطق و از اصول سیاسی بدور بود و آنرا بیشتر میتوان بیک عمل گستاخی و نخوت نسبت داد. البته شکی نبود که هال هیچ علاقه‌ای به جلال نداشت ولی نتیجه اعمال وی از روی اصول نبود. عدم فرستادن اطلاعات لازم و پیام دادن که دولت ایران باید آگاهی‌های مورد نیاز خود را از نماینده خویش بگیرد کاملاً کاری بی اساس بود و بدین موضوع نیاندیشید که برای بررسی کامل دولت ایران بداشتن تمام آگاهی‌ها نیاز داشت.

علاوه بر این گرفتاریها کارهای غیر عادی برخی از روزنامه های آمریکا باعث پیدایش اشکالات بیشتری شدند. سخنان بی ربط در باره کشور ایران و شاه ایران را در صفحات خود منعکس نمودند. این رفتار بدون منطق

جراید بجائی رسید که شارژه آمریکا در تهران « گوردون مریام» در نامه شماره ۸۲۳ روز ۱۱ جون ۱۹۳۶ بوزیر خارجه آمریکا نوشت :« از ترس دیدن مقاله های زشت در مجلات آمریکائی نسبت به ایران و دولت ایران نمیخواهد و جرأت نمیکند که هیچ روزنامه‌ای را باز نماید و این احساس از آنجا آغاز میگردد که مجله تایمز ۴۶۰ حوادث جلال و جریان قدس (یکی دیگر از کارمندان سفارت ایران) را کاملاً با فقدان هر گونه منطق و با بی سلیقگی تامی انجام داده است.» ۴۶۱

فکر میکنم که هیچکس بمانند مریام نمیتوانست این موضوع را بهتر تشریح نماید. ناراحتی‌های او کاملاً قابل فهم میباشند. او بود که میبایست با افرادی که مورد توهین آن جراید قرار میگرفتند روبرو شود. با چنین توصیفی منازعه جراید ایران با آمریکا رو بشدت گذاشت. ایرانیان اعمال روزنامه های آمریکا را نموداری از روش دولت آمریکا به ایران وانمود میکردند. با کمال تاسف، طرز تفکر ایرانیان آنطوری نبود و نیست که معنی آزادی مطبوعات را درک نمایند و برای آنان پذیرش چنین امری که ممکن است دولت آمریکا هیچ دستی در اینکار نداشته باشد، امری بود غیر قابل تصور. البته باید پذیرفت که کسانی هستند که از این چتر آزادی مطبوعات استفاده نا مشروع مینمایند بدون آنکه درک کنند که کار آنان بزیان کشورشان خواهد شد. شکی نیست که اکثریت مردم از واژه "آزاد و آزادی" سوء استفاده بسیار میکنند.

ممنوعیت ورود محمولات پستی:

ادامه نوشته‌های روزنامه های آمریکا کار را بجای باریکی رسانید. در ۱۱ جون ۱۹۳۶، شارژه آمریکا در نامه شماره ۸۲۳ خود بوزیر خارجه آگاهی داد که دولت ایران ورود محمولات پستی درجه دوم را از آمریکا به ایران ممنوع نموده است. این امر شامل تمام جراید و مجلات خواهد بود و

460- Times: April 13, 1936, p. 28-29 and May 4, 1936, p. 23.
461- Department of State; Foreign Relations; Vol. III, 1936, p. 380

گزارش داد که این کار باعث گرفتاری زیادی برای کنسولگری شده است و از هر سو، سیل شکایات را به آنجا روان نموده. این شکایات بیشتر از اتباع خارجی ساکن ایران بودند که روزنامه و مجله‌ها بدستشان نمیرسید. شارژه اشاره نمود که کنسولگری نمیخواهد در موقعیتی قرار گیرد که درخواست آزادی ورود مطبوعات را بکند و بعد دریابد که محتویات آنها حاوی مقالاتی بر علیه شاه و دولت ایران هستند.[۴۶۲]

مریام در گزارش پیشین خود، نامه شماره ۷۶۶ مورخ ۱۵ آوریل ۱۹۳۶ بوزیر خارجه آمریکا نوشته بود که:"شارژه انگلیس با برخی از جراید آمریکا خیلی نزدیک میباشد. و بمن گفته است که اگر بخواهم از این بابت بدولت ایران اعتراض نمایم با من هم آواز خواهد شد."[۴۶۳] خوشبختانه مریام هشیارانه تصمیم گرفت که در چنین امری دخالت نکند و بوزیر خارجه اطلاع دادکه: "تمایل دولت ایران را برای منع ورود برخی از مطبوعات که نسبت بدولت و شاه ایران بی احترامی میکنند کاملاً قابل فهم میداند."[۴۶۴]

برای درک بهتری از این مجادلات کافی است که نگاهی به مجله تایمز بیاندازیم. نویسندگان این مجله دائماً با جملات زشت از شاه یاد آوری میکردند و بطور مسخره او را بنام شاه شاهان میخواندند. در یکی از مقالات بنام "ایران – آمریکا، درکنارپرتگاه و دوزخ"[۴۶۵] این مجله بطور مسخره آمیز کلمه شاه را به رشته نگارش در آورده و او را «یک شاه شاهان خود خواه» میخواند. در مقاله دیگری مجله تایمز بعلت باز خواندن نمایندگان سیاسی ایران مینویسد که این امر آمرانه توسط "نادر مطلق، رضا شاه" انجام گرفت، زیرا که او بدین باور بود که بی احترامی بوجود ایشان و کشورش توسط جراید آمریکا شده است.»[۴۶۶]

462- Ibid.
463- Ibid.
464- Ibid, p. 376.
Times Magazine, April 3, 1936. 465-
466-Ibid.

در دنباله این نوشته‌ها تایمز مقاله یکی از روزنامه های انگلیس « لندن اسفیر»را بمیان آورد 467 که نوشته بود "شاه از خانواده نجبای ایرانی است." تایمز در مخالفت با آن نوشت که "رضا شاه پهلوی از یک خانواده دهقانی است و کار خود را از قزاقی آغاز نموده است."468
این نگارشها جز اینکه باعث ایجاد ناراحتی بیشماری برای هر دو کشور گردید، هیچ سود دیگری ببار نیاورد. تا آنجاییکه شارژه آمریکا مراتب انزجار خود را همانطوری که در پیش اشاره گردید بوزیر خارجه اعلام نمود.469 درواقع کارهای مجله تایمز جز بر انگیختن احساسات مردم و یا شارلاتانیزم بهیچ چیز دیگری نمیتوان تعبیر نمود. نویسندگان تایمز نمیتوانستند درک کنند که از خانواده دهقان بودن دّال بر نجیب نبودن نمیتواند باشد. منتهی نتیجه کارشان بزیان دولت آمریکا تمام گردید. که نتیجه نهائی آن قطع رابطه با آن کشور شد.
با تمام این تفاصیل به برهانهائی که تا حدودی نا معلوم باقی میماند، ایرانیان پیوسته بدین باور بودند که دولت آمریکا بنحوی از انحاء پشتیبان آنان بوده و خواهد بود، بویژه در مقابله با دول استعماری انگلیس و روس. فکر و باوری کاملاً بی‌اساس و بی پایه، همانطوریکه بعد ها باثبات رسید. در هنگامی که دولت ایران در برابر جریانات فوق مصمّم شد که نمایندگان خود را از واشینگتن بخواهد، ازکنسولگری آمریکا خواستند که آن کنسولگری مطابق معمول بکار خود در تهران ادامه دهد.
در مورد بازخواندن نمایندگان خود از آمریکا، دولت ایران تا حد زیادی مجبور بچنین کاری شده بود، از آنجائیکه گروهی چند از نمایندگان مجلس در چنین امری پا فشاری میکردند. باید دانست که تعدادی از این نمایندگان از مزدوران انگلیس بودند. چهار روزنامه ایران که دائماً دم از قطع رابطه میزدند متعلق به چهار نماینده مجلس بودند و این شک را

467- London Sphere
468- Ibid.
469- Merriam to Secretary of State; Communique 766, 15 April 1936.

بوجود می‌آورد که آیا دست بیگانه دیگری در این خرابکاری در کار بوده ؟ و آیا می‌خواستند با چنین کاری از ورود آمریکا به ایران جلوگیری نمایند؟

بخش نهم

راه های شوسه و راه آهن ایران:

از اوایل دهه ۱۹۲۰ که دولت ایران برای دادن امتیاز اکتشاف نفت در شمال، با کمپانی های آمریکائی مشغول مذاکره بود به این فکر افتاد که قراردادی نیز برای ساختن راه آهن و راه های شوسه ایران با شرکت های دیگر آمریکائی بر قرار نماید. دولت بر این باور بود که بدون داشتن یک شبکه راههای مناسب امکان نگهداری امنیت مملکت غیرممکن می باشد. تمایل دولت برای آوردن یک شرکت آمریکائی تنها بدین منظور نبود که از نفوذ دولت های انگلیس و روسیه در کشور کاسته شود، بلکه میخواستند که با شرکتهائی که مستقیماً زیر نفوذ دولت های بیگانه نیستند کارکنند تا بتوانند با قدرت بیشتری بسود کشور بهره برداری نمایند. دولت ایران میدانست که قادر نخواهد بود که با کمپانیهای انگلیسی و یا روسی دست و پنجه نرم کند.

علل تمایل دولت ایران در تمایل همکاری با آمریکا را میتوان بدلایل زیر دانست:

۱- دولت آمریکا در آنزمان در خاور میانه هیچگونه نشانه‌ای ازاستعمارگری را نشان نمیداد.

۲- فکر میکردند که چون آمریکا از استعمار انگلیس رنج برده بود با آنان همآهنگی خواهد نمود.

۳- تجربه ایرانیان با آمریکائیانی که تا آنزمان در ایران مصدر کاری بودند خوب بوده و همگی آنان را میستودند.

با در نظر گرفتن این عوامل ایرانیان بدین فکر بودند که احتیاجات خود را از کشور های بیطرف تهیه نمایند. در آن زمان در اروپا کشوری که واجد چنین شرایطی باشد وجود نداشت. از این روی توجه دولت ایران به آمریکا معطوف گردید.

در عین حالی که با شرکت سینکلر در باره نفت مشغول مذاکره بودند مصمّم شدندکه با شرکت دیگری راجع به ساختن راه های شوسه و راه آهن نیز وارد گفتگو گردند. پس از بررسی نخستین، با دو کمپانی: « هنری اولن اسلون - وبستر» به همراه « فاندایشن کمپانی نیویورک» [۴۷۰] وارد مذاکره شدند. دولت ایران «مورگان شوستر» را که در سال ۱۹۱۱ به عنوان مشاور مالی به ایران آورده بودند، مجدداً بعنوان مشاور خود انتخاب نمود.

در مراحل نخستین، انگلیسی ها کارهای ایران را جدّی تلقی نکردند.

"سر پرسی کاکس "[۴۷۱] وزیر مختار انگلیس در تهران با نخست وزیر وقت، رضاخان ملاقاتی بعمل آورد و نتیجه مذاکرات خود را به وزیر امور خارجه انگلیس، لرد کروزن اطلاع داد و اظهار داشت: « برای کشوری که اقتصاد و دارائی آن نا چیز است، چنین نقشه هائی پر مدعا و بی خردانه پی ریزی میشود. ولی باید اذعان کنم که سردار سپه از منافع راه آهن کاملاً آگاه است و جداً چنین نقشه‌ای را دنبال میکند."[۴۷۲] از این گزارش دو نتیجه میتوان گرفت: نخست اینکه تا چه حد نماینده انگلیس از روی منطق و برهان رویدادها را تجزیه و تحلیل میکند! و دیگر اینکه با تمام دانش خود نتوانست به ایمان و بنیان خواسته های رضاخان کاملاً پی ببرد.

آرزوی نهائی رضاخان این بود که راه آهن سرتاسری کشور را بسازد. علی دشتی از این موضوع آگاه بود و مینویسدکه پیش از فرستادن لایحه ازدیاد مالیات قند و شکر به مجلس، من در وزارت جنگ با رضاخان بودم. او به

---

[۴۷۰] - Henry Ulen-Slone and Webster Company/ and the Foundation Company of New York.

[۴۷۱] - Sir Percy Cox

472 - Sir Percy Cox to Curzon: British Document on Foreign Affairs, part II, Series B,Vol. 19, Persia IV; July 1923-October 1924, p. 180.

من گفت: «دشتی اگر من از این دنیا رفتم، بخاطر داشته باش که بزرگترین آرزوی من این بود که راه آهن سرتاسری ایران را بسازم.»[۴۷۳]

در چنین موقعیتی، شارژه شیلتن[۴۷۴] عضوسفارت انگلیس در آمریکا، در ۸ فوریه ۱۹۲۴ نامه سرّی به مک دونالد در وزارت خارجه انگلیس مینویسد و در آن گزارش کاملی راجع بساختمان راه آهن سرتاسری ایران و کمپانی های آمریکائی که در آن دخالت دارند میدهد.[۴۷۵] ضمنناً از کمپانی، سهامداران، تعداد سهم ها، مدیران و دارائی آنان و روابط شان را با بانکها ذکر میکند. شلتن همچنین اظهار داشت که نمایندگان این کمپانی وقتی به تهران رسیدند در خواهند یافت که تنها وثیقه موجود برای وام های درخواستی ایران، در اختیار دولت انگلیس است.[۴۷۶] این نامه، بسیار قابل ملاحظه است و نشان دهنده عمق اطلاعات عوامل انگلیس میباشد، چنین امری را در هیچیک از نمایندگان آنزمان آمریکا مشاهده نخواهیم نمود.

خودداری ایران از دادن امتیازی برای ساختمان راه های شوسه و یا راه آهن به کمپانی های انگلیسی برای وزارت خارجه آن کشور بسیار گران آمد. وزیر مختار وقت انگلیس در ایران، «لورن» از اینکه نمیتوانست منویات دولت خود را به ایران تحمیل کند، بسیار ناراحت بود و در نامه‌ای به لرد کروزن اظهار داشت که موضوع راه آهن را با رضاخان در میان گذاشته و به وی گفتم که چرا چنین بی لطفی در باره انگلیس نموده و حال آنکه دولت انگلیس بر خلاف روسیه کوشش زیادی برای بهبود اوضاع ایران نموده است.[۴۷۷]

---

[۴۷۳] - Ali Dashti; Fifty Five Years; 2003, p.49.

[۴۷۴] - Charge Shilton.

[۴۷۵] - {E 1591/386/34} Dae 128 #191-Secret. British Document on Foreign Affairs ; Part II, Series b, vol. 19; Part IV Persia, p. 186.

[۴۷۶] -Ibid.

[۴۷۷] Ibid, Loraine to Curzon.

این بیانات وزیر مختار انگلیس ۱۸۰ درجه با حقیقت اختلاف داشت. انگلیسی ها به اندازه‌ای دروغ، برای پریشان کردن اذهان عمومی گفتند که امر بر خودشان مشتبه شد. در همین احوال بود که شارژه آنان در آمریکا بدولت خود پیشنهاد نمود که دولت انگلیس باید دست بکارهای تخریبی بزند تا هر گونه موافقت نامه بین ایران و آمریکا را خنثی نماید.[۴۷۸] خود او از اقداماتی که در اینباره در واشینگتن نمود دولتش را مطلع کرد و اظهار داشت: «بطور مخفیانه کارهائی را از طریق دوستان با نفوذ و جراید آغازکردیم و بانکهای تجارتی نیویورک را از وضع ایران مطلع کردیم. باید به آنان بگوئیم که ما قرارداد ساختمان راه آهن ایران را در دست داریم."

شلتن (شارژه و عضو سفارت انگلیس در آمریکا) امیدوار بود که پس از دریافت گزارش دکتر میلسپو[۴۷۹] (مستشار مالی در ایران از ۱۹۲۷-۱۹۲۲) از وضع مالی ایران، در موقعیت بهتری قرار خواهد گرفت و میتواند بر علیه درخواست دولت ایران گام بردارد و در این باره چنین نوشت: «من امیدوارم که چنین گزارشی کاملاً مشروح و جامع از زمان کار دکتر میلسپو بوده و آگاهی بیشتری درمورد وضع فعلی ایران داشته باشد که بتوسط آنها بتواند فعالیتهای نخست وزیر و شوستر را خنثی نماید. در این صورت به آمریکائیها میتوان گفت که خطر کارکردن در ایران از بین نرفته است.»[۴۸۰]

از میان کمپانیهای آمریکا که تمایل همکاری با ایران را داشتند، کمپانی اولن بود که داوطلب گفتگو با دولت ایران شد. اولین نماینده کمپانی، «لورنس بنت » در ۱۴ ژانویه ۱۹۲۴ وارد تهران گردید. در نخستین گردهمآئی با ایرانیان که وزیر مختار آمریکا «برنارد گاتلیب» نیز شرکت داشت، نماینده اولن به ایرانیان اعلام نمود که فقط برای ایجاد راه آهن و

---

۴۷۸ - Ibid, p. 187

۴۷۹ - Dr. A. Millspaugh.

۴۸۰ - Chilton to MacDonald; British Documents on Foreign Affairs, Part II, Vil. 19, p. 187.

راه سازی به ایران آمده و هیچگونه دخالتی در موضوع نفت نخواهد کرد. این همان نظری بود که دولت ایران داشت. [481]

«بنت» با یاری گاتلیب، ملاقاتی با نماینده شرکت نفت سینکلر نمود. پیشنهاد دکتر میلسپو بهر دوی آنان این بود که با یکدیگر همکاری کنند تا بتوانند کمک بیشتری بدولت ایران در باره دریافت قرضه از آمریکا بنمایند. [482]«بنت» همچنین دیداری با نخست وزیر، رضاخان بعمل آورد و اظهار داشت که کمپانی وی آنچه که بتواند برای اجرای نقشه های ایران خواهد نمود. رضاخان قول داد که کمپانی او از حمایت کامل دولت برخوردار خواهد شد. [483] همچنین رضاخان در پاسخ «بنت» در باره ادعای انگلیسی ها که شرکت سندیکای راه آهن آنان دارای قراردادی برای ساختن راه آهن ایران از دریای خزر تا خلیج فارس و همچنین از تهران تا خانقین میباشد، گفت: چنین قراردادی وجود خارجی ندارد. «بنت» پیشنهاد نمود که برای پیش انداختن کارها، دولت ایران موافقت با یک قرارداد شش ماهه بنماید که دلیل بر تصمیم ایران باشد. بنا بر گفته بنت، رضاخان با این پیشنهاد موافقت نمود. [484]

اقدام نخست وزیر را میتوان بر این حمل نمود که تا چه حد مایل به داشتن قراردادی با دولت آمریکا بوده است. متاسفانه نمایندگان آمریکا در آنزمان نمیتوانستند این موضوع را درک کنند و این امر باعث کارشکنی آنان میشد. در باره این قرارداد، کنسول آمریکا «اینگرت» بلندگوی سفارت انگلیس شد. او در نامه‌ای به وزیر خارجه آمریکا اظهار داشت:

---

[481] - Communiqué No. 891.77/Ulen and Company/3; US Foreign Relations 1924, Vol. II, p. 552, Jan 22, 1924.

[482] - Department of State, Foreign Relations; Vol. II, 1924, p. 555

[483] - Ibid, p. 556/ Communiqué # 891.77/ Ulen and Company/4.

[484] - Ibid.

«ایرانیان در کار خود همان روش شرقی ها را که یکی را بر علیه دیگری میشورانند تا بسود خود استفاده بنمایند». وزیر مختار آمریکا با کمال تاسف نمیتوانست اصل و منشاء جریان را درک کند.

ادعای انگلیسی ها در باره داشتن قرارداد ساختمان راه آهن و راههای شوسه، ادعائی واهی بیش نبود. قراردادی در سال ۱۹۱۹ بین وثوق الدوله و دولت انگلیس بسته شده بود که ایران را تحت الحمایه آن دولت میکرد. همانطوری که بدین موضوع در پیش اشاره گردید وثوق الدوله بهمراهی فیروز فرمانفرما و صارم الدوله (وزرای سه گانه) خیانت بزرگی بکشور ایران نمودند و در مقابل آن ۴۰۰ هزار تومان رشوه گرفتند. این قرارداد میبایست که توسط مجلس تصویب گردد تا صورت قانونی بگیرد و چنین امری هیچوقت انجام نگرفت و مجلس دولت وثوق الدوله را از کار بر کنار نمود. با همه این تفاصیل، انگلیسی ها در این جریان حق را به خود میدادند.

نماینده آمریکا، کورنفلد، علت اصرار نماینده انگلیس را در این بابت پرسش نمود. او در پاسخ گفت که «دولت انگلیس میخواهد سهمی در این امر داشته باشد.» کورنفلد در گزارش خود به وزیر امور خارجه «هیوز» اظهار داشت: «اگر آمریکا و ایران نتوانند بتوافق برسند، وثیقه اصلی ایران را نمیتوان بآمریکا اختصاص داد، مگر ادعای انگلیسی ها را قبلاً رد نمود.»[۴۸۵] انگلیسی ها تهدید کردند که سهم ایران را از درآمد نفت نخواهند پرداخت. این درآمدی بود که دولت ایران برای گرفتن وام خارجی بدان نیاز داشت.

بطور کلی نقشه انگلیس برای برهم زدن طرح راه آهن ایران رونوشتی از برنامه آن دولت در دادن امتیاز واستخراج معادن نفت شمال بکمپانی های آمریکائی بود. در بخش نفت، دولت بریتانیا بهانه‌اش این بود که قرارداد خوشتاریا را در دست دارد و قانوناً باید اکتشاف و استخراج نفت شمال به

---

[۴۸۵] - Kornfeld to the Secretary of State; Communiqué # 891.77 Ulen and Company/2; Feb. 15, 1924

آنها واگذار شود. همانطور که میدانیم، چنین قراردادی وجود خارجی نداشت و فقط بهانه ای برای انگلیس بود که منابع ایران را بسرقت ببرند. کرنفلد عقیده خود را بوزارت خارجه آمریکا بطور مبسوط و بدین نحو اظهار نمود: «بنظر من اینطور میآید که انگلیسیها ممکن است برای پیش برد کارخود و محافظت منافع خویش بخش اقتصادی پیمان ۱۹۰۷ را مجدداً بمیان آورند.»[۴۸۶]

همین روش ها بود که ایران را بسوی دیگری سوق میداد و دولت کوشش مینمود که خود را بطریقی از شرّ دولت انگلیس رها نماید. باید اذعان نمود که مداخله دائمی انگلیس در امور ایران هیچوقت از بین نرفت. وزیر مختار آمریکا در نامه خود بوزارت خارجه مینویسد که وزیر مختار انگلیس در تهران بطور غیر رسمی به وی اظهار داشته و از او خواسته است که به "بنت»، نماینده کمپانی اولن اشاره کند که دولت انگلیس قرارداد سندیکای راه آهن ایران را مجدداً مطرح خواهد کرد، اگر چه میداند که آن قرارداد دارای قدرت قانونی نیست.

در همین زمان سفیر انگلیس در واشینگتن ایسم هاوارد،[۴۸۷] نامه‌ای به وزارتخارجه آمریکا مینویسد و اظهار میدارد که: "دولت پادشاهی انگلیس، بهمکاری با کمپانی های آمریکائی که حائز سابقه خوبی باشند برای ساختمان راه آهن ایران حاضر میباشند.»[۴۸۸] وی مجدداً اعلام داشت که دولت انگلیس قراردادی با ایران در باره ساختن راه آهن و راه های شوسه دارد.

سفیر انگلیس بخوبی آگاه بود که قراردادی که او و دولتش کراراً از آن نام میبرند توسط مزدوران آنان امضاء شده و هیچوقت بتصویب مجلس

---

[۴۸۶] - Telegram, American Legation at Tehran # 891.77 Ulen & Company/2, Feb. 15, 1924.

[۴۸۷] - Esme Howard

[۴۸۸] - 891.77/52, No. 226, March 12, 1924

نرسیده و در نتیجه دارای ارزش قانونی نمی باشد. این عمل سفیر بریتانیا نکته قابل توجهی را پیش میآورد، که دولت او بهر کاری دست خواهد زد که پای آمریکا در هیچ هنگام به ایران نرسد تا خودشان بتوانند براحتی به چپاول و غارت در آنکشور ادامه دهند. برای دولت انگلیس هر راهی که آنان را به مقصدشان برساند راهی پسندیده خواهد بود. بدبختی در این بود که مسئولین آمریکا سخنان و گزارشات انگلیس را گفتار خداوندی دانسته و آنها را قبول داشتند.

سندیکای راه آهن ایران یکی از نتایج قرارداد منفور ۱۹۱۹ میباشد که بین انگلیس و دولت ایران امضاء گردید و همانطور که اشاره شد هیچوقت بمجلس برای تائید فرستاده نشد. با کمال تاسف وزیر مختار آمریکا در تهران نتوانست اصل مطلب را درک نماید و بنظر میآمد که سموم پخش شده از سفارت انگلیس مغز وی را کاملاً آلوده کرده باشد. او بدون کمترین تعمّق و کاوشی در این جریانات به هیوز وزیر خارجه آمریکا مینویسد: «من نمیدانم که دولت ایران از خرج عظیم این پروژه آگاهی دارد؟» و نمیتوانست دریابد که ایرانیان میخواستند کشور خود را در مسیر تمدن قراردهند و کارشان بوالهوسانه نبود. نماینده آمریکا هم چنین از مخالفت روس ها در اینباره ترسان بود ومطمئن نبود انگلیس از چنین پروژهای که شمال ایران را بجنوب وصل کند حمایت کنند. او در این اندیشه بود که انگلیس از نزدیکی و دسترسی روسیه به خلیج فارس راضی نباشد. البته این امرکاملاً منطقی بود و میبایست مورد توجه قرارگیرد. گاتلیب، وزیر مختار آمریکا، معتقد بود که شاید راههای دیگری بین دریای مازندران و خلیج فارس را بتوان انتخاب نمود.[۴۸۹] ولی چه پیشنهادی برای حل این موضوع داشت، معلوم نکرد!

---

[۴۸۹]- Gotlib to Secretary of State; Communiqué # 891.77/3, Jan. 22, 1924

در دنباله نامه سفیر انگلیس بوزیر خارجه آمریکا، هیوز ازکورن فلد در تهران خواست که مطالعه‌ای کامل در باره ادعای انگلیسی ها برای داشتن حق ساختن راه آهن ایران بنماید و نتیجه کار خود را هر چه زودتر باو گزارش دهد.[۴۹۰]

سفیر انگلیس در آمریکا، ایسم هاوارد، مجدداً در ۲۲ مارچ ۱۹۲۴ دست بکار عجیبی زد و نامه‌ای بوزیر خارجه مینویسد و در آن اشعار میدارد که دولت انگلیس قراردادی با دولت ایران در دست دارد که مطابق آن میبایست خط راه آهن بین محمره و خرّم آباد را بسازد و هم چنین در نظر دارند که این خط را به تهران نیز متصل نمایند.[۴۹۱]

نامه سفیرانگلیس میزان وقاحت و بیشرمی دولتش را بوضوح نشان میداد. که کوچکترین ارزشی برای قوانین بین المللی ندارند، حتی نسبت بکشوری بمانند آمریکا که خود را متحد آن میدانند. آنان فقط یک دید دارند «رسیدن بمقصود خود بهر نحوی که باشد».

نقشه اجرای طرح ایجاد راه آهن و راه های شوسه ایران:

در این زمان، نماینده اولن و دولت ایران طرح راه آهن و راههای شوسه بین بندر گز در کرانه دریای خزر و بندر محمره در خلیج فارس را ریختند. ناحیه شروع را باز گذاشتند، که میتوانست از هر طرف باشد و یا اینکه همزمان آغاز گردد. کمپانی همچنین ماموریت یافت که نقشه‌ای برای ساختن راه بین قزوین و تبریز تهیّه نماید، راهی که در حدود ۳۰۰ مایل بود. پیمان مقدماتی شامل سیزده ماده در باره راه آهن آماده گردید:

ماده اول : پس از امضاء پیمان، در عرض سه ماه هر دو طرف، آماده برای آغاز ساختمان گردند.

---

[۴۹۰] - Telegram 891.77 Ulen and Company/ Feb 26, 1924

[۴۹۱] - Communiqué # 226.891.77/52

ماده دوم :کمپانی موظف بود در عرض سه ماه، نقشه کامل ساختمانی را بدولت ایران بدهد.
ماده سوم: دولت حق ندارد با هیچ شرکت دیگری در اینباره وارد گفتگو شود، قبل از اینکه جواب رسمی از کمپانی دریافت نماید.
ماده چهارم: راجع به طرحی بود که بتوان قرضه‌ای بمبلغ ده میلیون دلار برای انجام اینکار دریافت نمود.
ماده های پنج تا هشت، جزئیات مالی را در بر داشت.
ماده نهم: کمپانی مجبور و ملزوم بود که تا حد امکان از مواد موجود در داخل کشور بهره گیری نماید.
ماده دهم: پس از پذیرش مواد مذکور در کنترات هر دو طرف آنرا امضاء و دولت ایران برای تصویب نهائی آنرا بمجلس تقدیم خواهد نمود.
ماده یازدهم و دوازدهم جزئیات دیگری از کنترات را در بر داشتند
ماده سیزدهم: اگر طرفین بتوافق نرسیدند و کنتراتی امضاء نشد، دولت ایران اجباری نخواهد داشت که خرجهائی که کمپانی در این کارها متحمل شده است پرداخت نماید.[۴۹۲]
این قرارداد در ۲۷ ماه آوریل ۱۹۲۴ به امضاء رسید. بنت از سوی کمپانی اولن و رضاخان از سوی ایران آنرا امضاء نمودند.

سرنوشت و عاقبت کمپانی اولن

هنگامیکه مذاکرات در باره قرارداد بوقوع می پیوست، کمپانی اولن اسناد مربوط به ادعای دولت انگلیس را که حق ساختمان راه آهن ایران را دارا بود برای بررسی قانونی، به وکیل کمپانی «مالت پروست »[۴۹۳] میفرستند. وکیل مزبور پس از اتمام کار خود نتیجه آنرا برای کمپانی و رونوشتی برای نماینده کمپانی، بنت میفرستد. بنت خود رونوشتی برای آگاهی نماینده

---

[۴۹۲] - Department of State, Foreign Relations, 1924, Vol. II, p. 561-564

[۴۹۳] - Mallet-Prevost

آمریکا در تهران ارسال میدارد که او نیز آنرا برای وزیر امور خارجه آمریکا فرستاد. نامه بنت بشرح زیر بود:

«مالت پروست» اسنادی را که دولت انگلیس ادعا میکرد قرارداد ساختن راه آهن بین دو دولت ایران و انگلیس، توسط انگلیسی ها بود، بدقت بررسی نموده و بر این عقیده است که نظر دولت ایران کاملاً درست است و بر اساس محکمی استوار میباشد و دولت انگلیس هیچ حق قانونی در این باره ندارد. بریتانیا مهندسینی به ایران برای تحقیق و نقشه برداری فرستاده‌اند و دولت ایران اشکالی در این باره برای آنان نگرفت. دولت انگلیس جز مطالبه مخارج، حق دیگری ندارد. »[۴۹۴]

با پیشرفت منطقی این مذاکرات، امید برآن میرفت که قرارداد بزودی بسته و کار ساختمانی آغاز گردد. ولی ناگهان تمامی این عملیات متوقف گردید و نماینده کمپانی اولن[۴۹۵] ازسوی کمپانی خود احضار، که فوری ایران را ترک کند و برای مذاکره بآمریکا مراجعت نماید و همچنین هیچ پیشنهادی بدولت ایران تسلیم نکند.

شارژه آمریکا در تهران موررای،[۴۹۶]گزارش این مطلب را بوزارت خارجه ایران داد و خاطر نشان نمود که پس از کشته شدن سر گرد ایمبری[۴۹۷] وضع نا مساعدی در ایران ایجاد شده است که کمپانی اولن نمیتواند بکار خود ادامه دهد. این فراخواندن نماینده در دنباله باز خواندن نماینده شرکت نفت سینکلر انجام گرفت که او نیز بهمین دلیل از ایران خواسته شده بود.

---

[۴۹۴] - Joseph S. Kornfeld to the Secretary of State, Department of State, Foreign Relations, Vol. II, 1924, p. 564

[۴۹۵] -Addison Ruan

[۴۹۶] -W. Smith Murray.

[۴۹۷] - Major Robert W. Imbrie

پیروزی منفی انگلستان:

همانطوری که در بخش «آمریکائیان و نفت ایران» مشاهده گردید، کمپانی نفت «استاندارد اویل نیوجرسی» نتوانست اجازه اکتشافات نفت شمال ایران را بگیرد. برهان این عدم توانائی شرکت استاندارد این بود که آنان قراردادی با شرکت نفت ایران ـ انگلیس بسته بودند که دولت ایران نمیخواست با شرکت نفت انگلیس هیچ گونه رابطه تجارتی داشته باشد. از آنهنگام دولت انگلیس به یک جنگ منفی بر علیه ایران دست زد. منظور آنان این بود که از ایجاد هر گونه قراردادی بین ایران و شرکتهای دیگر بویژه شرکتهای آمریکائی جلوگیری نمایند. از این راه با رویدادهای بالا یک پیروزی منفی نصیب آنان گردید.

نماینده آمریکا در تهران بخوبی بدین موضوع پی برد. موررای در نامه خویش به وزیر امور خارجه اینطور اظهار نظر نمود:" خروج سوپر نماینده نفت «سینکلر» در ۲۸ جولای ۱۹۲۴ و«ادیسن روآن» نماینده کمپانی اولن در دنبال کشته شدن معاون کنسولگری آمریکا «رابرت. و. ایمبری» ضربه بسیار بزرگی به برنامه اقتصادی آمریکا در ایران زد.[۴۹۸] وی بدین نکته تکیه نمود که این امر شدیدترین مخالفت انگلیسی ها با بودن آمریکائیان در ایران بود. موررای در این باره همچنین اظهار نظر نمود که شکست مذاکرات بین ایران و کمپانیهای آمریکائی باعث آن نخواهد شد که دولت انگلیس بتواند امتیازی در ایران بدست آورد. البته چنین پیروزی منفی را نباید دست کم گرفت، منافع انگلیس در ایران سابقه‌ای بس دراز دارد و تا سده هفدهم بر میگردد و آنان دارای برنامه های طولانی مدت هستند، برخلاف ما که فقط چند سالی است که در این برنامه ها هستیم، میتوانند صبر بیشتری کنند."[۴۹۹]

---

[۴۹۸] - Communiqué # 647; 891.77/361 Tehran, Sept. 19, 1924.

[۴۹۹] - Ibid.

در این موضوع شارژه کاملاً درست حدس زده بود. چنانکه در سال ۱۹۴۱ ملاحظه شد که چه بلائی بر سر رضا شاه آوردند و چگونه او را در بدر کردند، البته با یاری تمام مزدوران ایرانی خود، آنانی که رضا شاه به آنها اطمینان داشت.

مورای در دنباله همان نامه خود به وزیر خارجه ادامه داد و رقابت نادرست دو شرکت نفت آمریکائی را محکوم نمود.[۵۰۰] با وجود این همه گرفتاریها و اعمال تخریبی بر علیه آمریکا از سوی دولت انگلیس، دولت آمریکا خاموشی را پیش گرفت و کوچکترین اقدامی در این بابت نکرد و چنین امری بزیان هر دو کشور آمریکا و ایران گردید.

خرابکاریهای انگلیس و واکنش آمریکائیها از دید مورخین وتاریخ نویسان خارجی پنهان نماند. «عباس اف»[۵۰۱] در بررسی برخوردهای این دو کشور بدین موضوع اشاره نموده و آنرا مورد بررسی قرارداده است. او همچنین در باره کشتن ایمبری که در بخشهای پیشین بدان اشاره شده است تاملی نموده و مینویسد: «روایت های گوناگون در باره کشته شدن ایمبری وجود دارد که در بیشترین آنها دست شرکت نفت انگلیس را در آن دخیل میدانند. این رویداد یک پیروزی منفی برای انگلیس بود، همانطوری که آنها میخواستند.»[۵۰۲]

بیشتر روزنامه های ایران بر این باور بودند که کشتن ایمبری مرحله نهائی کار انگلیسی ها بود که از ورود آمریکائی ها به ایران جلوگیری نمایند. در همان زمان گفته شد که خانواده خمینی در این جنایت بزرگ دست داشته اند.[۵۰۳] بدین ترتیب امید ورود آمریکائیان به ایران بکلی بسته شد و

---

[۵۰۰] - Ibid.

[۵۰۱] - Mamed Abbasov: The Anglo-American Oil controversy in Iran; 1919-1924; p. 17

[۵۰۲] - Ibid, p. 18.

[۵۰۳] حمید خواجه نصیری: وارث ملک کیان –

انگلیس بمقصود خود که کوتاه کردن دست آمریکا در ایران بود نائل گردید.

راه آهن سرتاسری ایران:

با وجود شکستی که انگلیس در ساختن راه آهن ایجاد نمود و فکر میکردند که انجام آنرا متوقف نموده‌اند، در واقع خلل بزرگی برای دولت ایران بوجود نیاورد و تغییری در اراده رضاخان ایجاد نشد. پس از اینکه امید دولت ایران از آمریکا بریده شد، دولت مصمّم گردید که اینکار را خود انجام دهد. برای کشوری که بودجه‌ای در خزانه خود برای چنین کاری نداشت پروژه‌ای بسیار خطیر و باور نکردنی بود. برای انجام این پروژه دولت لایحه‌ای به مجلس ارائه داد که شامل ازدیاد مالیات قند و چای بود که در آنزمان از خارج وارد کشور میگردید و جمعاً در حدود ۶/۲۸ ٪ واردات کلی کشور را تشکیل میداد.[۵۰۴] مجلس لایحه مزبور را بلادرنگ تصویب نمود و محتویات آن فوراً بمورد اجرا گذاشته شد.

نقشه راه آهن سرتاسری ایران مورد حمله شدید از سوی انگلیس و روسیه قرار گرفت. هریک از آنان میخواستند که نقشه آنطوریکه بسود آنان است انجام گیرد. انگلیس با ایجاد خط شمال و جنوبی مخالف بود، ترس از آنکه روسها را به خلیج فارس نزدیک میکرد. آنان موافق خط خاوری و باختری بودند[۵۰۵] که هند را بعراق متصل میکرد (دو کشور تحت الحمایه آنها) از سوی دیگر روسیه مخالف خط خاوری ـ باختری بود که هیچ سودی برای آنان نداشت.

شگفت آور است که یک کشور به اصطلاح آزاد نمی توانست خط راه آهنی برای خود ایجاد کند که بسود مملکت خود باشد، اینکار را مزدوران ایرانی، بدستور استعمارگران انجام میدادند. خوشبختانه رضا شاه وقعی بدین

---

[۵۰۴] - Cyrus Ghani: The Rise of Reza Khan; 2001, 418.

[۵۰۵] - Persian Encyclopedia Vol. 5, sv, "Mohammad Moin".

شکایات نگذاشت و همان تصمیم خود را که اتصال شمال بجنوب ایران بود پیگیری نمود، از خاور دریای خزر به باختر خلیج فارس، از بندر شاه تا خرمشهر، که متاسفانه بعد ها مصیبتی برای کشور شد که دو دولت انگلیس و روس، همآهنگ بر علیه آلمان هیتلری گشتند.

پس از بررسی های بی شمار دولت ایران طرح ساختمان راه آهن را بشرکت سوئدی «کنسرسیوم کامپساکس»[۵۰۶] داد. کنسرسیوم مزبور این پروژه بزرگ را به بخشهای کوچکتری تقسیم نموده وبین کمپانی های دیگر پخش نمود. بدین ترتیب شرکتهای خصوصی مختلف بدون دخالت هیچ دولتی وارد اینکار شدند. مواد ساختمانی و خطوط آهن از آمریکا، و روسیه و انگلیس و بلژیک و چکسلوواکی، و آلمان وارد شدند. تمامی خرج این پروژه در حدود ۱۲۵ میلیون دلار تخمین زده شده بود. دولت ایران تقاضای کمک از هیچ دولتی نکرد. رضا شاه در باره این راه آهن وسواس شدیدی ازخود نشان داد. علی دشتی مینویسد: «گروهی از مردم او را جاه طلب تصور میکنند ولی من ترجیح میدهم که اورا یک ایده آلیست بخوانم.»[۵۰۷]

ایران میتوانست این راه آهن را خیلی زودتر بسازد ولی دخالت دولتهای روسیه و انگلیس ممانعت از انجام چنین کاری را کردند. باید مجدداً باین امر اشاره شود که انگلیسی ها هیچوقت این کار رضا شاه را که دست آنها را از ساختمان راه آهن ایران کوتاه کرده بود فراموش نکردند و او را نبخشیدند[۵۰۸] و انتقام خود را از وی در سال ۱۹۴۱ گرفتند.

ساختمان راه آهن در سال ۱۹۲۸ بطور همزمان از سه نقطه: تهران، بندر شاه و بندر شاهپور آغاز گردید. بخش شمالی آن از بندر شاه تا تهران

---

[۵۰۶] - Kampsax Consortium

[۵۰۷] - Ali Dashti; Panjah-v-panj Sal (2003), , 49.

[۵۰۸] - William Haas: Iran; (1946), 210.

میبایست که از رشته های البرز به بلندی ۲۳۰۹ متر بگذرد. درازترین تونل راه آهن ایران در منطقه فیروز کوه قراردارد (بطول دومایل). بیشتر راهها دارای شیب زیاد در حدود ۵/۲ در صد بودند. در یک محل راه آهن میبایست در یک شعاع ۳۰۰ متری از پیچا پیچ شش پل و چهار تونل بگذرد.[۵۰۹] درازای بخش شمال راه آهن در حدود ۲۸۹ مایل (۴۶۵ کیلومتر) است.

بخش جنوبی از بندر شاهپور آغاز گردید که پس از طی ۷۵ مایل (۱۲۰کیلومتر) و گذشتن از رودخانه کارون (۱۰۰۰ متر) به اهواز منتهی گردید و پس از طی ۷۵ مایل دیگر بمقصد خود خرمشهر پایان مییابد. درازای بخش جنوبی این راه آهن ۵۷۶ مایل (۹۲۶ کیلومتر) بود و جمعاً درازای راه آهن در حدود ۸۶۵ مایل(۱۳۹۲ کیلومتر)است.

بخش شمالی در ژانویه ۱۹۳۷ و بخش جنوبی در سپتامبر ۱۹۳۸ بتهران رسیدند و رضا شاه با کوبیدن آخرین میخ این دو بخش را بهم متصل نمود و بدین ترتیب راه آهن سرتاسری پس از ده سال از آغاز ساختمان، مورد بهره برداری قرار گرفت. ساختمان این راه آهن با تمام قوانین بین المللی مطابقت دارد.

---

[۵۰۹] - Ibid, 212

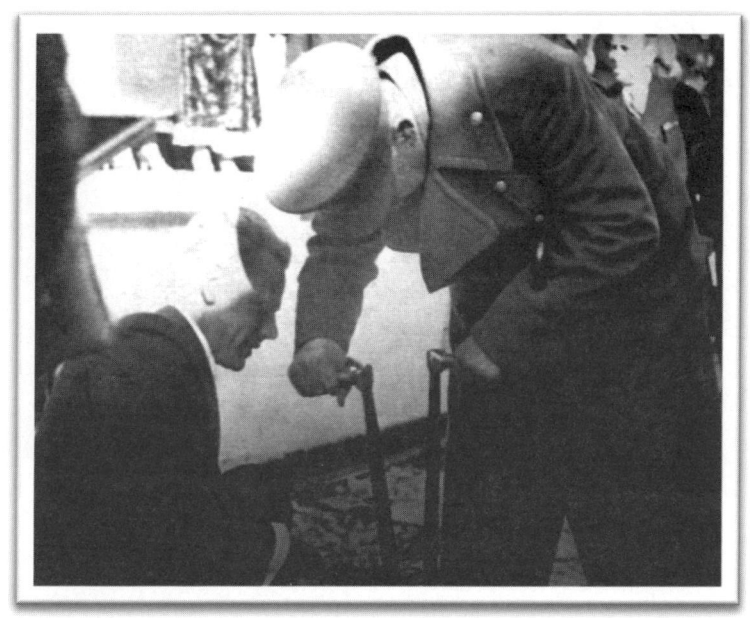

رضا شاه آخرین میخ راه آهن را در تهران در زمین میگذارد و بدین ترتیب دو بخش شمالی وجنوبی بهم متصل میگردن

پل ورسک ، در شمال راه آهن سرتاسری ایران در فیروز کوه مازندران

بخش دهم
سالهای جنگ دوم جهانی
الف- پیشگفتار:

جنگ دوم جهانی روز اول سپتامبر ۱۹۳۹، با حمله آلمان به لهستان آغاز شد و با ملحق شدن روسیه شوروی به آنان در روز ۱۷ همان ماه، تشویش و ترس غیر قابل انکاری در دولت ایران بوجود آورد. ایرانیان از این وحشت داشتند که هر آن ممکن است روسها به بهانه‌ای بکشورشان حمله نمایند و صدماتی را که در جنگ جهانی اول وارد آوردند مجددا تکرار کنند. از روزهای نخستین این جنگ هر دو دولت آلمان و شوروی به فشار خود به دولت ایران برای دریافت امتیازات گوناگون افزودند که در روحیه دولت ایران اثر نامطلوبی داشت. ترس ایرانیان بی بنیاد نبود. روسیه کرارا نشان داد که به هیچ قانون و پیمانی بستگی ندارد و در همان زمان با حمله به دولتهای بیطرف مانند فنلاند این رویه نادرست خود را نشان داده بود. دولت ایران واهمه داشت که کشورش دومین باشد، همانطوریکه شارژه آمریکا در نامه خود اشعار داشت.[۵۱۰]

رضا شاه با همبستگی روس و آلمان هیچ نظر خوبی نداشت و دائماً در وحشت حمله به ایران بود. آلمانیها در ایران دست به تبلیغات دامنه داری بر علیه انگلیسیها زدند و میخواستند با این حملات عقیده مردم را بر علیه بریتانیا بشورانند. بنا بر باور "اینگرت" کنسول آمریکا، شاه از بی حقیقتی و دوروئی روس و آلمان ناراحت بود و در گمان ضد کمونیست خویش ثابت تر گردید.[۵۱۱] تهدید روسها در ایران فقط زبانی نبود بلکه با جایگزینی نیروی ارتش شوروی درآنسوی مرزهای شمال ایران همراه بود. جابجائی

---

[۵۱۰] - Cornelius Van Engert to the Secretary of State Hull; Telegram 761.6211/232, 3 Oct. 1939

[۵۱۱] - Engert to Secretary Hull; United States Foreign Relations 1940, Vol. III, p. 622.

این نیروها را وابسته نظامی ژاپن که درآن نواحی مسافرت کرده بود ملاحظه و مشاهدات خود را بکنسولگری دولتش آگاهی داده بود.[۵۱۲]

برطبق تجارب گذشته، ایرانیان کوچکترین اعتمادی بروسیه تزاری زمان پیشین و روسیه شوروی کمونیست نداشتند. وزیر خارجه ایران "مظفرعلم" این وضع را برای شارژه آمریکا توصیف نمود، که او نیز سخنان وزیر خارجه ایران را بوزیر خارجه آمریکا منتقل کرد.[۵۱۳] با چنین پیش درآمدی دولت ایران تصمیم گرفت که تا حد امکان وسایل دفاعی خود را ترمیم و تکمیل کند. در آنزمان پیمان دفاعی بین انگلیس و فرانسه موجود بود که ترکیه نیز بدآنها پیوست. دولت ایران علاقه بداشتن چنین پیمانی را نشان داد. در آن هنگام ایران عضو پیمان سعد آباد بود.[۵۱۴] این قرارداد شامل عدم تجاوز بین ترکیه و عراق و افغانستان و ایران میشد.[۵۱۵]

باید دانست که این پیمان ها و قراردادها در موقعی که منافع دول بزرگ در کار باشد کوچکترین ارزشی ندارند. چنین امری کراراً چه درمورد ایران و چه در مورد سایر کشورهای کوچک به ثبوت رسیده است. دولت و ملت ایران کوچکترین علاقه‌ای در هیچ برهه‌ای از زمان برای روسیه و انگلیس نداشته و ندارند. در چنین زمانی ایرانیان از آلمانی ها ناراحت بودند که باعث تقویت روسیه در خاور میانه میشدند. شارژه آمریکا بدین موضوع توجه کامل داشته و آنرا بوزیر خارجه خویش گزارش داد.[۵۱۶]

در این زمان پر آشوب رضا شاه کوشش بسیار داشت که ایران بیطرف باقی بماند و تمایلی نشان نمیداد که بهیچ گروهی ملحق گردد. ولی خشونت

---

[۵۱۲] -Engert to Hull, Telegram 761.01/19, 5; 3 Oct. 1939

[۵۱۳] -Telegram 761.91/195; 17 Oct. 1939.

[۵۱۴] - این قرارداد در قصر سعد آباد در روز هشتم جون ۱۹۳۷ بامضا رسید

[۵۱۵] - League of Nations, Treaty Series 190:21.

[۵۱۶] - Engert to Hull; Telegram 761.6211/232; 3 Oct. 1939

روسها رو به ازدیاد بود و در این موقعیت هیچ فرقی بین روسیه شوروی و روسهای تزاری دیده نمیشد. روسها هر روز درخواست دیگری داشتند. آنان مجددا تقاضای اجازه کشف نفت شمال ایران را از دولت کردند.[۵۱۷] دولت ایران کاملا بدین امر واقف بود که رژیم فعلی شوروی تمام آرزوهای نهائی و امپریالیستی دولت تزاری را در برنامه خود گذاشته بودند.[۵۱۸]

از سوی دیگر دولت انگلیس به فشار خود به دولت ایران در باره حضور آلمانی ها در کشور، بویژه آنانی که در استان خوزستان زندگی میکردند میافزود. انگلیسی ها از آن میترسیدند که ممکن است آلمانی ها باعث خرابکاری در سازمانهای نفتی شوند. در تحت این فشار دولت ایران مجبور شد که دستور دهد تمامی افراد آلمانی و روسی از خوزستان خارج گردند. این دستور باعث ناراحتی هر دو کشور شد. دستگاه تبلیغات آلمان بشدت بدولت ایران حمله نمود و آنرا عامل دست انگلیسی ها خواند.[۵۱۹]

روسیه هم بر فشار خود میافزود و درخواستهای تازه از ایران داشت. درهمین زمان متفقین نیروهای خود را در سرحدات ایران تقویت نمودند. منابع آلمانی انتشار دادند که متفقین با ازدیاد قدرت خود در خاور میانه آماده برای بمباران معادن نفتی باکو میشوند. پس از انتشار این خبر بلافاصله دولت شوروی درخواست استفاده از چندین فرودگاه را در ایران نمود، که در میان آنها یکی اهواز و دیگری در خاور ایران، نزدیک مرز افغانستان بود.

دولت شوروی این درخواست خود را بر اساس خبر بدون واقعیت و بی پایه آلمان قرارداد که متفقین خود را برای بمباران استانهای جنوبی شوروی و

---

[۵۱۷] - Engert to hull; Telegram 761.91/200; 1 Dec. 1939.

[۵۱۸] - Ibid; 761.91/210, 16 March 1940

[۵۱۹] - United States Foreign relations 1940, Vol. III, p. 625. Engert to Hull; Telegram 761.91/202; Jan. 3, 1940.

مناطق نفتی آنکشور، باکو و باطوم، آماده میکنند.[۵۲۰] در دنباله این موضوع در روز ۸ جولای رادیو مسکو در برنامه خود اعلام نمود که دولت ایران با متفقین در باره بمباران مناطق نفتی آنها همکاری دارد. این خبر نیز دروغ محض بود و دولت ایران کوچکترین دخالتی در چنین کارها نداشته است.[۵۲۱]

بر خلاف قضاوت سرسری تعداد زیادی از مورخین داخلی و خارجی که بدون کاوشی نتیجه گیری از آنچه که حقیقت نداشت میکردند: دولت ایران، هیچگونه توافقی با دول محور (دول آلمان، ایتالیا، ژاپن و روسیه تا قبل از حمله آلمان به روس ها) را نداشت و تمایل آنان در این بود که بیطرف باقی بمانند. این عقیده دولت ایران توسط شارژه آمریکا تائید شده است که بوزیر خارجه خود نوشت:"درزمان حال دولت ایران خود را وابسته بیک امنیت اجتماعی میداند و امیدوار است که کشورهای آزاد، همگی گام بر علیه اقدامات روس- آلمان بردارند زیرا که آنچه را که غرب برای بدست آوردنش کوشش نموده از بین میبرند."[۵۲۲]

دولت ایران کوچکترین اعتمادی به وعده های استالین و یا هیتلر نداشت و بر این عقیده بود که روابط بین آندو رابطه‌ای اساسی نبوده ودوستی آنان امری ظاهری است. اینگرت این باور دولت ایران را نیز بوزیر خارجه خود گزارش داد.[۵۲۳] همانطوری که خواهیم دید، دیر زمانی نگذشت که نازی ها بروسیه حمله کردند و درستی عقیده ایرانیان را به اثبات رسانیدند.

---

۵۲۰ - Telegram 740.0011 European War 1939/4471, 8 July 1940.

۵۲۱ -United States Foreign Relations 1940, Vol. 3, 633/ Telegram 740.0011 European War1939/4498, 8 July 1940

۵۲۲ - Telegram 740.0011 European War 1939/5035, 9 Aug. 1940.

۵۲۳ - Ibid. " " " 1939/6956, 29 Nov. 1940.

زمینه ای برای گفتگو با دولت آمریکا:

رویدادهای دائمی در شمال ایران و اعمال و گفته ها و کردار دولت روسیه طوری پیش میرفت که هر دم امکان حمله به ایران را درذهن ایرانیان روشن تر میکرد و شمال کشور در خطر دائمی آن تجاوزات بود. دولت ایران بدین نتیجه رسید که باید هر چه زودتر نیروی دفاعی خود را تقویت نماید و برای چنین پیشگیری باید دارای نیروی هوائی بهتری باشد. بدین اصل روی به آمریکا آورد و راه گفتگو را با آن کشور باز کرد. با وجود اینکه در مراحل پیشین در هیچیک از کوشش های خود با آمریکا موفق نبودند و هیچوقت نتوانستند کمکی از آنان در هیچ موضوعی دریافت دارند. قراردادهای نفت شمال و یا پیمان راه سازی و راه آهن نمونه بارز آن بودند. دولت ایران بدرست فکر میکرد که درآن هنگام که جنگ بشدت ادامه داشت وخطر حمله به ایران از سوی شوروی وجود داشت شاید بتواند دولت آمریکا را قانع کنند که با نظریات دیگری بدین موضوع نگاه کرده و با آنان همکاری نمایند بویژه که مسئله نفت جنوب و نفت عربستان در خطر کامل بودند. البته این هم یک خیال واهی و ناشی از سادگی ایرانیان بود.

ماجرای خرید هواپیما از آمریکا:

ارتش ایران دارای نیروی هوائی بسیار نا چیزی بود. از نقطه نظر مسافری وسرویس پست، ایران کنتراتی با کمپانی "یونکرز"[۵۲۴] آلمان داشت که از سال ۱۹۲۷ آغاز شده بود و تا سال ۱۹۳۲ ادامه داشت و درآنسال ملغی گردید[۵۲۵] و تا پیش از جنگ جهانی دوم شرکت هواپیمائی "لوفت هانزا" پرواز بین تهران و برلین و کابل را داشت و در سال ۱۹۳۵ پرواز مستقیم

---

۵۲۴ - Junkers.

۵۲۵ - William S. Haas; Iran91946), p. 217.

بین تهران و بغداد ایجاد گردید که بتوسط هواپیما و خلبانهای های ایرانی انجام میگرفت.[۵۲۶]

رضا شاه براین باور بود که داشتن نیروی هوائی قویتری ممکن است که تا حدودی در صورت حمله روسها کمک قابل توجهی بنماید. و بطور کلی نیروی هوائی را جزء مطلق و مهم دفاعی کشور میدانست و از سوی دیگر میخواست که با این نیرو اوضاع ایلات را بخوبی زیر نظر داشته باشد، بویژه که برخی از روسای این قبایل بآسانی زیر نفوذ مالی بیگانگان قرار گرفته و برای کشور بسیار خطرناک بودند.[۵۲۷] از نقطه نظر نیروی هوائی، دولت ایران نخستین گروه هواپیماهای ارتشی خود را از فرانسه در پائیز ۱۹۲۳ خریداری نمود. ایران بزودی دریافت که آن هواپیماها فاقد استاندارد لازم بودند و نمیتوانستند که نقش خود را مطابق خواسته ایرانیان ایفا کنند. پس از این تجربه با دولت فرانسه، دولت ایران چندین هواپیما از آلمان و روسیه خریداری نمود که مجددا هیچکدام مطابق استاندارد خواسته ایرانیان نبودند. دولت ایران بالاخره تصمیم گرفت که از دولت انگلیس و هواپیماهای موجود آنانرا در عراق خریداری کند. بدلایلی این نقشه هیچوقت صورت عمل بخود نگرفت تا سال ۱۹۳۳ که از آنزمان ببعد انگلیس فروشنده منحصر بفرد هواپیما به ایران گردید.[۵۲۸]

این رویدادها تا اواسط دهه ۱۹۳۰ ادامه یافت. رضا شاه بر این عقیده بود که کشور باید یک نیروی هوائی قوی داشته باشد و بدین جهت روی بآمریکا آورد. برای چنین کاری احتیاج بداشتن اعتبار بانکی در آمریکا بود.

---

[۵۲۶] - Ibid.

[۵۲۷] - a- Cyrus Ghany: The Rise of Reza Khan to Power; 373/ and

b- Alexander Powel: By Camel and Car to Peacock Thrown (1923), p. 298-299.

[۵۲۸] - Cyrus Ghany and H. Kashmand; The Rise of Reza Khan to Power (2001), 373.

در سال ۱۹۴۰ نخست وزیر ایران، متین دفتری نامه‌ای بدولت آمریکا نوشت و درعین تقاضای خرید هواپیما درخواست باز کردن اعتبار بانکی را نیز نمود. او همچنین اشعار داشت که دولت میخواهد قرارداد خرید هواپیماهای ایران را با انگلیس قطع نماید و تمامی نیاز هواپیمائی خود را از آمریکا بر آوردکند.[۵۲۹] در اینباره شارژه آمریکا معتقد بود که فصل قرارداد با انگلیس زیر فشار روسها بوده که در آنزمان با آلمان متحد بودند. قطع این پیمان از سوی دولت ایران نشانه‌ای از ناراحتی موجود در کشور و ترس ازحمله و اشغال کشور توسط روسیه شوروی بود. ایران نمیتوانست مستقیما ایجاد اعتبار برای خرید سلاحهای جنگی در آمریکا بکند زیرا که بانکها از باز کردن اعتبار برای خرید لوازم جنگی ممنوع بودند. از اینرو دولت ایران میبایست از تشکیلات خصوصی برای چنین کاری استفاده نماید. بدستور دولت، وزیر مختار ایران "شایسته" مشغول بانجام اینکار شد. در ۶ می ۱۹۴۰ نخست وزیر ایران، احمد متین دفتری، مجدداً با شارژه آمریکا در تهران ملاقات نمود و از وی خواست که پیام او را بوزیر خارجه آمریکا برساند:"من بعنوان نخست وزیر ایران از سوی کشور شاهنشاهی از دولت آمریکا درخواست دارم که به ایران این امکانات را بدهند که بتوانند تعداد نسبتا زیادی از هواپیماهای ارتشی از انواع مختلف را خریداری کنند و دولت آمریکا در اسرع وقت ممکنه آنها را به ایران تحویل دهد.... ایران هیچگونه تمایلی ندارد که تعارضی برعلیه هیچیک ازهمسایه های خود نماید و فقط میخواهد که توانائی آنرا داشته باشد که بیطرفی خود را تضمین و در صورت لزوم از استقلال خود دفاع کند."[۵۳۰]

---

[۵۲۹] - Engert to the Secretary of State; Telegram 891.248/77, 27 April 1940.

[۵۳۰] - Communiqué 103, telegram 891.248/80, 6 May 1940./ also U.S. Foreign Relations (1940), 3:643.

شارژه در همان پیام به وزیر خارجه نوشت که پیام نخست وزیر ایران حاوی هشداری نیز بود: "دول دنیا اگر نمیخواهند که کشورهای کوچک نابود گردند، باید کاری کنند که آن ممالک بیطرف، بتوانند خود را از متجاوزین در امان دارند."[۵۳۱]

دولت ایران از رویه روسیه شوروی بیم داشت و از آن میترسید که به ایران حمله کنند. برای جلوگیری از چنین رویدادی در اواخر سال ۱۹۳۹ پیشنهاد یک پیمان دوجانبه دفاعی را به انگلستان نمودند، ولی انگلیسیها هیچ جوابی بدرخواست ایران ندادند[۵۳۲]. شاید بدلیل عدم اعتماد انگلیسی ها به رضا شاه و با سابقه‌ای که با وی داشتند بود.

بموازات ملاقات های بین مامورین دولت و نمایندگان آمریکا که در تهران انجام شد، گفتگوهائی نیز در واشینگتن بین نمایندگان دو دولت بوقوع پیوست. دولت ایران برای پیشرفت کار خود نماینده ویژه‌ای "سرگرد شالچی،" را برای کمک به کنسول ایران به واشینگتن فرستاد و درعین حال نظر دولت خویش را در باره ایجاد کارخانه هواپیما سازی در ایران مطرح کند. شالچی در دیدار خود با نمایندگان آمریکا درخواست ایران را مجددا مطرح نمود و تاکید کرد که دولت ایران نیاز فوری بدریافت هواپیماهای درخواستی خود، بمب افکن و شکاری را دارد و اضافه نمود که دولت آمریکا در حال حاضر سی فروند برای ایران بفرستد. تمامی این درخواستها و ملاقاتهای بعدی هیچیک مفید واقع نشدند و دولت آمریکا ترتیب اثری بدرخواستهای ایران نداد.

در گردهمائی ۱۶ اگست ۱۹۴۰ که بین طرفین رخ داد نمایندگان آمریکا که شرکت داشتند عبارت بودند از: "موررای،" "ویلارد،" "گلدن" و "

---

۵۳۱ - Ibid, p.644.

۵۳۲ - Cyrus Ghani and Hassan Kamshad; The Rise of Reza Khan to Power, (2001), 425.

میریام"[533] که شامل تمامی اعضاء بخش خاور نزدیک وزارت خارجه آمریکا بودند. از سوی دولت ایران "شایسته" وزیر مختار در آن جلسه حضور داشت. پس از این گردهمائی به نمایندگان ایران گفته شد که دولت ایران باید منتظر نوبت خودباشد[534]. در یک بررسی سرسری این امر کاملا منطقی بنظر میآید، زیرا که کوشش دولت آمریکا براین بود که تجهیزات جنگی را هر چه زودتر به انگلیسیها که در حال جنگ بودند برساند. ولی درخواست دولت ایران نیز خالی از اهمیت نبود. روسیه، متفق آنروز آلمان هر آن ممکن بود که به ایران حمله نماید و خود را به خلیج فارس و منابع نفت برساند که اهمیت بسیار برای متفقین داشت. ایران نسبتا توانا، دست کم میتوانست مدتی از پیشرفت آنان جلوگیری نماید. متاسفانه نمایندگان دولت آمریکا نمیتوانستند چنین موضوعی را درک نمایند.

با وجود عدم همکاری دولت آمریکا، ایرانیان با پشتکاری زیاد دنبال خرید هواپیماها را گرفتند و مجددا ملاقات دیگری در روز ۲۰ اگست ۱۹۴۰ بعمل آوردند. در این گردهمائی سرگرد شالچی نیز حضور داشت. او دوباره درخواست دولت خود را در مورد بدست آوردن هواپیماهای بمب افکن و شکاری تجدید کرد و اهمیت این موضوع را مطرح نمود.[535] نتیجه این گردهمائی نیز بیفایده بود و به آنها گفته شد که دولت آمریکا نخست باید نیاز انگلیس و سپس کمبود خود را جبران و آنگاه بدرخواست دولتهای دیگر ترتیب اثر دهد.[536] "میریام" با عقیده دولت ایران در باره خطری که منافع آنانرا در عربستان تهدید میکرد کاملا موافق بود، معهذا با درخواست

533- Murray, Villard, Golden and P. Merriam.

۵۳۴ - Memorandum 891.248/98; 16 Aug. 1940

۵۳۵ - Memorandum 891.248/96; 20 Aug. 1940

۵۳۶ - Memorandum 891.248/28; 28 Aug. 1940; Memorandum of Merriam; Division of the Northeastern Affairs.

ایران مخالفت شد.[537] در پایان به ایرانیان گفته شد که آنان پس از تکمیل نیازهای آمریکا و انگلیس در رده اول خواهند بود، بدون آنکه زمان تحویلی را در نظر گرفته باشند. بطور کلی نتیجه این ملاقاتها برای ایران کاملا بی ارزش و مثل همیشه ایرانیان دست خالی ماندند. پس از این ملاقاتهای متعدد، موررای گزارشی به معاون وزارت خارجه، "برل"، میدهد و نظر منفی خود را در باره درخواست ایران ابراز میدارد و میگوید که ایرانیان تاب پایداری در برابر روسیه را نداشته و هواپیماها بدست روسها خواهد افتاد و توصیه میکند که درخواست ایران را نپذیرند.[538]

بخش نخستین سخنان موررای کاملا درست و بجا میباشد که ایران توانائی پایداری در مقابل روسیه را نخواهد داشت. ولی او در نتیجه گیری کلی خود در اشتباه بود. بدین معنی که در صورت حمله شوروی به ایران، اگر دولت ایران میتوانست مقاومتی در برابر آنان بنماید و جنگ را ادامه دهد، دولت انگلیس میتوانست در آن فرصت خود را به ایران برساند. این خود از پیشرفت کمونیست ها جلوگیری مینمود. دولت آمریکا حتی در فروختن مقدارکمی آلومینیوم به ایران برای تعمیر هواپیما های خود، خوداری نمود بدون اینکه کوچکترین برهانی در این باره داشته باشد. پس از این شکست، دولت ایران درخواست نمود که به آنان اجازه داده شود که تعدادی از متخصصین کمپانی "کورتیس- رایت"[539] را استخدام نمایند. این افراد در آنزمان در استرالیا بودند و در صورت توافق آمریکا میتوانستند

[537] - Ibid.

[538] - Murray to Berle; Memorandum 891.248/114; 5 Oct. 1940

[539] - Curtis-Wright

به ایران بروند.[540] وزارت خارجه آمریکا با این درخواست ایران موافقت نمودند.[541]

با وجود اینکه هیچ گشایشی در موضوع خرید و تحویل هواپیما پیدا نشد ولی بحث و گفتگو تا سال ۱۹۴۱ ادامه یافت. دولت ایران مقداری تسلیحات ارتشی از آمریکا خریداری نمود که در بنادر آنکشور موجود و هنوز به ایران حمل نشده بودند. ازدولت آمریکا خواستند که اجازه دهند که تسلیحات مزبور را توسط کشتی "اس.اس- یوتابان"[542] که ۳ ژانویه ۱۹۴۱ از نیویورک حرکت میکرد برای ایران بفرستند. ولی ارسال آنها توسط دستور شفاهی وزیر امور خارجه آمریکا متوقف گردید.[543] مدیر بخش کنترل، "گرین" به شایسته، وزیر مختار ایران اظهار داشت که بر طبق بخش ۲(آ) "پیمان بیطرفی"[544] ، ایالات متحده آمریکا قادر بانجام درخواست دولت ایران نمیتواند باشد.[545] وزیر مختار ایران بدرستی خاطر نشان نمود که مطابق متن آن بخشنامه و پیشرو آن ، بخش نامه ۱ (آ), از سوی پرزیدنت هیچگونه اعلامیه‌ای بر علیه ایران صادر نشده و بدین جهت سخنان "گرین" کاملا بدون پایه و اساس بود.

ایرانیان بهر دری که زدند سرشان توسط دولت آمریکا بسنگ خورد، حتی درخواست اینکه کمپانی "کورتیس- رایت" وارد طرح ساختن هواپیما در

---

[540] - Dreyfus to Secretary of State Hull: Telegram 891.248/100, 24 Dec. 1940.

[541] - Hull to Dreyfus: Telegram 891.248/30 Dec. 1940.

[542] - S.S. Utaban

[543] - Joseph C. Green: Memorandum 891.24/165; 4 Jan. 1941.

[544] - Neutrality Act.

[545] - بخش (آ) ۲ پیمان بیطرفی مربوط میشود به بخش (آ) ۱ که در آن بخش اینطور اشعار شده است که هنگامی که پرزیدنت کشور اعلامیه ای در باره بخش (آ)۱ برای کشوری صادر نماید؛ هیچ کشتی آمریکائی حق بردن مسافر و یا شیّی بدان کشور که اعلامیه بنام آن صادر شده است را ندارد.

ایران شود.[546] تمامی این کوششها بی نتیجه ماند و کوچکترین کمکی از سوی آمریکا به ایران نشد. وزیر خارجه آمریکا باوری نادرست را که ممکن است این تسلیحات بدست روسیه و یا متحد آنان در آنزمان، آلمان و یا اینکه توسط دولت ایران بیک دولت دیگر فروخته شود، بهانه نمود و از کمک به ایران سر باز زد. در این مورد اخیر وزیر خارجه از وزیر مختار خود پرسش نمود که آیا چنین امری امکان دارد یا خیر[547]. در پاسخ این درخواست کنسول آمریکا در تهران، "موس"[548] نوشت که دولت ایران این تسلیحات را برای ارتش خود لازم دارد و به باور او آنها را بدولت دیگری نخواهد فروخت.[549] اگر اندکی به پیش برویم و رویدادهای آینده را درآن هنگام بسنجیم، بآسانی خواهیم دید که دولت انگلیس مدتی بود که طرح حمله به ایران را در نظر داشت و هیچ دور از اندیشه نباید باشد که آنان بودند که آمریکائی ها را ازهرنوع یاری به ایران منع مینمودند که احتمال هر گونه گرفتاری از سوی ایران را از میان بردارند. برای کسانی که با سیاست بریتانیا آشنائی دارند این فرضیه کاملا منطقی میباشد، اگر چه میسر نبود شواهدی برای چنین کاری در مراجع معمولی پیدا نمائیم ولی این امر بی سابقه نمیباشد. باید متذکر شد که در تاریخ ۸ جولای ۱۹۴۱ سفیر انگلیس در واشینگتن "وای کنت هالیفاکس"[550] در ملاقاتی با معاون وزیر امور خارجه آمریکا "سامنر ولس،"[551]تقاضا نمود که دولت آمریکا

---

[546] - Dreyfus to Hull; Telegram 891.248/117; 24 Jan. 1941/ US Foreign Relations (1941), Vol. III, p. 356.

[547] - Hull to Dreyfus; Telegram 811.20(D) Regulation/2447a; 10 May 1941.

[548] - Moose.

[549] - Chargé Moose to Secretary Hull; Telegram 611.91931/144; 16 May 1941.

[550] - Viscount Halifax.

[551] - Sumner Wells.

درخواست خرید هواپیما را از ایران نپذیرد.[۵۵۲] برای این تقاضای خود مقداری دروغ تحویل آمریکائی ها داد که آنان نیز بدون کوچکترین تاملی همه آن آنها را پذیرفتند. او اشعار داشت که در نتیجه تحوّلاتی که در خاورمیانه بوجود آمده است، خطراتی برای دولت انگلیس ایجاد شده و بدین جهت بریتانیا امیدواراست که آمریکا صدور هر گونه لوازم جنگی را به ایران متوقف کند، زیرا ممکن است که دولت ایران آنها را برعلیه انگلیس بکار برد.[۵۵۳]

معاون ساده لوح وزارت امور خارجه آمریکا بدون کوچکترین توجه و پرسشی و درخواست برهانی برای گفته های سفیر، سخنان وی را کاملا پذیرفت و گفت: "من هم اکنون تکلیف این قضیه را روشن میکنم"[۵۵۴] وی یادداشتی به بخش کنترل تسلیحات میفرستد. در آنجا دستور معاون وزارت خارجه را که در واقع برای عدم فرستادن هواپیما بود اینطور تصور میکنند که هیچ نوع از فرآورده های جنگی نباید برای ایران فرستاده شود. از اینرو تمام قراردادهائی را که مواد آنها آماده فرستادن به ایران بودند باطل میکنند. و حتی بطور اشتباه بکمپانی "کورتیس- رایت" اخطار شد که تمام برنامه های تائید شده راجع به هواپیمائی ایران را نیز باطل کنند.[۵۵۵]

موررای از معاون وزارت خارجه آمریکا این پرسش را نمود:" ممکن است که برای من توضیح دهید که آیا این کار واقعا لازم بود که شما چنین واکنش شدیدی که شامل قطع فرستادن قطعات هواپیما نیز میباشد بدون

---

[۵۵۲] - Sumner Wells, Memorandum 891.248/125; 8 July 1941.

[۵۵۳] - Ibid.

[۵۵۴] - Ibid.

[۵۵۵] - Murray to Undersecretary Wells; Memorandum 891.248/125; 14 July 1941.

تحقیقات جامعی در باره وضع ایران بدهید؟"[۵۵۶] جای بسیار تاسف است که معاون وزارت خارجه‌ای، توانائی آنرا نداشته باشد که با منطق در باره موضوعی که در آن احتمالا حیثیت کشورش در میان است بدون تعمق و با پذیرش سخنان یک سفیر خارجی چنین تصمیمی را اتخاذ کند. آیا این توانائی را نداشت که برای یک لحظه فکر کند که چرا ایران میخواهد به انگلیس حمله کند؟ و نمیدانست که تنها خطری که برای حمله بمنافع انگلیس وجود داشت روسیه شوروی بود که آنها در آنزمان همدست و بر علیه آلمان میجنگیدند. آیا چنین برهانی توسط سفیر یک کشور خارجی باید باعث آن گردد که دولت آمریکا وظایف قرارداد قانونی خود را با یک کشور دیگر ملغی نماید؟

ازسوی دیگر دیده میشود که سفیر انگلیس در ملاقات خود با سامنر ولس، معاون وزیر خارجه آمریکا راجع بحمله به ایران که در حدود یک ماه بعد انجام گرفت کوچکترین اشاره‌ای نکرد. با کمال تاسف بیشترین مامورین وزارت خارجه آمریکا، هر یک بنوبه خود توسط مامورین انگلیسی فریب خوردند و موررای خودش نیز از این امر در امان نبود. او در ملاقاتی که در آنزمان با یکی از شخصیتهای والا رتبه انگلیس در آمریکا، نویل باتلر،[۵۵۷] داشت در باره موضوع فوق بدید خود پاسخی قابل پذیرش دریافت داشت و آن عبارت بود از"رضایت بخش نبودن بر خورد دولت ایران با انگلیس".[۵۵۸] متاسفانه چنین پاسخی بی سر وته رئیس بخش خاور میانه آمریکا را مجاب نمود. او در جواب مامور انگلیس گفت:" این اقدام محتاطانه انگلیس کاملا مورد پذیرش میباشد."[۵۵۹] جای شگفتی در این

---

۵۵۶ - Ibid.

۵۵۷ - Nevile Butler; Minister Counselor.

۵۵۸ - Murray to Wells: Memorandum 891.248/125; 16 July 1941.

۵۵۹- Ibid.

است که در همان یادداشت اظهار میدارد که چنین طرز برخورد آمریکا با ایران باعث ایجاد نفرت زیاد نسبت به آمریکا در آنکشور میگردد. با همه این آگاهیها کوچکترین گامی برای بهبود اوضاع بر نمیدارد.[۵۶۰]

ولس، بنماینده خود در تهران دستور داد که باطلاع دولت ایران برساند: "آنان باید آگاه باشند و نباید دولت آمریکا را تنها منبع نیاز خود در چنین زمانی حساب کنند." بطور کلی بررسی شواهد، نشاندهنده آن است که سیاستمداران وقت آمریکا، تمام گفته های انگلیسی ها را تکرار میکردند. اینطور استنباط میشود که این افراد دانش بسیار ناچیزی برای مقامی را که احراز کرده بودند داشتند.

گردهمآئی دیگری بین موررای,"الینگ"[۵۶۱] و باتلر نماینده انگلیس در روز ۲۹ جولای ۱۹۴۱ انجام گرفت. در آن میتینگ مجددا باتلر مقداری از دروغهای خود را بخورد آمریکائیها داد. او در آنزمان اذعان نمود که قطعات هواپیماهای تازه خود را که از نوع "هرکین"[۵۶۲] میباشد بدولت ایران میدهند.[۵۶۳] در پاسخ پرسش آمریکائی ها که چطور هواپیمای تازه خود را به ایران میفروشند ولی با فروش هواپیماهای قدیمی آمریکائی به آنها مخالفت میکنند. اوگفت"خوشحال نگهداشتن شاه اهمیت زیادی برای ما دارد.[۵۶۴]" با همه این رویدادها آمریکائی ها توانائی آنرا نداشتند که بیک موضوع کوچک پی ببرند که انگلیسی ها نمیخواستند که دولت آمریکا جای پائی در ایران بدست آورد.

پس از این رویدادها، انگلیس مجبور شد که از مخالفت با فروش هواپیماهای آمریکائی به ایران دست بردارند. این موضوع از این نقطه نظر

---

۵۶۰ - Ibid.

561- Alling

۵۶۲ - Hurricane type aircraft.

۵۶۳ - Alling; Memorandum, 891.248/125; 25 July 1941.

۵۶۴ - Ibid.

قابل توجه است که تا آنزمان و تا آنجائیکه مدارک نشان میدهند، دولت انگلیس نقشه حمله به ایران را از آمریکائیان مخفی داشتند. با وجود اینکه نقشه چنین حمله‌ای از ماه جون ۱۹۴۱ پس از حمله آلمان بروسیه مورد بررسی بوده است. (هیتلر در روز ۲۲ جون ۱۹۴۱ بروسیه شوروی حمله نمود.) پس از این رویداد، روسیه به انگلیس پیوست و چرچیل از ستاد نظامی خود خواست که نقشه حمله به ایران را تکمیل و آماده کنند[۵۶۵]. شوروی نخست با چنین امری موافقت نشان نمیداد و نمی خواستند که در چند جبهه مشغول نبرد باشند. آنها درخواست انگلیس را در اینباره رد نمودند و بر این عقیده بودند که میتوانند ایران را با فشار اقتصادی با خود همراه نمایند.[۵۶۶] ولی انگلیسی‌ها بر عقیده خود پا فشاری مینمودند. شاید برای آنها بهترین موقعیتی بود که خود را از شر رضا شاه رهائی دهند. در نتیجه این فشارها، بالاخره روسها در ۲۲ جولای ۱۹۴۱ با حمله به ایران موافقت نمودند[۵۶۷]. نقشه حمله در ۷ ماه اگست ۱۹۴۱، آماده برای اجرا گردید.[۵۶۸]

اولین خبر حمله به ایران ازسوی کنسولگری آمریکا در عراق انجام یافت. کنسول دائمی آمریکا مقیم بغداد،[۵۶۹] "کنابنشو"[۵۷۰] در نامه خود بوزارت خارجه آمریکا، آنان را از این امر آگاه ساخت. وی اظهار داشت که بطور غیر مستقیم از رئیس هیئت انگلیسی مقیم در بغداد این خبر را شنیده

565- Cyrus Ghani/ H. Kamshadi: the Rise of Reza Khan and the British Plan; 2001, p. 425

[۵۶۶] - Ibid. FO 416/99; Eden to British Ambassador o Moscow.

[۵۶۷] - Ibid, Eden to Cripps, 12 Aug. 1941.

[۵۶۸] - Ibid. FO 371/27205, Minutes of Meeting of War Cabinet; 7 Aug. 1941.

[۵۶۹] - Minister Resident

[۵۷۰] - Kenabenshue.

بود[۵۷۱]. در نامه شماره ۲۱۵ بتاریخ ۲۸ جولای ۱۹۴۱ به وزیر امور خارجه گزارش داد که اولتیماتومی ازسوی انگلیس و روس بدولت ایران فرستاده و در آن درخواست شد که تمام توریست های آلمانی را از ایران بیرون کنند.[۵۷۲] در چنین حالی وزیر مختار آمریکا در تهران کوچکترین خبری از این عمل انگلیسی ها نداشت، بدین معنی که مقامات بریتانیا این امر را ازآمریکائیان مخفی نگهداشتند. او در پاسخ وزیر خارجه آمریکا دراین مورد نوشت که تماسی که با وزیر مختار انگلیس در تهران راجع به اولتیماتوم گرفته، "سر ریدر بولارد"[۵۷۳] وزیر مختار انگلیس وجود چنین یادداشتی را انکار نمود. ولی درایفوس یادآوری نمود که فرستادگان روسیه و انگلیس هر دو فشار شدیدی بدولت ایران میآورند که آلمانیها را از ایران بیرون کنند.[۵۷۴]

از آنجائیکه اختلاف نظر در تعداد آلمانی های ساکن ایران وجود داشت، دولت انگلیس برای پیشرفت مقاصد خود آنرا چندین برابر نشان میداد. در این مورد عقیده وزیر مختار آمریکا در تهران بر خلاف انگلیسی ها میباشد. او در نامه خود بوزیر خارجه تعداد آلمانیهای مقیم ایران را از منابع مختلف، اینطور ذکر میکند: بگفته ایرانیان ۷۰۰ نفر، بگفته انگلیسی ها بین ۳۰۰۰-۲۰۰۰ نفر و بگفته منابع دیگر بین ۱۵۰۰- ۲۰۰۰ نفر بودند.

در ۲۹ جولای ۱۹۴۱ در کنفرانسی که در واشینگتن با حضور موررای، الینگ و باتلر نماینده انگلیس تشکیل شد، برای نخستین بار باتلر به آنان گزارش داد که "انتونی ایدن" وزیر خارجه بریتانیا بهمراه هم پایه خود وزیر

---

۵۷۱ - United States Foreign Relations (1941) Vol. III, p. 384.

۵۷۲ - Kenabenshue to Secretary Hull; 740-0011 European War 1939/13497; 28 July 1941.

۵۷۳ - Sir Reader Bullard.

۵۷۴ - Dreyfus to Secretary Hull; 740-0011 European War 1939/13523; 29 July 1941.

خارجه روسیه در شرف این هستند که نامه ای بدولت ایران بنویسند و درخواست کنند که ۵ تا ۱۰ هزار آلمانی ساکن آنکشور را از ایران خارج نمایند^۵۷۵. در اینجا مجددا مشاهده میشود که سرکنسول مقیم انگلیس در واشینگتن، تعداد آلمانیهای مقیم ایران را چندین برابر نمود که نمونه دیگری از دروغ پردازی آندولت بود. کمال تاسف در اینجا است که نمایندگان آمریکا بدون کوچکترین پرسشی تمامی گفته های انگلیسی ها را میپذیرفتند.

در عین این احوال دولت ایران وضع خود را کرارا بوزیر مختار آمریکا توضیح میداد. آنان بر این عقیده بودند که باید به "تعهدات قراردادی خود پایبند باشند و ازاینرو نمیتوانند یک جانبه اقدام نمایند و چنین درخواستی را بمرحله عمل گذارند^۵۷۶." ولی دولت انگلیس به تزویر خود ادامه میداد. ایدن بسفیر آمریکا درلندن اظهار داشت که انگلیس و شوروی بطور مشترک درخواستهای خود را به ایران خواهند فرستاد. گزارش "وینانت"^۵۷۷ سفیر آمریکا درانگلیس میگوید که ایدن به وی گفته بود که دولت انگلیس روش دولت ایران را در نگهداری تعهدات بیطرفی خود تائید میکند و دولت بریتانیا هیچ نقشه و درخواستی بر علیه استقلال آنکشور را ندارد. ولی آنچه را که تقاضا میکنند باید دولت ایران آنها را انجام دهد.^۵۷۸ چنین روشهای مزورانه و نادرست باعث ایجاد هیچگونه واکنشی از سوی دولت آمریکا نگردید.

---

^۵۷۵ - Alling; Memorandum 862.20201/16; 29 July 1941.

^۵۷۶ - Dreyfus to Secretary Hull: 740.0011 European War 1939/13645; 2 Aug. 1941.

^۵۷۷ - Winant.

^۵۷۸ - Winant to Secretary Hull: 740-0011 European War 1939/13803; 8 Aug. 1941. United States Foreign Relations (1941) 3: 388.

در پیرو پیدا کردن راهی، وزیر مختار ایران در واشینگتن مجددا با موررای ملاقاتی بعمل آورد و کوشش بیحاصلی نمود که آمریکا را از اصل جریان با خبر نماید[۵۷۹]. در عین حال روسیه و بریتانیا به تبلیغات دامنه دار خود بر علیه ایران ادامه دادند وجنگ اعصاب شدیدی را بوجود آوردند. این تبلیغات از آنکارا و باکو و برخی از نقاط مجاور انجام میگرفت. دروغهای بسیاری در باره شورش در ارتش و قبایل را بمیان آوردند. بریتانیا دولت عراق را مجبور نمود که بدولت ایران ابلاغ نماید که از پیمان سعدآباد خارج میشود[۵۸۰] و همچنین از دولت ایران بخواهد که بر علیه افراد آلمانی و پناهندگان عراقی در آنکشور اقدام فوری بعمل آورد.[۵۸۱] در ۱۶ اگست ۱۹۴۱ دولتهای روس و انگلیس در طی اولتیماتوم مشترکی بدولت ایران اعلام داشتند که تا آخر ماه اگست باید چهار پنجم از افراد آلمانی را از کشور خارج کنند.

دولت ایران پذیرفت که بلافاصله گروهی از آلمانی ها را که نامشان در بخش نخستین فهرست انگلیس بودند از کشور خارج نماید و از آن ببعد تعداد سی نفر را هر ماه بکشورشان عزیمت دهد. پاسخ ایران در نه ماده بدولتهای اولتیماتوم دهنده اعلام شد که مهمترین آن مواد شماره ۹-۵ بودند. در ماده پنجم دولت ایران اظهار داشت که تمام اتباع خارجی را در هر هنگام که کنترات آنان بپایان میرسد از کشور خارج خواهند نمود و این در صورتی است که بتوانند کار آنان را بکسان دیگری واگزار نمایند. در ماده ششم گفته شد که انجام این کارها بعلت شرایط موجود با سرعت بیشتری صورت خواهد گرفت. ماده هفتم بر این امر بود که دولت ایران

---

[۵۷۹] - Murray: Memorandum 891.00/1904; 11 Aug. 1941.

- [۵۸۰] قرارداد سعد آباد قراردادی بود مربوط بعدم تجاوز بین ایران و عراق و افغانستان و ترکیه. این این پیمان در روز ۸ جولای ۱۹۳۷ در کاخ سعد آباد بامضا رسید.

[۵۸۱] - Kenabenshue to Secretary Hull: 740-0011 European War 1939/13916; 13 Aug. 1941.

تنها قدرتی خواهد بود که تصمیم نهائی را در باره این افراد بگیرد. در ماده هشتم دولت ایران بیان نمود که تمام افراد خارجی مقیم کشور را با یکدیگر یکسان خواهد دانست.

در این میانه بریتانیا تبلیغات خود را بر علیه ایران با شدت ادامه میداد و بنا بگفته "درایفوس" پیوسته به پخش اراجیف و اخبار نادرست مشغول بودند. منشاء این گزارشات از دهلی بود و اعلام میکردند که قطارهای راه آهن مملو از آلمانیها وارد ایران میشوند. از قاهره گزارش داده میشد که ارتش و قبایل بر علیه دولت ایران قیام نموده اند. جراید جهانی نیز این خبرها را درست تلقی و در انتشار آنها دست اندرکار بودند. بگفته درایفوس، نماینده "آسوشیتد پرس"[۵۸۲] به وی گفته بود که تمامی اخباری که از آنکارا پخش میشود از سرکنسولگری انگلیس به خبرنگاران داده میشود. مجددا بر طبق اظهارات درایفوس هیچوقت گفته های دولت ایران از هیچ جا پخش نمیگردید.[۵۸۳] درایفوس تنها نماینده آمریکا بود که به تزویرو دروغ پردازی و ریاکاری انگلیسی ها واقف گردید و مرتبا گزارشات خود را در اینباره بوزیر خارجه آمریکا میداده است.

درایفوس در نامه خود بوزیر خارجه آمریکا نوشت: "من نمیخواهم که از اهمیت ستون پنجم (ستون جاسوسی آلمانیها) کم کنم و چندین بار در اینمورد بدولت ایران گفته‌ام ولی یقین دارم که انگلیسی ها ازاین امر سوء استفاده میکنند و آنرا بهانه‌ای برای تعرض و احتمالا اشغال ایران مینمایند و عمداً این موضوع را بزرگ جلوه میدهند. من بدین نتیجه رسیده‌ام که انگلیس و روسیه ایران را اشغال خواهند کرد صرفنظر از هر جوابی که دولت ایران به آنها بدهد."[۵۸۴]

---

[۵۸۲] - Associated Press.

[۵۸۳] - United States Foreign Relations (1941) 3: 402-403.

[۵۸۴] Dreyfus to Secretary Hull; 740.0011 European War 1939/14278, 21 Aug. 1941.

در ۲۱ اگست ۱۹۴۱ خبری از یونایتد پرس[۵۸۵] بواشینگتن رسید که مطابق گفته آنان از منبع موثقی بود، که: "روزولت، پرزیدنت آمریکا هر عملی را که بریتانیا و شوروی صلاح بدانند، در تخلیه ایران از اتباع آلمانی میتوانند انجام دهند... و موضوع ایران کاملا در کنفرانسی که بین روزولت و چرچیل تشکیل شد مورد بحث قرار گرفته بود."[۵۸۶] پس از انتشار این خبر، درایفوس از وزیرخارجه آمریکا دستور گرفت که بدولت ایران آگاهی دهد که پرزیدنت و وزارت خارجه آمریکا چنین گزارشی را تکذیب میکنند ولی از بسیاری نکات اینطور میتوان استنباط نمود که این امر دور از حقیقت نبوده است.

واقعه جالب توجه که در همان زمان روی داد این بود که سفیرآمریکا در مسکو "استاینهارت" در نامه‌ای بوزیرخارجه اعلام میدارد که مصاحبه‌ای با "ساعد"[۵۸۷] سفیر ایران در روسیه داشته و ساعد بر این باور است که طبق آگاهی رسیده از تهران، بیشتر ایرانیان بر این عقیده‌اند که موافقت روسیه با انگلیس بر علیه ایران با تحریک و دسیسه بریتانیا صورت گرفته و پیام مشترک آنان را آغاز حمله به ایران میدانند. استاینهارت اضافه میکند بعقیده ساعد، ارسال تجهیزات بشوروی، لازمه اشغال ایران را در بر نداشته وبراحتی میتوانست با مذاکرات مسالمت آمیز آن را انجام داد بدون اینکه اوضاع ایران را دگرگون نماید.[۵۸۸] دولت آمریکا بهیچ یک از گزارشات رسیده توسط نمایندگان خود وقعی نگذاشت و اعمال انگلیس را با چشمی بسته و گوشی نا شنوا پذیرفت. در همین موضوع موررای در ۲۵ اگست ۱۹۴۱، نامه‌ای بوزیر خارجه آمریکا مینویسد واشاره میدارد که در ملاقاتی که با

---

[۵۸۵] - United Press.

[۵۸۶] - Secretary Hull to Dreyfus; 740.0011 European War 1939/13803

[۵۸۷] - ساعد بعدا به نخست وزیری ایران رسید.

[۵۸۸] - Steinhardt to Secretary of State Hull; 740.0011 European War 1939/14299; 24 August 1941.

سفیر ترکیه در واشینگتن داشته سفیر بطور آشکار به او از توطئه روس و انگلیس بر علیه ایران خبر داد و اظهار داشت که وی اعتمادی بوعده های انگلیس ندارد و از آن میترسد که بریتانیا دست روسیه را در ایران آزاد بگذارد که در حمله به ایران با انگلیس همکاری کنند. در چنین موقعیت حساسی دولت آمریکا و وزیر خارجه آن، در یک حالت رخوت و بیحالی بسر میبردند، بیخبر از آنکه عدم دانائی آنان بزیان کشورهای ناحیه و دنیا خواهد شد. اگر هئیت دولت آمریکا حائز کوچکترین دانش سیاسی بودند براحتی میتوانستند آنچه در شرف وقوع بود درک نموده و پیشگیری نمایند که در شرایط آنزمان ساده و آسانتر بود. بزرگترین اشکال آمریکا پذیرش تمامی گفته های بریتانیا بسرحد بندگی بود.

اگر فقط این فکر در مخیله اعضاء وزارت خارجه آمریکا خطور میکرد که در صورت پیروزی متفقین، با روسیه و درخواستهای او چگونه باید رفتار کنند، شاید میتوانستند اندکی بهتر در این امر تعمق میکردند و بوضع ایران توجه بیشتری می نمودند و سیاست انگلیس را کورکورانه دنبال نمیکردند وباید می فهمیدند که توانائی اجرای سیاست بریتانیا را ندارند. دولت آمریکا درست کار کلاغ را انجام میداد که میخواست راه رفتن کبک را یاد بگیرد ولی نتوانست که راه رفتن او را یادبگیرد و در عین حال راه رفتن خودش را نیز فراموش نمود.

در اینجا باید یادآور شد که دولت ایران سیاست خوبی در اینمورد در پیش نگرفت و وخامت اوضاع را بخوبی درک ننمود. یکی از تجار ایرانی بنام "مجید موقر" که از سوی نخست وزیر ایران، علی منصور، برای بررسی فرستادن واحدهای راه آهن به ایران بعراق فرستاده شد تا با انگلیسی ها وارد مذاکره شود، هنگام برگشت در خرمشهر فرمانده نیروهای ایرانی "قلی بایندر" را از مشاهدات خود در عراق آگاه نمود و اظهار داشت که انگلیسی ها نیروی نظامی زیادی در مرز ایران مستقر نموده‌اند. متاسفانه باینــدر اهمیت این آگاهی را بخوبی درک ننمود. در تهران موقر با رضا شاه ملاقات

نمود و آنچه را که در مرز دیده بود به وی گزارش داد که متاسفانه شاه نیز وقعی بدان نگذاشت.

در همین زمان گزارشی از فرمانده لشکر کرمانشاه به تهران رسید که سخنان موقر را تائید نمود. رضا شاه حفاظت بندرهای جنوب ایران را به دریادار بایندر محول کرده بود[۵۸۹]. اگر دولت ایران اندک توانائی پیشبینی را داشت، میتوانست تا اندازه‌ای از این جریانات نتیجه بگیرد و مشی سیاسی خود را تغییر دهد. با تجربه‌ای که در مراحل گذشته با دولت آمریکا داشت، باید درک میکرد که واشینگتن قادر بگرفتن هیچ تصمیم مستقلی نبوده و نخواهد بود و داشتن امید بدولت آمریکا اشتباه محض خواهد بود. دولت ایران فراموش کرده بود که خودش به تنهائی، توانائی برخورد با انگلیس را ندارد بویژه که در این هنگام با روسها همگام بودند، یک اشتباه خانمان برانداز.

ب - روز تصفیه حساب:

بندر آبادان در سپیده دم ۲۵ آگست ۱۹۴۱ در آرامش مطلق قرار داشت، و از آنچه که در انتظارش بود کاملاً بیخبر. کشتی جنگی پلنگ به آرامی و بیخبر از سرنوشت خود در اسکله لنگر انداخته بود. در این دقایق آرام، کشتی جنگی بریتانیا " اچ. ام. اس. شورهام "[۵۹۰] توپهای خود را متوجه کشتی پلنگ نمود و ناگهان آغاز بشلیک کرد و در کوته مدتی کشتی جنگی ایران غرق در آتش شد و دقایقی بعد بزیر آب فرو رفت.

دولت انگلیس جنگ را برعلیه مردم و دولت ایران آغاز و "پرل هاربر[۵۹۱]ایران» را سه ماه پیش از"پرل هاربرآمریکا » ایجادکرد (در هفتم دسامبر ۱۹۴۱ کشتی های جنگی ژاپن به ناگاه بندر پرل هاربر، واقع در

---

[۵۸۹] -Major Richard Stewart; Sun Rise at Abadan (1988), p. 80.

590- H. M. S Shorham

[۵۹۱] - Pearl Harbor

جزایر هاوائی که مرکز نیروی دریائی آمریکا در اقیانوس آرام بود حمله کردند. این واقعه بنام واقعه پرل هاربر در تاریخ ضبط شده است). دولت انگلیس "روز ننگینی"[۵۹۲] را بار دیگر برای خود بوجود آورد همانطوریکه هیتلر واستالین در حمله به لهستان ایجاد نمودند. ایران از دوسوی، مرزشمالی و جنوبی مورد تهاجم دو دولت روس و بریتانیا قرارگرفت. پس ازنابود کردن ناوگان کوچک ایران، انگلیسی ها بغارت و چپاول کشتی های تجارتی ملل دیگر که در بنادر ایران از جمله کشتیهای تجارتی آلمانی بود پرداختند .

پس از این حمله رضا شاه با نمایندگان دودولت مهاجم ملاقاتی میکند و از اعمال دولتهای آنها بشدت شکایت مینماید که با وجود قولهای او که تمامی شهروندان آلمان را ازایران اخراج خواهد نمود معهذا بکشورش حمله نمودند و بدین امر تاکید کرد که وعده داده بود که همه آنان را بغیر از چند مهندس خارج نماید و برای آن گروه از مهندسینی که بآنها نیاز میباشد کسانی دیگر را جستجو و استخدام خواهند کرد و سپس، آن دسته معدود نیز از ایران فرستاده خواهند شد. شاه به آنها اظهار داشت که اسامی تمامی آلمانیها را بدول انگلیس و روس خواهد داد و از دو کنسول خواست که از دولتهای خویش بخواهند که با اطمینانی که او داده است دست از چنین خصومتی بردارند. باکمال تاسف رضا شاه نیز واقعیت را درک ننموده بود و نمیدانست و یا نمیخواست بپذیرد که وجود شخص او یکی از دلایل اصلی از سوی بریتانیا برای حمله به ایران بوده است. باسابقه کارهای رضا شاه برعلیه بریتانیا بمانند ایجاد بانک ملی ایران و محدود کردن بانک شاهنشاهی انگلیس و عدم بستن پیمان نفت شمال با آنها و ندادن قراردادهای ساختمان راه و راه آهن و بمانند آنها، انگلیسی ها کمترین

[۵۹۲] - Major Richard A. Stewart; Sun Rise at Abadan (1988), 1.

دلخوشی از رضا شاه نداشتند. این ضدیت نسبت به پسرش محمد رضا شاه نیز از سوی انگلیسی ها کاملا محسوس بود.

خلاصه‌ای از سخنان شاه را سرکنسول انگلیس"سر ریدر بولارد" برای کنسول آمریکا در تهران تعریف نمود:"شاه بما گفت این چه وضعی است، من قول داده بودم که بیشترین افراد آلمانی از ایران بیرون خواهند رفت. صبح امروز بمن گزارش داده شد که شما از شمال و جنوب بکشور من حمله کرده‌اید و هشت کشتی ازکشورهای محور را تصاحب نموده‌اید. اینطور بنظر میرسد که آلمانیها میخواهند تمام اروپا را بگیرند و شما میخواهید ایران را بگیرید."[۵۹۳] برهانی برای حمله به ایران و اشغال کشور برای متفقین موجود نبود و آنها براحتی میتوانستند تمامی تجهیزات لازم را با عقد قرار داد بروسیه برسانند.

در این زمان مطابق گفته کنسول انگلیس خارجیهای ساکن ایران عبارت بودند از: ۲۵۹۰ انگلیسی، ۶۹۰ آلمانی، ۱۴۰ یوگوسلاوی، ۳۹۰ روسی، ۳۱۰ ایتالیایی، ۲۶۰ یونانی، ۱۸۰ چک و۷۰ سوئیسی. همانطوریکه ملاحظه میشود بر طبق آمار خود انگلیسی ها تعداد آلمانیها اندکی بیش از یک چهارم انگلیسی ها بودند. بولارد گزارش میدهد که در ملاقات با شاه، او مجددا خواست که با چنین حسن نیّتی که نشان میدهد دولتهای روس و انگلیس باید بلافاصله بتمام خصومتها پایان دهند. بولارد اظهار داشت که بشاه قول داد که گفته هایش را بدولت خویش بفرستد.[۵۹۴] دولت ایران بسیار مایل بود که در چنین موقعیتی دولت آمریکا نقش یک میانجی را بعهده گیرد و باعث ایجاد آتش‌بس گردد. برای اجرای چنین کاری رضا شاه اقدام بنوشتن نامه‌ای به پرزیدنت روزولت میکند.

---

[۵۹۳] - Dreyfus to Secretary Hull, telegram 740-0011 European War 1939/14344; 25 Aug. 1941.

[۵۹۴] - Sir Reader Bullard: Letters from Iran; 1999; 106n

آمریکا آخرین پناهگاه:

در این هنگام دولت ایران بناتوانی خود پی برده بود و رضا شاه برای کمک دست بسوی آمریکا دراز نمود. یکی ازاعضأ عالی رتبه وزارت خارجه با وزیر مختار آمریکا ملاقاتی بعمل آورد و از وی خواست که نامه شاه ایران را برای پرزیدنت روزولت در اسرع وقت ارسال دارد و ازپرزیدنت بخواهد که در رابطه ایران و دولتهای روس و انگلیس میانجیگری نماید.[۵۹۵]

نامه رضاشاه به پرزیدنت روزولت:

"یقین دارم که آنجناب تا کنون از این امر آگاهی کامل دارید که نیروهای جنگی انگلیس و روس بطور ناگهانی و بدون هیچگونه برهانی از مرزهای ایران وارد کشور شدند و بخشی از آنرا اشغال نموده‌اند. تعدادی از شهرهای بدون دفاع ما را بمباران کردند. بهانه آنان برای چنین کاری، همان بهانه کهنه پیشین است که مربوط به اقامت گروهی ازاهالی آلمان در ایران میشود. باوجود اینکه دولت من به آنان اطمینان دادکه آلمانها بزودی کشور را ترک خواهند نمود و هیچگونه خطری برای متفقین نخواهند داشت. من نمیتوانم درک کنم که بچه دلیلی بدین کار تهاجمی دست زدند و بدون هیچ برهانی شهرهای ما را مورد حمله هوائی قرار دادند. براین باور هستم که برحسب فرمایشات آنجناب که چندین بار درمورد دفاع از اصول عدل بین المللی و حقوق مردم برای آزادی بیان کرده‌اید ازجناب عالی درخواست کنم که از موقعیت خویش در باره این وضع که یک کشور بیطرف که هیچ منظوری جز محافظت و آسودگی و بهبود مردم خود را ندارد مورد تجاوز قراردهند. از جناب عالی تمنا دارم که گام فوری و انسانی

[۵۹۵] - Telegram 740-001 European War 1939/14326; 25 August 1941

در راه پایان دادن باین اقدام تهاجمی بردارید. با اطمینان کامل از احساسات آنجناب وتقدیم دوستی."۵۹۶

امضاء   رضا پهلوی.

نامه رسمی شاه ایران در دفتر وزیرخارجه آمریکا در ۲۶ اگست ۱۹۴۱ مورد بحث قرارگرفت. برحسب یادداشت موررای گفتگوی کاملی در آن باره رخ داد عقاید مختلفی بیان گردید و اینطور بنظر آمد که چند نفری از وخامت اوضاع آگاهی یافتند_ وزیرخارجه هال گفت:« یک آهن داغ و سرخ بدست ما داده شده است.» ولی بطورکلی اکثریت حاضرین اهمیت موضوع و آنچه را که در ایران رخ میداد نمیتوانستند درک کنند.

موررای معتقد بود حتی در آنزمان که اندکی دیر بنظر میآمد، دولت آمریکا باید کوشش نماید که انگلیس را وارد مذاکره با ایران کند. و تا آنجا پیشرفت و پیشنهاد نمود که دولت انگلیس معاهده‌ای با شاه ببندد. ولی متأسفانه معاون وزارت خارجه "ولس" دارای باوردیگری بود و با این امر مخالفت نمود. موررای در این باره اشاره کرد و عقاید ولس را کاملاً یک‌جانبه دانست ۵۹۷. ولس معتقد بود که دولت آمریکا باید دخالت خود را فقط با پرسشی از انگلیس پایان دهد: «از انگلیس بپرسیم که آیا میخواهد ما در این کار دخالت نمائیم یاخیر؟»۵۹۸

برخورد و طرز فکر معاون وزارت خارجه نشان دهنده نادانی کامل اولیای دولت آمریکا از وضع خاور میانه و پیروی بدون قید و شرط از انگلیس و عدم آگاهی از نقشه های روسیه بود. آنان نمیدانستند که دولت شوروی هنگامی که به سرزمینی دست یافت به آسانی از آنجا خارج نخواهد شد، مگر زیر فشار بسیار زیاد و زور. این میتینگ بدون نتیجه بپایان رسید و

---

۵۹۶ - United States Foreign Relations 1941, 3:419

597- ibid

598- Ibid

دولت آمریکا تعهدی را قبول نکرد و تصمیم نهائی را بعهده انگلیس گذاشتند. نکات مهم این میتینگ عبارت بودنداز:

۱- جوابی بدولت ایران داده شود ومتذکر شویم که مستقیماً با دولت انگلیس در تماس باشد؛

۲- دولت آمریکا درخواست دولت ایران را بدولت انگلیس آگاهی دهد بدون اینکه تصمیمی در این باره بگیرد؛

۳- از دولت انگلیس نقشه آنان را در باره ایران استفسار نمایند و بویژه بخواهند که چگونه استقلال ایران را تضمین خواهند نمود.[۵۹۹]

بررسی سطحی از روش دولت آمریکا بخوبی روشن میکند که اولیای این کشورکاملاً از وضع خاور میانه و طرز فکر شوروی بی‌خبر و ازسیاست موذیانه انگلیس ناآگاه بودند و طرحی در باره پیشگیری رویدادهای احتمالی را در برنامه خود نداشتند. باید یادآوری نمود که برخی از مورخین بر این باورند که چرچیل پیش از حمله به ایران جریان را بآگاهی روزولت رسانیده و او را از این امر با خبرنموده بود[۶۰۰].سرگرد آمریکائی "استوارت" که تاریخ حمله به آبادان را نگاشته است پا فراتر گذارده و اظهار میدارد که نه تنها روزولت از این امر آگاه بوده بلکه حمله به ایران مورد تائید وی بوده است. او مینویسد که دولت آمریکا این موضوع را بعداً در برابر عموم تکذیب نمود.[۶۰۱]

اگر دولت آمریکا کوچکترین وقعی بدرخواست دولت ایران میگذاشت وبا قدرتی که داشت، میتوانست براحتی میان انگلیس و ایران میانجیگری نموده و با صلح و آرامش تمامی وسائل جنگی را به روسیه ارسال دارد بدون اینکه ایران را در معرض خطر بزرگ شوروی قرار دهد. برای چنین کاری وجود یک نیروی بزرگ بیگانه در ایران لازم نبود و از فرآورده های

599- United States Foreign Relations (1941); 3: 420.
600- Major Richard Stewart; Sun Rise at Abadan (1988); 2.
601- Ibid.

مخرّب بعدی بخوبی پیشگیری بعمل میآمد. تمایل آمریکا بسیاست انگلیس و وابستگی آنان بروش انگلیسی ها یکی از بزرگترین علل ناراحتی مردم خاور میانه از آمریکا در آنزمان بود. از نقاط دوردست بمانند هند و افغانستان، ایران و عراق و غیره. مردم این سرزمینها دارای وجه اشتراکی هستند و آنهم این است که همه آنان از دسایس انگلیس با خبر بودند و هرکدام بنحوی از آن دولت رنج برده‌اند. بهر صورت در چنین زمانی پرخطر، وزیر مختار ایران در واشینگتن درخواست ملاقات با وزیر خارجه را نمود. او در آن گردهمائی درخواست شرکت فعالانه دولت آمریکا را در اشغال ایران کرد و به نماینده آمریکا «موررای» گفت: «دولت آمریکا نباید اجازه دهد که اشغال وحشیانه در ایران ادامه یابد و چنین امری باید از سوی آمریکا محکوم گردد و باید این دولت جدّیت نماید که چنین کاری را متوقف سازد.»[۶۰۲]

خیانت از داخل:

در چنین هنگامی رضا شاه آگاه نبود که جیره خواران و نوکران انگلیس از داخل ارتش ایران، آغاز بخراب کاری نموده و تصمیم گرفته بودند که ارتش را منحل نمایند. اندک زمانی پیش از حمله روسها بشمال و انگلیسی ها بجنوب، چند تن از سران ارتش: ژنرال احمد نخجوان (معاون وزارت جنگ) به همراهی ژنرال علی ریاضی و ژنرال عزیز الله ضرغامی و احتمالاً با چند نفر دیگر، در یک میتینگ محرمانه تصمیم میگیرند که ارتش را منحل کرده و سربازان را مرخص نمایند و بگمان برخی از مورخین سرلشکر امیر احمدی نیز در میان این گروه بوده.[۶۰۳] هنگامیکه رضا شاه از

602- Wallace Murray; Memorandum 740-0011 European War 1939/14326; 26 Aug. 1941

۶۰۳ -بخاطر دارم که یکی از بستگان نگارنده در آنزمان در کارخانه الکتریک باغشاه خدمت میکرد و چند روز پیش از حادثه بشمال فرستاده شده بودولی دو یا سه روز بعد بتهران برگشت و اظهار داشت که آنان را مرخص نموده اند

این امر با خبر گردید، بسیار برانگیخته شد و آنان را احضار نمود. او با پهنای شمشیر یکی از افسران شروع بضرب و شتم آنان نمود[۶۰۴]. شاه به پیشکار خود سلیمان بهبودی دستور داد که هفت تیرش را حاضر نماید تا آن خائنان را بجزایشان برساند. بسبب غفلت بهبودی، موفق بتنبیه نا بکاران نشد ولی آنان را بزندان انداخت. بلافاصله پس از این رویداد، کنسول انگلیس «سر ریدر بولارد» و منشی کنسولگری انگلیس، خانم«آن لامپتون» که هردو دشمن خونی ایران و ایرانیان بودند به رادیو بی بی سی لندن دستور دادند که در برنامه فارسی خود این عمل شاه را تقبیح نموده و آنرا بر خلاف مفاد قانون اساسی بدانند[۶۰۵].شکی نیست که ارتش ایران توانائی آنرا نداشت که بتواند در برابر دو قدرت بزرگ بجنگد، اقلاً میتوانست شکست افتخار آمیز داشته باشد.

بمباران شهرهای ایران:

دولت شوروی بهانه حمله ایران را برابر ماده شش پیمان ۱۹۲۱ خود با دولت ایران که بنام معاهده دوستانه ۱۹۲۱ معروف بود قرارداد[۶۰۶]. این امر را مولوتف وزیر خارجه شوروی بسفیر ایران در مسکو اعلام نمود[۶۰۷]. نگاه اجمالی بدین قرارداد نشان میدهد که سخنان مولوتف کاملاً واهی بوده و کوچکترین رابطه‌ای بین آن دو، موجود نبود. عهد نامه مذکور در ۲۶ ماده میباشد که ماده اول آن صریحاً اظهار میدارد: «دولت روسیه شوروی در اجرای تعهدات خود نسبت بمردم ایران که در نامه های مورخ ۱۴ ژانویه ۱۹۱۸ و ۲۵ جون ۱۹۱۹ اشاره شده است، اعلام میدارد که بطور کلی روش‌های تهاجمی را نسبت به ایران که توسط دولت امپریالیستی روسیه

604- Sir Reader Bullard; Letters from Tehran (1991); 73
605- Ibid.

۶۰۶ -این قرارداد در روز ۲۶ فوریه ۱۹۲۱ بامضا رسید .

607- Steinhardt to Secretary of State Hull; telegram 740-0011 European War 1939/14412: 26 Aug. 1941.

که با انقلاب مردم آن کشور سرنگون شده است از اعتبار ساقط میکند. با چنین کاری شوروی امیدوار است که مردم ایران از آزادی کامل بر خوردار گردند و بتوانند آزادانه از آنچه که به آنان تعلق دارد استفاده نمایند. دولت روسیه شوروی اعلام میکند که تمام قراردادهای روسیه تزاری با ایران که حقوق ایرانیان را پایمال نموده است بدین وسیله باطل میداند."

ماده ششم که مولوتف بدان اشاره نموده است اظهار میدارد: «دول ذی نفع تقبل میکنند که اگر یک کشور سّومی بخواهد یک روش تهاجمی نسبت به شوروی در خاک ایران ایجاد کند و یا اینکه سر زمین ایران، مرکز کاری قرار گیرد که قوای نظامی از آنجا بتوانند بخاک شوروی دست اندازی کنند ... دولت شوروی این حق را خواهد داشت که با تدارک لازم نظامی، نیروی خود رابه ایران برای دفاع ازخود بفرستد. شوروی تعهد میکند که پس از رفع غائله، قوای خود را از ایران خارج نماید."[۶۰۸]

اگر چه ماهیت سخنان مولوتف درست میباشد ولی به هیچوجه رابطه‌ای با این موضوع قرارداد و شرایط زمانی آن توافقی نداشته و کاملاً نادرست بود. در اصل، هنگامیکه این بخش از قرارداد برای تصویب به مجلس شورای ملی ایران فرستاده شد، نمایندگان این ماده را به اضافه چند مواد دیگر گنگ دانستند و نماینده ایران تعبیر آنها را از دولت شوروی درخواست نمودند.[۶۰۹]

در دهم دسامبر ۱۹۲۱ درخواست مزبور بدولت شوروی ارائه گردید[۶۱۰]. پاسخ این نامه را «روتس تن»[۶۱۱] نماینده سیاسی شوروی در ۱۲ دسامبر ۱۹۲۱ بنماینده ایران تسلیم نمود: «من افتخار دارم که به آگاهی شما برسانم که مواد پنج و شش فقط شامل مواردی است که حمله مسلحانه بر

608- Leonard Shapiro; Soviet Treaty Series (1950); 1: 92-94.

609 -مشار السلطنه از سوی وزیر خارجه ایران نمایندگی را داشت .

610- Leonard Shapiro; Soviet Treaty Series(1950) Vol. 1; Exchange of notes relative to Articles III, V, VI, XII and XX of friendship Treaty.

611- Rotston

علیه روسیه شوروی توسط افرادی ازعوامل روسیه تزاری، که بدست مردم برکنار شده‌اند و بنحوی خود را در داخل ایران جای داده‌اند، انجام گیرد...»[۶۱۲]

با در نظر گرفتن این پاسخ که از سوی دولت شوروی داده شده بود کاملاً روشن میگردد که ماده پنج قرارداد دوستی سال ۱۹۲۱ به هیچوجه نمیتواند منشأ و بهانه‌ای برای حمله به ایران باشد و گفته‌های مولوتف کاملاً پوچ و بی اساس بوده و فقط بهانه‌ای بود برای حمله بایران. این عمل، آن مثال قدیمی را بیاد میاوردکه: «برهان آنکس که تواناتر است بهترین برهانها است.»[۶۱۳]

در تمامی این گیر و دارهای عمیق، ایرانیان کوچکترین یاری از دولت آمریکا دریافت نداشتند. شکی نیست که جنگ بین دول محور و متفقین دارای اهمیت ویژه‌ای بود، ولی در عین حال محدود کردن جنگ در هنگامیکه بتوان از آن امتناع نمود بسود متفقین میشد و دولت آمریکا نتوانست چنین امر کوچکی را دریابد و مطابق معمول وظیفه همیشگی خود را در برابر انگلیسی ها انجام داد. بدین معنی که ۲۵ اگست ۱۹۴۱ وزیر خارجه آمریکا «هال» گفت :«وی هیچ مطلب اضافی در باره وضع ایران ندارد و تا آنجائیکه میتواند اظهار کند اهّم موضوع در اینجا نبرد بین آلمان با انگلیس و روس میباشد.»[۶۱۴] در دنباله این سخنرانی هال، وزیر خارجه انگلیس "ایدن"در مذاکره تلفنی با سفیر آمریکا از وزیر امور خارجه آمریکا سپاسگزاری نمود.[۶۱۵]

در میان سیاستمداران، این امر آشکار بود که حمله روس و انگلیس به ایران بخاطر بودن آلمانیها، آنطوریکه وانمود میکردند نبود، بلکه

612- Ibid, p. 92-94.
613- Jean de La Fountain; Les Fables de La Fountain; Le loup et L'Agneau.
614- United States Foreign relations (1941); 3: 426.
615- Winant to Secretary hull: Telegram 740-0011 European War 1939/14384; 26 Aug. 1941.

میخواستند که نیروهای خود را در آن واحد وارد ایران کنند. وزیر امور خارجه ترکیه به سفیر آمریکا در آنکارا اعلام داشت که دلیل اساسی حمله و اشغال ایران توسط متفقین مربوط بدین امر بوده. به باور بیشترین سیاستمداران، صرفنظر از اینکه چه رویه‌ای دولت ایران در پیش میگرفت هیچ فرقی در عمل روس و انگلیس نمیکرد.[۶۱۶] منظورآنان در چنین کار مزورانه اشغال کشور بود. انگلیس میخواست که رضا شاه را از ایران بیرون کند صرفنظر از هر برهان دیگر.

در ۲۷ اگست ۱۹۴۱ وزیر مختار ایران، «شایسته» با وزیر خارجه آمریکا «کوردل هال»، ملاقاتی بعمل آورد. شایسته مجدداً نظریات دولت خود را برای وی تشریح نمود و یادآوری کرد که بمباران شهرهای بدون دفاع که دارای هیچگونه ارزش نظامی نبودند و بر آوردن خرابی بسیار، دارای سودی برای متفقین نبود. وی از اینکه قادر نبود که به آمریکائی ها گرفتاریهای موجود را بفهماند بسیار ناراحت بود و کوشش نمود که از راه دیگری وارد گردد. او ماده هشت پیمان اتلانتیک را بمیان آورد که هم انگلیس و هم آمریکا عضویت آنرا داشتند و پرزیدنت روزولت و چرچیل مفاد آنرا تضمین و امضاء کرده بودند و بعداً روسیه نیز به آنان پیوست. تمامی کوشش های « شایسته» بی نتیجه ماند.[۶۱۷]

616-United States Foreign Relations (1941) Vol. III, p. 427. Telegram 740-0011 European War 1939/14413; 27 Aug. 1941.

۶۱۷ – پیمان آتلانتیک در هشت ماده مورد تصویب دولتین آمریکا و انگلیس قرار گرفت و در ۱۴ اگست ۱۹۴۱ از سوی پرزیدنت روزولت و چرچیل امضا گردید. روسیه در ۲۴ سپتامبر ۱۹۴۱ به آنان پیوست. ماده هشتم میگوید: اعضا، بر این باورند که ملل دنیا باید بدین اصل معتقد گردند و اعتقاد داشته باشند که هیچ صلحی در دنیا پایدار نخواهد بود اگر کشوری بخواهد از زور استفاده نماید و از راه زمینی، هوائی و یا دریائی استقلال کشور دیگری را مورد خطر قرار دهد. امضا کنندگان بر این باورند که تا زمان ایجاد تشکیلات با ثبات تر که بتواند ملل متهاجم را خلع

در پایان این گردهمآئی بر طبق یادداشت وزیر خارجه، او به وزیر مختار ایران گفت: «من مطلب دیگری در این باره ندارم که بگویم، مگر اینکه در صدد هستم که اطلاعات کاملی از دولت ایران و دولتین روس و انگلیس بدست آورم.»[۶۱۸] نظریات وزیر خارجه امری پسندیده بود ولی در عمل او دست به چنین اقدامی نزد. اگر چه وزارت امور خارجه توضیحاتی از متفقین خواست. سرپرست موقّت بخش اروپائی وزارت خارجه آمریکا، «اترتن» مامور انجام اینکار گردید، وی دستور گرفت که با کنسول- مقیم آمریکا در لندن ،«هرشل.و. جانسن» در این باره وارد مذاکره گردد. اترتن در مذاکره با جانسن، جمله وزیر امور خارجه راجع به ایران را برای او تکرار نمود: «حمایت اخلاقی ما ازسیاست انگلیس مرتباً در اینجا به زبان میآید و از این رو تشریح کامل اوضاع را لازم داریم و تا بامروز چنین مدارکی بدست ما نرسیده است.»[۶۱۹] از این جمله کاملاً آشکار میگردد که انگلیسی ها کوچکترین آگاهی از کارهای خود را بدولت آمریکا گزارش نمیدادند. این دستمزد آمریکائیها بود که پیوسته بدنبال سیاست انگلیس میرفتند و از آن حمایت میکردند.

آنچه که گذشت نمونهایست از سادگی وزیر خارجه آمریکا که هر چه روس و انگلیس میگفتند گویا از جانب خداوند بود. مثلاً در ملاقاتی که وی با سفیر شوروی[۶۲۰] در واشینگتن بعمل آورد، اشاره نمود که دولت شوروی باید بطور رسمی به دولت ایران و بطور کلی به تمامی کشورهای خاور میانه اعلام داردکه استقلال کشور ایران را تضمین خواهد نمود. تنها

سلاح کنند.... ملل صلح دوست را تشویق و ترغیب کنند که راههائی که باعث آزادی و صلح میشود در پیش گیرند.

618- United States Foreign Relations (1941), Vol. III; p. 342
619- Memorandum by Atherton; 740-0011 European War 1939/14716; 27 Au. 1941.
620- Constantine Alexandrovich Oumansky.

پاسخی که از سفیر دریافت داشت این بود که او این گزارش را بدولت خود خواهد داد[۶۲۱]. تمامی این موضوع به همین جا خاتمه یافت.

در دنباله درخواست وزیر خارجه آمریکا، سفیر آن کشور در لندن به وی آگاهی داد که مولوتف تمامی آنچه که لازم بود به دولت ایران گزارش داده است. این نامه بدین مضمون آغاز گردید: «...اینکار (حمله به ایران)، به هیچوجه بسوی مردم ایران نبود- دولت شوروی کوچکترین ادعائی بر علیه تمامی ارضی و استقلال کامل ایران را ندارد... به محض اینکه این خطر(آلمانیها) که منافع ایران و روسیه را تهدید میکند از بین رفت دولت شوروی بلادرنگ نیروی خود را از ایران بیرون خواهد برد.»[۶۲۲]

وزیر خارجه آمریکا در ملاقاتی که در همان زمان با شارژه انگلیس بعمل آورد برای نخستین بار که تا حدودی شکایت آمیزبود، اظهار داشت:

«ما موفق نشدیم هیچ آگاهی در باره حمله و اشغال ایران از شما دریافت داریم، من امیدوار بودم که اقلاً اصول این امر را در دست داشتیم و در چنین امری همکاری دولت شما بسیار ارزشمند میبود.»[۶۲۳] پاسخ شارژه بوزیر خارجه بسیار مبهم بود و اظهار داشت که دانش او در این باره بسیار نا چیز است![۶۲۴] این جواب میبایست اقلاً در طرز تفکر وزیر خارجه تغییری میداد، که چطور ممکن است که نماینده انگلیس آگاهی در این باره نداشته باشد و چرا دولت انگلیس حاضر نبود اطلاعات کامل و کافی در اختیار دولت آمریکا بگذارد.

در عین حال اوضاع ایران هر روز رو به وخامت بیشتری میرفت. نامه وزیر مختار آمریکا بوزارت خارجه‌اش بیشتر حالت یک تقاضا و کمک بود تا دادن یک گزارش. وی میگوید: « دولت ایران پس از اینکه تمام اعمال

621- Memorandum of Secretary Hull; 861.24/586; 27 Aug. 1941.
622-Winant to secrtetary Hull; 740-0011 European War 1939/14466; 28 Aug. 1941.
623- Memorandum of Secretary Hull; 740-0011 European War 1939/14632; 27 Aug. 1941.
624- Ibid.

امکان پذیر را برای خوش آمد مهاجمین انجام داد که اوضاع بوضع سالمی بپایان برسد، در زمان حال در بدترین شرایط گذاشته شده است.»[۶۲۵] وزیر مختار آمریکا در ملاقاتی که با وزیر خارجه ایران داشت، به وی گفته بود که رضاشاه از رفتار دولت آمریکا بسیار دلتنگ میباشد و او پاسخی از روزولت در باره نامه‌ای که نوشته بود دریافت نکرد.[۶۲۶] وضع سیاسی کشور روز بروز بدتر میشد. یک هفته پس از اشغال کشور، دولت سقوط کرد و محمد علی فروغی به پست نخست وزیری منصوب گردید. در سی اگست دولت ایران شرایط تحمیلی نیروهای مهاجم را پذیرفت و در چنین وضعی، روز بعد ۳۱ اگست روسها شهر تهران را بمباران نمودند و گروهی از مردم بی‌گناه کشته و تعدادی از دکان‌ها و خانه‌ها از بین رفتند.

پاسخ پرزیدنت روزولت به رضا شاه:

پس از این رویدادها، بالاخره در روز دوم سپتامبر ۱۹۴۱، یک هفته پس از اشغال کشور بدست متفقین، نامه‌ای از پرزیدنت روزولت در پاسخ درخواست یاری شاه، بتهران رسید. مختصری از آن نامه بر این منوال بود: «...من نامه شاهنشاه را در باره ورود روسها و انگلیسها به ایران دریافت داشتم... بر این باورم که این اوضاع، تقاضای تعمّق بیشتری از سوی تمام کشورهای آزاد جهان از جمله کشور من را میکند. شاهنشاه باید مطمئن باشدکه ما بدین وضع توجه ویژه‌ای مطابق آئین و عقاید خود داریم.»[۶۲۷] در این نامه روزولت شرحی مفصل در باره جاه طلبی هیتلر و تمایل او در اتخاذ سرزمینهای دیگر و اروپا را بیان نمود و در عین حال از یادداشتی که از سوی شوروی و انگلیس در باره ایران دریافت نموده بود اشاره کرد و اظهار داشت: «آنان هیچگونه نقشه‌ای بر علیه استقلال و تمامیت ارضی

625- Dreyfus to Secretary Hull; 740-0011 European War 1939/15419; 29 Aug. 1941.
626-United States Foreign Relations (1941); Vol. III, p. 443.
627- Roosevelt to then Shah of Iran; 740-0011 European War1939/14641:2 Sept. 1941

ایران را ندارند... دولت آمریکا به آنان پیشنهاد نموده است که اعلام عمومی برای تمامی دنیا بنمایند و به آن‌ها همان اعتماد را بدهند که بدولت شاهنشاه داده اند.»[۶۲۸]

دولتهای روس و انگلیس بسخنان روزولت وقعی نگذاشتند و یادداشتی در اینباره از سوی آنان صادر نگردید. اطمینانی که روزولت بدان تکیه میکرد حامل کوچکترین ارزشی برای دولت و مردم ایران نبود. و ایرانیان چنین اطمینان های پوچ را بخوبی میشناختند و درک کرده بودند که پاسخ روزولت بشاه ایران بی ارزش بوده است.

نقشه های شوم شوروی و چشم داشتهای آنان:

پس ازاشغال ایران طولی نکشید که روسیه شوروی نیّت اساسی و اصلی خود را نشان داد. این امر عبارت از گسترش حیطه اشغالی، اتخاذ اراضی و فشار آوردن بدولت ایران برای دریافت قراردادهای استخراجی معادن بود. دولت آمریکا نتوانست این خصوصیات شوروی را بموقع درک نماید و بدین صورت موقعیت مناسب را از دست دادند. اینکار انسان را به اساس آن شعر واقف میکند

" سر چشمه بتوان گرفتن به بیل   چو پر شد نشاید گذشتن به پیل "

در چنین گیر و داری دولت انگلیس مجدداً چهره واقعی خود را یکبار دیگر نشان داد. آنان درخواستی که از آغاز بیرون کردن شهروندان آلمانی بود گسترش داده و از دولت ایران خواستند که تمام شهروندان ایتالیایی، مجار، بلغار و رومانی نیز میبایست از ایران خارج گردند و تمامی نمایندگیهای آنان میبایست بسته شوند. دولت ایران تنها درخواستی که از آنان داشت این بود که اجازه دهند که همسران و اعضاً خانواده آنان بدون دردسر از کشور خارج گردند. وزیر خارجه ایران برای انجام درخواست دولت، دست

---

628 - Ibid.

یاری بسوی وزیر مختار آمریکا، درایفوس، دراز کرد واز وی خواست که در اینباره به ایران کمک نماید[۶۲۹].

مجدداً روشن می‌شود که درخواست پرزیدنت آمریکا برای صدور اعلامیه مشترک از سوی اشغالگران در باره محترم داشتن استقلال و تمامی ارضی ایران توسط روس و انگلیس جامه عمل نپوشید. در هر موردی که دولت آمریکا با آن دو کشور تماسی حاصل نمود، همیشه پاسخ دو پهلو گرفت. در مسکو سفیر آمریکا «استاینهارت»[۶۳۰] با مدیر بخش خاور نزدیک شوروی «ولادیمیر گورگیویچ دکانوزوف[۶۳۱]» گفتگوئی بعمل آورد و از وی در باره صدور اعلامیه مشترک برای شناختن استقلال و تمامیت ارضی ایران پرسش نمود و از پیشنهاد روزولت نامبرد. در پاسخ او ،دکانوزوف، اظهار داشت: "دولت شوروی در ۲۵ آگست ۱۹۴۱دید خود را در باره ایران به آگاهی سفیر آنکشور رسانده است."[۶۳۲] ملاحظه میگردد که جواب روسها پاسخی بود که رابطه‌ای با پرسش سفیر آمریکا نداشت[۶۳۳]. متأسفانه دولت آمریکا نمیتوانست درک کند که شوروی برای ایران نقشه‌های دیگری در سر میپروراند و در صدد اجرای طرحهای دیگری میباشد و سفیر آمریکا نیز کوچکترین بوئی از این جریانات نبرده بود.

امکان تغییر احتمالی در روش کار آمریکا در ایران:

برخی از نکات بالا که در مشی کار آمریکا مشاهده شد، عده‌ای از ایرانیان بدین باور شدند که ممکن است دگرگونی در روش آمریکا در ایران آغاز گردد. این تغییرات نتیجه واقع بینی وزیر مختار آمریکا، درایفوس، در

629- Dreyfus to Secretary Hull: 740-0011 European War 1939/14752: 5 Sept.1941-

630- Steinhardt.
631- Vladimir Georgevich Dakanosov.
632- Steinhardt to Secretary Hull; 740-0011 European War 1939/ 14763; 6Sept. 1941.
633- Ibid.

تهران بود. آنچه بعدها روی داد، بدرستی نشان داد که وزیر مختار آگاهی تمامی در باره ایران و روابط آن با کشورهای روسیه و انگلیس داشت. وزارت امور خارجه آمریکا هرگز متوجه این موضوع نشد و از دانش نماینده خود کوچکترین بهره‌ای نگرفت. درایفوس در عین حال رابطه خوبی با رضا شاه داشت. این دو، ملاقاتی با یکدیگر در روز هفتم سپتامبر ۱۹۴۱ داشتند. در آن گردهمآئی، رضا شاه از پاسخ روزولت سپاسگزاری نمود. درایفوس مینویسد: «شاه رابطه خوبی با آلمانیها نداشته است و در چندین مورد با آنان مخالفت نموده و میخواست که تجدید نظر کاملی در روابط آن دو کشور بعمل آید.»[۶۳۴]

در همان میتینگ، بنا بگفته درایفوس شاه اظهار داشت که انگلیسی ها و شوروی میتوانستند بدون هجوم واشغال کشور همه آن مزایا را دریافت نمایند[۶۳۵]. درایفوس مینویسد که به شاه اعلام داشت نمایندگان خارجی از اینکه نمیتوانستند با وی آزادانه در تماس باشند شکایت داشتند. او میگوید که شاه در پاسخ اظهار داشت که پیوسته آماده است تمام نمایندگان خارجی را بپذیرد. درایفوس میگوید که این پیام شاه را بوزیر مختار انگلیس «سر ریدر بولارد»[۶۳۶] رسانید.

در حالی که این جریانات در شرف وقوع بود، دول مهاجم و اشغالگر بنفوذ خود در داخل کشور ادامه دادند، بر خلاف اطمینان دائمی آنان که استقلال و تمامیت ارضی کشور را محترم دارند. برای اینکه این عمل غیر قانونی خود را قانونی نشان دهند برهانهای بی‌پایه در آستین داشتند بمانند اینکه شارژه انگلیس در واشینگتن «سر رونالد کمبل»[۶۳۷] در ۱۷ سپتامبر با وزیر خارجه آمریکا «هال» ملاقاتی نمود و یادداشت سری از

634- United States Foreign Relations (1941); Vol. III, p. 455/
Telegram 740-0011 European War 1939/14807; 7 Sept. 1941.
635- Ibid.
۶۳۶- Sir Reader Bullard.
637- Sir Ronald Campbell.

سوی وزیر خارجه انگلیس «سر انتونی ایدن» به وی داد.[۶۳۸] در آن نامه ایدن اشاره نموده بود که متفقین برای تأمین نظر خود مجبور شدند که بخش بیشتری از کشور ایران را تحت اشغال قرار دهند و این امر مغایرتی با پیمان آنان و احترام به استقلال تمامیت ارضی ایران را ندارد.[۶۳۹] این برهان بی معنی را وزیر خارجه آمریکا پذیرفت! گفته‌های ایدن بمانند آن دزدی بود که از باغ دهقانی خروسی را دزدیده و وقتی دهقان ماجرا را دید و طلب خروس خود را نمود، دزد سوگند به اولیاء و انبیاء خورد که وی خروسی ندارد. دهقان گفت نمیدانم که سوگندهای ترا باور کنم و یا دم خروس را که از توبره تو بیرون است؟

آشوب گری روسها:

از آغاز استقرار نیروهای بیگانه در ایران، دولت شوروی شروع بایجاد نفاق و نارضایتی در میان مردم شمال باختری و باختر ایران نمود و دست به پایه گذاری برنامه‌ای برای جدائی استانهای کردستان و آذربایجان و لرستان را نهاد که آنها را جزء منظومه خود قرار دهند، همان کاری را که با استانهای شمالی ایران در سالهای نخستین سده نوزدهم نموده بودند. نخستین اخبار رسیده حاکی بر این بود که شوروی گروهی از تجزیه طلبان ارامنه را در شمال باختری کشورتقویت میکند.

نماینده انگلیس در تبریز نخستین کسی بود که از این موضوع آگاهی یافت و جریان را بلافاصله بوزیر مختار آنکشور، بولارد، در تهران گزارش نمود. بولارد همان گزارش را برای درایفوس وزیر مختار آمریکا در ایران فرستاد که او نیز عیناً برای وزیر خارجه آمریکا، هال، ارسال داشت.[۶۴۰]

638- Memorandum by Secretary Hull; 740-0011 European War 1939/ 15229; 17 Sept. 1941.

639- Ibid.

640- Dreyfus to Hull; Telegram 891.00/1778; 19 Sept. 1941.

وزارت خارجه ایران پس از دریافت این آگاهی، جریان را با سر کنسول شوروی در تهران بمیان آورد. او نه تنها این رویدادها را انکار نکرد، بلکه اضافه نمود که: "انتخابات تازه مجلس باید هر چه زودتر اجرا و آزادی بیشتری برای استانها در نظرگرفته شود." پاسخ نماینده شوروی به نماینده آمریکا و توسط او بوزیر خارجه آنکشور فرستاده شد.[۶۴۱] سخنان نماینده شوروی دلیل کاملی بود بر دخالت مستقیم آن دولت در امور داخلی و پیش درآمد ایجاد گرفتاریهای بسیار برای دولت ایران و غیرمستقیم برای آمریکا. با پیدایش این جریانات دولت آمریکا در خواب غفلت باقی ماند و هیچ گامی برای جلوگیری از منویات روس برنداشت.

وزیر خارجه آمریکا پس از دریافت نامه مزبور از سوی نماینده خود در تهران از او میخواهد که در این باره کاوش کاملی بنماید و یادآوری نمود: "فعالیتهای شوروی در این جهات بر خلاف اطمینانی است که آنان بدولت ایران در باره محترم داشتن تمامیت ارضی و استقلال آن کشور داده-اند".[۶۴۲] جملات فوق، سادگی و عدم داشتن آگاهی کامل وزیر خارجه آمریکا را بخوبی بیان میکند. این همان موضوعی بود که ایرانیان از آن ترس داشتند و نمایندگان آنکشور کوشش میکردند که دولت آمریکا را بر آن واقف نمایند. هال نامه‌ای مشابه آنکه برای درایفوس فرستاد، برای سفیر آن کشور در مسکو نوشت و همان درخواستهائی را که از درایفوس نموده بود از او کرد.[۶۴۳]

وضعیت استانهای زیر نفوذ شوروی:

وضع اجتماعی استانهای ایران که در اشغال شوروی بودند بسرعت رو به وخامت میرفت باندازه‌ای که حتی انگلیس ها را منزجر نموده بود. ریدر بولارد وزیر مختار انگلیس در تهران که خود از ایرانیان بیزار بود از رفتار

641- Ibid.

642- Hull to Dreyfus; Telegram 891.00/1778; 25 Sept. 1941.

643- Telegram 891.00/1778a; 25 Sept. 1941.

شوروی در بخشهای زیر نظر آنان ناراحت گردید و گزارشی از وضع نا بسامان آن خطه را به درایفوس داد. روسها خط ارتباطی بین تهران و تبریز را قطع کردند. تبریز با تهران دارای چهار خط تلگرافی بود. شوروی دو خط را برای بهره برداری خود برداشت و اجازه نمیداد که دو خط دیگر مورد استفاده دیگران قرار گیرد.

گروهی از افراد تجزیه طلب ارمنی و ترک را، روسها از ارمنستان و ارّان (آذربایجان شوروی) به ایران آوردند. روس ها کارخانه های موجود را از کار انداختند و تقریباً تمامی مواد غذائی را از ایران بروسیه فرستادند و بدین روی ذخیره غذائی کشور را تخلیه نمودند. درایفوس پس از بررسی گزارش رسیده از نماینده انگلیس، نامه‌ای بوزیر خارجه آمریکا فرستاد و اعلام داشت که: "وزیر مختار انگلیس گزارش اسفناکی از وضع بخشهای زیر نظر شوروی میدهد- آنان دربهای زندان ها را باز کردند و اشخاص جانی و دزدان را آزاد نمودند- اموال مردم و مواد غذائی را تاراج کردند ودست به تحریکات سیاسی زدند و تجزیه طلبان را یاری میدهند."[۶۴۴]

دکتر "کاکران" یکی از مروّجین مسیحی، از تبریز به تهران آمده بود، اظهار داشت که تجزیه طلبان توسط روسها تقویت می‌شوند وی به وزیر مختار آگاهی داد که: "...تحریک زیاد و کمک‌های آشکار از سوی شوروی در میان ارامنه و دیگر تجزیه طلبان وجود دارد."[۶۴۵] و گزارش داد که روسها با چنین حرکتی که در پیش گرفتند نه تنها بزیان ایران است بلکه در اعلامیه خود که تمامیت ارضی و استقلال کشور را رعایت مینمایند، خلل وارد میکنند» [۶۴۶]. دولت آمریکا دوباره همان اشتباهات پیشین خود را مرتکب گردید. درایفوس پیشنهاد نمود که این وضع بایست در متینگی که

644- Dreyfus to Secretary Hull; Telegra 891.00/1784; 26 September 1941.
645- Ibid
646- Ibid.

بزودی بین سران متفقین انجام میگیرد مورد بحث و گفتگو قرار گیرد. البته چنین امری هرگزجامه عمل بخود نگرفت.

ایرانیان چنین گرفتاریها را با دولت انگلیس نداشتند. فرمانده قوای انگلیس در هند" سر آرچیبالد .پ.واول"[۶۴۷] به ایران فرستاده شد که در باره تخلیه آینده انگلیس در ایران گفتگو کند. در عین حال اخباری بسیار ناجور از شمال و شمال باختری کشور که حاوی خبر طغیان در میان قبایل «کرد» و«لر» که از سلاحهای ارتش منحل شده ایران، استفاده میکردند بتهران میرسید. درایفوس تمامی این مراتب را به تفصیل به واشینگتن گزارش میداد و بدین نکته اشاره نمود: "یکی از فوائد اقدامات شاه به زیر فرمان آوردن قبایل مختلف بود. در وضع کنونی ممکن است که این امر بکلی از بین برود، مگر اینکه دولت ایران اقدام شدیدی در این باره بنماید که آنهم در شرایط موجود برای آن دولت امکان‌پذیر نیست مگر اینکه با کمک قوای مهاجم همراه باشد." [۶۴۸]

در پیرو این اخبار وزیر خارجه آمریکا نامه‌ای بسفیر آنکشور، وینانت، در لندن نوشت و از وی خواست که جریانات اخیر ایران را با روسیه باطلاع وزیر خارجه انگلیس، سر آنتونی ایدن، برساند و از وی بخواهد که جریان را با روسها در میان بگذارد[۶۴۹]. هال همچنین نوشت که اگر دولت انگلیس صلاح بداند، آمریکا نیز در این باره با شوروی سخن خواهد گفت.[۶۵۰]

وینانت در پاسخی که به هال داد اظهار داشت که ایدن این موضوع را قبلاً با شوروی در میان گذاشته و او بر این باور است که صلاح است که دولت آمریکا نیز در این باره با سفیر شوروی در انگلیس، " ایوان میسکی،" [۶۵۱] این موضوع را مطرح کند. هال از وینانت درخواست نمود که در این مورد،

647- Sir Archibald P. Wavell.
648- Dretfus to Hull; Telegram 891.00/1787; 28 September1941.
649- Hull to Winant; Telegram 891.00/1784; 3 October1941.
650- Ibid.
651- Ivan Maisky

قضیه را با سفیر شوروی در لندن در میان گذارد[۶۵۲]. وی همچنین پیامی برای سفیر آمریکا در مسکو فرستاد و از او هم خواست که با مقامات روسیه در این باره گفتگو کند.

انکار دولت شوروی:

سفیر آمریکا در مسکو، استاین هارت، پس از دریافت دستور وزیر خارجه آمریکا با یکی از اعضای عالیرتبه کمیسر امور خارجی شوروی، " اندرئی یانواریویچ ویشینسکی"[۶۵۳] وارد مذاکره گردید. او بکلی منکر تمام رویدادها گردید و اظهار داشت که ناراحتیهای موجود و نارضایتی مردم در شمال و شمال باختری ایران بدست و دستور آلمانیها انجام گرفته و میگیرد؟ قدر مسلم این بود که در آن هنگام هیچ آلمانی در ایران وجود نداشت.[۶۵۴]

وزیر خارجه آمریکا برای دریافت اطلاعات کاملتری از درایفوس خواست که دومین منشی کنسولگری آمریکا در تهران، جمس موس،[۶۵۵] را برای یک ماموریت کاوشی بشمال ایران بفرستد. وی درخواست نمود که تمام ماموریت او در صورت امکان از ۸-۱۰ روز بیشتر بدرازا نکشد[۶۵۶]. با چنین فشار اندکی، دولت شوروی بظاهر به حمایت تجزیه طلبان کاهش داد ولی بر تبلیغات خود علیه دولت ایران افزود. وزیر مختار آمریکا عملاً از این موضوع آگاه و اظهار داشت که کاهش در عملیات شوروی را نباید جدّی تلقی نمود[۶۵۷]. این طرز فکر وزیر مختار بسیار درست و صحیح بود و اگر

652- Winant to Secretary Hull; 891.00/1792; 4 October 1941.

۶۵۳ - Andrei Yanuarievich Vyshinsky

654- Steihardt to Secretary Hull; Telgram 891.00/1794; 11 October 1941.

۶۵۵ - James Moose

656- Hull to Dreyfus; 740-0011 European War/1939/15972a; 11 October 1941.

657- Dreyfus to Hull; Telgram 891.00/1795; 13 October 1941.

دولت آمریکا چنین رویه‌ای را ادامه میداد احتمال قوی میرفت که نتیجه مثبت بدست آید.

ارزیابی منشی دوم کنسولگری آمریکا و گزارش او پس از بررسی و مسافرت به شهرهای تبریز، رضائیه و رشت بدین شرح بود: "در زمان بررسی او حمایت شوروی برای تجزیه طلبان خیلی شدت نداشت. امّا تبلیغات کمونیستها بشدت رو بافزایش بود"[۶۵۸]. باید متوجه این امر شد که تبلیغات انگلیسی‌ها دست کمی از روسها نداشت و وزیر مختار انگلیس بولارد در چنین امری مهارت کامل داشت[۶۵۹]. او بوزارت خارجه بریتانیا آگاهی داد که تبلیغات باید ادامه یابد و اظهار داشت: "مردم ایران بطور قطع ضد روسی هستند و در اصل ضد انگلیس و حامی برنامه شاه در بیطرف ماندن ایران میباشند. ولی این امر نبایست مانع آن گردد که ما از جراید استفاده نکنیم و از فعالیتهای آلمانیها که از مهمان نوازی مردم سوٌ استفاده میکنند و مردم ایران را بخطر میاندازند آنان را آگاه ننمائیم."[۶۶۰]

658- Telegram 741.9111/21; 19 December 1941.

659- Drefus to Hull; Telegram 740-0011 European War1939/16232; 29 October 1941.

660- RWB to FO: 7 July 1941.

درخواست مجدد برای کمک از آمریکا:

شدّت بحران و گرفتاریهای بیشماری که دولت ایران با آن‌ها روبرو شد، ایرانیان را واداشت که مجدداً دست یاری بسوی آمریکا دراز کنند و همکاری آنان را درخواست نمایند. از اینرو جریان را با وزیر مختار آمریکا در میان گذاشتند و از او یاری جستند. درایفوس عین درخواست ایران را بوزارت خارجه آمریکا فرستاد و اظهار نظر کرد: "...ما نباید این موقعیت را از دست بدهیم که باعث بهبود وضع ما نیز خواهد شد".[۶۶۱] او مسائلی را که توسط روس و انگلیس ایجاد شده بود مجدداً بمیان آورد ونتیجه گیری نمود که عدم هم آهنگی در بین دو کشور اشغالگر وجود دارد.و بوزیر خارجه آگاهی داد که ایرانیان درخواست دارند که دولت آمریکا در امضاء قرارداد سه جانبه[۶۶۲] بین آنان و اشغالگران شرکت نمایند[۶۶۳] و اضافه نمود که ایرانیان معتقدند که اگر آمریکا بطور مثبت تری وارد صحنه گردد بخوبی خواهد توانست از قدرت تخریبی روس و انگلیس جلوگیری نماید.

برکناری رضا شاه:

دول روسیه شوروی و بریتانیا هر یک به برهان ویژه‌ای دل خوشی از رضا شاه نداشتند. رضا شاه کوشش نمود که در دوره زمامداری خویش تا حد امکان از نفوذ انگلیس در ایران جلوگیری نماید و برای تحقق دادن بدین آرزو بهر کاری که امکان داشت دست زد، ولی بطور کلی نتوانست نتیجه لازم را از اقدامات خود بگیرد. آخرین تلاشش آوردن آمریکائیها بصحنه سیاسی ایران بود و بطور کلی از نفوذ سیاسی- اجتماعی و اقتصادی انگلیس در ایران رضایت نداشت. دولت بریتانیا از این نیّت آگاهی کافی

661- Telegram 891.51A; 5 November 1941.
662- Tripartite Treaty.
663- Communiqué 225; United States Foreign Relations (1941); Vol. III; p, 476.

داشت و کاملاً از وی ناراضی بودند بویژه که شاه بقدرت رسیدن خود را مدیون آنان بود.

تنّفر روسها از رضا شاه برهان دیگری داشت. آنان کاملاً آگاهی داشتند که شاه علاقه‌ای با رژیم کمونیسم نداشته و میدانستند که از رفتار روسیه در زمان مشروطیت و انقلاب و کشتن مردم بیگناه شمال و شمال باختری کشور متنفر بود. با وجود بررسی و ارزیابی کامل وخوبی که از شخص رضا شاه توسط کاوشگر روسی، "گورکو کریاژین"[۶۶۴] در اینباره بعمل آمد[۶۶۵]، رفتار وی را نمی پسندیدند. با همه این تفاصیل کرملین مصمّم بود که در معامله با رضا شاه احتیاط را مراعات نمایند[۶۶۶]. حمله روسیه به ایران فقط زیر فشار انگلیس ها انجام گرفت. پس از حمله، منافع آنان یکی شد و شوروی احساس نمود که قادر خواهد بود بمانند سالهای سده نوزدهم بخشی دیگر از کشور را بشوروی ملحق نماید و در نتیجه از کار بر داشتن رضا شاه امری ضروری برای آنان گردید.

در ۱۲ سپتامبر ۱۹۴۱وزیر مختار انگلیس در ایران، ریدر بولارد، یاداشتی از وزیر خارجه خویش، ایدن، دریافت داشت. در آن نامه ایدن به وی آگاهی داد که در گردهمائی که با سفیر روسیه، میسکی، در لندن داشته بدین نتیجه رسیدند که شاه باید از ایران برود. ایدن اشاره نمود: «روسها اطلاع این خبر را به ایرانیان و طرح نقشه را بعهده کنسول ما در تهران گذاشته اند» ایدن از بولارد خواست تا با سیاستمداران ایران مذاکره و از آنها بخواهد که عقیده خود را در باره آینده و جانشین شاه اعلام دارند.[۶۶۷]

بولارد با سیاست کامل و مهارتی تمام در اینباره عمل نمود. او به ایرانیان نگفت که متفقین خواستار برکناری شاه هستند بلکه اظهار داشت: " اگر

664- Gurko-Kriazhin.
665- Miron Rezun: The Soviet Union and Iran; (1988), p. 48.
666- Ibid, p. 60.
667- Sir Reader Bullard: Letters from Tehran (1991) 78/. Also see FO to RWB ; 12 September 1941.

ایرانیان برآن باور هستند که شاه باید از ایران برود، دولت پادشاهی انگلیس در این باره مخالفتی نخواهد نمود".[۶۶۸] از قرار معلوم، رضا شاه از این ماجرا بوئی برده بود و خود بر این امر شد که از پادشاهی بسود فرزند بزرگش محمد رضا کناره گیری نماید و نامه‌ای در این باره نوشت.[۶۶۹]

باید متذکر شد که کنسول انگلیس کوچکترین علاقه‌ای به محمد رضا، ولیعهد، نداشت و راضی نبود که او جانشین رضا شاه گردد و ترجیح میداد که یکی دیگر از برادران مانند علیرضا و یا بهتر از همه یکی از شاهزادگان قاجار را برای اینکار انتخاب کنند. تنها شاهزاده قاجار که واجد شرایط بود بعنوان ستوان در نیروی دریائی انگلیس بخدمت مشغول بود و نمیتوانست بفارسی سخن بگوید. بولارد بعداً تغییر عقیده داد و خواسته رضا شاه را پذیرفت و بگفته خود او: "...تا از بروز اشکالات دیگر جلوگیری گردد."[۶۷۰] در آنزمان این شایعه رایج شد که آمریکائیان با سلطنت محمدرضا موافقت داشتند.

بیمورد نیست که چند سطری از نوشته های ناشر کتاب سر ریدر بولارد: "نامه های رسیده از تهران" در اینجا نقل شود. این امر از نقطه نظر سیاسی بسیار حائز اهمیت بوده و مبیّن بسیاری از رویدادهائی است که بوقوع پیوسته. ناشر در مقدمه مینگارد: "رادیو بی. بی. سی. نقش بسیار مهم و قاطعی در به نتیجه رساندن برکناری رضا شاه را داشته است- مواد لازم برای پخش رادیوئی در کنسولگری انگلیس در تهران آماده میگشت. این نکات در نامه‌های بولارد هم اکنون موجود است (امضاً ناشر)."[۶۷۱] در ۲۱ سپتامبر ۱۹۴۱هر دو دولت مهاجم با جانشینی رضا شاه توسط پسرش موافقت کردند.[۶۷۲] وزارت خارجه آمریکا در نامه‌ای بوزیر مختار خود

668-RWB to FO; 15 September 1941.
669- RWB to FO; 19 September 1941.
670- Ibid; 20 September 1941.
671- Sir Reader Bullard; Letters from Tehran (1991); 79.
672- United States Foreign Relations (1941); vol. III; 461.

درایفوس اظهار داشت: "از آنجائیکه دو دولت انگلیس و روس مخالفتی با شاه جدید ندارند، دولت آمریکا نیز با تصمیم آنان مخالفتی نخواهد داشت."[۶۷۳]

پس ازخروج رضا شاه از کشور بدستور بولارد، رادیوی انگلیس موقعیت خود را نسبت به ایران تغییر داد و پیشنهاد نمود که ایران باید یک دولت مشروطه داشته باشد و در تفسیر خود اظهار داشت که این امر ممکن است مدت زمانی لازم داشته باشد تا جریان بحال عادی برگردد و مردم باید تحمل چنین کاری را بکنند.[۶۷۴] جای شگفتی در این است که دولت بریتانیا برای ایرانیان دایه مهربان‌تر از مادر شده بود. تأسف در این است که سرنوشت کشوری را باید دولتهائی دیگر تعیین و به آنان تحمیل کنند! در این میانه میهن فروشان و خائنین هستند که مانند دلّالان در خدمت اجانب و برای سود شخصی کار میکنند. خلع رضا شاه، اشتباهی بزرگ بود. وجود او در ایران میتوانست شامل کارهای مهمی باشد و در ثبات کشور و مناطق اطراف نقش بزرگی ایفا نماید. بهترین نتیجه میتوانست آن باشد که از پیشرفت کمونیسم و دخالت شوروی در خاور میانه تا حدودی پیشگیری شود. در وضعیتی که ایجاد گردید بزرگترین برنده، حتی برای کوتاه مدّت روسیه بود. شایسته وزیر مختار ایران در واشینگتن در ملاقات خود با موررای رئیس دفتر خاور نزدیک به وی گفت: "انگلیسی ها دچار خبط بزرگی شدند و چوب بیفکری خود را بعداً خواهند خورد".[۶۷۵] تاریخ نشان داد که وزیر مختار ایران دارای پیش بینی درستی بود.

پ– برقراری پیمان بازرگانی با آمریکا:

در حدود یکسال پیش از آغاز جنگ دوم جهانی دولت ایران با نماینده دولت آمریکا تماس حاصل کرد و پیشنهاد ایجاد قرارداد بازرگانی بین دو

673- Ibid; 462.
674-RWB to FO: 16 September 1941
۶۷۵- Memorandum by Murray: 891.001 p15/220; 1October 1941.

کشور را نمود. این امر بر اصل وجود چنین پیمانی در گذشته بنام "پیمان دوستی و بازرگانی" که در سال ۱۸۵۶ برقرار شده بود و در نتیجه اهمال طرفین بعدها از اعتبار افتاد. دولت ایران بر این باور بود که تشکیل چنین پیمانی برای هر دو کشور بسیار سودمند میباشد، بویژه برای بازرگانان آمریکائی که برخی از آنان نمیتوانستند دریافت ارزی کالای خود را با دلار[۶۷۶] در ایران بدست آورند. برهان این رویداد روشن نبود که آیا چنین کاری مربوط بذخیره دلاری[۶۷۷] دولت ایران بود و یا اینکه علل دیگری وجود داشت.

در اواخردهه ۱۹۳۰ دولت ایران محدودیتهائی برای واردات کالاهای آلمان به ایران گذاشت و در دادن جواز واردات برای ورود آن کالا ها سخت گیری هائی ایجاد نمود. این عمل دولت ایران توسط جمس. اس. موس بوزیر خارجه هال گزارش داده شده بود. وی در نامه خود بدین موضوع اشاره نموده و اظهارداشت: "در عین حال شایعاتی وجود دارد که در عرض هفته گذشته یکی از قراردادهای ایران- آلمان بعلت مشکلات جواز وارداتی بکلی متوقف شده است و کنسولگری از منابع معتبر آگاهی یافته که بازرگانان با سختی زیادی برای دریافت جواز واردات کالاهای آلمان، بغیر از مواد فولادی و شیمیایی، روبرو شده اند."[۶۷۸] این گزارش کنسول آمریکا صریحاً گفته های آنانی را که دولت ایران با دولت آلمان نازی دارای همکاری نزدیک بوده است نسخ میکند. یادداشتهای زیادی از نمایندگان آمریکا در این مورد وجود دارد که در طی آنها بدولت خود گزارش داده‌اند که بر خلاف تصور عموم، رابطه خیلی نزدیک بین ایران و آلمان وجود نداشته است.

---

[۶۷۶] - Moose to Secretary Hull; 611,9131/125; 14 Oct. 1940

[۶۷۷] - Ibid; Telegram 611.9131/135; 19 Oct. 1940

[۶۷۸] - Ibid.

برای ایجاد مجدد پیمان بازرگانی، ایرانیان هم از طریق کنسولگری آمریکا در تهران و هم از راه نمایندگی ایران در واشینگتن نخستین گام بر داشته شد. پس از گفتگوهای مقدماتی، اولین میتینگ بین نمایندگان دو کشور در ۱۲ فوریه ۱۹۴۰ انجام گرفت.[۶۷۹] در دنبال آن گردهمائی، میتینگ دیگری در پنج مارچ همان سال رویداد و این امر در طول تابستان آن سال نیز ادامه یافت. در تهران نخست وزیر ایران با شارژه اینگرت ملاقات نمود و پیشنهاد کرد که دولت آمریکا به ایران اجازه دهد که حساب ۷۰ میلیون دلاری برای خرید مواد گوناگون درآن کشور باز نماید. وزارت خارجه آمریکا مطابق یادداشتی که برای اینگرت فرستاد از این امر استقبال نمود.[۶۸۰]

پس از گردهمآئیهای نخستین، نمایندگان ایران پیشنویس طرحی از پیمان بازرگانی را بنماینده آمریکا در تهران دادند. این طرح مطابق اشاره آن نماینده، بر اساس پیمان بازرگانی آمریکا-ترکیه بود که اول آپریل ۱۹۳۹ بامضاء رسیده بود.[۶۸۱] در میتینگ های بعدی در واشینگتن وزیر مختار ایران نیز شرکت داشت، که آخرین آنها در ۱۵ نوامبر ۱۹۴۰ صورت گرفت. اعضاء دیگر در آن گرد همآئی عبارت بودند از: الینگ، مریام و شایسته. در پایان این میتینگ به نماینده ایران گفته شد که صورت جلسه و پیشنهادات ایران برای تصمیم نهائی به کمیته بازرگانی آمریکا فرستاده خواهدشد.

---

[۶۷۹] - Presents in this meeting were: Shayesteh (Iranian Minister);

Murray (Chief of the Near-East Division); Paul H. Alling, (Near-East Division); Harry L. Daniel (Commercial Section); Larry D. Steinbower (International Section); and Gordon P. Myrriam

[۶۸۰] - Telegram 611.9131/107, 3 Feb. 1940

[۶۸۱] - US Dept. of State: Executive Agreement Series; No. 163/ US

Foreign Relations (1940), Vol. III, p. 675

با کمال تاسف نتیجه نهائی این رویدادها هیچ بود. وزارت خارجه آمریکا تمام مکاتبات و صورت جلسه ها را از دست داد. دولت ایران جریان را با کنسولگری آمریکا در تهران بمیان آورد. اینگرت در نامه خود بوزیر امور خارجه آمریکا آگاهی داد: "معاون وزارت خارجه ایران به او گفته است، مطابق خبررسیده از نمایندگی ایران در واشینگتن هیچ آگاهی از نتایج گردهمائی های این دو دولت در واشینگتن را ندارد."[۶۸۲]

از قرار معلوم یادداشتی که اینگرت از وزارتخانه خود دریافت، همان نتایج را داشته که دولت ایران به وی گفته بود: " وزارت خارجه آمریکا بنظر میآید که از وجود قراردادهای پیشنهادی هیچگونه آگاهی ندارد..."

باوجود این بی علاقگی آمریکا، دولت ایران به پافشاری خود ادامه داد و میتینگ های مجدد تشکیل گردید که تا سال ۱۹۴۱ ادامه یافت. دولت آمریکا درخواست نمود که فردی کاملاً آگاه در وضع بازرگانی و قوانین ایران از سوی آن دولت برای پاسخ دادن به پرسشهای آمریکا به آنجا فرستاده شود. دولت ایران « عامری» را که از کارمندان بلند پایه وزارت دارائی بود به آمریکا فرستاد. در ۲۱ ژانویه ۱۹۴۱ میتینگی بین نمایندگان دو کشور صورت گرفت. نمایندگان ایران کوشش کردند که به پرسش های آمریکائیان پاسخ دهند. در پایان اینطور نتیجه گرفته شد که آمریکائیان آنچه را که میخواستند دریافت داشتند و به نمایندگان ایران گفتند که در عرض چند روز آینده تصمیم دولت آمریکا را به آنان ابلاغ خواهند نمود.[۶۸۳]

زمانی چند از پایان آخرین میتینگ گذشت و خبری از نمایندگان آمریکا نرسید. در آپریل ۱۹۴۱ نخست وزیر ایران علی منصور و جواد عامری کفیل وزارت خارجه، گفتگوئی با وزیر مختار آمریکا بعمل آوردند و اظهار نگرانی خود را ابراز داشتند. درایفوس وزیر مختار آمریکا در تهران نتیجه

[۶۸۲] - Communique 257/Teleg. 611.9131/131; 25 Nov. 1940

[۶۸۳] - Memorandum by White; 611.9131/139; 21 Jan. 1941

این میتینگ را به وزیر امورخارجه داد.[۶۸۴] در چنین هنگامی مجددا گردهمائی دیگری بین طرفین در دهم آپریل ۱۹۴۱ در واشینگتن صورت گرفت. در این میتینگ، ایرانیان از سرنوشت طرح اهدائی ماه سپتامبر ۱۹۴۰ خود پرسش نمودند که به آنان پاسخی داده نشد.[۶۸۵] مجددا نمایندگان آمریکا پرسشهای دیگری را پیش آوردند و سپس درخواست لیستی از موادی را که دولت ایران میخواهد به آمریکا صادر نماید نمودند. وزیر خارجه آمریکا عیناً همان لیست را از نماینده خود در تهران خواستار شد که از دولت ایران گرفته و برای او ارسال دارد.[۶۸۶]

با گذشت مدت زمانی دیگر، باز از آمریکائیان خبری نشد. اینطور بنظر میرسید که دولت آمریکا بیشتر در صدد اتلاف وقت بود تا انجام یک امر واقعی و شاید نمیخواستند با ایرانیان رابطه‌ای برقرار کنند. در ۲۸ آپریل ۱۹۴۱ منشی اول کنسولگری ایران در واشینگتن حاجب دولو[۶۸۷] از وزارت خارجه آمریکا در اینباره پرسش میکند که باز هم بلا جواب میماند. دولت آمریکا این اتلاف وقت را ادامه میدهد تا هنگامی که کشور ایران از سوی روسیه و انگلیس مورد تهاجم قرارگرفت. آیا در این باره هال با مشورت انگلیسی ها کار میکرده که نمیخواستند پای آمریکا در ایران تحت هیچ عنوانی باز گردد. متاسفانه این اطلاعات را در هیچ جا نمیتوان یافت و خواننده باید مطابق دریافت خود از این موضوع نتیجه گیری نماید.

در نوامبر ۱۹۴۱ چند ماه پس از اشغال ایران توسط روس و انگلیس دولت آمریکا بدین نتیجه رسید که مجددا با ایران برای ایجاد یک پیمان بازرگانی وارد مذاکره گردد. شاید بالاخره بدین موضوع پی بردند که چنین

---

[۶۸۴] - Dreyfus to Hull: 611.9131/141; 1 April 1041

[۶۸۵] - Memorandum by White; 611.9131/141; 10 April 1941

[۶۸۶] - Hull to Dreyfus: 611.9131/141 11 April 1941

[۶۸۷] - Memorandum by White: 891.248/123; 28 April 1941

قراردادی برای آنان سود آور است.[۶۸۸] موررای در یادداشت خود مینویسد که:" ...روس ها وارد فعالیت سیاسی دیگری در ایران شده اند که با گفته های آنان مغایرت دارد[۶۸۹]..." سپس اضافه میکند: "باید این نتیجه را گرفت که انگلیس و روس از این اشغال کشور برای منافع اقتصادی خود بهره برداری خواهند کرد."[۶۹۰] جای تاسف در این است که اگر دولت آمریکا دارای اندک قدرت پیش بینی بود میتوانست از این موضوع بهره بیشتری ببرد. باز هم بدین موضوع بر میخوریم که وزارت امور خارجه آمریکا از آنچه که در آنزمان میگذشت، کاملاً نا آگاه بود و کوشش بسیار نمایندگان ایران که آنان را در اینباره هدایت کنند بجائی نرسید.

---

[۶۸۸] - Memorandum by Murray: 5, Nov. 1941

[۶۸۹] - Ibid.

[۶۹۰] - Ibid.

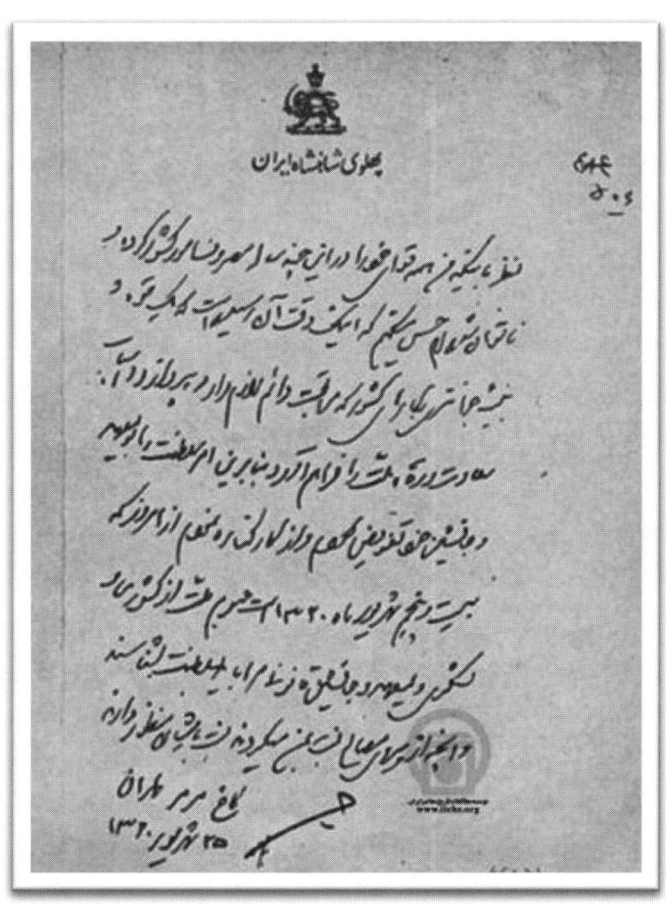

پهلوی شاهنشاه ایران

نظر باینکه من همه قوای خود را در این چند سال مصروف امور کشور کرده و
ناتوان شده‌ام حس میکنم که اینک وقت آن رسیده است که یک قوه و
بنیه جوانتری بکارهای کشور که مراقبت دائم لازم دارد بپردازد و اسباب
سعادت و رفاه ملت را فراهم آورد بنابراین امر سلطنت را بولیعهد
و جانشین خود تفویض نمودم و از کار کناره نمودم از امروز که
بیست و پنجم شهریور ماه ۱۳۲۰ است عموم ملت از کشوری و
لشکری ولیعهد و جانشین قانونی مرا باید بسلطنت بشناسند
و آنچه از پیروی مصالح کشور نسبت به من میکردند نسبت بایشان منظور دارند

کاخ مرمر تهران
۲۵ شهریور ۱۳۲۰

استعفای رضا شاه از سلطنت

به سود فرزندش محمد رضا شاه

محمد رضا شاه پیش از سوگند پادشاهی
در مجلس بهمراه نخست وزیر فروغی

محمد رضا شاه پهلوی در هنگام ادای سوگند بقوانین مشروطیت در مجلس شورای ملی در تهران

بخش یازدهم
مشاورین آمریکائی در ایران

از آغاز سده بیستم تا پیدایش دگرگونی سال ۱۹۷۹، گروههائی از مشاورین آمریکائی برای موارد گوناگون به ایران رفتند. نخستین آنان دکتر مورگان شوستر بود که در آغاز سده بیستم بدرخواست دولت ایران به تهران آمد و همانطوریکه در بخشهای پیشین گفته شد بعلت مخالفتهای دولتین روسیه و انگلیس، حتی یکسال هم دوام نیاورد. بیشترین این مشاورین در زمان جنگ دوم و بعد از آن دوره به ایران آمدند. این افراد را میتوان بدو گروه بخش نمود: ارتشی و اداری. مشاورین ارتشی که وظایف آنان مربوط بیک رشته خاصی بود، در وضع اجتماعی و سیاسی و اقتصادی کشور اهمیت گروه اداری را نداشتند.از گروه اداری گفتار خود را ببرهانهای زیر بدکتر «میلسپو» مستشار مالی منحصر میکنیم:

۱- میلسپو دو مرتبه به ایران آمد ۲- وی بیش از دیگر مستشاران در ایران خدمت نمود ۳- میلسپو هم در زمان رضا شاه و هم در زمان جنگ جهانی دوم در ایران خدمت کرد و مقایسه خدمات وی در این دو دوره قابل ارزش میباشد.

الف- نخستین ماموریت دکتر میلسپو در ایران:

همانطوریکه در پیش اشاره شد، از آغاز سده بیستم دولت ایران مصمّم گردید برای کاستن قدرت دو دولت انگلیس وروس و کم کردن دسیسه های آنان درکشور چه بطور مستقیم و چه از سوی نوکران و مزدوران ایرانی آنان، یک دولت توانای دیگری را وارد فضای سیاسی ایران نماید. دولت ایران خود براین امر واقف بود که توانائی آنرا ندارد که با دو دولت بزرگ مقابله نماید و به چنین برهانی،نظر آنان معطوف به آمریکا شد. دیگر دلیل آن بود که آمریکائیان امتحان خود را در ایران داده بودند و مبشرین

مذهبی آنان به بهترین نحوی کارهای خودرا در ایران انجام دادند و دوستی و مَحبت مردم را بسوی خود جلب نمودند.

دولت ایران از راه کنسولگری خود در واشینگتن با دولت آمریکا تماس گرفتند و درخواست کمک در پیدا نمودن مستشارانی را نمودند. همزمان با این درخواست، در تهران نمایندگان دولت ایران همان تقاضا را از کنسولگری آمریکا نمودند. نخستین درخواست در سال ۱۹۱۱ بود، دولت آمریکا پنج نفر را که شایسته اینکار بودند بدولت ایران معرفی کرد. ایرانیان دکتر شوستر را بعنوان خزانه دار ویژه برگزیدند و قراردادی سه ساله با وی بستند. در دوم فوریه ۱۹۱۱ مجلس ایران قرارداد مزبور را تصویب نمود و روز ۸ آوریل همان سال شوستر از نیویورک بسوی ایران رهسپار گردید. با کمال تاسف ماموریت دکتر شوستر با وجود آنکه از پشتیبانی کامل مجلس برخوردار بود با شکست روبرو شد. شوستر در زمانی به ایران آمد که قدرت روس و انگلیس در کشور به بالاترین حد خود رسیده و توانائی دولتهای ایران در پائین‌ترین درجه ممکن قرار داشت. گروه زیادی از مامورین دولت در زمره سر سپردگان بیگانگان قرار داشتند. روسها با شدت تمام درخواست اخراج شوستر را نمودندو تهدید کردند که اگرتقاضای آنان انجام نگیرد به ایران حمله خواهند کرد. انگلیسیها بظاهر از شوستر پشتیبانی مینمودند ولی در نهان، روسیه را در کارهایشان تأیید وترغیب میکردند. شوستر خود از این موضوع کاملاً با خبر بود و در کتاب خود از این مقوله سخن گفته و عاقبت مجبور شد که از کار خود در ۱۲ ژانویه ۱۹۱۲ استعفا نماید.

در کوته زمانی پس ازعزیمت شوستر از ایران، جنگ اول جهانی آغاز گردید و قوای مهاجم روسیه و انگلیس به ایران حمله و کشور را اشغال کردند. بوضعیت نا بسامان آنزمان، بدبختیهای ناشی ازحضور و دخالت نیروی بیگانگان درکشور اضافه شد.در پایان جنگ، دولت ایران نخست درخواست هائی از جامعه ملل و سپس از کنفرانس صلح جهانی نمود که

به آنها وقعی گذاشته نشد. ایران از دولت آمریکا دعوت نمود که وضعی فراهم آورد که درخواستهای آن دولت رامتفقین در این باره بپذیرند. این عمل نیز بی نتیجه ماند. دولت انگلیس با تمام پیشنهادهای داده شد در باره ایران مخالفت نمود و اجازه ندادند که در خواستهای ایران در هیچ موردی پذیرفته شوند.

در چنین هنگامی،اقتصاد کشور در بدترین وضعی قرار گرفت و بکلی از هم پاشیده شد. بلژیکی ها و فرانسوی‌ها بکمک روس و انگلیس و یاری نوکران ایرانی خود به چپاول و غارت مشغول بودند. رشوه گیری و دزدی از خزانه ملت در میان گروهی از ایرانیان و خارجیان به حد اعلا رسید. فقر و تنگدستی به منتها درجه خود بود. این وضع تا اوایل دهه ۱۹۲۰ ادامه یافت تا زمانی که رضاخان نخست بفرماندهی کل قوا و سپس بنخست وزیری رسید.

رضاخان از آغاز کار، دست به اصلاح وضع نا بهنجار کشور زدوکوشش نمود که صلح و آرامش برای مردم ایجاد کند. اگر چه در وضع نا بسامان کشور تغییری حاصل نشد. در این زمان دولت ایران بفکر افتاد که درخواست مشاور خارجی را بکند. رضا خان با چنین عقیده‌ای موافقت کامل نشان داد و دولت در فکر پیدا کردن فردی برای این پست گردیدو برای چنین موضوعی درخواستی بوزارت خارجه آمریکا فرستاده شد. اینکار هم از ایران و هم از آمریکا صورت گرفت.

پس از مدتی وزارت خارجه آمریکا فردی را بنام« آرتور. سی. میلسپو»[۶۹۱]بدولت ایران معرفی نمود[۶۹۲]. او مستشار مالی وزارت خارجه آمریکا و مورد اعتماد آن دولت بودو توسط «چارلز. ای.هیوز»[۶۹۳] به نماینده

---

[۶۹۱] - Arthur C. Millspaugh

[۶۹۲] - Y. Alexander and A. Nanes; The United State and Iran; A Documentary History,(1980), 82

[۶۹۳] - Charles E. Hughes

ایران، علائی معرفی شد و از وی خواستند که این آگاهی را بدولت متبوع خود برساند. دولت ایران با پیشنهاد وزارت خارجه موافقت نشان دادو میلسپو را برای اینکار در نظر گرفت و او را بعنوان رئیس مستشاران اقتصادی استخدام کردند[۶۹۴]. دولت ایران اختیار کامل به وی داد که بتواند کارهای خود را بنحو احسن انجام دهد. بدین ترتیب نخستین دوره خدمت میلسپو در ایران آغاز گردید که بمدت پنج سال ادامه یافت (۱۹۲۷-۱۹۲۲).

با کمال تأسف میلسپو از فرهنگ و زندگی و محیط سیاسی ایران بی‌خبر بود. وی با نیّت خوب بکار آغاز نمود و مجبور شد که پا بر منافع بسیاری از اشخاص بگذارد و بدین روی دشمنانی برای خود ایجاد نمود که بیشترین آنان از نوکران و جیره خواران بیگانه و برخی از آنان ملاّکان بزرگ بودند که نقشه میلسپو را بزیان خود میدیدند. در تمام این مدت گرفتاری با شوروی و انگلیس تا حدودی بصورت پنهانی پا بر جا بود. نوکران بیگانه را بیشتر نمایندگان مجلس و اعضاً هیُت دولت و همچنین سرمایه داران و برخی از افراد ارتش تشکیل میدادند.

از سوی دیگر میلسپو دارای شخصیت انعطاف نا پذیری بودکه حاضر به هیچ گونه مصالحه‌ای نمیشد و میخواست که وظایف خود را آنطورکه شایسته است انجام دهد. این خصلت او مشکل بزرگی برای دولت و خودش بوجود آورد. میلسپو کوشش نکرد که روحیه مردم و وضع زمان را در نظر بگیرد و در نتیجه باعث ایجاد اختلاف بین دو فرهنگ مختلف گردید. میلسپو در میانه کارش تصمیم میگیرد که کنترات خود را نقض و از نو پیمان دیگری امضاء کند و توانائی بیشتری برای خویش در نظر بگیردو بتواند کنترل بیشتری بر وضع اقتصاد کشور داشته باشد. شکستن کنترات مطابق آنطوریکه پیمان مزبور نوشته شده بود باعث میشد که

---

[۶۹۴] - Chief Financial Advisor

دولت ایران تمامی حقوق او و همکارانش را برای مدت کنترات بدهد که چنین کاری یرای ایران بسیار گران تمام میشد. در ماه جولای ۱۹۲۴، وزیر امور خارجه آمریکا را از تصمیم خود آگاه نمود. علت اصلی اینکار میلسپو بر این امر قرار داشت که دولت ایران متن کنترات نوشته شده را مراعات ننمود و بدون آگاهی او گامهای یکطرفه برداشت که مخالف پیمانی بود که دو طرف آنرا امضاء نموده بودند.

دولت ایران بدون آگاهی میلسپوسهمیه برخی از ادارات را به مؤسسات دیگری برای برنامه‌های گوناگونکه مورد گفتگو و پذیرش قرار نگرفته بودند دادند. در خواست میلسپو کاملاًبجا بود. این مسئله را با وزیر مختار آمریکا «'کورن فلد » در میان گذاشت و او جریان را بوزیر خارجه آمریکا گزارش داد [۶۹۵] درهفت سپتامبر ۱۹۲۴ شارژه آمریکا «والاس اسمیت موررای» در یادداشت شماره ۶۳۷ خود بوزیر خارجه آمریکا اظهار داشت که کار میلسپو کاملاً درست و تصمیم او بجا بوده است.

پس از چنین گرفتاری که دولت ایران بوجود آورد، نخست وزیر، مشیرالدوله، کمیته‌ای برای بررسی این امر تشکیل داد وخود ریاست آنرا بعهده گرفت. مخالفین بر این باور بودند که مستشار آمریکائی بعنوان یک مشاور استخدام شده است و باید کارش فقط در همین بخش باشد. این طرز تفکر درست نبود و استخدام مستشار مبنی بر این بود که وضع نابسامان اقتصاد ایران را سر و سامانی دهد. موررای کوشش نمود که این اختلافات را بنحوی خاتمه دهد، با علم باینکه میدانست که میلسپو کارش کاملاً قانونی میباشد. او در نامه خود خطاب بوزیر خارجه نوشت که: "تصمیم میلسپو عاقلانه است ولی در شرایط موجود تقاضای او خوش آیند نمیباشد. [۶۹۶]

695- Communique # 67; 28 July 1924
696- Y. Alexander and Allen Nanes; The United States and Iran; A Documentary History (1980), p 35-36.

نظریات مورای انعکاسی از تفکرات وزیر دارائی ایران " ذکاءّ الملک" بود که به وی اظهار داشته: "درخواست میلسپو مانند یک داروی بسیار قوی است که در شرایط حاضر ممکن است که باعث مرگ بیمار گردد." مورای در دنباله گزارش خود بوزیر خارجه اظهار داشت : "میلسپو نمیتواند درک کند که نقض کنترات موجود، ایجاد یک کنترات دیگر را غیر ممکن میکند. مخالفت واضح روسها بهمراهی مخالفت پنهانی انگلیسی‌ها و دشمنی بلژیکی ها[۶۹۷] و فرانسوی‌ها که منافع خودرا در خطر میدیدند باضافه عدم همکاری گروهی از نمایندگان مجلس گذراندن یک لایحه تازه و پذیرش آنرا توسط مجلس کاملاًغیر ممکن مینماید"

در پایان گفتگوهای بیشماری که بین نمایندگان ایران و آمریکا و دکتر میلسپو انجام گرفت، او استعفای خود را پس گرفت. نخست وزیر قول داد که دستش را در انجام اصلاحات باز گذارد و هر طوری که صلاح بداند اصلاح کارهارا ادامه دهد. نخست وزیر همچنین قول داد که از بودجه دفتر خود بکاهد و از هر وزارت خانه بخواهد که مبلغ ۲۰۰ هزار تومان از بودجه سالانه خودکاهش دهند. میلسپو درخواست نمود که کفیل بلژیکی اداره پست و همکار ایرانی اورا از کار برکنار کنند. این دو نفر عبارت بودند از " امیل پایر" و همکار ایرانی او "مختار الدوله " این درخواست نیز پذیرفته شد

در سال ۱۹۲۵، تغییرات بزرگی در کشور رخ داد. رضاخان که تا آنزمان نخست وزیر و وزیر جنگ بود، ادعای سلطنت نمود و مجلس نیز با وی همگام گردید و در یک نشست، نمایندگان، آخرین شاه سلسله قاجار (احمد شاه) را از کار برانداختند و رضاخان را به پادشاهی انتخاب و سلسله

---

[۶۹۷] اداره گمرکات و پست ایران در دست بلژیکی ها بود که نمیخواستند میلسپو کوچکترین دخالتی در کار آنان داشته باشد. بلژیکی ها و فرانسوی ها با همکاران ایرانی خود مشغول چپاول و دزدی اموال دولتی و ملت ایران بودند.

قاجار را به پهلوی تبدیل کردند.رضاخان پیشین و رضا شاه بعدی، پیوسته از حامیان میلسپو بود و تنها قدرتی بود که به میلسپو اجازه داد که اصلاحات خود را انجام دهد. میلسپو در کتاب خود"پرشیا" بدین امر اشاره کرده و میگوید:"من یقین دارم که اگر برای ارتش قوی و خواست رضا پهلوی نبود، من یقینا در کارم با شکست روبرو میشدم."
در دوره خدمتش، میلسپو، زمانی خود را ناگزیر دید که با رضا شاه در پاره ای از مواقع مخالفت نماید، بویژه در باره بودجه ارتش. بدید او بودجه شش میلیون تومانی ارتش (در حدود سه میلیون دلار) برای ارتش سی تا چهل هزارنفری ایران کاملا کافی بود- او از دیگر مسائل موجود در کشور بیخبر بود و آگاه نبود که ایران کشور بزرگ ملوک الطوایفی با فرهنگی بسیار متفاوت و زبانهای مختلف است. میلسپو نمیدانست که دولت مرکزی با برخی ازقبایل در جنگ و جدال بود تا بتواند شهروندان خود را در صلح و صفا نگهدارد. برخی از روسای قبائل به آسانی و برای سود مالی برای اندک پول و درآمدی زیر لوای دول خارجی قرار میگرفتند.
نگارنده شخصاً میتواند برخی از مواردی را که در کودکی گواه آنها بوده ووجود ارتش در آنها لازم بود نام ببرد: برای مثال در سنین ۷-۶ سالگی در اواسط دهه ۱۹۳۰ با خانواده‌ام مسافرتهای زیادی بین تهران و رشت مینمودیم.راهها کوهستانی و سنگی و اتوبوس ها تنها وسیله مسافرت برای اکثریت مردم بود. با اتوبوس این راه ۳۵۰ کیلومتری در حدود ۲۴ ساعت طول میکشید. افراد یاغی و مسلح در پشت کوهها و سنگها و در گردنه ها پنهان میشدند و در موقع مقتضی به اتوبوسها حمله میکردند، مردم را میکشتند و اموال آنهارا بغارت میبردند. بدین جهت در هر اتوبوس چند سرباز مسلح همراهی مینمودند که بفاصله های معین عوض میشدند. بطور کم و بیش این امر برای مسافرت در تمامی کشور انجام میشد.
بسیاری از روسای قبایل برای خود دولتی مستقل تشکیل داده بودند و وقعی بدولت مرکزی نمیگذاشتند. برای نیل به مقصودشان این افراد حتی

رحم بمردم قبیله خود نیز نمیکردند و همچنین با قبایل دیگر در جنگ میشدند. یک مثال واضح از این گونه گرفتاری مسئله شیخ خزعل در خوزستان بود. او زیر حمایت دولت انگلیس قرار گرفته ودستور خود را از آنان میگرفت و دوبار از سوی انگلیس بدرجه « نایت هود »، «کی.سی.آی.ای » و « کی. سی. آی. ا.س» رسید. این مرد بشدت با ماموریت دکتر میلسپو مخالفت مینمود. یعنی در واقع بلند گوی انگلیسیها بود. رضاخان چاره ای نداشت جز اینکه او را از میدان سیاست بردارد. برای ایجاد امنیت اجتماعی شکی باقی نمیماند که کشور میبایست دارای ارتشی قوی باشد.

مخالفت دکتر میلسپو با رضا شاه برای موضوعی که از لحاظ بودجه کلی کشور چندان اهمیتی نداشت، کار درستی نبود. بویژه که رضا شاه حامی وی بود. جای تاسف در اینجا است که میلسپو نمیتوانست این مسئله را بخوبی درک نماید. او متوجه این موضوع نبود که با کارهائی که انجام میداد دشمنان بزرگی برای خود ایجاد نموده بود، که برخی از آنان دارای قدرت زیادی بودند و از او در برابر شاه سعایت میکردند. یکی از این افراد شاهزاده فیروز فرمانفرماکه از مزدوران انگلیس بود، هنگامی که بوزارت دارائی منصوب گردید، قدرت میلسپو را خطر بزرگی برای خود دانست و در واقع دشمن بزرگ میلسپو شده بود و کوشش بسیار داشت که او را از ایران خارج نماید.

باکمال تاسف، مستشار آمریکائی درسی از بودن در ایران نیاموخت و کوششی نکرد که اندکی خود را بمردم این کشور نزدیک کند و از فرهنگ آنان آگاهی یابدو سعی در آن داشت که ایران را تبدیل بیک آمریکای دیگر نماید. در یادداشت شماره ۲۳۱ روز ۳۰ دسامبر ۱۹۲۶ وزیر مختار آمریکا در تهران فیلیپ هافمن[۶۹۸] بوزیر خارجه آمریکا نوشت که ملاقاتی با

---

[۶۹۸] - Philip Hoffman

نخست وزیر ایران مستوفی الممالک داشت و نخست وزیر به وی گفته بود که:"من قلبا امیدوارم که میلسپو کارهای خودرا در حدود تحمل و امکانات این مردم پایه گذاری کند نه اینکه برروی قوانینی که شاید برای ممالک غربی که دارای سابقه‌ای دیگرند مورد اجرا باشد."[۶۹۹]
در ماه جون دولت ایران قرارداد سه ساله‌ای به میلسپو پیشنهاد نمودکه محدودیتهائی را شامل میشد. او ازموافقت با این قرارداد سر باز زد واشاره نمود که با چنین پیمانی نمیتواند وظایف خود را آنطوری که میبایست انجام دهد، و مرخصی بدون حقوق برای باقیمانده دوره ماموریت خود گرفت و بآمریکا برگشت واین پایان نخستین ماموریتش در ایران بود.

ب- ماموریت دوم دکتر میلسپو در ایران:
۱-شرایطی که منجر بماموریت دوم میلسپو گردید.

رضا شاه از سال ۱۹۲۵ تا ۱۹۴۱ با دیکتاتوری کامل و مشت آهنین در ایران حکومت نمود. از سوئی باعث ایجاد ترقی و تمدن جدید در کشور شد و از سوی دیگر موجب پیدایش گرفتاریهای بسیار برای کشور در آینده گردید. او ایران را از فروپاشی نجات داد و یک پارچگی مابین مردم آورد،تشکیلات ارتش را سر وسامانی داد، قدرت روسای قبایل را کم نمود و یا از بین برد، راه آهن را ایجاد نمود،راههای شوسه را تعمیم داد، دانشگاه تهران را تاسیس نمود، تعلیم و تربیت ابتدائی را برای همگان فراهم نمود، بانک مستقل ملی ایران را پایه گذاری کرد که از قدرت بانک شاهنشاهی انگلیس در اقتصاد ایران بکاهدو در ۱۷ دی ماه ۱۳۱۴ بموجب قانون مصوبه مجلس شورای ملی ایران روز "آزادی زنان " شناخته شد و بدین ترتیب قانون رفع حجاب را به اجرا گذاشت.

در این روز جشنی بزرگ در تمام ادارات، چه دولتی و چه خصوصی صورت گرفت و از کارمندان خواسته شده بود که با همسران خویش در آن جشنها

---

[۶۹۹] - Department of State; Foreign Relations, (1927) 3; p. 565.

شرکت کنند. این اولین باری بود که بانوان ایرانی بدون چادر و روبنده از خانه خارج میشدند. درآنزمان پدر نگارنده کارمند بانک ملی ایران بود، او در جشن بزرگ بانک، نقش قابل اهمیتی بر عهده داشت و یکی از مهمانداران آنروز بود. مادرم بعلت بیماری نتوانست در آن جشن شرکت نماید و پدرم مرا به همراه خود برد.

یک پسر خردسال که تا آنزمان چشمش بجز دیدن بانوان خانواده، زنان دیگر را بدون حجاب و روبنده ندیده بود، شاهد جریان فراموش نشدنی شد. بانوان با لباسهای فاخر، لبهائی برنگ قرمز تند، گونه های گلگون، پیراهنهای بلند و یا کت و دامن، در پیش چشم من رژه میرفتند. چنان محو تماشای این مناظر بودم که وظیفه اصلی خود را که پذیرائی از میهمانان بود فراموش کردم. در چنین هنگامی پدرم مرا از این رویا بیرون آورد و انجام وظیفه ام را بمن یاد آوری نمود.

ناگفته نماند که برداشتن حجاب با مخالفت شدید علمای مذهبی مواجه گردید. البته شکی نبود که در واقع چنین امری میبایست صورت میگرفت. ولی انجام آن تا حدودی بدون نقشه و پایه گذاری و با عجله آغاز گردید، بدون اینکه مردم آمادگی آنرا داشته باشند. همانطوریکه تاریخ نشان داد چند سالی بعد، پس از اشغال کشور، جریان بکلی برگشت و گروهی از زنان بوضع نخستین خود بر گشتند. ملا ها و آخوندها، البته به رفع حجاب رضایت نمیدادند و مغز کوچک و فاسد آنان نمیتوانست درک کند که زنان نیز این حق را دارند که مانند سایر افراد بشر بطور آزاد زندگی نمایند.

بعنوان یک میهن پرست رضاشاه هیچ علاقه ای به روسیه و انگلیس نداشت، در صورتی که با کمک انگلیسیها بر سر کار آمده بود. با تجربه هائی که از دولت آمریکا و عدم همکاری آنان در هر موردی مشهود گردید، رضاشاه مجبورشد که از کشورهای دیگریاری بگیرد، چنانکه در باره ساختمان راه آهن سرتاسری ایران مشاهده گردید.

بدترین رفتار رضاشاه دیکتاتوری او بود. هیچکس نمیتوانست نقش مخالف را ادا کند، کسانی که دارای قدرت بودند که کشور را بتوانند بطور صحیح در موقع لزوم اداره کنند یا کشته و یا تبعید میشدند. این روش او برایش خیلی گران تمام شد، بدون اینکه خودش به عمق واقعی آن پی برد. نتیجه کارش این شد که گروهی اشخاص بدون شخصیت دورش را گرفتند که بیشترین آنان از نوکران خارجی ها بویژه انگلیس بودند. کمبودی که در نتیجه از بین بردن اشخاص با ارزش ایجاد شده بود، این جریان را در هنگام اشغال کشور بخوبی روشن نمود.

وضع سیاسی-اجتماعی و اقتصادی کشور پس از اشغال، همان صورتی را پیدا کرد که کشورهای اشغال شده به آن مبتلا میگردند. کشور در قحطی قرار گرفت که سالها در این وضع باقی ماند. اندکی پس از اشغال ایران، آمریکا نیز بجرگه اشغالگران در آمد و نیرو به ایران فرستاد. منظور عمده امریکا در ایران، رساندن قوا بروسیه شوروی بود که بتواند با نیروی هیتلر در اروپا بجنگد. آمریکائیها تشکیلاتی در ایران برای انجام این امر ایجاد کردند بنام « مرکز فرماندهی خلیج فارس.»[۷۰۰] در یک برهه از زمان در حدود سی هزار سرباز آمریکائی برای این منظور در ایران مستقر بودند.

دولت ایران از وارد شدن آمریکا در ایران خوشحال بود و از آنان خواستند که در امور کشورکه مربوط به به حضور دو نیروی انگلیس و روس بود باایران همکاری کنند. در ضمن با مشورت با ایران برای اصلاح وضع اقتصادی کشور مستشارانی بفرستند. این امر را دولت امریکا پذیرفت و کارشناسانی به ایران فرستاد که عبارت بودند از: مستشاران برای ژاندارمری و پلیس روستائی تحت فرماندهی سرهنگ « اچ. نورمن شوارتزکف »،[۷۰۱]

[۷۰۰] - Persian Gulf Service Command (PGSC). It was under the command of General Connolly).

[۷۰۱] - H. Norman Schwarzkopf.

برای ارتش، ژنرال «کلارانس ریدلی»[۷۰۲] و همچنین گروهی دیگر که با دعوت دولت به ایران آمدند.[۷۰۳] در عین حال وضع اقتصادی ایران هر روز رو به وخامت میگرائید و فکر اینکه کشور احتیاج بیک مستشار اقتصادی دارد بوجود آمد و قوت گرفت و دولت ایران برای کمک، روی به آمریکا آورد. از وزارت خارجه آمریکا مجددا دکتر آرتور میلسپو را که در دهه ۱۹۲۰ به مدت پنج سال در ایران بود بدولت ایران پیشنهاد کردند و میلسپو اظهار داشت که این ماموریت را میپذیرد. قرارداد سه ساله بین او ودولت ایران امضاء گردید. میلسپو باگروهی از همراهان و کارمندان خود در ۲۹ ژانویه ۱۹۴۳ وارد تهران شد. بدین ترتیب دوره دوم مستشاری خود را آغاز نمود که تا ۱۹۴۵ بطول انجامید.

کاوشی در دوره دوم ماموریت دکتر میلسپو در ایران:

خدمات این مستشار، پیروزی و شکست او، نمونه ای از کارهای مشاورین دیگر آمریکا در ایران میباشد. از این رو موضوع دکتر میلسپو را با تفسیری بیشتر مورد بررسی قرار میدهیم.

او پس از ورود بتهران بلا فاصله وظائف خود را آغاز نمود و گروهی از اطرافیان خود را در پست های حساس جای داد: « دکتر پل. اتکینز »[۷۰۴]مدیر بخش تنباکو و تریاک، دکتر « الجین. جی. گروس کلوز »[۷۰۵] مامور بررسی مالی و طلا، « جمس. جی. رابینسن»[۷۰۶] مدیر درآمدهای

---

[۷۰۲] - General Clarence Ridly.

[۷۰۳] - General Patrick Hurly with special appointment of President Roosevelt and also Ambassador Averill Harriman.

[۷۰۴] Paul M. Atkins.

[۷۰۵] - Elgin Groseclase.

[۷۰۶] - James G. Robinson.

داخلی، «هری. اس. شامبرگر»[۷۰۷] مدیرحسابداری، «هیو.تی.جی. چیس»[۷۰۸] منشی خصوصی دکتر میلسپو، «والتر گرشن»[۷۰۹] مدیر گمرکات و سرهنگ « ریچارد. و. بنول »[۷۱۰] بازرس مخصوص وزارت دارائی. و البته خود او دارای مقام مدیر عامل اقتصاد و دارائی بود.

پس از جایگزینی در تهران، میلسپو ملاقاتی با وزیر مختار آمریکا بعمل آورد. نماینده آمریکا درایفوس به وی هشدار داد که رابطه جدّی و عمیق هم با کنسولگری آمریکا و هم با دولت انگلیس داشته باشد و کلیّات ملاقات خود را بوزیر خارجه آمریکا آگاهی داد.[۷۱۱] در مدت کوتاهی میلسپو پیشنهادات خودرا به دولت و مجلس ایران فرستاد. متاسفانه از همان روزهای نخست، اختلافاتی بین او و برخی از سیاستمداران ایران پیش آمد. در میان این مخالفین، گروهی ازمیهن پرستان واقعی بودند که اصولا مایل نبودند که اختیارات تام مالی کشور را بدست یک فرد خارجی بدهند.گروه دوم از این مخالفین افراد سود جوئی بودند که وجود آمریکائیان را مخالف منافع خود میدیدند و بالاخره دسته سوم از مزدوران دولتهای خارجی بودند که نمیخواستند بهبودی در وضع مالی کشور روی دهد مهمتراز آن، اربابان آنها نمیخواستند که پای دولت آمریکا در ایران باز گردد.

به میلسپو هشدار داده شده بود که ماموریت کنونی او با ماموریت دهه ۱۹۲۰کاملا متفاوت خواهد بود، بدلایل مختلف: اوضاع کشور در این دوره تغییر کرده بود و زمان جنگ را طی میکرد و کشور زیر اشغال بیگانگان

---

۷۰۷ - Harry S. Shambarger.

۷۰۸ - Hugh C. G. Chase.

۷۰۹ - Walter Greshan

۷۱۰ - Richard W. Bonnevelle.

۷۱۱ - US Foreign Relations; Communique # 489/19 March 1943.

بود. مهمتر از همه اینکه در این زمان دست آهنین رضاشاه وجود نداشت که حامی وی باشد.

باکمال تاسف، میلسپو به اندرزهائی که به وی داده شده بود وقعی نگذاشت و در اندک زمانی موفق گردید که گروه زیادی را از خود برنجاند. در بین این اشخاص افرادی چند بسبب میهن پرستی و ملی گرائی شان مورد احترام مردم بودند. از این گروه باید کسانی را به مانند علی پاشا صالح نام برد. هنگامیکه صالح وزیر دارائی بود مخالفت بین آن دو بحدی رسید که صالح استعفای خود را بدولت تسلیم نمود. درایفوس در گزارش خود بوزیر خارجه هال اشعار داشت، در ملاقاتی که یکی از مامورین کنسولگری با صالح داشت، نتیجه گفتگوی خود را اینطور بیان نمود:[۷۱۲] "صالح از خط مشی و سیاست آمریکا انتقاد نمود و گفت که سیاست آمریکا بچند دلیل در ایران بسرعت رو بکاستی میرود:

۱-دشمنی ایرانیان در باره اشغال کشور بدست روس وانگلیس و عدم میانجی گیری آمریکا؛

۲- عدم توانائی مستشاران آمریکائی در سر وسامان دادن وضع کشور؛

۳- عدم ارسال وسایل لازم برای ایران و مخالفت در برنامه «لند- لیس»؛

۴- ناتوانی آمریکا در مجبور کردن روسیه که از اعمال خصمانه بر علیه ایران دست بردارند؛

۵- بسیاری از ایرانیان بر این باورند که برخی از مستشاران برای کارهائی که بایران فرستاده شده اند اطلاعات و تجربه لازم را دارا نیستند؛

۶-اعتقاد جمعی بر این است که آمریکا فقط از ایران میخواهد بصورت پلی برای ارسال اسلحه بروسیه استفاده نماید و درخواستهای ایران را با وعده های مبهم بعقب میاندازد.

---

[۷۱۲] - US Foreign Relations; 1943, Vol. IV, p. 519.

عدم رضایت علی پاشا صالح از آمریکا دارای جنبه خصوصی نیز بود. این امر بستگی به تجربه شخصی اوداشت که در هنگام خریدن مواد غذائی که از طرف دولت ایران به آمریکا فرستاده شده بود موفق نشدکه کوچکترین کار مثبتی انجام دهد و دائماً به مخالفتهای بیجا مواجه میشد. بدین جهت دید منفی در برابر آمریکا در وی ایجاد شده بود. چنین امری کاملا قابل درک و فهم میباشد، بر همه آن مشکلات برخورد میلسپو را نیز باید اضافه نمود.

اگر اندکی، باتوجه بیشتری به انتقاد صالح نگاه کنیم، میتوانیم بخوبی درک نمائیم که او بطور مستقیم از سیاست آمریکا در ایران انتقاد مینمود. استعفای صالح از سوی نخست وزیر پذیرفته نشد و نمایندگان آمریکا و دولت ایران کوشش نمودند که بین این دو را آشتی دهند و تا حدودی به نتیجه هم رسیدند و میلسپو قول داد که در راه همکاری با صالح گام بردارد.

پیشنهادهای میلسپو را دولت بتدریج بمرحله اجرا گذاشت. ولی نتیجه مورد نظر حاصل نگردید واو عدم حصول نتیجه را در نداشتن اختیارات بیشتر دانست و نمیتوانست در مقابل کسانی که برایش تولید مشکلات میکردند پیشروی نماید. در نتیجه از دولت درخواست کرد که قدرت زیادتری به وی داده شود. میلسپو پیش از فرستادن درخواستهایش بدولت، آنها رابرای بررسی به درایفوس فرستاد و درایفوس عین آن تقاضا را برای وزیر امور خارجه ارسال داشت.[۷۱۳] پیشنهادات میلسپو شامل میشدند از:
دریافت قدرت تام تا شش ماه پس از پایان جنگ در امور مربوط به تثبیت قیمتها، واردات و پخش مواد غیرغذائی، مواد خام، موادساخته شده،کنترل اجاره، حقوق، و قیمت اشیاء گوناگون،قدرت تام در حدّ وزارت، در باره

[۷۱۳] - US Foreign relations; Telegram 891.51a/581; Communique #386.

قوانین احتکار، اجازه ایجاد آئین نامه ها با قدرت قانونی و انتخاب نه نفر آمریکائی برای پست های مختلف در وزارت دارائی.
این درخواستها باعث ایجاد مشکلات زیاد گردید. بسیاری از آزادیخواهان بر این باور شدند که او میخواهد دولتی در دولت تشکیل دهد و خواسته های اورا غیر منطقی و بی برهان میدانستند که در برخی از موارد، قدرت آن از قدرت دولت نیز تجاوز میکرد. اگر چه بگفته درایفوس نخست وزیر با این درخواستها خیلی مخالف نبود. لایحه در مجلس مورد شور قرار گرفت و نمایندگان تصمیم گرفتند که اقلا برای زمان حاضر درخواستش را بپذیرند. مجلس در ۴ ماه می ۱۹۴۳ پیشنهاد هارا مورد بحث قرار داده و آنها را تصویب نمودند. متاسفانه میلسپو دارای نیروی کافی انسانی نبود که بتواند چنین برنامه بزرگی را بمورد اجرا بگذارد. درایفوس از هال، وزیر خارجه، درخواست کمک برای میلسپو نمود، که با خرج دولت آمریکا از برنامه ویژه‌ای بنام " قوانین متحده ارتشی سرزمین های اشغالی."[۷۱۴] استفاده نماید. متاسفانه وزیر امور خارجه کوچکترین اعتنائی بدین درخواست فرستاده خویش در تهران ننمود، و حتی جوابی باو نداد. اینگونه بی اعتنائی در باره اوضاع ایران کرارا در کارهای وزیر خارجه آمریکا دیده میشد، و عملا سدّی در برابر فرستاده های خود ایجاد میکرد که بعقل سالم درک آنها بسیار مشکل است.
در مرحله بعدی میلسپو پیشنهادات قوانین مالیاتی را بمجلس فرستاد و در همان زمان درخواست نمود که شصت آمریکائی دیگر را استخدام نماید. لایحه اصلاح مالیاتی او باعث ایجاد تشنج زیادی در بین نمایندگان و گروه های مختلف مردم که در آمدشان و یا در آمد موکلین آنان مورد تهدید قرار میگرفت، شد. در چنین زمانی میلسپو دست بکار دیگری زد که منجر به تشنج زیادی گردید. او دستور سر شماری تازه ای را داد، بدون آنکه در

---

[۷۱۴] - Allied Military Government of Occupied Territories (AMGOT)

این باره با وزیر کشور، تدّین، مشورتی نماید. تدّین این عمل را دخالت مستقیم در کار خود دانست و آنرا توهینی بخویش شمرد. او بر این باور بود که مستشار هیچگونه قدرت قانونی در این باره نداشته است.

عمل دیگر میلسپو این بود که بر خلاف پیشنهاد نخست وزیر، موارد اختلاف خود را با وزیر کشور منتشر نمود و بمانند ماموریت سابقش دولت را تهدید نمود که اگر مجلس همه پیشنهادات او را تصویب ننماید، استعفا خواهد داد.[۷۱۵] کارهای دیکتاتوری میلسپو و عدم رعایت قدرت دیگران، نه تنها باعث گرفتاری او در میان ایرانیان شد، بلکه باعث ایجاد ناراحتی در بین همکارانش نیز گردید. گامهائی برداشت که در انجام آنها با هیچیک از مشاورین خود مشورتی ننمود.[۷۱۶] میلسپو کوچکترین تعمقی نکرد که رفتارش باعث گرفتاری برای دولت ایران میشود که در وضع بسیار خطیری قرار داشت و میبایست در هر آن، با دو دولت دشمن که هر کدام برنامه ویژه خود را داشتند دست و پنجه نرم کند. میلسپو نمیتوانست پی ببرد که کارهای نسنجیده اش ممکن است باعث سقوط دولت گردد.

علاوه بر میلسپو، آمریکائیهای دیگری بودند که کارهای آنان باعث دردسر بسیاری برای دولت ایران میشد. در این باره درایفوس چنین اشاره میکند:«عدم احساس همدردی از سوی ارتش آمریکا و برخی دیگر از آمریکائیان که درکارهای غیر نظامی در ایران بودندباعث ایجاد گرفتاری شدند و حتی در مقابل کارهای میلسپو سدی را ایجاد نمودند. در این امر مامورین و سردمداران «مرکز فرآورده های خاورمیانه»[۷۱۷] انگلیس نیز سهمی بسزا داشتند. "[۷۱۸]

---

۷۱۵ - Dreyfus to Secretary of State Hull; Tel. 891.51a/625, July 1943.

۷۱۶ - Ibid; 891.51a/862

۷۱۷ - Middle East Supply Center (MESC). This organization was under the control of the British.

۷۱۸ - Ford to Secretary Hull; Tel. 891.51a/1017; 21 Feb. 1944.

در عین حال درایفوس گزارش شایعه ای را که در محافل تهران وجود داشت بوزیر خارجه آمریکا داد" که روس ها به همکاری انگلیس مشغول ایجاد طرحی هستند که منجر به عدم پیشرفت کارمستشاران آمریکائی گرددو بهمان روش که در سال ۱۹۱۱ در باره کار مورگان شوستر نمودند. مجلس در نشست ۲۴ اکتبر ۱۹۴۳ تقاضای میلسپو را در باره استخدام شصت آمریکائی دیگر پذیرفت و همچنین لایحه مالیات را در نشست ۱۱ نوامبر ۱۹۴۳ تصویب نمود. بنا براین دیده میشود که تمام درخواستهای او تا آنزمان از سوی دولت و مجلس پذیرفته شدند. همزمان با این رویداد ها، او دست بیک عمل تازه ای زد که باعث ایجاد بحران دیگری در ایران گردید. میلسپو دستور توقیف حقوق نه هزار کارگررا که برای روسیه قوای جنگی میساختند صادر نمود.

این کار باعث اغتشاش در کارخانه گردید و دولت ایران را در مقابل روسیه قرارداد. برهان میلسپو این بود که چون این کارگران برای دولت شوروی کار میکنند، وظیفه آندولت است که تقبّل پرداختن حقوق آنان را بنماید. این کار اگر چه از نقطه نظرقانونی کاملا درست بود ولی از دید سیاسی بسیار حساس و میبایست با در نظر گرفتن جوانب و از روی سیاست کامل حل میشد.

بطور کلی اشکالاتی که بمرور زمان توسط میلسپو برای دولت ایجاد میشد بنقطه ای رسید که وزیر امور خارجه، ساعد، شارژه آمریکا، فورد[۷۱۹] را به حضور خواست و بشدت از برخورد میلسپو شکایت نمود و اظهار داشت: "اخلاق و رفتار میلسپو درست همانست که بیست سال پیش بود. او از استخدام ایرانیان برای پست های مختلف سر باز زد که باعث ازدیاد مخارج

---

[۷۱۹] - Charge Ford.

برای دولت ایران شد. با وجود اینکه بتمامی تقاضاهایش پاسخ مثبت داده شد ، نتوانست به بهبود وضع کشور کمک قابل توجهی بکند." [۷۲۰]

مخالفت با دکتر میلسپو در مجلس و نیز در میان افراد هیئت دولت رو بازدیاد گذاشت. نمایندگان ملیّون ایرانی در مجلس برای عدم توانائی در باره کمبود و پخش مواد غذائی با او مخالفت ورزیدند. در میان این گروه دکتر محمد مصدق نیز قرار داشت که از سوی مردم دارای احترام زیادی بود. در عوض از گروهی از نمایندگان مجلس که بطور قطع جیره خواران انگلیس بودند مورد حمایت قرار گرفت. حمایت این نمایندگان نتیجه معکوسی برای او داشت و در دید مردم او را حامی پیشرفت سیاست انگلیس در ایران قرار داد. این گروه از نمایندگان بخوبی از نتیجه کار خود واقف بودند و در واقع عمل آنها از روی حساب بود. در میان آنان سید ضیاءالدین طباطبایی را میتوان نام برد. در این مورد کار بقدری واضح بود که شارژه آمریکا مجددا بدان اشاره نمود: "پشتیبانی شخصی چون سید ضیاءالدین باعث شگفتی زیادی شده است." [۷۲۱]

فورد بدرستی بدین موضوع اشاره میکند که پشتیبانی سید ضیاءالدین از میلسپو، احتمالااز سفیر انگلیس در تهران سر ریدر بولارد ریشه گرفته واو بطور غیر مستقیم رابطه نماینده مجلس را با سفارت انگلیس تائید نمود. از نوشته فورد اینطور میتوان استنباط نمود که انگلیس کوشش داشت که به ایرانیان نشان دهد که میلسپو به آنان تعلق دارد و بدین ترتیب انزجار مردم را نسبت به وی ایجاد و افزایش دهند و از این راه ماموریت او را بخطر اندازند.

از سوی دیگر روابط میلسپو با مدیر کل بانک ملی ایران، ابتهاج، بعلت دخالتش در امور بانکی رو به وخامت گذارد. این اختلاف در مرور زمان

---

[۷۲۰] - US Foreign Relations (1944); 4: 392.

[۷۲۱] - Tel. 891.51a/1120/ 25 April, 1944.

تشدید یافت و کاملا علنی گردید. برای خاتمه دادن به چنین گرفتاریها، نخست وزیر کوشش نمود که از قدرت میلسپو بکاهد. ازاین رو یکی از راه ها را در این دانست که از مجلس بخواهد تا از قدرت تام وی بکاهند. این پیشنهاد بصورت لایحه ای تسلیم مجلس گردید. ولی مجلس با این امر موافقت نکرد و چند ماه دیگر به میلسپو مهلت داد که وضع خود را بهبود دهد.

ابتهاج که برای شرکت در جلسات مالی و دارائی سازمان ملل در آمریکا بود و ریاست نمایندگان ایران را در آن جلسات بعهده داشت، ملاقاتی با وزارت خارجه آمریکا در ۲۶ جولای بعمل آورد و نارضایتی خود را از کاربرد و رفتار آمریکا در ایران اظهار داشت. کفیل وزارت خارجه آمریکا استتی نیوس [۷۲۲] در یادداشت خود بشارژه "فورد" در تهران، او را از ملاقات ابتهاج با خبر نمود و دریافت خود را از گفته های ابتهاج بدین شرح به او گزارش داد:"اینطور بنظر میرسد که دولت آمریکا دست دوستی ایرانیان را که بسوی آنها آمده بود رد کردند.»ابتهاج گفته های خود را بپایه اتفاقات زیر استوار نمود:

۱- امتناع پرزیدنت روزولت ازبازدید شاه در هنگام کنفرانس تهران،

۲- عدم امکان دیدار خود با پرزیدنت که نامه خصوصی شاه را به وی برساند،

۳- باز خواندن وزیر مختار آمریکا ،درایفوس، از ایران و تحقیر ایران در کنفرانس مالی سازمان ملل.

ابتهاج اظهار داشت که کشورش بیش از این خودرا کوچک نخواهد کرد و دوستی با کشور های دیگر را در نظر خواهند گرفت.

ابتهاج از دادن نامه شاه بوزیر خارجه آمریکا خودداری نمود و گفت که نامه را بنا بدستور شاه باید بدست پرزیدنت میداد و چون نتوانست از ایشان

---

[۷۲۲] - Stettinius.

وعده ملاقات بگیرد نامه را با خود بایران بر میگرداند. در عین حال میلسپو به اعمال خود در ایران ادامه میداد بدون اینکه در یابد که کارهای او ممکن است باعث ایجاد گرفتاریهای بسیار برای دولت ایران و حتی سقوط آن گردد. وی در یک مصاحبه با روزنامه ستاره گفت: "میهن پرستان ایرانی هنگامی که استقلال کشورشان در خطر است بما روی میآورند. اگر مشاورین آمریکائی به ایران نمی آمدند یکی از امکانات این بود که کشور از شمال و جنوب توسط قوای شوروی و انگلیس اشغال گردد". این کار مستشار آمریکائی هیچ رابطه‌ای با آنچه که برای آن استخدام شده بود نداشت و مربوط به نخوت و تکبر و فقدان هر گونه احترامی برای دولت میزبان میبود. همچنین اظهاراتش برهانی بر عدم آگاهی او از جریانات و حوادث روز بود و این گفتگو با روزنامه ستاره باعث ایجاد ناراحتی زیادی در بین هیئت دولت و نمایندگان مجلس و بطور کلی مردم گردید.

پس از درج مصاحبه در روزنامه برای اینکه از اثرات بد گفته های بیفکرانه خود دفاع کند بوزیر مختار آمریکا گفت که روزنامه سخنان وی را تحریف کرده است. ولی مطابق گفته نماینده آمریکا آنچه در روزنامه منعکس شده بود عین آن بود که میلسپو شخصا به وی گفته بود.[۷۲۳] سفیر روسیه ماکسیموف[۷۲۴] واکنشی در باره مصاحبه میلسپو نشان داد و با شارژه انگلیس لاسلز[۷۲۵] گفتگو نمود که مشترکا این امر را با سفارت آمریکا در میان گذارند. میلسپو بعداً مصاحبه خود را با روزنامه ستاره پس خواند ولی نتیجه ای از اینکار حاصل نشد. این عمل میلسپو در بدترین زمان صورت گرفت، چون در همین هنگام شارژه فورد در موقعیتی بود که میتوانست از سفارت روسیه برای پیشرفت کارهای میلسپو کمکی بگیرد.

---

۷۲۳ - Ford to Secretary of State; Tel. 901.51a/8-1244; 12 Aug. 1944.

۷۲۴ - Mikail Alexcyevich Maximov.

۷۲۵- Lascelles.

هر روز که میگذشت نتیجه کاری میلسپو بیشتر یک درد سر برای دولت بود تا کمک او در برداشتن مشکلات . نا راحتی های بین وی و ابتهاج روز بروز شدید تر میشد. میلسپو در خواست کرد که ابتهاج را از پست مدیر کلی بانک ملی اخراج کنند. این عمل باعث ایجاد یک سلسله ناراحتی های دیگری برای دولت ایران و بطور غیر مستقیم دولت آمریکا گردید.
والاس موریس در ۲۵ فوریه ۱۹۴۵ بسمت سفیر آمریکا در تهران منصوب گردید. وی در واکنش کار میلسپو بوزیر خارجه آمریکا هال نوشت:«با سرکشی و خود سری ویژه میلسپو و با درخواست اخراج ابتهاج از مدیر کلی بانک ملی ایران،او مجددا باعث ایجاد انتقادات شدیدی گردید.» احتمالا میلسپو در تفسیر کنترات خود دچار اشتباه شد. اختیارات تامی که بوی داده شده بود مربوط بمراکز دولتی بودند و بانک ملی ایران یک موسسه مستقل، از تشکیلات معمولی دولت بود(مطابق قانون ۲۱ آبان ۱۳۲۱، ماده هشتم). مدیر کل بانک از سوی وزیر دارائی تعیین میشد. بدین ترتیب که او شخص واجد شرایط را برای مدیر کلی پیشنهاد میکند که باید بتصویب هیئت وزیران برسدو پس از موافقت کابینه برای تصویب نهائی به شاه فرستاده میشد که با پذیرش او حکم مدیر کلی صادر میگردید. بانک بصورت یک موسسه مستقل کار میکرد و تحت نظر هیچیک از وزرا نبود. تقاضای برکناری ابتهاج توسط میلسپو هنگامی که بدفتر نخست وزیر رسید، بلا فاصله از جانب او رد شد.
کارهای بی منطق میلسپو دولت ایران را بستوه آورده بود و بدید آنان زیان وی از سودی که ایجاد میکرد بیشتر بود. تنها سبب نگهداری او آن بود که دولت ایران نمیخواست با این اقدام توهینی بدولت آمریکا کرده باشد. برای حل این موضوع نخست وزیر از سفیر آمریکا درخواست کمک نمود که بنحوی او را راضی کنند که برای یک مرخصی طولانی از تهران خارج شود و بجای او یکی از اطرافیانش را: دکتر بلاک و یا پیکسلی[۷۲۶] را بگذارند.

726-Dr. Black and Pixley.

وزارت خارجه آمریکا مجددا که خود را در محظور بزرگی دید و فاقد هر گونه نقشه ای بود، براه همیشگی خود رفت و درمان اوضاع را در برکناری میلسپو دانست. کفیل وزارت خارجه «گرو»[۷۲۷] به سفیر امریکا نوشت: " ما از پیدایش و تکرار اختلافاتی که بین میلسپو و همکارانش از یک سو و بین او و دولت ایران از سوی دیگر موجود است، متاسف هستیم. وی نشان داده است که توانائی آنرا ندارد که با همکاران خود کنار بیآید و رابطه خوبی با دولت ایران بر قرار کند و این اعمال، وزارت خارجه را در موقعیتی قرار میدهد که نمیتواند از او پشتیبانی نماید. اختلافات اخیر در حوزه اقتدار دولت ایران است که هر طوری که میخواهد رفتار کند."

بررسی در خدمات ماموریت دوم میلسپو در ایران:

دومین ماموریت این مستشار با شور و شعف و بوق وکرنا در آمریکا اعلام گردید. وزیر خارجه آمریکا، هال، در ۸ اگست ۱۹۴۲ پیام زیر را برای درایفوس وزیر مختار آنکشور در تهران، ارسال داشت:"پس از کاوش بسیار ما تصمیم گرفتیم که از هر نقطه نظر دکتر میلسپو یک انتخاب منطقی جهت چنین ماموریتی میباشد."[۷۲۸] برای دادن اهمیت وبزرگ کردن بیشتر این رویداد، وزارت خارجه گزارش زیر را برای آگاهی مردم به جراید فرستاد: "دکتر میلسپو به پست مدیرکلی دارائی ایران منصوب و در زمان حال مشغول گرد آوری کسانی است که گروه خود را کامل نماید. پس از تکمیل، همگی بسوی ایران عازم خواهند شد. کار این مامورین در واقع شامل تمام بخشهای دارائی ایران خواهد بود. باضافه وظیفه دکتر میلسپو در رشته های دیگر مثل مالیات –حسابداری- بودجه مملکتی- کنترل وبررسی گمرکات و وضع اقتصادی ودارائی را شامل خواهد شد. "

---

۷۲۷ - Grew.

۷۲۸ - Tel. 891.51a/528d; Aug. 8, 1942.

بعبارت دیگربه دکتر میلسپو اختیارات تام بر بخشهای دارائی و اقتصاد ایران داده شده بود. این عمل یکی از بزرگترین دلیل مخالفت ملیّون و آزادیخواهان ایران با او بود. این گروه معتقد بودند که بهیچ فرد خارجی نباید چنین اختیارات را اهداء نمود. ولی دولت ایران بر این باور بود که با دخالت و آوردن مستشاری از یک کشور بیطرف میتواند بطور غیر مستقیم با آن کشور متحد گردد و بدین وسیله از قدرت دو دولت مهاجم بکاهد.

علل شکست دکتر میلسپو را در ماموریت دومش میتوان بسه علت دانست:

۱- ناتوانی و نارسائی فردی دکتر میلسپو

۲- عدم پشتیبانی دولت آمریکا از وی

۳ - مخالفت ایرانیان

۱ - ناتوانی دکتر میلسپو:

در دوران ماموریت های خود دکتر میلسپو جمعاً هفت سال در ایران بسر برد ولی با شگفتی تمام هیچوقت اوضاع سیاسی-اجتماعی ایران را نتوانست درک نماید و همچنین قادر نبود که بفهمد چگونه جنگ و وجود قوای متهاجم میتوانند وضع کشور و مردم را از حال عادی خارج نمایند. حتی نمیدانست که واقعه مورگان شوستر و عوامل شکست اورا سیاستهای روس و انگلیس ایجاد نموده بودند و بدین روی نتوانست که از آنها پندی بگیرد و در این موضوع ساده لوحی عجیبی نشان داد و بر این باور بود که شکست شوستر فقط مربوط بدخالت روسیه بوده است. میلسپو اگر پیش از آمدن به تهران، زمانی صرف مطالعه تاریخ گذشته میکرد و بویژه کتاب شوستر را میخواند، بسیار بسودش تمام میشد و میتوانست بآسانی به اصل مطلب پی ببرد. شوستر در کتاب خود " خفه نمودن پرشیا" علل شکست خودرا دخالت مستقیم و کامل دول روسیه و انگلیس میدانست.برای فردی که جهت چنین برنامه بزرگی به ایران میآمد، میلسپو کمبود قابل ملاحظه‌ای در باره تاریخ ایران نشان داد. درکتابیکه در سال ۱۹۴۶ منتشر

کرد بطور کامل طرز فکر خود را بیان نمود. در باره رضاشاه، اظهار میدارد که دولت انگلیس در ترقی و رسیدن بتاج و تخت او هیچ دخالتی نداشته ولی آنها موقعیت را درک نموده و از آمدن رضاشاه استفاده نمودند[۷۲۹].

در تمامی زمان ماموریت خویش در ایران، او پیوسته از سیاست انگلیس در پشتیبانی کرد و یکی از بزرگترین اشتباهاتش استخدام چندین انگلیسی برای پستهای مختلف بود. در آن موقعیت زمانی اینطور توجیه میشد که میلسپو پیرو سیاست بریتانیا بود نه دنبال یک سیاست بیطرفانه. برهان همبستگی او با انگلیسیها رانمیتوان توجیه نمود، شاید تا حدودی از عدم دانش او در تاریخ بود. .ممکن است از نقطه نظر نژادی و زبان خود را با آنان نزدیکتر میدید و یا آنطوریکه برخی از ایرانیان میپنداشتند رفتار او بعلت تنفّرش به ایرانیان بود. آنچه که مسلم است، شدت علاقه اش به انگلیس بقدری بود که بنظر او بین آنان و آمریکائیها هیچ فرقی را نمیدید. میلسپو مینویسد: "سیاست انگلیس سیاستی است کامل، واقع بینانه و پخته و بدون تعصب حزبی."[۷۳۰] در این تجزیه و تحلیل باید پذیرفت که گفته های اوکاملا درست است. هر عمل انگلیسیها در دنباله بررسی و حسابگری انجام میگیرد. همچنین اظهار داشت که رقابت بین مامورین آمریکائی در ایران بحد زیان آوری رسیده است که منجر بشکست آنان میگردد و دخالت انگلیسیها را در امور داخلی ایران نمیپذیرفت و در اینباره چنین میگوید: "مقصود آنان (انگلیسیها) آنست که دوستی شهروندان ایران را به انگلیس زیاد کنند تا از بدبختی های آنان کاسته گردد و از افتادن آنان بدام روسها جلوگیری نمایند. "[۷۳۱] کاملا واضح است که چقدر از سیاست روز بدور بوده. باکمال تاسف در انجام برنامه خود این نظریه را

---

[۷۲۹] - A.C. Millspaugh: The American in Persia (19460, p. 26.

[۷۳۰] - Ibid, p. 163.

[۷۳۱] - " p. 167.

بکار میبرد و بطوریکه در یک جا میگوید : "بباور من انگلیسیها در تمام مراحل مفاد پیمان سه گانه را مراعات نموده و به آنها احترام میگذاشتند."[۷۳۲] البته کاملا مشهود است که این گفته ها با حقیقت وابستگی نداشته اند.

درهرصورت، ایرانیان واجد شرایط را بکار نگماشت که یکی از موجبات نارضایتی آنان بود. بالاخره به این اشتباه خود پی برد و اظهار داشت: "انگلیسیها که در دستگاه ما مشغول کار شدند، باعث ایجاد گرفتاری برای ما گردیدند."[۷۳۳] متاسفانه خیلی دیر بدین موضوع پی برده و زیان کافی در آنموقع ایجاد شده بود. در نامه‌ای به سفیر آمریکا در تاریخ ۲۷ فوریه ۱۹۴۴ نوشت: "آوردن انگلیسیها اثر خوبی در نگهداری حیثیت این ماموریت و بطور کلی در حیثیت آمریکا نداشته." [۷۳۴]

میلسپو به ایرانیان بدیده حقارت مینگریست. در خاطراتش نوشت: "در واقع فقط عده کمی از ایرانیان کاری میکردند که میشد آنرا به میهن پرستی و عشق به ایران تعبیر نمود."[۷۳۵] ممکن است که این گفته در مورد اطرافیانش صادق بود ولی میبایست در ابراز چنین عقیده‌ای بجمع مردم نگاه میکرد. در اطراف او گروهی از مزدوران بیگانه بودند که او این امر را بحساب نیاورد.

۲ - فقدان پشتیبانی دولت آمریکا از دکتر میلسپو:

دولت آمریکا آغاز کار میلسپو را با جار و جنجال تمام اعلام نمود ولی از آنروزی که وی مشغول بکار شد متوجه این امر گردید که کمکی از دولت آمریکا باو نمیشود. عدم رضایت خود را چندین بار بوزارت خارجه اعلام

---

[۷۳۲] - Ibid p. 168.

[۷۳۳] - " p. 169.

[۷۳۴] - " p. 169.

[۷۳۵] - " p. 78.

کرد. پس از ورودش به تهران در ۲۹ ژانویه ۱۹۴۳ پشتکار و جدّیتش در نتیجه عدم همکاری دولت متبوعه تبدیل بسر خوردگی و دلسردی او شدو درباره عدم آگاهی کارمندان کنسولگری آمریکا درتهران حساسیت زیادی نشان داد و از بی دانشی آنان سخن گفت. پس از ملاقاتش با کنسول آمریکا اینگونه اظهار عقیده نمود: "بنظر می‌آید که کنسولگری اطلاعات بسیار کمی در رویدادهائی که در خارج از تهران میافتد دارد... و در جمع آوری اطلاعات لازم، کنسولگری نصف کر و نصف کور است."[۷۳۶] باید اذعان نمود که او در این باره کاملاً حق داشت و اغراق نگفته است .
درسال ۱۹۴۳ نخست انگلیس و سپس آمریکا درخواست دریافت اجازه کشف نفت در جنوب خاوری ایران را نمودند. این امر یکی از بدترین کارهائی بود که این دو دولت میتوانستند بر علیه ایران انجام دهند. تقاضای آنان کشور را با مسئله بسیار بزرگی روبرو نمود. پس از این حادثه روسها از موقعیت استفاده نموده و درخواست مشابهی از دولت برای کشف نفت در شمال ایران را نمودند. درآنزمان کلیه خطه شمال کشور در زیر چکمه روسها و ارتش سرخ بود.

خوشبختانه در چنین هنگامی، هشیاری چند نفری از نمایندگان میهن پرست مجلس باعث شدکه لایحه‌ای بمجلس تقدیم نمودند که دولت ایران نباید هیچ نوع امتیازی به دولتی و یا شرکت خارجی برای عمل اکتشافی در ایران تا زمانی که نیروهای مهاجم در خاک کشور هستند بدهد. ولی متاسفانه آنچه که نمیبایست اتفاق افتاد و بهانه‌ای بدست حزب توده (کمونیست) داد که بر علیه انگلیس و آمریکا دست به تظاهرات بزنند و از دولت اخراج دکتر میلسپو را بخواهند.روسها نیز از موقعیت برای بهره برداری خود استفاده نمودند و آنها نیز درخواست اخراج دکتر میلسپو را کردند. کاری که انگلیس و آمریکا شروع نمودند نا بخشودنی بود. آیا

---

[۷۳۶] - Ibid p. 49.

انگلیسیها عمداً دست به چنین کاری زدند تا روسهارا بر انگیزند که برعلیه مستشار آمریکائی اقدام کنند، معلوم نیست. آنها میدانستند که با درخواست چنین موافقت نامه‌ای، روسیه نیز مشابه آنرا تقاضا خواهد نمود. چرا دولت آمریکا نتوانست نتیجه چنین کاری را پیش بینی کند و در گام اول، انگلیس را از چنین درخواستی منع ودر گام بعدی شرکتهای آمریکائی را از تقاضای دریافت چنین پیمانی منصرف نمایند؟ این ندانم بکاریها مربوط بدین بود که دولت آمریکا دارای خط مشی ثابتی نبود. دولت پرزیدنت روزولت کوچکترین درکی از چنین مواضع بین المللی را نداشت.

میلسپو از رویدادهای مذکور در بالا بسیار ناراحت شد و دولتهای آمریکا و روسیه و ایران را مسئول این امر دانست ولی اسمی از دولت انگلیس نبرد. و شکست خود را مربوط به برگشت فشار اقتصادی و گستاخی روسها و بی ارزشی سیاست آمریکا وضعف دولت ایران که با بی لیاقتی مجلس توام بود میدانست.[۷۳۷]" همانطوری که در پیش بدان اشاره شد میلسپو در چندین مورد دولت آمریکا را مقصر دانست که نتوانستند بموقع تصمیمات مقتضی اتخاذ کنند و آنطوریکه لازم بود از این ماموریت پشتیبانی نکردند ودر یک مورد با شدت بیشتری اظهار داشت:«شکست ما در ایران میتواند بواسطه عواملی بمانند تشکیلات ناقص، اطلاعات نادرست و عدم تطابق وظیفه در تشکیلات دولت در واشینگتن باشند. این عدم هم آهنگی عبارتند از اختلاف بین سرویس های مختلف دولتی." او ادامه میدهد: "وزارت خارجه شدیداً عاری از اطلاعات لازم میباشد و بهمان ترتیب قادر نیست که آگاهیهای بدست آورده را تجزیه و تحلیل نماید." [۷۳۸]

---

[۷۳۷] - Ibid p. 187-188.

[۷۳۸] - Ibid P. 208.

میلسپو وزارت خارجه آمریکا را از چگونگی کار خود در تهران آگاه مینمود ولی نتوانست کمکی از آنان در موقعی که بیاری آنها نیاز داشت بدست آورد. پیش از حرکت از آمریکا با پرزیدنت روزولت ملاقات نمود و گفت که پیروزی کارش بستگی کامل به پشتیبانی بلا دریغ دولت آمریکا را دارد. در طول زمانی که این ماموریت را داشت چندین نامه به روزولت نوشت که به هیچ کدام آنها جوابی داده نشد.[۷۳۹]

در اوایل سال ۱۹۴۴ در تهران شایعه‌ای بوجود آمد که دولت آمریکا برای شخص میلسپو ارزشی قائل نیست و فقط منظورشان نتیجه گیری مطلوب از این ماموریت بود. درست یا غلط این امر به توده‌ایها بهانه بسیار خوبی داد که نتایج کارهای او را از بین ببرند. در۱۴ جون ۱۹۴۴ میلسپو نامه‌ای بسفارت آمریکا فرستاد و از سفیر درخواست کرد که شایعاتی را که در این باره موجود بود علناً تکذیب نماید.[۷۴۰].ولی در اینباره نیز جوابی به وی داده نشد. در ۲۴ اگوست ۱۹۴۴ درخواست ماه جون را مجددا از سفیر آمریکا " لیلان موریس[۷۴۱] " نمود و در عین حال استعفای خود را نیز ارائه داد و از وزارت خارجه تقاضا نمود که شخص دیگری را بجای وی انتخاب نمایند. دولت آمریکا از او خواست که برای شرکت در یک کنفرانس مهم بواشینگتن برود ولی میلسپو این درخواست را بسبب اینکه نمیتواند کار خود را در تهران در چنین برهه‌ای از زمان رها نماید از رفتن بکنفرانس امتناع نمود زیرا معتقد بود که وجودش در ایران حائز اهمیت است.

با کمال تاسف نامه های رد و بدل شده بین میلسپو و سفیر آمریکا بخارج راه یافت و بصورت اغراق آمیزی پخش گردید و به کمونیستها بهانه دیگری برای حمله باو را داد. میلسپو از این جریانات بسیار ناراحت شد که دولتش

---

[۷۳۹] First letter was on Dec. 1943 and again on Jan. 1944.

[۷۴۰] - A.C. Millspaugh; Americans in Persia (1946); p. 224.

[۷۴۱] - Leland Morris.

به هیچ یک از درخواستهای او پاسخی ندادند. و در اینباره نوشت "بدون استثناء دلایلی بمن ارائه دادند که در بسیاری از موارد یکی باعث نقض دیگری میشد." [۷۴۲] رویداد های بعدی نشان دادند که او در نتیجه گیری خود حق داشت. میلسپو اظهار میدارد که از دریافت این پاسخ دائمی "دولت آمریکا نمیتواند در امور داخلی ایران مداخله نماید" بستوه آمده بود. عدم یاری از سوی دولت آمریکا باعث جری شدن مخالفین او گردید و با شدت بیشتری بحمله او پرداختند. در میان این مخالفین نخست وزیر "بیات" قرار داشت که در صدد ارسال لایحه‌ای بمجلس برای از بین بردن قدرت او بود.

شکی نیست که عدم وجود یک سیاست اساسی و اصولی از سوی دولت آمریکا باعث شکست ماموریت میلسپو گردید. در چنین هنگامی بود که وزارت امورخارجه آمریکا بدین نتیجه رسید که این ماموریت با وضع موجود قادر بانجام کاری نخواهد بود و تشویق به لغو آنرا نمودند. کفیل وزارت خارجه «گرو» [۷۴۳] در نامه‌ای به سفیر آمریکا بدین نکته اشاره میکند که "ما با عقیده ایرانیان صاحب نظر، موافقت داریم تا وقتی که ایران زیر سلطه مهاجمین خارجی قرار دارد و نمایندگان آنکشور ها در امور داخلی آنها دخالت میکنند امکان وجود یک دولت مستقل و قوی را در تهران از بین میبرند." [۷۴۴]

جای شگفتی در این است که چندین سال طول کشید تا وزارت امور خارجه آمریکا این موضوع پیش پا افتاده را درک نماید که دخالت دولتهای شوروی و انگلیس مسبب بدبختی های ایران بودند. در مورد میلسپو ظاهرا انگلیس از وی پشتیبانی مینمود ولی حقیقت امر مطلبی دیگر بود. انگلیس

---

[۷۴۲] - Millspaugh; Americans in Persia (1946), p. 218

[۷۴۳] Grew

[۷۴۴] - Tel. 891.51 A/7-945

در هیچ زمانی مایل نبود که آمریکا در کارهای خود در ایران پیروزی داشته باشد. گروهی از نمایندگان آمریکا بدین امر اشاره نمودند، بمانند درایفوس وزیر مختار سابق آنکشور. رفتار انگلیس در خفا بر خلاف آنچه بود که در ظاهر انجام میدادند. هنگامیکه مسئله مربوط به میلسپو به مجلس آمد برخی از نمایندگان بطور غیر عادی از او پشتیبانی کردند. در حال عادی این امر کاملا قابل پذیرش میباشد ولی با توجه به ژرفای مطلب میتوان بدین امر پی برد که برخی از این نمایندگان از جیره خواران و مزدوران انگلیسی بودند. پشتیبانی این افراد از سوی اکثریت مردم بدین تعبیر میشد که میلسپو باید در خدمت انگلیسها باشد. بدین ترتیب کارهای این نمایندگان در پایان، بزیان او تمام میشد. دولت آمریکا با پیشگیری سیاست عدم مداخله در کارهای او باعث اصلی شکست ماموریت میلسپو گردید و در پایان راه آسان را در پیش گرفت که « به ماموریت او خاتمه دهیم. »

در یادداشت شماره ۳۷۹ در۲۵ جولای ۱۹۴۵ کفیل وزارت خارجه «گرو» اشعار میدارد که در این ماموریت ها باید دست دولت ایران را آزاد بگذاریم. اندکی پس از ارسال این نامه معاون وزارت خارجه « آچسن »[۷۴۵] در همین زمینه به موررای سفیرآمریکا مینویسد" ادامه کار مستشاران در ایران حائز اهمیتی برای آنکشور نخواهد بود. بالنتیجه اگر تصمیم گرفتند که بآمریکا برگردند وزارت امور خارجه مخالفتی نخواهد کرد. "[۷۴۶]"در ۲۵ سپتامبر ۱۹۴۵معاون وزارت خارجه به موررای آگاهی داد که اوتمام اطلاعات را برای وزیرخارجه «برنز»[۷۴۷] ارسال داشته واو در پاسخ گفته "من بر این

---

[۷۴۵] - Acheson.

[۷۴۶] - Tel. 891.51A/9-1945; 14 Sept. 1945.

[۷۴۷] - Byrnes

باورم که تمام کارمندان این میسیون باید هر چه زودتر ایران راترک کنند». "[۷۴۸]

تصمیم بپایان دادن کار گروه میلسپو با عجله صورت گرفت بدون اینکه پیش بینی لازم در این باره شده باشد. نتیجه چنین اقدام این بود که آمریکائی ها قادر بانجام کاری نبوده و نمیتوانند آنچه را که آغاز کرده اند بپایان برسانند. افکار عمومی بویژه جوانان بر این بود که اگر دولت آمریکا یک نقشه درست و یک سیاست روشنی را در ایران دنبال میکرد، احتمال موفقیت مستشاران را خیلی زیاد تر مینمود. این واقعه کمونیستها را بسیار خوشحال کرد، زیرا برای این گروه هر رویدادی که بشکست غرب تمام میشد مورد تائید شان قرار میگرفت.

۳ - اشکالاتی که توسط دولت ایران برای میلسپو ایجاد میشد:

باید اذعان نمود که میلسپو در این دوره از خدمت خود نتوانست کمک های لازم را که بدآنها نیاز داشت از دولت ایران دریافت دارد. با هر گامی که بر میداشت میبایست با مشکلاتی روبرو گردد و با گروهی بجنگد.با اندک بررسی در اوضاع روز میتوان تا حدّی بوجود این اشکالات پی برد. یکی از بزرگترین آنها تعویض سریع دولتها بود که نمیتوانستند بیش از چند ماه دوام بیاورند . بدین ترتیب به ایجاد و اجرای برنامه‌ای قادر نبودند. در چنین گرفتاریها، دولتهای مهاجم نقش اصلی را بعهده داشتند. سفارت خانه های آنان بزرگترین عامل در ایجاد و از بین بردن دولتها بودند که برای انجام اینکار از جیره خواران ایرانی خود استفاده میکردند.

بطور کلی بیشترین نمایندگان با وجود فشار زیاد دولتهای روس و انگلیس، پشتیبان میلسپو بودند. تمام تقاضا های او از سوی دولت و مجلس شورای ملی ایران پذیرفته شده بودند و با همه اینها او قادر بانجام کاری برای کشور، آنطوریکه ایرانیان میخواستند نشد.

---

[۷۴۸] - Dept. of State to the American Ambassador; Communique 553.

بتدریج بیشترین آزادیخواهان و ملیّون از او ناراضی گردیدند و بدید آنان اینطور می‌آمد که او از قدرت فوق العاده خود، بصورت دیکتاتوری بهره میگیرد و وظیفه خود را به مردم و مجلس انجام نمیدهد. در میان این اشخاص کسانی بودند بمانند دکتر مصدق که چندین بار در باره کارهای این مستشار سخن گفت. در ۱۲ اگست ۱۹۴۴ در سخنرانی خویش در مجلس شورای ملی اظهار داشت: "من هیچ نا رضایتی از این مستشار آمریکائی ندارم، ولی دکتر میلسپو نمیخواهد هیچکس از کار وی سر در آورد و میخواهد همیشه کارش سرّی بماند."[۷۴۹]

مسائلی که بین او و صالح و ابتهاج و سپس با وزیر داخله پیش آمد، همانطوریکه در صفحات پیشین اشاره گردید باضافه کارهای بی رویه اش باعث ایجاد مخالفین زیادی گردید. برخی از این افراد مثل صالح مورد اعتماد و احترام مردم بودند.

در تاریخ شفاهی و در مصاحبه‌ای که با صالح اندکی پیش از وفاتش انجام شد، او بناراحتی های خود با میلسپو اشاره نمود[۷۵۰] که از پست وزارت دارائی بعلت دخالت بیجای مستشار آمریکائی استعفاء‌داد. هیئت دولت از کار صالح مطلع بودند و میدانستند که حق با او بود، ولی از آنجائیکه به مستشار آمریکائی از سوی مجلس اختیارات تام داده شده بود کاری از دست آنها بر نمی‌آمد. صالح بر این باور بود که میلسپو از قدرت خود برای بکرسی نشاندن کارهای متفقین بزیان منافع ایران استفاده میکرده، و اظهار داشت که بعنوان وزیر دارائی زیردستان او نمیتوانستند با وی تماس مستقیم داشته باشند. اگر میلسپو از این امر آگاه میشد با عصبانیت سر به

---

[۷۴۹] - James A. Bill; The Eagle and the Lion; the Tragedy of Iran-American Relationship,(1988), p. 26-27.
[۷۵۰] - Iraj Afshar; Parvandeh Saleh.

شکایت برمیداشت و بروزنامه ها گزارش میداد که به حقوق وی که از سوی مجلس به او اعطا شده بود تجاوز شده است.[۷۵۱]

صالح همچنین اظهارداشت هنگامی که دولت ایران در شرف استخدام میلسپو بود او در آمریکا اقامت داشت و اضافه نمود که در آنزمان ملاقاتی با وزیرمختار سابق آمریکا در تهران « هافمن فیلیپ » بعمل آورد. او به صالح گفت که میلسپو از ناراحتیهای روانی رنج میبرده و مدتی در آسایشگاه زیر درمان بوده است. ایرانیان از این امر آگاهی نیافتند و وزارت خارجه آمریکا یا بیخبر بود و یا اینکه در هنگام معرفی او بدولت ایران وقعی بدان نگذاشتند.

در طول سالهای ۱۹۴۴-۱۹۴۳ گروه زیادی از آمریکائیان به ایران آمدند، میلسپو برخی از آنانرا بدون در نظر گرفتن خصوصیات و دانش آنان، در گروه خود استخدام نمود و مقامهائی به آنان داد که تخصصی در آنها نداشتند. عبدالله مستوفی یکی از افراد صاحب نفوذ وقت که با مستشار همکاری داشت مینویسد : "یکی از این افراد را که دلاّل داروئی بود بشغل سر پرستی خواربار تهران و ۴۰۰۰ نفر کارمند آن اداره گذاشت. اینکار باعث ایجاد گرفتاری زیادی در آن تشکیلات شد."[۷۵۲]

میلسپو همچنین در کارهای وزارت دادگستری دخالت مینمود. یک آمریکایی بنام «پرل»[۷۵۳] که برای این میسیون کار میکرد بعلت رشوه خواری محکوم گردید. درجه شغلی او را کاستند و شغلش را عوض نمودند و به محلی گذاشتند که احتمال گرفتن رشوه نباشد. در این هنگام منشی ویژه میلسپو « پارسن»[۷۵۴]کوشش بسیار نمود که آن تصمیم را عوض

---

[۷۵۱] Ibid; p.102

[۷۵۲] - A. Mostofi: The Administrative and Social History of the Ghajar Period, Vol. II, p. 1071.

[۷۵۳] -Pearl.

[۷۵۴] - Parson.

نماید ولی موفق نگردید که وزارت دادگستری را از رای خود برگرداند. بجای اینکه میلسپو بقوانین کشور احترام بگذارد، شخص مذکور را بشغلی دیگر و با رتبه بالاتر و حقوق و منافع بیشتر برگزید. مستوفی اظهار میدارد که پارسن زیر دستور مستقیم میلسپو بچنین کاری دست زد.[۷۵۵]

تمام این رویدادها در مجموع باعث ایجاد گروه قوی از مخالفین وی گردیدند. میلسپو در هیچیک از دو دوره کارش در ایران، حتی اطلاعاتی کوچک در باره کشور و مردم آن بدست نیاورد و اندازه و خطر کارهای دولتهای روس و انگلیس در نیافت و آنطوریکه «جیمز بیل» مینویسد وی نتوانست کوچکترین تغییری در روش کار خود پس از نخستین دوره خدمتش بدهد[۷۵۶]. در چنین برهه‌ای از زمان دولت ایران از سفارت آمریکا خواست که او را تشویق نمایند که به یک مرخصی طولانی برود همانطوریکه بدین امر در پیش اشاره گردید.

تنفر میلسپو نسبت به ایرانیان :

در دوره خدمت میلسپو در ایران، او بطور واضح میانه خوبی با مردم ایران نشان نداد و پس از برگشت بآمریکا کتاب خود را «آمریکائیان در ایران» در سال ۱۹۴۶ منتشر نمود. او در آن کتاب تجارب خود را در دو دوره خدمتش در ایران (۱۹۲۷-۱۹۲۲) و (۱۹۴۵-۱۹۴۳) مورد بررسی قرار داد و در آن مسائلی را که از سوی دولت ایران و آمریکا برای او ایجاد شده بود مورد گفتگو قرار میدهد و در بسیاری از آن موارد از حقیقت بدور میشود و واقعیت ها را آنطور که میبایست بیان نمی نماید و بنظر اینطور می‌آید که این کتاب را بیشتر برای تبرئه خود نوشته تا برای بیان حقیقت.

---

[۷۵۵] - A. Mostofi; The Administrative and Social History of the Ghajar Period, Vol. II, p. 1072
[۷۵۶] - James A Bill; The Eagle and the Lion; 1988, p. 25.

وی همه کس را مسئول ناکامی در کارش دانست بدون اینکه کوچکترین اشاره‌ای از کمبود شخصی خود بنماید.

در مورد مسئله اشغال کشور بدست دو دولت شوروی و انگلیس اینطور مینویسد : " هنگامیکه بریتانیا و روسیه ایران را اشغال نمودند، این کشور باید بصورت یک دشمن تلقی میشد و بتمام معنی دولت وقت، کشور را بدست آلمان هیتلری داده بود." این سخنان نه تنها بسیار اغراق آمیز میباشد، بلکه کاملاً از حقیقت بدور بود. او هیچوقت نتوانست زجرهای مردم ایران را که از دست آنها کشیده بودند درک کند و مطالعه‌ای در آن باره نداشت و نگاهی بروابط دهه بیست و سی، بین ایران و آمریکا ننمود. او پی نبرد که چقدر دولت ایران کوشش نمود که با دولت آمریکا روابط نزدیک بر قرار نماید و دولت آمریکا در هیچ مورد روی مساعد نشان نداد و برای ایران چاره‌ای نماند که دست بسوی آلمان دراز کنند.

دکتر میلسپو در ادامه بیدانشی خود اظهار میدارد که "پس از انجام پیمان سه گانه، تا آنجائیکه میتوانم بگویم ایرانیان هیچوقت از علاقه و دوستی خود با آلمان برنگشتند و از صمیم قلب حامی متفقین نشدند."[۷۵۷] او با کمال تاسف نتوانست درک کند که دوستی ایران با آلمان جهت داشتن محبت بآنها نبوده بلکه نشانه‌ای از تنفرمردم بویژه جوانان و دانشجویان نسبت بانگلیس و شوروی بود.

پس از اشغال ایران سربازان متفّقین در شهرهای مختلف کشور پراکنده بودند. در تهران سربازان انگلیسی و هندی بیشتر و سربازان روسی کمتر دیده میشدند، ولی در شمال ایران سربازان شوروی تقریبا تنها نیروی خارجی را تشکیل میدادند. پس از مدت کوتاهی سربازان آمریکائی به آنان ملحق شدند. در چنین هنگامی و در حین اشغال کشور جوانان انزجار خود را بسربازان انگلیس و روس نشان میدادند. این احساسات مربوط بدولت

---

[۷۵۷] - A.C. Millspaugh: Americans in Persia (1946), p. 155.

ایران نبود و از قلب مردم سر چشمه میگرفت ـ جوانان بدون کوچکترین ترسی عواطف قلبی خود را اظهار میداشتند.

نگارنده بعنوان یک دانش آموز، شاهد بدبختیهائی که از این دو دولت بر ایرانیان وارد میشد بودم. مواد غذائی را از کشور خارج میکردند، حال اینکه شهرها در مرز قحطی بودند و بی شرمانه میگفتند که کارهای آنان برای بهبود وضع کشور بود. آنان با قدرت تبلیغاتی زیاد این دروغها را بخورد مردم میدادند. ولی نباید این نکته را فراموش نمود که آن ایرانیانی که برای سود شخصی خود تن بنوکری داده و بملت خود زیان میرساندند بیش از هر خارجی گنهکارند. همچنین باید یادآور شد که در آنزمان آلمان منابع ایران را بمثل روس و انگلیس بسرقت نبرد و از سوی دیگر کشت و کشتار مردم بیگناه در آلمان که در آنزمان انجام میگرفت از مردم ایران بمانند مردم جهان پوشیده بود و بدین روی برهانی برای ایرانیان موجود نبود که با آلمان دشمنی داشته باشند.

برای میلسپو روشن نبود که هیچ ملتی برای اشغالگران کشورش ارزش و احترامی قائل نیست، اگر او نگاهی بتاریخ دو سده اخیر ایران می انداخت براحتی میتوانست سبب عدم دوستی مردم ایران را با آن دو کشور متجاوز درک نماید. ولی بخود این زحمت را نداد که نوشته ها و مدارکی را که بین دولت ایران و کنسولگری آمریکا و یا وزارت خارجه آنکشور رد و بدل شد نگاهی نماید. ممکن است که بدید او آن مدارک بی ارزش مینمودند. ولی بطور کلی، تمامی این رویدادها از نتیجه سیاست نادرست و شاید عدم سیاست دولت آمریکا سر چشمه میگرفت. در آن بخش از گفته های میلسپو که اظهار داشت: "اگر دخالتی از سوی انگلیس وجود داشت ..."[۷۵۸] وی در اشتباه محض بود و اگر نگاهی به گزارشات «والاس مورری»،[۷۵۹]

---

[۷۵۸] - Ibid, p. 167.

[۷۵۹] - Wallace Murray

رئیس بخش خاور میانه وزارت خارجه، آمریکا میکرد، شاید میتوانست درک بهتری از اوضاع داشته باشد. موررای دقیقا بدین موضوع اشاره میکند و مینویسد: "باتکاء آنچه که مشهود است عجیب بنظر میرسد که سفرای روس و انگلیس در تهران باید برای سیاسیّون ایران تصمیم بگیرند که نوکر کدام یک از آنها باید بقدرت برسد، بدون آنکه قبلا در این باره با ما سخنی گفته باشند." ۷۶۰

میلسپو در جائی دیگر در کتابش مینویسد: "بباور من انگلیسی ها کاملا به وظایف خود آنطوریکه در پیمان سه گانه درج شده است انجام وظیفه کردند.." ۷۶۱ بطوریکه در بخش سیزده خواهیم دید بی اطلاعی وی را نشان میدهد. درایفوس، وزیر مختار آمریکا، کرارا بوزیر خارجه، عدم همکاری انگلیسی ها وانجام ندادن وظایف دول اشغالگر را اعلام نموده بود. میلسپو در کتاب خود از واژه « پرژیا » بجای ایران استفاده نموده است. او برای چنین کاری برهانی بسیار ناقص میآورد و میگوید که: "در دنباله ایجاد دولت مشروطه پس از سال ۱۹۴۱ وزارت خارجه کاربرد واژه پرژیا را مجاز دانسته است." ۷۶۲ تنها واقعیت این گفته را باید در گفته وزیر خارجه انگلیس جستجو نمود. "ایدن" ۷۶۳ در سال ۱۹۴۱ پس از اشغال ایران در مجلس عوام آن کشور جمله‌ای را که میلسپو اظهار داشت بر زبان راند. انتونی ایدن و سایر زمامداران انگلیسی بمانند وینستن چرچیل ۷۶۴ نخست وزیر وقت آنکشور نه تنها هیچ احترام و علاقه‌ای برای رضا شاه نداشتند بلکه از وی متنفر بودند. باید اشاره شود که نه وزارت خارجه و نه هیچیک

---

۷۶۰ - Y. A. Alexander and N. Nanes: The United States and Iran; A Documentary History, 1980, p. 109.

۷۶۱ - A. C. Millspaugh; Americans in Persia; 1946, p. 168.

۷۶۲ - Ibid 5.

۷۶۳ - Eden.

۷۶۴ - Winston Churchill.

از دوایر دولتی آمریکا پس از درخواست ۱۹۳۵ رضا شاه، واژه پرژیا را بجای ایران بکار نبردند.

مجدداً در باره تعویض نام ایران میلسپو در کتاب خود میآورد: «اندکی پس از برگشت من به آمریکا در سال ۱۹۲۷، رضا شاه تصمیم گرفت که اسم کشور را به ایران تبدیل کند». این اظهار نظر کاملا با حقیقت وفق نمیدهد. رضا شاه چنین درخواستی را در سال ۱۹۳۵ یعنی هشت سال پس از خروج میلسپو از ایران از کشورهای دیگر نمود نه اندکی پس از اتمام ماموریت او که وی اظهار داشت.

در دهه ۱۹۷۰ نگارنده در مسافرتهائی که بایران مینمودم با گروهی از دوستانی که با کارهای میلسپو آشنائی داشتند گفتگوهائی بعمل آمد. پرسش اکثریت این بود که آیا و ی یک خدمتگذار انگلیس و حافظ منافع آنان در ایران بود و یا واقعا یک فرد آمریکائی در زیر فشار مسئولیت بسیار سنگین، حقیقت واقعه را از دست داده بود. البته در دفاع از وی باید بدین نکته اشاره نمود که نه دولت آمریکا و نه دولت ایران از او پشتیبانی لازم را ننمودند.

جیمز. ا. بیل ایران شناس آمریکائی که سالها در ایران بسر برد (گروهی از ایرانیان او را از مامورین سی. آی. ا میدانستند) در باره میلسپو میگوید: "از مستشاران نادری بود که واقعا میخواست و امیدوار بود که بتواند کارهای نوینی در بخش اقتصاد ایران انجام دهد. او قادر بدرک سیاست داخلی کشور و دسته بندیهائی که در برابر او صورت میگرفت نبود و در انجام کارهای خود ضربه بزرگی به حیثیت و سیاست آمریکا در ایران زد. بجای اینکه با شمشیر ظریفی به اصلاح امور بپردازد با یک تراکتور بزرگ آمریکائی وارد مرحله عمل گردید.» بدین نحو نتیجه کارش کاملا برای کسانی که با سیاست ایران آشنائی داشتند واضح بود. "[۷۶۵]

---

[۷۶۵] - James A. Bill; The Eagle and the Lion; 1988, p. 26.

جیمز بیل مجدداً راجع بدین موضوع میگوید: "تراکتور آمریکائی با ایده های نوین، زیر فرمان یک راننده ناشی و بدون مهارت از جاده اصلی بعلت ندانستن اوضاع محلی منحرف گردید.[۷۶۶]"

البته طرز فکر «بیل» تا اندازه‌ای ساده و نتیجه گیری وی کمی سطحی بنظر میآید، او مواردی را که در بخشهای پیشین به آنها اشاره شد در نظر نگرفت و اهمیت آنها را بمیان نیاورد و کاملا مسائلی را که نیروهای مهاجم در ایران ایجاد کرده بودند فراموش کرده بود.

اینطور میتوان نتیجه گرفت که دولت آمریکا بدین اصل که نمایندگان آنان در کشورهای خارج بایست اقلا اندک آگاهی از محل خدمت خود داشته باشند را باور ندارند. آخرین سفیر آمریکا در تهران ویلیام . اچ. سالیوان[۷۶۷] ۱۹۷۷-۱۹۷۹ در کتاب خود «ماموریت در ایران[۷۶۸]» بدین مسئله اشاره میکند. وی سفیر آمریکا در خاور دور و یکی از مهره های صلح ویتنام شمالی بود.[۷۶۹] خود او اذعان دارد که عاری از کمترین اطلاع در باره خاور میانه بوده است. و امید داشت که پست بعدی او در خاور دور باشد، درمحلی که دارای دانش کاملتری بود. در عوض، دولت «جیمی کارتر»[۷۷۰] او را به ایران فرستاد .

دلیل اینکار دولت کارتر روشن نیست. این ماموریت در موقعی رویداد که در ایران تحولات بسیاری در شرف وقوع بود ـ مردم از رژیم دیکتاتوری پادشاه بستوه آمده بودند و علائم سرکشی در هر گوشه و کنار دیده میشد. ملاها در شورانیدن توده مردم نقش اساسی را در دست گرفته بودند و

---

۷۶۶ - Ibid.

۷۶۷ - William H. Sullivan.

۷۶۸ - Mission to Iran.

۷۶۹ William Sullivan; Mission to Iran; 1981, 13.

۷۷۰ Carter.

خمینی از محل تبعید پیامهای آشوب انگیز بداخل کشور میفرستاد و مردم را بر علیه شاه تشویق میکرد. در چنین هنگام حساسی تا مدت یکسال پس از رفتن ریچارد هلمز از ایران، دولت آمریکا سفیری در تهران نداشت.

سالیوان خود مینویسد پیش از آنکه مرا در سال ۱۹۷۷ بایران بفرستند، من تجربه‌ای در آن حوالی نداشتم و هیچوقت در یک کشور اسلامی زندگی نکرده بودم و آگاهی بسیار ناقصی از فرهنگ آنان را داشتم.[۷۷۱] درست بر خلاف آنچیزی است که انگلیسی ها و روسها انجام میدهند که نه تنها نمایندگان آنان آگاهی کامل از اوضاع محل کار خود دارند، بلکه برخی از آنان زبان محلی را بخوبی میدانند. سالیوان همچنین مینویسد که کارتر درخواست ملاقات با وی را رد کرد. او از این کار دچار شگفتی میگردد و برهان چنین عملی را که بدید او غیر عادی بود از وزارت خارجه پرسش مینماید و باو گفته میشود: «در این دولت وضع عوض شده و پرزیدت با سفرا ملاقات نمیکند.»[۷۷۲]

اگر این انتصاب بنظر شگفت انگیز میآید، انتصاب سفیر پیشین «ریچارد هلمز»[۷۷۳] عجیب تر از این است زیرا او متعلق بسرویس « سی. آی. ا» بود. هلمز کار خود را در سال ۱۹۴۳ در بخش تازه‌ای بنام «دفتر امور سوق الجیشی » و یا «او. اس. اس»[۷۷۴] که پیش در آمد « سی. آی. ا» بود ، آغاز نمود، که بعدا مدیر آن گردید. در زمان پرزیدنسی « کندی» او را برای ترتیب کودتا به «ویتنام » فرستادند. این کودتا برعلیه پرزیدنت دوستدار آمریکائی بود که محبوبیت خود را در واشینگتن از دست داده

---

۷۷۱ - W. Sullivan; Mission to Iran, 1981; p. 8.

۷۷۲ - Ibid, p. 17.

۷۷۳ - Richard Helms.

۷۷۴ - Office of Strategic Services.

بود^۷۷۵. هلمز در سال۱۹۷۳ بدستور پرزیدنت «ریچارد نیکسون» مامور انجام کودتا در کشور «شیلی» گردید که منجر بکشتن پرزیدت انتخابی آن کشور «سالوادر آینده»^۷۷۶ گردید.

ریچارد هلمز بعنوان سفیر آمریکا در تهران بین سالهای ۱۹۷۶-۱۹۷۳ انجام وظیفه نمود و از مقام خود در سال ۱۹۷۷ استعفاء داد. او نخستین فرد سرویس جاسوسی آمریکا است که محکوم به دروغگوئی به کنگره شد. و به پرداخت ۲۰۰۰ دلار و حبس تادیبی دو ساله محکوم گردید. در سال ۱۹۸۳ از سوی پرزیدنت «رانلد ریگن»^۷۷۷ مدال امنیت ملی را دریافت نمود! نگارنده در یکی از مسافرتهای خود به تهران در دهه ۱۹۷۰، هنگامیکه هلمزهنوز سفیر بود در ملاقات با دوستان، نخستین پرسش آنان این بود که آیا دولت آمریکا با فرستادن این سفیر در شرف عمل یک کودتای دیگر در ایران میباشد؟ آنها از کارهای او در ویتنام و شیلی آگاهی داشتند و از این ترس داشتندکه کشور بعدی ایران خواهدبود. با فرستادن هلمز به ایران عدم اعتماد مردم نسبت بآمریکا زیادتر شد. من پاسخی برای این پرسش نداشتم، تنها جواب این بود که باید منتظر باشیم و ببینیم.

در پیش، بدین موضوع اشاره شد که شرح حال میلسپو بعنوان نمونه برای توجیه و برداشت کارهای آمریکا در ایران انتخاب گردید و چگونه عدم یک رویه مشخص در وزارت خارجه آمریکا کار این مستشار را بعدم موفقیت کشانید. علاوه بر این در برخی از موارد، بخشهای مختلف دولت آمریکا با یکدیگر همکاری نداشته و با هم در حال رقابت بودند. سر نوشت ماموریت

---

۷۷۵ - Ngo-Dinh Dim.

۷۷۶ - Salvador Isabelino del Sagrado de Jesus Allenda Gossens (July 26,1908 to Sept. 11, 1973) president of Chile from Nov. 4, 1970-Sept. 11 19073.

۷۷۷ - Ronald Reagan

اقتصادی میلسپو نیز نمونه‌ای از این اتفاقات است که در ایران صورت گرفت.

انتخاب مستشار و یا فرستادن نماینده‌ای به یک کشور خارجی فقط نباید بر اصل دانش آنان در آن رشته باشد، بلکه این فرستادگان باید آگاهی کامل از فرهنگ کشور و اوضاع سیاسی و اجتماعی محل خدمت خودداشته باشند. یک نکته مهم دیگر این است که این افراد بایست از پشتیبانی کامل دولت خویش بر خوردار باشند که در مورد میلسپو درست بر عکس بود. بزرگترین اشتباه وزارت خارجه آمریکا این بود که مقامات دولت در واشینگتن به نوشته ها و یادداشتهای نمایندگان خود در محل خدمت وقعی نمیگذاشتند. جیمز بیل میگوید که بنا بدرخواست وزارت خارجه من یادداشتی مفصل راجع بوضع ایران، همراه با پیشنهادهائی به آنان فرستادم و با کمال تاسف دریافتم، آنچه را که فرستادم مورد استفاده قرار نگرفت.[۷۷۸]

در پایان این فصل مایلم از عقیده رئیس وقت بنیاد بروکینگ که مقدمه‌ای بر کتاب میلسپو نوشته است یاد آوری نمایم.[۷۷۹] وی اصل کلام را در چند خط خلاصه میکند که در واقع یک نتیجه گیری کاملی از سرویس این مستشار است:

"از نقطه نظر آمریکائی ها پرسش اساسی این نیست که آمال و اصول ما چیست و آیا توانائی ما بحد کامل است یا نه و یا مسئولیت ما اجباری است. پرسشی که لازمه داشتن پاسخ است این است که در شرایط ایدئولوژی و عملی، آیا ما میتوانیم در مقابل مسائلی که برای ما ایجاد میگردد پاسخگو باشیم ؟ "امروز که چندین دهه از آن زمان میگذرد،

---

[۷۷۸] - James A. bill; The Eagle and the Lion; 1988(the preface).

[۷۷۹] - Harold G. Moulton, President of the brooking Institute, in the opening statement for Millspaugh's book.

همین پرسش مجددا پیش می‌آید که آیا می‌توانیم مسائلی که برای ما پیش می‌آیند جوابگو باشیم؟

بخش دوازدهم
جنگ دوم جهانی و اثرات آن بر اوضاع اجتماعی ـ اقتصادی و سیاسی ایران:

درآغاز جنگ جهانی دوم، دولت ایران بیطرفی خود را اعلام و امیدوار بود که دول متخاصم به آن بیطرفی احترام بگذارند. همانطوری که در بخش های پیشین دیده شد، دولت ایران دائماً با دو دولت جنگجو و امپریالیسم انگلیس و روسیه گرفتاری بزرگی داشت و گاهی کوشش میکرد که با ایجاد اختلاف در میان آنها بتوانند اندکی از دخالتشان در کشور بکاهند. ولی اینکار بطور کلی بدون نتیجه بود. انگلیس و روس گاهی با یکدیگر هم آواز و یا در ستیز بودند ولی وجه مشترک آنان این بود که چگونه منابع ایران را چپاول نمایند. انگلیس تلاش میکرد که روسها به قسمتهای مرکزی و جنوبی ایران دست نیابند .

از سوی دیگر روسیه با سلطه طلبی خود در همه حال میخواست که بوسعت زمینی کشور خود بیافزاید. در این راستا، در دو جنگ با ایران در اوائل سده نوزدهم تمام استانهای شمالی کشور را از ایران گرفته و بروسیه ملحق نمود: ارّان یا قفقاز (آذربایجان شوروی [780])، ارمنستان، تاجیکستان ، ترکمنستان و تعداد زیاد دیگری. علاوه بر از دست دادن این استان ها،

---

[780] - محمد علی گیلک : تاریخ انقلاب جنگل؛ کشوریکه امروز بنام آذربایجان (شوروی) میشناسیم همان ارّران و یا قفقاز است. در سال ۱۹۱۷ در موقعی که حکومت تزاری روسیه در شرف از بین رفتن بود و کمونیستها در حال استقرار حکومت جدیدی بودند ، دولت عثمانی کوشش میکرد که آن قدرت خودرا در نواحی زیاد نماید و با تحریک حزب مساوات آنها را وادار نمودند که که اسم آن استان را به آذربایجان تبدیل کنند.

ترکیه امیدوار بود که با این تغییر نام بتواند پس از پیروزی در جنگ با افزودن آذربایجان ایران به ارّران هر دو استان را بآسانی به کشور خود بپیوندند.

نتیجه شومی که نصیب ایران شد، دخالت دائمی روسیه در کار های داخلی کشور بود. این امر با خیانت شاهان قاجار براحتی انجام گرفت.

دولت انگلیس از راه دیگری به ایجاد اختلال دست میزد. آنها مقاصد شوم خود را توسط سر سپردگان خویش بمقصد میرساندند. جیره خواران آنان از هر گروهی بودند: درباریان، کارمندان دولت، ملاها که از طریق آنان توده مردم را کنترل میکردند و از همه مهمتر تحصیل کرده ها که اعمالشان برای کشور از همه خطرناکتر بود. ملا ها با نفوذی که در میان مردم داشتند نه تنها از پیشرفت هر گونه کارهای فرهنگی جلوگیری مینمودند، حتی مانع ترقی اجتماعی نیز میشدند. در آغاز سده بیستم و در هنگام انقلاب مشروطیت، قانون اساسی کشور طوری طرح شده بود که همه اقلیت ها چه دینی و چه نژادی را یکسان میشمردند. این امر باعث مخالفت شدید آخوندها شد و با فشار آنان بود که آن طرح هرگز بتصویب مجلس نرسید. آنان معتقد بودند که هیچ فردی نمیتواند مساوی شیعیان باشد. اگر هم ملاها بتنهائی عامل این بدبختیها نبودند در ایجاد آنها سهمی بزرگی داشتند.

دولت ایران در اواخر سده نوزدهم و تا سالهای چند دهه اول سده بیستم کوشش بسیاری در محدود کردن توانائی دو دولت روسیه و انگلیس نمود. ایرانیان در این اندیشه بودند که اگر دولت ثالثی را در میان آورند از قدرت آن دو دولت بناچار کاسته خواهد شد. برای انجام چنین امری، تنها دولتی را که واجد شرایط دیدند دولت آمریکا بود، همانطوریکه در بخش نخست بدان اشاره گردید.

پس از اشغال ایران در سال ۱۹۴۱ دو دولت مهاجم دخالت در امور داخلی کشور را آغاز نمودند. این امر بر خلاف متن قراردادی بود که با دولت ایران امضاء نموده بودند که به استقلال وتمامیت ارضی کشور احترام بگذارند و پس از پایان جنگ، خاک ایران را ترک نمایند. این پیمان که بنام «پیمان سه گانه» معروف شد دارای نه ماده و سه واحد الحاقی بین دولت ایران و

روسیه و انگلیس در تاریخ ۲۹ ژانویه ۱۹۴۲ بامضاء رسید وآنرا پیمان سه گانه خواندند. در بین مواد این پیمان، سه ماده دارای اهمیت تام میباشند:
ماده اول : دولتهای روسیه شوروی و انگلیس جمعاً و انفراداً قبول میکنند تمامیت ارضی ایران و حیثیت کشور و اسقلال سیاسی آن را محترم شمرند.
ماده پنجم: نیروهای متفقین در کمتر از شش ماه پس از خاتمه جنگ با آلمان هیتلری وهمیاران آنها و با ایجاد پیمان صلح بین آنها هر کدام که زودتر انجام پذیرد تعهد میکنند که خاک ایران را ترک کنند.
ماده هشتم : نیروهای متفقین هر دو تعّهد میکنند که با بهترین وجه ممکن محافظ وضعیت اقتصادی مردم ایران در مقابل مشکلات و کمبودهائی که در نتیجه این جنگ بر آنان تحمیل میشود باشند.
این عهد نامه بر اصول پیمان آتلانتیک بسته شد که توسط پرزیدنت ایالات متحده آمریکا، فرانکلین روزولت و نخست وزیر انگلیس وینستون چرچیل در ۱۴ اگست ۱۹۴۱ بامضاء رسید و در ۲۴ سپتامبر ۱۹۴۱ روسیه مفاد آنرا پذیرفت و امضاء کرد.
پیمان اتلانتیک دارای هشت ماده بود :
۱ ـ دول متعهد هیچیک ادعای ازدیاد ارضی را نخواهند داشت.
۲ ـ از هیچگونه تغییر سرحدات که مردم آن سرزمین آنرا نپذیرفته باشند پشتیبانی نخواهند کرد.
۳ ـ دول متعهد، آراء عموم مردم را میپذیرند که زیر لوای هر گونه حکومتی که بخواهند زندگی کنند و اگر آزادی انتخاب دولتی از آنها گرفته شد، آنان را در ایجاد دولت منظور نظر همراهی نمایند.
۴ ـ دول متعهد کوشش میکنند که تمام کشورها اعم از کوچک و بزرگ، پیروز و یا شکست خورده، برای بهبود وضع اقتصادی و تجاری خود بطور تساوی بر مواد اوّلیه دست داشته باشند .

۵ ـ دول متعهد کوشش خواهند کرد که همکاری ملل، در قسمت اقتصاد و حفظ امنیت و بالا بردن استاندارد زندگی و بهبود وضع کارگران و امنیت اجتماعی را بصورت عمل در آورند.

۶ ـ پس ازشکست حکومت ستمگر آلمان نازی، دول متعهد امیدوار هستند که بتوانند صلح کامل برای تمام ملل، در حفظ سرحدات آنان تضمین نمایند و باعث اطمینان مردم هر سرزمین شوند تا زندگی آزاد و بدون واهمه داشته باشند.

۷ - چنین صلحی باید به شهروندان اجازه دهد که بهر نقطه بدون مانع بتوانند سفر کنند.

۸ - آنها معتقدند که تمام ملل دنیا استفاده از زور را باید از بین ببرند. اگر دولتی ازتسلیحات زمینی، دریائی و یا هوائی خود، موجب تهدید و تهاجم و اشغال کشور دیگری باشد هیچ صلحی نمیتواند پایدار بماند. این امر تا هنگامیکه یک تشکیلات بزرگتری برای امنیت اجتماعی و خلع سلاح ایجاد گردد لازم میباشد. دول متعهد به همین ترتیب تشویق و یاری خود را به هر دولتی که از ایجاد تجهیزات جلوگیری نماید ادامه میدهند.

همانطور که ملاحظه میشود تمامی این پیمان جز مقداری حرف، چیز دیگر نیست و در هیچ زمانی آنرا مورد اجرا نگذاشتند و به هیچ ماده آن عمل نکردند و این بهانه دیگر برای ربودن ثروت مردم جهان بود.

این پیمان ها را ملت و دولت ایران با تجربه زیادی که با روس و انگلیس داشتند، حائز اهمیت ندانستند. و هیچیک از این دول مفاد پیمان سه گانه را اجرا ننمودند. انگلیسی ها از دادن گندم و لوازم حمل و نقل به ایران که در ماده پنجم ذکر شده است خودداری نمودند و با این عمل ایران را بسوی قحطی سوق دادند. روسها نیز بر طبق مفاد آن پیمان که میبایستی پس از پایان جنگ کشور را ترک کنند، نه تنها در اینکار کوتاهی نمودند بلکه باعث تجزیه کشور نیز شدند. بدین ترتیب روشن میشود که چرا ایرانیان بدین پیمانها اعتمادی نداشتند؟ زیرا برای پیشرفت کشور، آوردن

یک دولت بیطرف و ثالثی را در صحنه سیاسی لازم میدانستند. از اینرو از وزیر مختار آمریکا در تهران یاری جستند. در چنین موردی دولت وقت ایران درست بهمان کاری دست زد که دو دهه پیش انجام دادند و روی بسوی آمریکا آوردند.

در ۱۹ دسامبر ۱۹۴۱ وزیر مختار آمریکا، درایفوس در تهران، خلاصه مذاکرات خود را با وزیر خارجه ایران بوزیر خارجه آمریکا گزارش داد[۷۸۱]. او اشاره نمود که وزیر خارجه ایران تمایل دولت خود را که آمریکا نیز در امضاء صلح پیمان سه گانه شرکت نماید اعلام نمود، که بگفته وزیر خارجه ایران از این مقوله به دولتهای روس و انگلیس سخنی نگفته است. در دنباله نامه فوق، درایفوس در پیام ۲۰ دسامبر ۱۹۴۱ اظهار داشت در گفتگوئی که با نخست وزیر داشته است او نیز در اینباره اظهار نظر نمود:

"حضور آمریکائیها ارزش این پیمان را در دید ایرانیان چندین برابر خواهد نمود."[۷۸۲] در همان پیام درایفوس بوزیر خارجه آگاهی داد که ایرانیان شکایت از دولت روسیه دارند که مانع انجام کارهای مملکتی میشوند. گزارش این اخبار تاثیری در وزیر خارجه آمریکا نداشت و در جواب نوشت که منتظردریافت اطلاعات کامل است تا پس از آن تصمیم نهائی بگیرد.[۷۸۳]

آوردن آمریکائی ها در جریان این پیمان بقدری برای دولت ایران مهم بود که محمد رضا شاه نامه‌ای برای پرزیدنت روزولت نوشت (۱۴ژانویه ۱۹۴۲) و بطور خلاصه جریان را بآگاهی وی رسانید و اهمیت شرکت آمریکا را در آن پیمان بیان نمود. جواب روزولت در تایخ ۶ فوریه ۱۹۴۲ جز مقداری تعارف حاوی مطلب اساسی نبود و پاسخش در همان حدودی بود که به پدرش رضا شاه، در هنگام اشغال کشور بدست روس و انگلیس دادند.

---

[۷۸۱] - Dreyfus to Secretary Hull; communique 260, 14 Sept. 1941.

[۷۸۲] - Y. A. Alexander, N. Nanes: The US and Iran, A Documentary History, (1980), p. 81.

[۷۸۳] - Hull to Dreyfus; Dispatch 165; 29 Dec. 1941.

پافشاری دولت ایران در این موقع از روی ناچاری بود و بهر سوی که میتوانستند روی میآوردند شاید بتوانند راهی پیدا کنند که از نفوذ خانمانسوز این دو دولت غارتگر بکاهند و بهمین برهان با وجود عدم گرفتن نتیجه‌ای از آمریکائیها در این امر پا فشاری نمودند و برای این منظور میتینگی در واشیگتن در ۲۰ مارچ ۱۹۴۲ با حضور وزیر مختار ایران شایسته، الینگ رئیس بخش خاور نزدیک و والاس موررای انجام گرفت. الینگ در یادداشت خود مجددا در موضوعی که دولت ایران از طریق وزیر مختار آمریکا از عدم اعتماد ایران بدو دولت مهاجم اقدام کرده بود اشاره نمود. الینگ مجددا یادآوری و بطور آشکار اعلام نمود اگر دولت آمریکا گامی بر ندارد، دولت روسیه حداکثر بهره را از نفوذ خود در ایران خواهد گرفت و سبب ایجاد گرفتاریهای بیشماری برای آینده خواهد شد. رویدادهای بعدی نشان دادند که حدس واقعیات نماینده ایران کاملاً درست بود. با گذشت زمان و تشدید سختی زندگی مردم و فلاکت ایجاد شده از سوی قوای مهاجم و ایجاد موانع از سوی دولت انگلیس باعث آن شدند که مردم را بسوی روسها سوق دهند و بحزب توده (کمونیسم) به پیوندند. این امری بود که میتوانست تا حدودی از پیدایش آن جلوگیری نمود. بویژه اگر وزارت خارجه آمریکا دارای مشی سیاسی درستی بود و قادر بود که به عواقب کارها اندکی توجه نماید. ولی افسوس که آنها به آنچه که از سوی انگلیس گفته میشد عمل میکردند بدون آنکه آنها را مورد تجزیه و تحلیل قرار دهند. خلاصه مذاکرات واشینگتن به تشویق موررای برای کفیل وزارت خارجه «سمنر ولس» فرستاده شد.

الینگ در پایان یاداشت خود مینویسد که از وزیر مختار ایران پرسش های زیر را نمودند:

۱ ـ آیا در موضوع گفتگو، باید بیانه‌ای صادر شود وآیا این بیانیه باید فقط از سوی دولت آمریکا باشد و یا مشترکاً با دو دولت متخاصم ؟

۲ ـ آیا چنین بیانیه‌ای، باید فقط مربوط بایران باشد و یا سایر کشورهای خاور میانه را در بر گیرد؟

پاسخ وزیر مختار ایران بر حسب گفته الینگ این بود که بیانیه صادره از سوی آمریکا بتنهائی برای مردم ارزش بیشتری خواهد داشت تا با اشتراک روس و انگلیس که از سوی مردم ایران بی مقدار و منفور هستند. در باره موضوع دوم وی اشاره نمود که وضع ایران در زمان حال خیلی پریشانتر و حائز اهمیت بیشتری بوده و توجه فوری را لازم دارد که مورد بررسی قرار گیرد تا از تجاوز و پیشرفت بعدی کمونیست ها بخاک ایران جلوگیری بعمل آید.

با تمام این تفاصیل نتیجه‌ای از این جلسه عاید نگردید و جریان به همان وضع سابق ادامه یافت. کفیل وزارت خارجه در یادداشت ۲۳ مارچ ۱۹۴۲ اشاره میکند: نماینده ایران با وی تماس گرفته و راجع به نتیجه جلسه‌ای که با الینگ و مورای داشته پرسش نمود و میگوید بوزیر مختار ایران اشعار داشت: "نسبت به پرسش اختصاصی شما دولت شوروی هیچگونه رابطه در این موضوع با آمریکا بر قرار نکرد و هیچ اشاره‌ای در باره حدود جدیدی با وزارت خارجه آمریکا در میان نگذاشت."[۷۸۴]

کفیل وزارت خارجه پاسخش به شایسته در باره انگلیس در همان زمینه بود که درباره روسها گفته بود و اظهار داشت: "من گفتم که دولت انگلیس از مصاحبه‌ای که بین آن دولت و روسیه و در باره مفاد مختلف پیمان سه گانه انجام شد به ما اطلاع دهد، ولی دولت ما هیچ آگاهی از انگلیس در باره گفتگوی بین آنان که شامل دولت ایران باشد دریافت نکرده است."[۷۸۵]

---

[۷۸۴] - Y. Alexander, N. Nanes: The US and Iran, A Documentary History (1980), p. 84.

[۷۸۵] Ibid.

کفیل وزارت خارجه به نماینده ایران توصیه میکند که در زمان حاضر بهتر است که دولت آمریکا در چنین امری دخالت نکند که بنظر یکطرفه میآید و صورت خوشی نخواهد داشت.

از تجزیه و تحلیل آنچه که در این فصل گذشت دو نکته را میتوان درک نمود : نخستین نتیجه، پی بردن بفقدان کامل اطلاعات لازم از سوی کفیل وزارت خارجه در باره روسها و بویژه طرز تفکر آنان است که ساده لوحی وی را نشان میدهد. وقتی که میگوید: دولت روسیه " هیچ اطلاعاتی در آن زمینه بدولت آمریکا نداده است." آیا واقعا فکر میکرد که شوروی آنچه را که میخواست بکند پیشاپیش به آنها گزارش داده و اجازه میگرفت که میخواهد در آذربایجان نیرو پیاده کند و در کردستان تفرقه بیاندازد؟ فکر اینکه سیاستمداران آمریکا چگونه بدین جریانات نگاه میکردند واقعا وحشت آور است. باید گفت که طرز فکر آنها نسبت به انگلیس ها بهتر از روسها نبود. نکته دیگر قابل ملاحظه در یادداشت کفیل وزارت امور خارجه این بود که «دخالت یکطرفه دولت آمریکا نا خوش آیند است.» این امر تا حدودی قابل پذیرش میتوانست باشد. ولی بطور کلی و با در نظر گرفتن اهمیت موضوع و آینده، کاملا پذیرا نمیبود. در پایان، ولس نامه خود ار با این جمله خاتمه میدهد: " وزیر مختار ایران از من تشکر نمود و اظهار داشت که با عقاید من موافق است." [۷۸۶]

از این مختصر کاملا مشهود است که وزیر مختار، شایسته، بغرنجی این گرفتاریها را درک نموده بود و تا حدی که میتوانست به امریکائیان خاطر نشان ساخت. وی البته باید از کفیل وزارت خارجه تشکر نماید. این کار مربوط به پروتوکل سیاسی میشد و برهانی بر این نبود که با گفته های او موافقتی دارد. کفیل وزارت خارجه فراموش کرده بود که در حدود شش

---

[۷۸۶] - Ibid

سال پیش چه اشکالاتی بین وزیر مختار ایران، جلال، و وزیر خارجه آمریکا پیدا شده بود.

نتیجه ای که در این بخش بدست می‌آید اینست که وزارت خارجه آمریکا دانش بسیار نا چیزی در امور خاور میانه و آنچه که در آن محل رخ میدهد دارد. اطلاعات آنان در باره طرز کار و روش روس و انگلیس در آن سامان بسیار اندک بود. اگر آنان با فکر بازتری به آگاهی هائی که به آنها داده میشد نگاه میکردند و آنها را تجزیه و تحلیل مینمودند و بدون تعصب به منشاء آن گزارشها مینگریستند باحتمال قوی، بسیاری ازگرفتاریهائی که پس از جنگ دوم ایجاد گردید شاید میتوانست جلوگیری نمود و یا حدّاقل از شدت آنها کاست.

بخش سیزدهم

کمبود مواد غذائی و ایجاد محدودیت در حمل و نقل:

ایران کشوری است پهناور به مساحت ۱،۶۴۸،۱۹۵ کیلومترمربع و مردمی با سوابق نژادی مختلف و در نتیجه دارای سبکهای زندگی گوناگون. در بیشترین مواقع نوع غدا با وضعیت جغرافیایی ـ نژادی بستگی دارد. وجود موّاد اوّلیه و لازم برای ساکنین اطراف دریای خزر، برنج است که غذای اصلی آنان را تشکیل میدهد. آنانی که در بخش مرکزی کشور ساکنند، نان اهمیت بسزائی در تغذیه آنان دارد. پس از اشغال کشور در سال ۱۹۴۱، دسترسی بمواد غذائی اولیه مسئله مهمی بویژه در قسمت مرکزی وتهران ایجاد نمود. در بخش شمالی کشورکه تحت نفوذ روسها بود، ارتش سرخ بیشتر مواد غذائی را بروسیه صادر مینمودند و اجازه حمل آنها را به تهران و سایر نقاط کشور نمیدادند.

وضع غذائی تهران از همان روزهای نخستین رو به وخامت گذاشت ـ انگلیسی ها که قول داده بودند بمقدار لازم آرد در اختیار ایران بگذارد، بقول خود وفا نکردند. دولت ایران برای پیشگیری از گرفتاریهای ممکن و کمک، روی بدولت آمریکا آورد و بآنان قول داده شد که کمک بزودی خواهد رسید. پس از چندین ماه گفتگو در این باره هیچ نتیجه‌ای حاصل نشد و در این حال وضع عمومی تغذیه مردم رو به وخامت میگذاشت. در چنین هنگامی که کمبود مواد اولیه غذائی بشدت رو به وخامت میرفت، رئیس بخش تجارتی و اقتصاد ایران، الهیار صالح نامه‌ای از نیویورک به موررای رئیس بخش خاور نزدیک آمریکا نوشت (نامه شماره ۱۱۸۱ فوریه ۱۹۴۲[۷۸۷].) در این نامه اظهار داشت «یو.کی.سی.سی»[۷۸۸] که میبایست مقدار لازم آرد را بدولت ایران تحویل دهد، وظیفه خودرا انجام نداده است

---

۷۸۷ - Department of State; Foreign Relations (1942) 4; 120.

۷۸۸ - U.K.C.C. (United Kingdome Commercial Corporation.)

و اشاره نمود که بدین برهان وزیر دارائی ایران در تهران این موضوع را با فرستاده ویژه خاور میانه ویلیام بولیت [۷۸۹] در میان گذاشت. او قول داد که پس از برگشت به واشینگتن ترتیب ویژه‌ای برای اینکار خواهد داد. ولی به هیچوجه کاری انجام نداد و اوضاع تهران رو به وخامت گذاشت.

در باره سهمیه آرد بین دولتهای ایران و انگلیس اختلاف نظر وجود داشت. ایرانیان بر این باور بودند که انگلیسی ها بیشتر در حالت تلف کردن وقت هستند تا انجام مسئولیت خود. آنان معتقد بودند که ایرانیان در این باره اغراق میکنند. در هر حال اصل موضوع امری درست و آشکار بود که مردم را تهدید مینمودند.کمبود نان در تهران رو بشدت میگذاشت. برای بدست آوردن نان اهالی تهران ساعتها در دکان نانوائی منتظر می مانند. آنروزها کارخانه نان پزی وجود نداشت و نان را هر روز بطور تازه از نانوائی بدست میآوردند. در آنهنگام که نگارنده کودکی بودم، گاهگاهی برای گرفتن نان میبایست بدکان نانوائی میرفتم و بخاطر دارم که پس از ساعتها ایستادن در گوشه‌ای، هنگامیکه نوبت بمن میرسید میشنیدم که خمیری باقی نمانده و با دست خالی بخانه برمیگشتم. اگر کسی هم شانس میآورد و نانی نصیبش میشد، ماده اولیه آن بقدری بد بود که آن را غیر قابل خوردن مینمود. مواد غیر آردی: خاک اره و مواد مشابه، بمقدار معتنابهی در داخل آرد موجود بود.

پاسخ بنامه الهیار صالح:

در هشتم مارچ ۱۹۴۲، موررای جواب نامه صالح را میدهد که مثل همیشه بدون محتوی و فقط جملاتی بود پوچ و بدون مسئولیت: "مشکلاتی راکه شما اشاره کردید بدقت مورد توجه قرارخواهد گرفت."[۷۹۰] این جواب هم آنطور که مشاهده میشود کاملا بیمعنی است. صالح تماسی دیگر با

---

[۷۸۹] - William Bullitt

[۷۹۰] - US Foreign Relations (1942); 4: 121

الینگ[۷۹۱] میگیرد و به وی گزارش میدهد که تلگرافی از وزیر دارائی ایران دریافت داشته که میگوید: "خواهش میکنم پا فشاری کنید که آرد را هر چه زودتر بتهران ارسال دارند." در جواب صالح، الینگ در یادداشت خود آورده است که بصالح اینطور گفته که دولت آمریکا در شرف ایجاد راهی است که بتوان هر چه زودتر آرد را به ایران برسانند.

در ۲۳ آوریل ۱۹۴۲ وزیر مختار آمریکا درایفوس در نامه‌ای بوزیر خارجه آمریکا در باره بررسی های خود راجع بوضع قحطی و[۷۹۲] نبودن مواد غذائی اظهار میدارد: «انگلیسی ها تشکیلاتی برای کمک و بهبود وضع اقتصادی ایران را ندارند و برای همین موضوع هیچ تصمیمی نمیتوانند بگیرند که مواد اولیه را به ایران برسانند». درایفوس نتیجه گفتگوی خود را با کنسولگری انگلیس و نماینده ویژه (ام. ای . سی. اس) آقای جکسون[۷۹۳] که ساکن قاهره هستند برای وزیر خارجه آمریکا ارسال داشت. وی اظهار داشت که جکسون پیشنهاد زیر را نموده است: «برای انجام کمک اقتصادی به ایران باید کمیته‌ای تشکیل شود بنام کمیته (سی. اس. سی) »[۷۹۴]. پیشنهاد شد که این کمیته شامل اعضائی باشند از: نماینده‌ای از وزارت دارائی ایران، وزارت تجارت ایران، کنسولگری انگلیس، کنسولگری آمریکا، بانک شاهنشاهی، (یو. کی.سی.سی) و (ام. ای. سی.اس)[۷۹۵] . این کمیته تصمیم خواهد گرفت که چه موادی را باید به ایران فرستاد و

---

۷۹۱ - Alling

۷۹۲ - Dreyfus to Secretary Hull; Dispatch 118- 119; 23 April 1942.

۷۹۳ - Jackson

۷۹۴ - Central Supply Committee.

۷۹۵- MECS (Middle East Central Supply).

نمایندگان انگلیس و آمریکا تصمیم بگیرند که چه مقدار و از چه راهی آرد را به ایران بفرستند.[۷۹۶]

در این پیشنهاد بخوبی مشاهده میگردد که نمایندگان ایران هیچگونه دخالت قابل ملاحظه‌ای در این کمیته نداشتند. برای انگلیس اهمیتی نداشت که وضع مردم ایران چه باشد. همچنین پیشنهاد شده بود که تمام درخواستها برای هر گونه مواد لازم، از جمله غذائی باید به کمیته سی . اس. سی، ارسال و بتوسط آنها بمرکز ام. ای. اس. سی فرستاده شود و این مرکز بر طبق اهمیت درخواستهای رسیده آنها را رده بندی نموده و بمرکز یو.کی.سی.سی بفرستد. که این سرویس اخیر بصلاح خود از راه وزارت غذائی انگلیس در باره فروش مواد درخواستی بدولت ایران اقدام نماید. تمام این تشکیلات را به هیچ نوع نمیشود بیان نمود مگر یک مثال بارز برای عدم موافقت انگلیس جهت رساندن مواد غذائی بمردم ایران. درایفوس عدم توافق خود را به برنامه‌ای که در پیش بدان اشاره گردید آشکارا بوزیر خارجه آمریکا ابلاغ نمود. وی پیشنهاد کرد که بجای آن همه تفاصیل یک راه ساده تری انتخاب شود که :

۱ـ کمیته‌ای فقط از دو نماینده وزارت دارائی و تجارت ایران و یک نماینده از کنسولگریهای آمریکا و انگلیس انتخاب شوند. او اشاره نمود که اعضای دیگری که در نامه جکسون به آنها اشاره شد بعنوان اعضای مشاور باشند.

۲- در موقعی که بین نمایندگان آمریکا و انگلیس عدم توافق وجود دارد، موضوع بواشیگتن و لندن ارجاع گردد.

در اینجا بنظر میآید که آن پیشنهادات درایفوس بعلت پیشبینی وی و عدم اطمینانش به انگلیسی ها بود. او از آن ترس داشت که در غیر اینصورت انگلیسی ها تصمیمات خود را بدون اعتنا به مخالفت نماینده آمریکا مستقیما به ام. ای. اس.سی در قاهره بفرستند. این گام بسیار خوبی

[۷۹۶] - US Foreign Relations (1942) 4; 124.

بود که نماینده آمریکا برداشت ولی در عین حال کمکی به بهبود وضع کشور ایران نمیکرد.

بدید مردم ایران هیچ تفاوتی بین آلمان هیتلری و انگلیس چرچیلی وجود نداشت و برای چرچیل هیچ اشکالی نداشت که تمامی مردم ایران را با ایجاد قحطی از بین ببرد وهمان کاری را انجام دهند که در جنگ اول جهانی کردند.

در دنباله تمام این اتفاقات، کنفرانسی در واشینگتن در ۱۲ می ۱۹۴۲ برقرار شد که در آن « والاس موررای[۷۹۷] » مشاور روابط سیاسی و«پل الینگ» رئیس بخش خاور نزدیک و فرد وینانت[۷۹۸] از بخش صادرات و کمکهای دفاعی و «جان جرنگن»[۷۹۹] از بخش خاور نزدیک و الهیار صالح رئیس کمیسیون اقتصاد ایران شرکت داشتند. مطابق یادداشت جرنگن، صالح مجددا قضیه فرستادن گندم را برای ایران مطرح نمود[۸۰۰] و اضافه کرد که دولت وی بر این باور است که هیچ سودی از بودنش (صالح) در آمریکا در باره حل مشکلات وجود ندارد و دیگر برهانی برای باقی ماندنش را نمیبیند و ممکن است بزودی به ایران احضار شود. جرنگن میگوید که صالح اضافه نمود که بازخواندنش به ایران هیچ اهمیتی برای او ندارد ولی به حیثیت آمریکا در ایران لطمه بزرگی وارد خواهد کرد. و بجمله یکی از مامورین انگلیسی اشاره نمود که هنوز براین عقیده هستند که " ایران باید مواد مورد نیاز خود را از طریق «یو. کی.سی.سی » ابتیاع کند." این طرز فکر نشان دهنده آنست که چگونه انگلیسی ها نمیخواستند که آمریکا کوچکترین نقشی را در کارهای ایران داشته باشد. مطابق گفته جرنگن،

---

۷۹۷ - Wallace Murray

۷۹۸ Fred Winant

۷۹۹ - John Jernegan

۸۰۰ - US Foreign Relations (1942) 4: 126.

صالح واقعا بر این باور بود که روابط دوستی آمریکا با ایران از یکدیگر دور تر خواهد شد و این احساس را در مردم بوجود خواهد آورد که دولت آمریکا دیگر از دفاع منافع ایران دست بر داشته است. این فکر بعد ها ثابت شد که کاملاً درست بوده است.

جرنگن، همچنان در یادداشت خود آورد که موررای به صالح اطمینان داده که دولت آمریکا پیوسته بهبود وضع ایران را در نظر داشته و نیز برخی از کارهای انجام شده را بشمار آورد. وی در همان یادداشت این امر را متذکر گردید که صالح چندین بار در آن میتینگ، این سخنان را بر زبان آورد که دولت ایران مایل است که بطور خصوصی و یک بیک و مستقیما با دولت آمریکا وارد گفتگو گردد نه از طریق « یو. کی. سی. سی». صالح بر این باور بود که دولت انگلیس مجددا روش به تاخیر انداختن در خواستهای ایران را در پیش خواهد گرفت. بعنوان مثال بگفته جرنگن، صالح موضوع لاستیک های ماشین را بمیان آورد و اشاره نمود که برای دریافت لاستیک کوشش کردند که تعدادی از آنها را از طریق یو. کی. سی. سی ابتیاع نمایند ولی این کمیته اجازه چنین کاری را به آنان نداد، مگر اینکه دولت ایران موافقت کند که ۴۰٪ ازلاستیکهای راکه دولت ایران پولش راپرداخته بود به انگلیسی ها داده شود و۴۰٪ بدولت ایران و۲۰٪ را به مردم ایران باشد. صالح ادامه داد که بی اعتنائی دولت آمریکا نسبت بدرخواستها، ایران را مجبور کرد که لاستیک ها را از انگلیس خریداری نماید و سهم بزرگی را به آنان بدهد.

در چنین موقعیتی وزارت خارجه آمریکا در یک وضع سر در گمی بسر میبرد و قدرت گرفتن هیچ تصمیمی را نداشت و قادر بر این نبود که بطور جدّی با انگلیس وارد گفتگو گردد. بالاخره در پنج می ۱۹۴۲، وزیر خارجه هال نامه‌ای بوزیر مختار خود درایفوس در تهران مینویسد و از او میخواهد: «... بفوریت و تلگرافی دید خود را در باره پرسش های زیر با در نظر گرفتن اینکه آیا آمریکا باید در کمیته داخلی پخش وسایل و ام. ای. اس.

سی شرکت کند و در عین حال وزارت خارجه آمریکا میخواهد که وجهه فعلی آمریکا را در همان درجه بالا نگهدارد.»[۸۰۱] و در ضمن سئوال میکند:

۱ ـ آیا برنامه انگلیس در درخواست ۶۸ هزارلاستیک برای مصرف متفقین و نیاز مردم ایران دراین سال کافی و مناسب است یا خیر؟

۲ ـ آیا دادن اختیار پخش لاستیک ها و بالنتیجه دخالت مستقیم و یا غیر مسقیم، کنترل حمل و نقل جاده ها بدست < یو. کی. سی. سی> صلاح است یا خیر؟

۳ ـ اگر امکان دارد تعداد اتومبیل های باربری که اکنون مشغول کار هستند، با در نظر گرفتن اینکه چند تای آنها در دست انگلیس و چند تا در دست ایرانیان است بما داده شود.[۸۰۲]

جوابی که درایفوس داد بسیار کامل و واضح بود[۸۰۳]. وی خاطر نشان نمود که تخمین تعداد لاستیکها بنظر درست میآید و باید برای امسال کافی باشند. ولی اشاره نمود که انگلیس نمیخواهد که کنترل پخش را بدست ایرانیان بدهد بدلایل زیر:

- به آنان اعتماد ندارند که بتوانند این عمل را بخوبی انجام دهند
- فکرمیکنندکه خودشان بهترمیتوانند چنین کاری را اجرا نمایند.
- باید بدین امر توجه نمود که اگر کنترل بدست انگلیس داده شود یک حربه بزرگی برای آنان خواهد شد که بر علیه ایران از آن بهره برداری کنند. درایفوس در پایان نامه خود بطور آشکارا بوزیر خارجه میگوید اگر اختیارات صرفا بدست انگلیس و یو .کی. سی. سی داده شود، وضعیت ایران وخیم تر خواهد شد و بخشی از سرزنشها را بآمریکا نسبت خواهند

---

۸۰۱ - Hull to Dreyfus; Communique 113; 5 May 1942.

۸۰۲ - US Foreign Relations (1942) 4, 129

۸۰۳ - Dreyfus to Secretary Hull; Dispatch 147, 10 May 1942

داد. همچنین یو. کی. سی. سی اختیار بیشتری در اقتصاد ایران بدست خواهد آورد.

درایفوس همچنان گفت که دلیلی نمیبیند، چرا باید این عمل را بدست انگلیس سپرد. او پیشنهاد نمود که نمایندهای از برنامه «لند-لیس» انتخاب شود که بر این کار نظارت نماید و همچنین اظهار داشت که دولت ایران میتواند لاستیکها را بطور عادلانه پخش نماید و از دید ایرانیان هیچ اشکالی در نظارت نماینده لند-لیس[۸۰۴] وجود ندارد. وزیر مختار مجدداً هشدار داد که یو. کی. سی. سی اصرار خواهد کرد که انحصار ورود و پخش لاستیکها را بدست گیرد تا از این راه بتواند تمام حمل و نقل کشور را زیر کنترل خود قرار دهد- این کنترل اضافه به کنترلی است که آنان اکنون به راه آهن آن کشور دارند و در صورت دستیابی بدین امتیازات، کنترل کامل بر اقتصاد ایران را خواهند داشت.[۸۰۵]

درایفوس اعلام داشت که وزیر تجارت انگلیس که بتازگی از یک کنفرانس ام. آی. اس. سی ازقاهره آمده است، بدولت ایران نامهای در باره سهمیه آنان برای شش ماه آینده نوشت و اشعار داشت: " ایران باید سهمیهای را که برای شش ماه آیندهاش تعیین شده بپذیرد و گرنه چیزی نصیب شان نخواهد شد." درایفوس اظهار داشت که این اولتیماتوم را بدون آگاهی این کنسولگری دادند و در آن سهمیه ماشینی نیز برای ایران در نظر گرفته نشده بود و هم چنین واردات لوازم یدکی و لاستیکها و پخش آنها را در دست یو. کی. سی.سی باقی گذاشتند.[۸۰۶] جای تعجب و شگفت آورست که با این همه اطلاعات وزارت خارجه آمریکا کوچکترین توجهی به

---

۸۰۴ - Lend-Lease

۸۰۵ - Dreyfus to Secretary Hull; Communique 175; 23 May, 1942

۸۰۶ - US Foreign Relations (1942) 4; 132

سخنان وزیر مختار خود نکرد که شاهد همه رویدادهائی بود که هر روز بوقوع می پیوست.

درایفوس در همان گزارش اشاره نمود که با نخست وزیر و وزیر دارائی ایران گفتگو نمود. آنان از رفتار دولت انگلیس بینهایت ناراضی و ناراحت هستند و اظهار داشتند که دولت ایران پیشنهادات انگلیس را نخواهد پذیرفت و مایلند که پخش لوازم، توسط کمیته‌ای که تحت نظارت آمریکا باشد انجام گیرد. درایفوس پیشنهاد نمود که مواد وارداتی بر حسب پیشنهاد پیشین او پخش گردد و بر این نکته تکیه نمود که دولت آمریکا باید بوضع اشیاء مورد نیاز ایران با چشم باز نگاه کند و راجع به اعمال انگلیسی ها اشاره نموده وگفت که بعقیده او کارهای انگلیس، آمرانه و از هر نوع رعایت حقوق ایرانیان عاری است: «اعمال آنان باعث از بین رفتن حیثیت آمریکا خواهدشد... من بر این باورم که انگلیسی ها در چنین وضعی از موقعیت وخیم ایران بنفع خود و بزیان ایران بهره گیری می نمایند... من نمیفهمم، مثلا برای چه یو. کی. سی.سی باید ۲۵۰۰ اتومو‌بیل لند-لیس بگیرد، در حالیکه به ایران حتی یک عدد نیز تعلق نگیرد و یا برای چه پخش مواد لازم باید بیک عامل خارجی بر علیه تمایل ایرانیان داده شود؟»[۸۰۷]

وزیر مختار آمریکا در نامه خود عملیات انگلیس را در ایران مورد انتقاد قرارداد و اشاره نمود که عملیات آنها نهایتاً موجب ناراحتی مردم بر علیه آمریکا خواهد شد و مثالهای زیادی در این باره بوزیر خارجه داد: «دیروز یکی از کارمندان کمپانی سوکونی- واکیوم بمن شکایت میکرد که نمیتواند به واردکردن روغن ماشین ادامه دهد، زیرا کمیته بررسی، این قرارداد را انحصاراً بکمپانی نفت ایران- انگلیس داده است."[۸۰۸]

---

۸۰۷ - Ibid.

۸۰۸ - Ibid.

همانطوریکه در بخش سوم معلوم گردید، کمپانی نفت ایران –انگلیس کاملا زیر نظر دولت انگلیس بود و بدین رو تمام منافع حاصل به خزانه انگلیس واریز میشد. درایفوس با نماینده ام.ای.اس.سی. «هابسن»[۸۰۹] که از قاهره آمده بود راجع به این موضوع شکایت نمود و اظهار داشت: " تحت هیچ شرایطی نباید از این کمیته بعنوان توپ سیاسی و یا اقتصادی بهره برداری شود". تنها پاسخی که هابسن باو داد اینبود که " این قضیه را در میتینگ آینده خود بررسی خواهد نمود." بخوبی دیده میشود که چگونه انگلیسی ها فقط از آنچه بسود خود بود دفاع میکردند.

درایفوس تمام این جریانات را بوزیرخارجه مرتبا گزارش میداد ولی متاسفانه کمترین توجهی از سوی آنان به این فرستاده ها نمیشد. او در گزارش این اطلاعات گفته بود که ایرانیان از عدم همکاری وزارت خارجه آمریکا بستوه آمده‌اند و فداکاری ایران را در راه نیل به مقصد متفقین اشعار داشت[۸۱۰]. درایفوس خود معتقد بدین امر بود که ایران در عوض فداکاریهائی که برای متفقین مینماید چیزی عاید خودش نمیشود و بعقیده او اشکالات زیر در این باره دخالت داشتند:

۱– متفقین بوعده خود که احتیاجات اساسی کشور را تامین کنند وفا نکردند.

۲ - متفقین بدین امر که نیرو های آنان و پناهندگان لهستانی، بیشترین ذخیره مواد غذائی کشور را مصرف میکردند اهمیتی نمیدادند.

۳ – متفقین راههای ایران و راه آهن کشور را از بین بردند، این امر بویژه در باره راه آهن صادق بود که بیش از ٪۸۰ ظرفیت آن بمصرف متفقین میرسید .

۴ – یو. کی. سی. سی. کنترل تمام ماشینهای باربری سبک وسنگین و

---

[۸۰۹] - Hobson

[۸۱۰] - Dreyfus to Hull; Communique 204; 18 June 1942.

لاستیکها را در دست گرفته و میگوید که هیچ ماشینی به ایران تعلق نمیگیرد و بدین ترتیب کشور را زیر چنگال انگلیس قرار میدهد.
درایفوس همچنان اشعار داشت که باید به شکایات ایران توجه نمود که میگویند: "دولت انگلیس ایران را از حمل و نقل مواد غذایی به نقاط کشور محدود نموده است." نکته دیگر آنکه دولت ایران از بی تصمیمی آمریکا و عدم نشان دادن هیچگونه قدرتی بستوه آمده است. وی بوزیر خارجه اعلام داشت: " انتقاد دولت ایران از ما زیاد تر میشود زیرا که ما قول دادیم که به اقتصاد آنان کمک کنیم ولی هیچ کاری نکردیم مانند مسئله ماشین و لاستیک... شکایات ایران قابل درک و تامل میباشد. من توصیه میکنم که گامهای فوری و هر چه زودتر در باره دادن ماشین های باربری و لاستیک به ایران، برداشته شود. بدین روی من پیشنهاد میکنم که تعدادی از ماشینهای لند- لیس که وارد ایران میشوند بدولت ایران تخصیص داده شوند. اگر ما قدمی در این باره بر نداریم که وعده های خود را نسبت به ایران تامین نکنیم، انتقاد خفتهای که اکنون در این کشور بر علیه آمریکا وجود دارد بدون شک افزایش فاحش خواهد یافت. "[۸۱۱]
وزیر مختار آمریکا کاملا در نتیجه گیری خود حق داشت، ولو اینکه مسائل هر اندازه در ابتدا کوچک باشند بتدریج بزرگتر میگردند و شکی باقی نخواهد بود که چنین دشواریها باعث از بین بردن آبروی آمریکا نه تنها در ایران بلکه در تمامی خاورمیانه میشدند. درایفوس مجدداً در یادداشت دیگری بوزارت خارجه[۸۱۲] از رفتار انگلیسی ها شکایت میکند و میگوید :
"در باره سهمیه ایران، تشکیلات کمیته سی. اس. سی. مرا در مقابل یک امر انجام شده قرار دادند و ایرانیان را از تصمیم خود مطلع ننمودند— من

[۸۱۱] - US Foreign Relations (1942) 4; 134

[۸۱۲] - Communique 214; 25 June 1942

نیز تصمیمات آنان را نپذیرفتم."[813] و در دنباله این آگاهی، ادامه میدهد "من در میان دو بخش مخالف قرار گرفته‌ام، یکی انگلیسی های نا سازگار و دیگری ایرانیان که بدریافت آنچه که میخواهند حریصند. در حال حاضر تنها عامل غیر موافق مربوط به یو.کی.سی.سی است که نه تنها میخواهند تمام سیستم حمل و نقل و پخش ماشین های باربری را در انحصار خود قرار دهند، بلکه مایل نیستند که حتی با کمیته مرکزی تهیه وسائل همکاری کنند. از قرار معلوم یو. کی. سی. سی نمیخواهد تجارت خصوصی خود را از دست بدهد که کاملاً در حال حاضر برایشان سودآور است و تعهد آینده بهتری را برای آنها میکند."[814] بخوبی درک میشود که این افکار همان است که ایرانیان داشتند.

درایفوس بر این باور بود که تمام تجارت و مواد لازم برای ایران میبایست از طریق کمیته مرکزی تهیه گردد و در این عقیده پافشاری میکرد و بوزیر خارجه آمریکا هال اعلام کرد که اگر انگلیس ها با این روش موافقت نکنند، در چنین حالی دولت ایالات متحده آمریکا باید از راه خارج از این کمیته با امکانات لند –لیس اینکار را انجام دهد. در پشتیبانی از این پیشنهاد خود، بدین امر اشاره نمود که یو.کی.سی.سی. در حال دریافت چهار هزار ماشین باربری از طریق لند- لیس میباشد و در نظر ندارد که حتی یکی از آنها را بدولت ایران بدهد.

شکی باقی نبود که نماینده آمریکا از جنایتهای دولت انگلیس در ایران و عدم رعایت آبرو و حیثیت آمریکا توسط آنان کاملا با خبر بود. او در دفعات مکرر وزیر خارجه را در این مورد هشدار داد که اثر کار آنها برای آمریکا نتیجه بسیار وخیمی در بر خواهد داشت. ولی متاسفانه رویه بر این منوال بود که وزارت خارجه بدلایلی نا معلوم به آنچه که از تهران میرسید وقعی

---

[813] - US Foreign Relations (1942) 4; 138

[814] - Ibid, 139.

نمیگذاشت و بر عکس هر چه از طریق انگلیس به آنها گفته میشد، بلافاصله بمورد عمل قرار میگرفت. آمریکا در حالت بی خبری محض بود که کارهای آنها در ایران توسط روسها بدقت مورد تجزیه و تحلیل قرار میگرفت. طرز رفتار انگلیس و عدم برداشتن گامهای قاطع توسط آمریکا در مهار کردن چپاول انگلیسی ها، یک زمینه مساعدی برای رشد کمونیسم در ایران ایجاد مینمود. اهمال ایالات متحده بخوبی بسود روسیه شوروی و موقعیت بهتری به آنان در برگرداندن عقاید عمومی بر علیه غرب و بویژه آمریکا بود. عین اطلاعاتی که درایفوس از تهران میداد، در واشینگتن توسط وزیر مختار ایران همان درخواست ها را مستقیما از سوی دولت خویش به وزارت خارجه آمریکا میفرستاد.

بالاخره بر اثر اصرار و پا فشاری از جانب ایران وثبات قدم سیاستمدار مبّرز آمریکائی، درایفوس، در تهران، روزنه امیدی باز شد. در اول جولای ۱۹۴۲ وزارت خارجه آمریکا، بوزیر مختار ایران خبر داد که کمیته تازه‌ای بنام کمیته مرکزی تهیه وسایل، بوسیله انگلیس و آمریکا تشکیل شد و جمعا تعداد ۶۸ هزارلاستیک ماشین برای مصرف ایران تعیین شده است. وزیر مختار ایران همچنین مطلع گردید که چنین کمیته میتواند که توسط ایرانیان ایجاد گردد و آنان میتوانند با «مدیرکمتیه آمریکا –انگلیس» ملاقات داشته باشند. با کمال تاسف این اطلاعات که از وزارت خارجه آمریکا به نماینده ایران داده شده بود کاملا با واقعیت وفق نداشت و مغایرتی در بر داشت. ۶۸ هزار لاستیک به یو.کی.سی.سی تحویل داده شده بود که صریحا گفته بودند که حتی یکعدد از آنها را به ایران نخواهند داد. یکبار دیگر آشکار میگردد که وزارت خارجه آمریکا حتی نامه های نماینده خود را که از تهران فرستاده شده مطالعه نکرده بود. البته این امری است که در تمام مراحل روابط ایران– آمریکا مکررا بچشم میخورد و دولت آمریکا کورکورانه هر چه انگلیس ها به آنان گفتند بمورد اجرا میگذاشتند .

درایفوس کراراً بدین موضوع اشاره میکرد که به باور یو.کی . سی . سی ، اگر اختیار لاستیکها و ماشینهای باربری بدست ایرانیان سپرده شوند، منجر به اتلاف آنها خواهد شد و در وضعیت جنگ تاثیر بدی خواهد گذاشت و حتی بدین باور بودند که ایجاد تشکیلاتی شبیه به یو. کی. سی. سی در ایران باعث اتلاف وقت بوده و موجب رقابت خرابکارانه خواهد بود – با چنین توضیحاتی کاملا روشن میشود که انگلیس نمیگذاشت کوچکترین گامی برای بهبود وضع ایران برداشته شود که احتمال آنرا داشته باشد که از سود جوئی آنان بکاهد و چپاول و دزدیشان را محدود نماید. کاملا مشهود است که پیشنهادهای داده شده هیچ تاثیری بر رویه جنگ نداشتند. آنان با هر پیشنهادی که ممکن بود به منافعشان صدمه بزند و از قدرتشان در سرقت بکاهد موافقت نمی کردند. به همین برهان بود هر گامی که برای فرستادن مواد لازم به ایران پیشنهاد میشد مخالفت میکردند.

اگر برای لحظه‌ای مسئله ماشینها و لاستیکها را کنار بگذاریم و بر گردیم به مسئله نبودن غذا و قحطی، ملاحظه میشود که در آن بخش نیز کوچکترین پیشرفتی حاصل نگردید. یادداشتهای متعدد بین کنسولگریهای ایران و آمریکا و وزارت خارجه آن کشور رد و بدل شد که در تمام آنها نبودن غذا مورد گفتگو قرار گرفته بود و نکته‌ای که کراراً به آمریکائیان گفته میشد این بود که دولت ایران بعلت جلوگیری دو دولت مهاجم آن قدرت را نداشت که مواد غذائی را از یک نقطه کشور به نقطه دیگری بفرستد، زیرا وسایل حمل و نقل ایران را در دست خود داشتند و استفاده از آنرا برای ایرانیان کاملا محدود نموده بودند.

درایفوس بدین نکته اشاره نموده بود که کنسول انگلیس با وضع خودسرانه بدین نکته اشاره میکرد که بنظر آنها مقدار ۶۰ هزار تن گندم وارداتی برای مصرف ایران کاملا کافی است و نباید گندم بیشتری به آنها داده شود و اظهار میداشتند که دولت ایران باید مقداری از گندم ها را که در دست

احتکار کنندگان وجود دارد خارج کنند، قبل از آنکه درخواست مقدار بیشتری را بنمایند. این سخنان انگلیسی ها درست بر عکس آنست که نماینده آمریکا بیان میکند. درایفوس بر این باور بود که مقدار تعیین شده، مصرف کشور را تامین نمیکند و احتیاج مملکت اقلاً در حدود ۱۰۰ هزار تن میباشد که تا هنگام درو کردن و گرفتن محصول آینده کفاف نیاز کشور را بدهد و همچنین ایرانیان بر این باورند که مقدار گندمی که در دست محتکرین است خیلی نا چیز میباشد.

درایفوس ادامه میدهد که در پژوهشهای خود در اینباره بدین نتیجه رسیده است که از دید او گفتار ایرانیان خیلی به حقیقت نزدیکتر است و نشان نداد که محتکران مقدار زیادی گندم را در دست داشته باشند و اشاره به یادداشت کنسولگری انگلیس میکند که ایرانیان را مقصر اصلی میدانند که مسائل مربوطه را زودتر بآگاهی آنان نرساندند. همچنین اظهار میدارد که یادداشتها و دید انگلیسی ها کاملا نادرست است و ایرانیان مکررا این گرفتاریها را به متفقین آگاهی میدادند و خطرات ناشی از آنها را با آنان یادآوری میکردند. درایفوس مجددا پیشنهاد نمود: " گامی مهم و قابل اجرا این است که وزارت خارجه هر چه زودتر یک مشاور تغذیه استخدام و به ایران بفرستد. "[۸۱۵] او مجددا در یک یادداشت دیگر[۸۱۶] بوزارت خارجه در باره مشکلاتی که یو.کی.سی.سی بوجود میآورد گزارش داد. و یادآور گردید که در یکی از میتینگ های این کمیته که وزیر دارائی ایران نیز شرکت داشت، یکی از نمایندگان ایران علنناً در آن جلسه اظهار نظربسیار ناهنجاری از آن کمیته نموده و واژه هائی در وصف کمیته بکار برد که در حال عادی در چنین میتینگهائی بکار برده نمیشود و کمیته را

Departement

۸۱۵– State, Foreign Relations (1942), 4: 143

۸۱۶ - Communique 238; 20 July 1942

به متقلب بودن، استفاده نا مشروع از قدرت خود و انجام کارهای نادرست متهّم[۸۱۷] و بشدت بوضع تقسیم لاستیک ها اعتراض نمود.
در دنباله این رویداد، درایفوس اعلام نمود: "بدید من این گرفتاریها بسبب سنگ انداختن وحیله و فریب و ممانعت انجام کارها توسط یو. کی. سی. سی ایجاد گشته." او مجددا پیشنهادهای پیشین خود را بوزیر خارجه آمریکا اعلام نمود.

تظاهر انگلیسی ها به دلسوزی:

در ۲۴جولای ۱۹۴۲ سفیر آمریکا در لندن،"وینانت" گزارشی بوزیر خارجه خود داد و اظهار داشت یادداشتی از دولت انگلیس دریافت داشته حاکی از آنست که چگونه آن دولت با محبت و دلسوزی بسیار با ایران رفتار میکند، همچنین اشاره نمودکه درآن گزارش به وی گفته‌اند: "حمل بارهای بسیار سنگین و با حجم زیاد، مثل گندم از راه دریا به بنادر ایران علاوه بر اینکه باعث ازدیاد فشار بر نیروی دریائی متفقین خواهد شد، بلکه باعث کم کردن قدرت رساندن مواد جنگی بروسیه میگردد،که برآن منظور، بیشترین سهم راههای ایران اختصاص داده شده اند. ولی از سوی دیگر باید قبول کنیم که نباید بگذاریم مردم ایران به کمبود غذایی دچار گردند. این امر برای متفقین اهمیت بسیار دارد."
حرفهای دو پهلو و مزورانه ایست که فقط انگلیسی ها قادر هستند از آنها استفاده نمایند که در پایان دارای هیچ معنی نمیباشند. انگلیسی ها بخوبی میدانستند که چگونه از ساده لوحی آمریکائیان بهره برداری نمایند. سفیر آمریکا در لندن یادداشت انگلیس را بعنوان یک اصل مسلم پذیرفت و از دریافت خبر انسان دوستی آنان نسبت به ایرانیان بسیار مشعوف گردید. وی از قرار معلوم کوچکترین آگاهی از آنچه که در تهران میگذشت نداشت و از نامه های وزیر مختار آمریکا در تهران بوزیر خارجه آنکشور بی اطلاع

---

[۸۱۷] - Ibid, 145

بود. از دانش وزارت خارجه آمریکا هیچ بعید نیست که کوچکترین اطلاعی از این موضوع به لندن داده باشند. وضع کار این مثلث تهران، لندن، واشینگتن درست آن ضرب المثل کوسه و ریش پهن را بخاطر میآورد.

"فرستادن مواد اولیه به تهران جای ارسال تجهیزات برای روسیه را میگیرد و برای این بخش اخیر است که تشکیلات بنادر و حمل و نقل ایران باید مصرف گردد" و در این موقع ناگهان حس ترحّم انگلیس بر همه چیز پیشی گرفته و میگویند: "در چنین موقعیتی قابل درک است که بسبب انسان دوستی و بهبود وضع مردم ایران باید ببینیم که آنها از لحاظ مواد اولیه در تنگنا نیافتند!." اگر انگلیسی ها واقعا بدین امر پای بند بودند پس چرا به متن پیمان سه گانه عمل نکردند؟

از این نامه ها و رفتار آنان باید نتیجه گرفت که از وسائل ایران باید برای فرستادن اسلحه به روسیه بهره گیری شود ولی نباید از آنها برای رساندن غذا به مردمش که با قحطی دست و پنجه نرم میکردند استفاده شود .

جای تاسف در این است که وزیر خارجه آمریکا و حتی سفرای آنان در سایر نقاط از آنچه روزانه در دنیا رخ میداد کوچکترین آگاهی نداشتند. هیچ نیروئی نمیتوانست که در این اعتماد کورکورانه آنان نسبت به انگلیس تزلزلی دهد حتی گزارشات وزیر مختارشان در تهران. بجای این اعتمادی که وزیر خارجه میبایست از نماینده خود در تهران داشته باشد، از سفیر خود در لندن میخواهد که" بطور غیر رسمی"[۸۱۸] از وضعیت لاستیک ها با انگلیسی ها مشورت نماید. واژه بکار برده شده توسط وزیر خارجه "بطور غیر رسمی بود[۸۱۹]." چرا بطور غیر رسمی؟ چرا عملا و رسما از انگلیس نخواست که در اینباره توضیح کامل بدهند؟ چرا وزیر خارجه قادر نبود که این کارهای انگلیس و بازتاب آنها را برای آمریکائیان دریابد؟ چرا باید

---

[۸۱۸] Hull to Dreyfus ; Communique 192; 21 July 1942

[۸۱۹] Informal

وزارت خارجه آمریکا فقط منافع انگلیس را در نظر بگیرد که ممکن بود با منافع کشورش تضاد داشته باشند؟

اعتراف یو.کی.سی.سی به اشتباهاتش:

سه روز پیش از دریافت نامه وزارت خارجه، درایفوس به وزیر خارجه آگاهی داد که مدیر یو.کی . سی. سی، سر فرانک نیکسن[۸۲۰] وارد تهران شد و اشاره نمود که او با دولت ایران تماس گرفته است.[۸۲۱] همچنین در تماسی که با درایفوس داشته، اذعان نموده است که یو. کی. سی. سی مرتکب اشتباهات زیادی شده و قول داده است که در اصلاح آنها بکوشد. در عین حال «نیکسن» ملاقاتی با یکی از مامورین وزارت دارائی ایران نموده و از کارهای کمیته مزبور پوزش خواست. جالب این است که وقتی انگلیسی ها متوجه شدند بازی را خواهند باخت، با تردستی جریان را بنحوی بسود خود پایان میدهند و این امر نشان برتری و پختگی سیاسی آنان است که آمریکائیان فاقد آن هستند.

در چنین موقعیتی است که وزیر خارجه هال میخواهد که گزارش کاملی از وضع گندم و ماشینهای بارکش و لاستیک و سایر مواد بدست آورد.[۸۲۲] درایفوس در پاسخ او اظهارداشت: "مقدار گندم در ایران بایستی کافی باشد زیرا که ایران امسال دارای محصولات خوبی بود و از اینرو وضع گندم بهتر است"[۸۲۳] و اشعار نمود که مسئله مهم اکنون مسئله لاستیک و حمل و نقل میباشد که بسبب دخالت نیروهای مهاجم بوضع ناجوری در آمده است. بطور مثال او از گرفتاری که با دولت شوروی ایجاد شده بود سخن گفت و اظهار داشت روسها اجازه نمیدهند که از محصولات آذربایجان که

---

[۸۲۰] - Sir Frank Nixon

[۸۲۱] Dreyfus to Hull; Communique 240 ; 22 July 1942

[۸۲۲] - Hull to Dreyfus; Communique 217; 19 August 1942

[۸۲۳] - Dreyfus to Hull; Communique 271; 9 August 1942

امسال بسیار خوب بوده بداخل کشور فرستاده شود و در عین حال از دولت ایران شکایت نمود که بطور جدّی با افراد دزد و محتکر ایرانی رفتار نمیکند.

وزیر خارجه پس از دریافت نامه درایفوس در طی یادداشتی آن گزارش را بسفیر خود وینانت درلندن میفرستد و او را از دیدار نیکسن آگاه میسازد[۸۲۴] و دستور داد که به انگلیسی ها یاد آور شود که شرکت بیشتر آمریکا، در پخش مواد اولیه در ایران که از آمریکا فرستاده میشود باعث اطمینان دولت ایران خواهد شد و آنها را در حل مسائل راغب تر مینماید[۸۲۵]. جای تعجب است که ایشان بالاخره این موضوع را دریافتند. با همه اینها چنین نامه‌ای بیشتر شبیه به پوزش خواهی بود تا دخالت لازم. این فرآورده های آمریکائی بودند که توسط دولت آمریکا، بنا بدرخواست دولت ایران، قانوناً برای آن کشور فرستاده میشد. تنها کاری که دولت آمریکا میتوانست انجام دهد به انگلیس بگوید که دست به چنین کاری زده است.

در این گیر و دار وضع غذائی ایران رو به وخامت بیشتری گذارد و قحطی در چند شهر باعث ایجاد اغتشاش گردید. هیچ دولتی نمیتوانست در کشور پایدار باشد که بتواند کاری از روی اصول انجام دهد و این امر به عدم ثبات کشور افزود که زمینه را برای پیشرفت کمونیسم مهیا تر نماید. نمایندگان مجلس نیز سهمی بزرگ در ایجاد این گرفتاریها داشتندکه با هر پیشنهاد سازنده‌ای از سوی دولت، مخالفت میکردند. البته بسیاری از آنان از جیره خوران بیگانگان بودند.

پس از این همه اتلاف وقت، انگلیسی ها پیشنهاد کردند که در باره حل مشکل مواد غذائی وسایر مواد دیگر اعلامیه مشترکی از سوی انگلیس و

---

[۸۲۴] - Hull to Winant; Communique 3475; 25 July 1942

[۸۲۵] - US Foreign Relations (1942); 4; 149

آمریکا صادر شود. این امر موجب مخالفت دولت ایران گردید که آنها هم باید در چنین تصمیمی شریک باشند. ایرانیان خواستند که جمله‌ای نیز بدان اعلامیه افزوده گردد: "۲۵ هزار تن گندم بفوریت بایران فرستاده و در مخازنی مخصوص، برای روز مبادا ذخیره گردد. این ذخیره تحت نظر وزارت دارائی و نماینده غذائی آمریکا "شریدان" در موقع لزوم پخش گردد. انگلیسی ها با این امر مخالفت نمودند و اظهار داشتند که سهمیه استفاده ایران در روز، از راه آهن خودشان فقط ۲۰۰ تن میباشد. ۲۵ هزار تن در حدود ۱۲۵روز طول میکشد. درایفوس در جواب گفت که این ایرادی است پوچ و اگر وضع کشور چنین ایجاب میکند که مواد غذائی به آنها باید برسد، وظیفه متفقین است که کمک لازم را به آنان بکنند[۸۲۶] او موافقت خود را با پیشنهاد ایرانیان بوزیر خارجه اعلام داشت. پس از گفتگو های زیاد نمایندگان سه دولت بالاخره به پیمانی بشرح زیر رسیدند:

۱ – دولت ایران تمام پیشنهادات مشاور آمریکا را خواهد پذیرفت .

۲– درخواستهای تازه دولت ایران باید نخست از سوی مشاور آمریکائی پذیرفته و سپس به تصویب کنسولگریهای انگلیس و آمریکا برسد.

۳ – آمریکا و انگلیس ۲۵ هزار تن گندم برای ایران خواهند فرستاد که ذخیره گردد و بر حسب لزوم و موافقت انگلیس و آمریکا از آن استفاده شود.

این مسائل میتوانست خیلی زودتر حل شود اگر انگلیس از دشمنی با ملت ایران و از پافشاری دائمی برای گرفتن سود بیشتردست بر میداشت. شکی نیست که ایرانیان از همکاری آمریکا دلسرد بودند و توقع بیشتری از آنان داشتند و مایل بودند که نقش پیشوائی را در اینمورد اجرا میکردند. باید پذیرفت که در هنگام جنگ، اصول اصلی در رسیدن به پیروزی است ولی در عین حال وضع ایران در حال وخامت شدید و دشمنی بزرگ در شمال

---

[۸۲۶] - US Foreign Relations (1942); 4: 161

در حال خفتگی بود تا زمان لازم پیش آید. اگر این موضوعات مورد بررسی قرار میگرفت هیچ اشکالی نبود که بوضع ایران رسیدگی لازم بشود و احتیاجات آنرا بر آورده کنند. آمریکا بزرگترین نیروی متفقین در جنگ بود و بیشترین خرج جنگ را میپرداخت و علاوه بر آن هزاران هزار از جوانانش در اروپا و افریقای شمالی و خاور دور از بین رفته بودند- بدین روی آمریکا میبایست که نقش اصلی و اساسی را در چگونگی پیشرفت قوای متفقین در دست میگرفتند.

سرویس آگاهی و اطلاعاتی آمریکا، کار خود را در ایران از سال ۱۹۴۱ آغاز نمود[۸۲۷]. این تشکیلات پیشرو سازمان سی. آی. ا.[۸۲۸] بود. اطلاعاتی که از کارمندان این تشکیلات در تمامی کشور بدست میآمد به کنسولگری فرستاده میشد و بر اساس این اطلاعات بود که وزیر مختار آمریکا درایفوس اظهارات و پیشنهادات خود را بوزارت خارجه میفرستاد و در برخی از موارد نظریات وی توسط فرمانده نظامی در ایران «ژنرال هرلی»[۸۲۹] تائید میشد. اعضای عالی رتبه وزارت خارجه آمریکا نمیتوانستند درک کنند که انگلیسی ها برای تثبیت منافع خود کار میکنند نه بسود آمریکا. برای آنان کوچکترین اشکالی نبود که چندین هزار تن از ایرانیان جان خود را ازگرسنگی از دست بدهند – در یادداشتهائی که بوزارت خارجه فرستادند بارها بطور آشکارا دشمنی خود را با ایرانیان بر زبان راندند. در میان ایرانیان ضرب المثلی از انگلیسی ها بود :"برای زیر یوغ آوردن ایرانیان آنها را گرسنه نگهدارید وبرای انجام چنین مقصودی از اعراب، آنها را سیر کنید". آنان در ایران درشرف انجام چنین کاری بودند و بطور کامل از رویه‌ای که درایفوس در پیش گرفته آگاه بودند، چه از سوی

---

[۸۲۷] - OSS (Office of Strategic Service)

[۸۲۸] CIA (Central Intelligence Agency)

[۸۲۹] - General Hurly

نوکران خود در ایران و چه توسط دوستان خود در آمریکا. و کاملا مشهود بود که علاقه‌ای به درایفوس نداشتند زیرا وی از سیاست انگلیس در ایران منزجر بود و آنها از ایستادگی او در برابر اعمالشان متنفّر بودند. درایفوس تنها مامور سیاسی آمریکا بود که تحت تاثیر انگلیس قرار نگرفت. هنگامی که وزارت خارجه آمریکا یادداشتهای محرمانه او را که بشدت از کارهای انگلیس در ایران مخالفت میکرد، بعنوان یک قدم مثبت بوزارت خارجه انگلیس فرستادند، ناراحتی آنان بحد اعلا رسید. در این هنگام دولت انگلیس تمام هَم خود را در بر داشتن او از تهران گذاشت[۸۳۰] و بدین امر موفق شدند[۸۳۱]. برخی معتقدند که اختلاف نظر درایفوس با فرمانده نیروی نیروی نظامی آمریکا در ایران در برداشتن او کمک نموده است. نگارنده نتوانست در پژوهشهای خود نکته‌ای که باعث برداشتن درایفوس از ماموریتش بشود دریابم.[۸۳۲] باید گفت که از هر نقطه نظر به درایفوس و انجام وظایفش بنگریم، او تنها مامور آمریکائی بود که اطلاعات نسبتا کامل در باره کشور و اوضاع ایران داشت و از دسیسه های روس و انگلیس کلاملا با خبر بود و کوشش بسیار نمود که واشینگتن را میان این جریانات قرار دهد ولی موفق نشد. و تنها نماینده دولت آمریکا بود که هم از سوی مردم و هم از سوی دولت ایران از احترام کامل برخوردار بود. درایفوس در ۲۶ ژانویه ۱۹۴۴ ایران را ترک نمود.

---

[۸۳۰] - Barry Ruben: Paved with Good Intention; The American Experience and Iran (1980); p. 20

[۸۳۱] - Amir Taheri: Nest of Spies: American Journey to Disaster in Iran (1988); p. 17

[۸۳۲] - This was the opinion of Dr. Millspaugh, that he had problem with General Connolly.

کردل هال ، وزیر امور خارجه آمریکا در دوران ریاست جمهوری روزولت. وی کوچکترین آگاهی از اوضاع خاورمیانه نداشت و به گزارشات نمایندگان خود در تهران اعتمادی چندانی نمیکرد و کاملا به گفته انگلیسی ها رفتار مینمود

بخش چهاردهم

لهستانی ها و مهاجرت آنان به ایران بسال ۱۹۴۲:

در بخش سیزدهم بتفصیل در باره کمبود غذائی و بروز قحطی در ایران سخن گفتیم. و بدین موضوع اشاره شد که گرفتاریهای ایجاد شده توسط نیروهای مهاجم انگلیس و روس چه نقشی در این رویداد داشتند. فرستادن هزاران نفر از لهستانی ها در چنان موقعی مزید بر علت گردید. ملت و دولت ایران میبایست که تغذیه این نو واردان را نیز تامین نمایند. قضیه بقدری ناجور بود که وزیر مختار آمریکا، درایفوس در ۱۸ ژانویه ۱۹۴۲ نامه‌ای بوزیر خارجه آمریکا هال، مینویسد:"نیرویهای متفقین و پناهندگان لهستانی ذخیره غذائی ایران را خالی نمودند[۸۳۳] " از آنجائیکه با ورود لهستانیها مسئله‌ای بزرگ برای ایران ایجاد گردید و این امر دارای اهمیت زیادی در آن دوره از زمان در طی سالهای۱۹۴۵-۱۹۴۲ میبود آنرا با تفصیل بیشتری مورد بررسی قرار میدهیم.

جنگ دوم جهانی در روز اول سپتامبر ۱۹۳۹با حمله آلمان هیتلری (نازی) به لهستان آغاز گردید. در روز ۱۷ سپتامبر همان سال روسیه شوروی بر طبق معاهده‌ای که با آلمانها داشتند از راه مرزهای خاوری لهستان به آن کشورحمله کردند. دولت لهستان پیمان عدم تجاوز با هر دو دولت آلمان و شوروی داشت. در ژانویه ۱۹۳۴ آلمان و لهستان قرار داد عدم تجاوز را برای مدت ده سال امضاء کرده بودند. هم چنین این کشورچنین پیمانی با شوروی در سال ۱۹۳۲و مجدداً در سال ۱۹۳۴ امضاء نموده بودند. همانطوریکه رویدادهای بعدی نشان داد، معاهدات با دول بزرگ و قدرتمند حائز ارزشی برای دول ضعیف و کوچک نیستند و سخنان پرزیدنت روزولت پس از کنفرانس یالتا در باره دول کوچک کاملا بیمعنی و عاری از حقیقت بود. وی اعلام نمود: " درس خود را آموختیم و آزادی هیچکس نباید قابل

---

[۸۳۳] -Dreyfus to Secretary of State Hull; communique 598; 18 June 1942.

انعطاف باشد- در دراز مدت امنیت ما و ثبات واقعی مابستگی کامل به آزادی دیگران دارد. " این نیز سخنی بود بدون محتوی.

بدنبال این اشغالگری، دولت شوروی دست به تبعید مردم لهستان زد و هزاران هزار نفر از آنان را دربدترین شرایط بروسیه شوروی تبعید نمود. چنین رویدادی در چهار مرحله انجام پذیرفت. نخستین دوره اینکار در فوریه ۱۹۴۰ تحقق یافت. در این برهه از زمان ۲۵۰ هزار نفر را به سیبری فرستادند. مرحله دوم در ماه آپریل ۱۹۴۰ رخ داد و در حدود ۳۰۰ هزار تن از مردم لهستان که شامل زنان و کودکان میشدند به قزاقستان شوروی تبعید شدند. مرحله سوم بین ماه جون و جولای ۱۹۴۰ روی داد و۴۰۰ هزار نفر به نواحی ارخانجلسک[۸۳۴] ونووسیبریسک [۸۳۵] فرستاده شدند. آخرین مرحله، چهارم، در جون ۱۹۴۱ رخ دادکه نزدیک به ۲۸۰ هزار نفر بنواحی مختلف در روسیه شوروی اعزام شدند. بطور کلی بین ۱۹۳۹ تا ۱۹۴۱در حدود ۵۰۰ هزار نفر که بیشترین آنان از کارمندان دولت، نویسنده، آموزگار و دارای تحصیلات عالی بودند مجددا به دورترین نقاط روسیه تبعید شدند. جمعا در حدود ۱،۷۳۰،۰۰۰ نفر از اهالی این کشورتوسط شوروی آواره و دربدر شدند.

در سال ۱۹۴۱ با حمله هیتلر به شوروی، اوضاع جنگ تغییر فاحش یافت. استالین از روی اجبار با چرچیل هم آواز شدو نخست وزیر انگلیس او را متقاعد نمود که اهالی لهستان را که در اردوگاه های کار روسیه به بیگاری مشغول بودند آزاد نماید و از آنان ارتش نوینی بنام ارتش لهستان آزاد تشکیل دهند که بر علیه هیتلر بجنگند. قرار بر این گردید که دولت روسیه پیغام بخشش برای لهستانیهای زندانی را درآنکشور صادر نماید . در شهر لندن با حضور چرچیل،نخست وزیر انگلیس، و ایدن وزیر خارجه

834-Archangelsk

[۸۳۵] - Novosibrisk

انگلیس، و نخست وزیر تبعیدی لهستان،جنرال اسکیروس[۸۳۶] و نماینده شوروی آی. میسکی[۸۳۷] در روز ۳۰ جولای ۱۹۴۱ پیمانی در اینباره امضاء گردید. اگر چه روسیه آنطوریکه بنظر میآید، عمداً از افشاء این خبر در داخل شوروی تامل کرد و بالنتیجه گروه نسبتا زیادی از مردم لهستان از این امر ناآگاه مانده و اقدام برای آزادی خود ننمودندو ناچار شدند که تبعیت شوروی را بپذیرند. در هنگام اسارت در روسیه تعداد بسیار زیادی از این مردم جان خود را بعلل مختلف بمانند: اعمال شاقه، بدی تغذیه، و بیماریهای گوناگون از دست دادند اینطور تخمین زده میشود که در اواخر سال ۱۹۴۲ از میان ۱،۷۰۰،۰۰۰ فقط نصف از آنان زنده مانده بودند.

ارتش لهستان، زیر نظرجنرال لهستانی ولادیسلو آندریس[۸۳۸] تشکیل یافت. او بدستور استالین از زندان لوبیانکا[۸۳۹] مسکوآزاد گردید.گروهی از لهستانی ها بهمراه ارتش نوین به ایران فرستاده شدند. ایران مرکز پخش این افراد قرارگرفت. برای عده زیادی از این مردم دیدار دوباره کشورشان هرگزممکن نشد. حرکت دادن این مردم بسوی جنوب روسیه هفته ها طول کشید، رنج های تازه برای جسمهای ناتوان آنان بوجود آورد و ده ها هزار نفر از گرسنگی و سرما و گرما و خستگی و بیماری از بین رفتند.[۸۴۰]

مهاجرت به ایران از دو راه صورت گرفت:ارتش آزاد لهستان و بیشترین مردم از سوی بندر پهلوی وارد کشور شدند. اسیرانی که در قزاقستان و نواحی مجاور بودند از منطقه شمال خاوری و مشهد وارد ایران گردیدند. نقل مکان این پناهندگان در یکی از بدترین موقعیتهای زمانی ایران رخ

---

[۸۳۶] - General Skirus

[۸۳۷] I. Mayski

[۸۳۸] - Waladyslaw Andris

[۸۳۹] - Lubianka

[۸۴۰] - R.J. Rummel; Statistic of Poland’s Democide

داد. ایران دچار کمبود شدید موادغذائی و در قحطی قرار داشت. انگلیسی ها تمام هّم خود را بر این امر گذاشته بودند که بهر راه ممکن از ورود گندم به کشور جلو گیری نمایند. با همه این احوال دولت ایران پذیرفت که این افراد وارد کشور شوند. شوروی از اعلام تعداد پناهندگان خودداری نمود و دولتهای ایران و انگلیس و آمریکا حدس میزدند که این گروه از چند هزار نفر تجاوز نمیکند. هنگامی که این اسیران وارد ایران شدند، معلوم گردید که عده آنان بیش از ۱۱۵ هزار نفر بود. دولتهای ایران و انگلیس و آمریکا مقدمات پذیرش آنان رادر بندر پهلوی آغاز نمودند.
از تعدادی که در بالا ذکر شد: ۳۷ هزار نفر افراد معمولی و ۱۸ هزار نفر از کودکان و بقیه را افراد ارتشی تشکیل میدادند. دربندر پهلوی خیمه هائی بنا کردند که کیلومترها کناره مرداب را اشغال میکرد. دولت ایران تمامی تسهیلات ممکن را در انجام نگهداری این نو واردان بکار برد. ولی آنچه که ایرانیان میتوانستند در دسترس این آوارگان بگذارند بهیچوجه کافی نبود. تعداد زیادی از آنها بسبب گرسنگی طولانی و خستگی ممتد و اسهال و تیفوس و مالاریا و عفونتهای دیگر از بین رفتند. شادمانی آنان از ورود به ایران بینهایت بود که بالاخره از شّر دولت شوروی نجات یافتندو آزاد شدند. هلن ولچ[۸۴۱] یکی از پناهندگان آنزمان، ورود به پهلوی را اینطور شرح میدهد:"باخستگی مفرط در نتیجه کارهای شاق، و گرسنگی با شباهت کمتری که با یک انسان داشتیم ما را در بندر پهلوی در کناره دریای خزر پیاده کردند. در آنجا هزاران هزار از ما در درازای کرانه دریا زانو زده و بخاک ایران بوسه زدیم و خوشحال بودیم که بسرزمین موعود خود رسیدیم . "
ایران و آمریکا و انگلیس تصمیم گرفتند که واردین را بدو اردو پخش کنند: یکی برای بیماران و دیگری برای افراد تندرست. بسیاری از بیماران

[۸۴۱] - Helena Woloch : Moje Woponienia: Sovst Kotles (1998)

به بستری شدن در بیمارستان ها نیاز داشتند که بطور کافی در دسترس نبود. در حدود ۴۰٪ از این افراد مبتلا به تیفوس شدندکه بسیاری از آنان جان بدر نبردند. اقامتشان در بندر پهلوی بسیار کوتاه بود. از آنجا به تهران و سپس به اصفهان و اهواز منتقل میشدند.

این تازه واردان با خود بیماری تیفوس را برای ایرانیان بسوقات آوردند که بسرعت در میان مردم شیوع یافت و همه گیری بزرگی را بوجود آورد که تعدادی زیادی جان خود را در نتیجه ابتلاء بدین بیماری از دست دادند. با همه این رویدادها در رویه مردم و دولت ایران کوچکترین تغییری در برابر لهستانی ها ایجاد نگردید. ایرانیان بسبب رنجهائی که خود از دست روسها کشیده و میکشیدند، میتوانستند بد بختی آنان را درک کنند.

در خیابانهای تهران این افراد را میدیدیم که براحتی در رفت و آمد بودند. مردم نسبت به آنها مهربانی مینمودند. اغلب دیده میشد که از سوی مردم به خوردن قهوه و چای و شیرینی در رستورانهای مرکز شهر دعوت میشدند. در آنزمان نگارنده دانش آموز دبیرستان ایرانشهر بودم، که در چهارراه مخبرالدوله نزدیک خیابان اسلامبول و لاله زار بود. عصرها پس از تعطیل دبیرستان گروه زیادی از دانش آموزان در این خیابان ها به این پناهندگان میپیوستیم و باوجود اینکه از لحاظ زبان در مضیقه بودیم و آنها را دعوت بچای و شیرینی میکردیم. تعدادی از آنان آشنائی محدودی بزبانهای فرانسه و انگلیسی داشتند.

کودکانی که به بندر پهلوی وارد میشدند همه آنان یتیم نبودند و بسیاری در حین این مسافرتها از خانواده خود جدا شده بودند که وضع اسفناکی را داشتند. این کودکان را در اردو های مختلف در تهران و اصفهان و اهواز جای دادند. در تهران پنج اردو وجود داشت. اردو شماره سه در یکی از باغهای سلطنتی بود که محل بسیار عالی برای این کودکان محسوب میشد. مردم اصفهان برای این کودکان مکانهائی اهداء نمودند. «محمد رضا شاه در مسافرتی به اصفهان در حدود ۲۰۰ نفر از این کودکان را بشام در

کاخ سلطنتی دعوت نمود. این کار چنان خاطره خوبی در آنان گذاشت که آنرا همیشه بیاد میآوردند. اصفهان مابین لهستانیان به شهر کودکان لهستانی معروف شد. سربازان لهستانی مجبور بودند که بزودی پس از رسیدن به ایران، خاک آن کشور را ترک نمایند و به محل ماموریت خود عازم شوند. سایر لهستانیها بمدتی در حدود سه سال در ایران ماندند. عده-ای از آنان با ایرانیان ازدواج نموده و ساکن آنجا شدند.

دانشمندان لهستانی در تهران زیر نظر استانیسلاو کوسیالوسکی[۸۴۲] تشکیل « انجمن ایرانشناسی[۸۴۳]» را دادند. این انجمن تعداد زیادی کتاب منتشر نمودند و کتابی بفارسی بنام لهستان نوشتند. همچنین چندین روزنامه لهستانی را بوجود آوردند و ۲۴ مدرسه برای تعلیم کودکان خود ایجاد کردند. اقامت لهستانیان در ایران در ۱۹۴۵-۱۹۴۴ بپایان رسیدو آخرین گروه آنان اصفهان را در تاریخ ۱۲ اکتبر ۱۹۴۵ ترک نمودند. در سال ۱۹۴۳ در کنفرانس سران سه دولت در تهران، رهبران متفقین : روزولت، چرچیل و استالین مخفیانه با خود قرار گذاشتند که پس از پایان جنگ لهستان را زیر نفوذ روسیه قرار دهند، بدون آنکه بدولت آزاد لهستان این امر را آگاهی دهند. در هنگام جنگ ۴۵ هزار نفر از جوانان لهستانی در زیر لوای متفقین جان خود را از دست دادند. نتیجه آن جانفشانی این شد که پس از پایان جنگ حتی ازآنان دعوت نشد که در رژه پیروزی لندن شرکت نمایند. اینبود جایزه آنان برای جانفشانی هائیکه در راه پیروزی متفقین کردند.

---

[۸۴۲]- Stanisslaw Koscialowski

[۸۴۳] - Institute for Iranian Studies.

بخش پانزدهم
رفتار و رویه آمریکائیان در ایران
قسمت اول: رفتار افراد ارتش آمریکا:

برای درک رویه و رفتار آمریکائیان در ایران و تاثیر آن در جسم و روان ایرانیان، باید برفتار آنان در این کشور با دقت کامل بنگریم. ورود آمریکائیان به ایران در سال ۱۹۴۱ اندکی پس از اشغال کشور بدست روسیه و انگلیس انجام گرفت. درآغاز نقش اصلی آنان اداره نمودن و فرستادن لوازم جنگی به شوروی بود و برای این منظور تشکیلاتی بنام "فرماندهی سرویس خلیج فارس"[۸۴۴] زیر فرمان ژنرال دونالد کانلی[۸۴۵] بوجود آوردند. ژنرال، در عین حال مسئولیت نیروی ارتش آمریکا را در ایران نیز بعهده داشت.

بتدریج تعداد افراد نظامی آمریکا در ایران رو بافزایش گذاشت و در اندک زمانی از تعداد سربازان انگلیس و شوروی فزون تر گردید. طولی نکشید که افراد غیر نظامی آمریکائی نیز به آنها ملحق شدند. آنان بعنوان مشاور و کارمندان کمپانیهای آمریکا بودند که با دولت ایران قراردادهائی داشتند. تعداد درست آمریکائیها درایران در یک زمان بخصوص بخوبی معلوم نیست ولی حدس زده میشود که در برخی از موارد بین ۵۰ تا ۷۵ هزار نفر بودند.

بخش بزرگ ارتش آمریکا را سربازان وظیفه تشکیل میدادند که در واقع از تعلیمات کامل نظامی بر خوردار نبودند. بیشترین آنها فاقد نظم و دانشی که از یک سرباز تربیت شده انتظار میرود بودند. برخی از آنان رفتار بسیار نا بجائی داشتند و نماینده شایسته ای برای کشور خود نبودند. روش آنان در ایران باعث ایجاد گرفتاری های زیادی گردید که به دید ایرانیان نسبت به آمریکا صدمه بزرگی وارد آوردند و حیثیت کشور خود را در ایران از بین

---

[۸۴۴] - Persian Gulf service Command
[۸۴۵] - General Donald H. Connolly.

بردند. باید افزود که افراد ارتشی و شخصی در این جرم بطور یکسان شرکتداشتند.
البته این امر احتیاج به توضیح ندارد که مردم کشورهای اشغال شده باید تحمل بی فرهنگی و زورگوئی اشغالگران را بنمایند و ایران نیز در چنین وضعی قرار داشت و میبایست با آنها دست و پنجه نرم کند. از میان سه نیروی خارجی در ایران، افراد ارتش شوروی از نقطه نظر انضباط بهترین، وآمریکائیان بدترین گروه را تشکیل میدادند. نظم و ترتیب ارتش سرخ نتیجه مستقیم قوانینی بود که بر آنها حکومت میکرد. باضافه تنبیه شدیدو گاهی اعدام، در انتظار خلافکاران بود. اعدام هنگامی صورت میگرفت که اعمالی بمانند تجاوز جنسی و یا قتل نفس انجام میگرفت.[۸۴۶] البته نباید چنین احکامی بآسانی در باره کسی صادر گردد ولی این امر نشان دهنده ای از نظم و ترتیب در ارتش شوروی بود.
با کمال تاسف برخی از افراد آمریکائی کاملا از آنچه که در اطراف آنان میگذشت کوچکترین آگاهی نداشتند و بدین روی از کارهای خود وعواقب آنها در بی اطلاعی محض بسر میبردند و کوچکترین احترامی برای مردم کشور میزبان و قوانین آن را نداشتند. یکی از سالمندان ایران آنهارا بدین روی توصیف نمود:"کارهائی که از آنها سر میزند بدین شباهت دارد که همگی را از یک قفس آزاد کرده باشند و رفتار آنان بمانند جانوران درنده ایست که بدنبال طعمه خویش میروند." بطور کلی رویه آمریکائیان را در

۸۴۶ -نگارنده بخاطردارم که یکی از منسوبانم در اداره تلفن رشت خدمت میکردو داستانی را حکایت مینمود که خیلی جالب بود. وی اشاره باین موضوع نمود که یک زن ایرانی توسط یک سرباز شوروی مورد عمل جنسی بعنف قرار گرفت. شکایتی از سوی آن زن با مقامات روسی در میان گذاشته شد. سرباز مزبور در دادگاه نظامی ارتش روسیه محاکمه و محکوم گردید.حکم اعدام در باره سرباز مزبور صادر و ویرا تیر باران نمودند.

ایران میتوان بدو دسته ارتشی و شخصی تقسیم نمود و بیشترین نوع خلافکاری آنها را میتوان بشرح زیر توضیح داد:

۱- مستی و رانندگی تحت تاثیر الکل.

۲- بیرحمی و نداشتن کمترین ارزش نسبت مردم ایران.

۳- نخوت و تکبر و غرور و برخوردی که: "هر کاری که دلم بخواهد میتوانم ، انجام دهم."

۴- سوء استفاده و تشکیل بازار سیاه. در این راه هم ارتشی ها و هم مردم شخصی آمریکائی شرکت داشتند

۵- عدم وظیفه شناسی در پرداخت بدهی های خود در هنگام خرید و یا برای خدمات درمانی که به آنها میشد.

بزرگترین گرفتاریهای این افراد عدم آشنائی آنان به کشور و آئین و آداب و رسوم و بطور کلی فرهنگ آن بود. این کمبود در تمامی شئون آنان از یک سرباز معمولی تا ژنرال و از یک مامور کم رتبه تا رئیس یک کمپانی بطور واضح بچشم میخورد. اولین برخورد نگارنده با چنین موردی که موجب شگفتی بسیار گردید، در سال ۱۹۴۲ودر ماه محرّم اتفاق افتاد(در آنسال ماه محرم با فوریه مطابقت میکرد). باید اشاره نمود که اوضاع ایران پس از رفتن رضا شاه از کشور تغییرات زیادی کرده بود. بسیاری از عادات دینی که از بین رفته بودند، بشدت تمام در نتیجه قدرت گرفتن ملا ها مجددا به مانند گذشته به اجرا گذاشته شده بودند.در نتیجه مراسم عزا داری ماه محرّم برویه پیش از رضا شاه اجرا میگردید. در آنهنگام که نو جوانی بودم، مرا برای خرید فرستادند. پس از انجام کار و هنگام برگشت بمنزل در حوالی سر چشمه و خیابان برق متوجه جمعیتی شدم که در اطراف درشکه ای اجتماع کرده بودند. حس کنجکاوی مرا بر آن داشت که خود را در میان آن جمعیت جا دهم و وقتی که نزدیک شدم مشاهده نمودم که درشکه چی فریاد میزند و از یک سرباز آمریکائی میخواهد که از درشکه وی خارج گردد. با اندک دقتی متوجه شدم که آن سرباز با یک زن

هرجائی مشغول ماچ و بوسه بود و چادر او سرباز را کاملا در بر گرفته. منظره نا هنجاری بوجود آورده بودند و مردم نمیتوانستند آنچه را که شاهدش بودند باور کنند. این وقایع نزدیک مجلس شورای ملی ایران، در میدان بهارستان که چند کیلو متری از سفارت آمریکا بدور بود رخ داد.
احساسات مردم بشدت تهییج شده بود وبرخی فریاد میزدند که این آمریکائی چگونه بمقدسات ما توهین میکند، باید اورا اعدام کنیم. واقعا مسئله به مرحله خطرناکی میرسید. خوشبختانه در این هنگام پیرمردی که ظاهری آراسته و نجیبانه داشت، با صدائی رسا فریاد برکشید:"ای مردم این مرد یک فرد خارجی است و از آداب و رسوم کشور ما آگاه نیست و اهمیت این روز مبارک را نمیداند. مسئولیت بیشتر متوجه آن خانم است تا این سرباز. آنها را بحال خود بگذارید و ما میتوانیم از این امر بسفارت آمریکا شکایت کنیم. "مردم تا حدودی عقب نشستند. آن مرد سالخورده خود را به درشکه چی رساندو مبلغی پول باو داد و از وی خواست که کروک درشکه را پائین آورده و هر چه زودتر آن سرباز را بسفارت آمریکا برساند. آیا شکایتی به سفارت آمریکا شد یا نه، معلوم نیست. پس از رسیدن به منزل، جریان را برای پدر و مادرم شرح دادم. آنها نمیتوانستند این امر را باور کنند. اگر چه در چند روز آینده شایعاتی زیاد در پایتخت، بدین مضمون بوجود آمد:"یک سرباز آمریکائی در روز عاشورا رابطه جنسی با یک زن بدکاره ای برقرار کرده بود، بدن های آنان بهم چسبیدند و آنهارا به بیمارستان برای جدا کردن بردند و چندین روزنامه ازاین مقوله سخن گفتند.
این رویداد نا خوش آیند و زننده مسئله دیگری به مسائل آنها افزود. گرفتاریهای مردم و بالنیجه دولت ایران با سربازان آمریکائی رو بشدت نهاد. شکایتهای مردم بوزارت خارجه و از آنجا بسفارت آمریکا راه یافتند.با کمال تاسف همانطوریکه عادت امریکائیان میباشند بجای از بین بردن

سبب این تخلفات، براه نادرستی دست زدند که شاکیان را با پول راضی کنند که موجب دو گرفتاری دیگر شد:

۱- بهانه ای بدست افراد متقلّب میداد تا از این راه پول از دولت آمریکا بگیرند که خود باعث پائین آوردن اعتبار آمریکا میشد.

۲-چنین کاری باعث میگردید که هیچ تنبیهی برای خلافکاران آمریکائی بعمل نمیآمد و آنان را در انجام کارهای خلاف قانون تشویق میکرد و بر این باور که دولت آمریکا آنها را در هر صورت پشتیبانی خواهد نمود.

در صفحات آینده این مسئله را با شرح بیشتری مورد بررسی قرار خواهیم داد. وزارت خارجه ایران تعداد زیادی از این شکایتهارا برای بررسی به کنسولگری آمریکا میفرستاد و وزیر مختار تمامی آنهارا به مرکز ستاد فرماندهی خلیج فارس برای ژنرال « کانلی »و رونوشتی از آنهارا برای وزیر خارجه آمریکا کوردل هال میفرستاد و وی را از این رویدادها با خبر میکرد.

در روز نهم مارچ ۱۹۴۳وزیر مختار آمریکا درایفوس در طی یادداشتی به وزیر خارجه مینویسد[۸۴۷] " کردار و رفتار افراد ارتش آمریکا در ایران قابل پذیرش نیست.... مردم ایران مستی و کارهای نا متناسب افراد خارجی را شاهدند ...آنان نظم و ترتیب و رفتار سربازان روسی را از یک سو و از سوی دیگربی نظمی و عدم رعایت اصول اخلاقی ارتشی های آمریکائی، لهساتی و انگلیسی رامشاهده میکنند."[۸۴۸] درایفوس سپس به دنباله نوشته خود ادامه میدهد و میگوید: "شایعه ای که درست از آب در آمدو در مجالس اینجا نقل میشود و اکنون رواج دارد، که یک افسر روسی که نخست درجه خود را از دست داد و سپس اعدام گردید بخاطر حرکات زشتی که از وی در هنگام مستی در مهمانسرای پالاس سر زد." [۸۴۹] تا آن زمان هیچ ارتشی

---

[۸۴۷] - Dreyfus to Hull; Communiqué 480; 9 March 1943

[۸۴۸]- United States Foreign Relations (1943); 4:340.

849-Ibid

انگلیسی و یا آمریکائی بواسطه کارهای نا بخردانه مورد توبیخ قرار نگرفته بودند.

در ابتدای امر، بیشترین گرفتاریها مربوط به رانندگی درحال مستی میشدند. تصادفاتی که در اثر رانندگان مست آمریکائی، چه شخصی وچه نظامی، بوجود میآمد منجر بمرگ و میر های زیادی میشد. متاسفانه ازدیاد این روی دادها بود که باعث تشدید گرفتاریها گردید. مثلا یک سرباز آمریکائی مردی را که در کنارمخزن آبی ادرار میکرد بضرب گلوله از پا در آورد. روزنامه ها این امر را بسیار بزرگ کردند و نوشتند: "آمریکائی ها تعداد زیادی از ایرانی ها را کشتند." این خبر بمجلس راه پیدا کرد و باعث سرو صدای زیادی گردید و یکی از نمایندگان بنام امیر تیمور از نخست وزیر که در عین حال وزارت کشور را نیز عهده دار بود خواست که به مجلس آمده و در باره اینکه تعدادی از ایرانیان بدست آمریکائیها کشته شده اند توضیحات لازم را بدهد.

در عین حال درایفوس به وزیر خارجه "هال" گزارش داد که تعداد زیادی شکایت از وزارت خارجه ایران به کنسولگری میرسد[۸۵۰] و اشاره نمود که در صدد است در این باره نامه ای بنویسد ولی رویدادهای تازه و شکایتهای زیاد از دست سربازان آمریکائی که در حال مستی، رانندگی میکنند باعث تصادفات و مرگ مردم میگردند، اورا مجبور نمود که با تفسیر بیشتری در این باره گزارش دهد.[۸۵۱] در این نامه اشاره نمود که نه تنها تعداد شکایتها رو به افزایش است بلکه لحن آنها نیز تغییر کرده و خیلی تند تر شده اند واظهار داشت که تعداد این رویدادها بصورت وحشتناک در آمده اند و این رفتار آنان، همراه با بر خوردهای نا هنجار سربازان با مردم باعث انزجار مردم ایران شده و نتیجه بدی برای سیاست آمریکا در بر دارد.[۸۵۲]

۸۵۰- Communiqué 579, 10 June 1943

851- United States Foreign relations (1943), 4: 490.

۸۵۲- Ibid, 491.

البته گرفتاریهائی را که از سوی ایرانیان پیدا میشد نمیبایست نادیده گرفت. در شهرهای کوچک و دهات، مردم آنطوری که شایسته بود با اتوموبیل آشنائی کامل نداشته و از طرز برخورد با آنها بی اطلاع بودندو بقوانین رانندگی توجه نمیکردند و عابرین پیاده خطر آنها را درک نمینمودند. در مدتی نزدیک به سیزده ماه (۱۳ ماه می ۱۹۴۲ تا ۲۰ ماه جون ۱۹۴۳) پنجاه و هشت شکایاتی که از سوی وزارت خارجه به کنسولگری آمریکا رسید، که شامل انواع مختلف رویدادها بودند. از آن شکایتها چهارده حادثه بودند که بمرگ انجامیدند، شش مورد قتل با اسلحه، یک فقره دزدی، چهار مورد حمله و تجاوز جنسی نسبت بزنان و یک مورد مجروح نمودن کودک. برخی از شکایتهای دیگر بشرح زیر به سفارت آمریکا فرستاده شد:

۱- نامه وزارت خارجه شماره ۳۲۹۸/۲۵۷۶۸ مورخ ۲۳ نوامبر ۱۹۴۲ مربوط به کشته شدن یک زن توسط اتومبیلی که راننده آن یک افسر آمریکائی بود.

۲- تلگراف رسیده از تبریز در باره دو گروهبان آمریکائی بنام های: کنویرز و مک ایل وین، بخاطر کتک زدن یک زن ایرانی باز داشت شده بودند.

۳- کشته شدن یک ایرانی با گلوله توسط یک سرباز امریکائی.

۴- نامه شماره ۱۳۴/۵۸۸ مورخ ۴ اوریل ۱۹۴۳، عزیز، کارگر ایرانی ارتش آمریکا، بدست افراد نظامی آنکشور که در دنبال یک زن عرب بودند بقتل رسید.

۵- نامه وزارت خارجه شماره ۱۱۵۸ / ۵۰۵۷ مورخ ۱۰ می ۱۹۴۳ که یک سرباز آمریکائی با کودکی تصادف نموده و باعث شکستن بینی وشکافتن پوست سر وی گردید. مردم به او حمله نمودند و پلیس موفق گردید که سرباز را از یک مرگ حتمی نجات دهد.

در هیجیک از این موارد کوچکترین تنبیهی از سوی ارتش و یا دولت آمریکا انجام نگرفت. اکثریت این اتفاقات مورد بررسی قرار نگرفتند و

مسببین آنها توبیخ نشدند. وزیر مختار آمریکا درایفوس از این بابت بسیار نا راضی و چندین بار جریانات را به وزیر خارجه گزارش داد.[۸۵۳] در تمامی این مراحل ستاد فرماندهی خلیج فارس به این اشکالات توجهی نکرد و در جواب حوادث رانندگی اظهار داشت:" برای اکثریت ایرانیان، اتومبیل یک پدیده تازه‌ای میباشد و پیاده روندگان عادت ندارند که خود را از آنها محافظت کنند و خطر را بموقع درک نمیکنند و در نتیجه باعث تصادفات میگردند." و بدین صورت تقصیر را بگردن مردم انداختند. البته این امر تا حدی حقیقت داشت ولی بهانه‌ای نباید برای روش برخورد سربازان باشد که با حالت مستی برانندگی میپرداختند و جان افراد بیگناه و کودکان را بخطر میانداختند.

در ۱۴ جون ۱۹۴۳ ژنرال کانلی در نامه‌ای به درایفوس قول داد که با اتخاذ تصمیم های جدید کوشش خواهد کرد که از تعداد این تصادفات بکاهد ولی مطابق نامه وزیر مختار به وزیر خارجه کوچکترین گامی در این باره بر نداشت. درایفوس در نامه خود اذعان نمود:" بدرفتاری و مستی افراد ارتش آمریکا بوضع خطرناکی رسیده و از ژنرال کانلی خواسته ام که به این موضوع توجه کامل نماید. اخبار بسیار زننده ای بکنسولگری میرسد و حیثیت ارتش آمریکا به پائین ترین حد امکان رسیده است."وی اظهار نظر نمود: «ایرانیان براستی از این وضع بستوه آمده اند.لحن وزارت خارجه ایران در فرستادن این گزارشات روز بروز خشن تر میگردد و افزود" متصدیان آمریکائی کوچکترین گامی در بهبود این رویدادها بر نداشته اند که حیثیت و آبروی آمریکا را حفظ کنند و مجددا احساسات خود را برای وزیر خارجه بیان نمود: " اوضاع و احوال بدید من کاملا غیر قابل پذیرش است بهمان طور که دولت و مردم ایران فکر میکنند. در زمان حال آتش

[۸۵۳]- Communiqué 591, 24 June 1943.

زیر خاکستر است و در هر آن ممکن است شعله ور گردد."[۸۵۴] علاوه بر فرستادن این گزارشات بوزارت خارجه، درایفوس نامه ای به ژنرال کانلی مینویسد و رویداد ها را به وی مجددا گزارش میدهد.[۸۵۵] از آنجائی که این نامه نامه دارای اهمیت میباشد و اوضاع برخورد آمریکائی ها را بیان میکند مهمترین مطالب آن در اینجا ذکر میشود:

"بفرماندهی ستاد ارتش خلیج فارس جناب ژنرال کانلی:
اطمینان دارم که شما از تعداد روز افزون شکایت هائی که از وزارت خارجه ایران میرسد آگاهی دارید. باکمال تاسف باید بگویم، ازهر طرف خبر بد رفتاری و مستی و بی احترامی به زنان که بدست افسران و سربازان ارتش صورت میگیرد بما داده میشود....منافع مستقیم آمریکا در اوضاع سیاسی ایران یک امر نوینی میباشد و نتیجه وضع نظامی این کشور نسبت به فرستادن مواد لازم برای روسیه شوروی است. از سوی دیگر تمایل باطنی آمریکائیان است که علاقمندند به آنهائیکه نیاز دارند کمک کنند....ایران پس از اشغال سال ۱۹۴۱ دست نیاز بسوی ما دراز کرد و حسن نیّت آنان بما، پایه کارهای ما در این کشور است......برخورد زننده افراد ما با مردم ایران کار مارا بسیار مشکل و خنثی میکند....کرارا از افسران آمریکائی شنیده میشود که میگویند: « کار ما در این کشور فقط برای رساندن مواد جنگی بروسیه است و بهبود دادن بوضع مردم ایران را در برنامه نداریم »....این نقطه نظرها نه تنها با اصول اخلاقی ما آمریکائیان تطابق نداشته بلکه با سیاست دولت آمریکا تا آنجا که من آگاه هستم مغایرت کامل دارند. امیدوارم که شما این مطالب را بعنوان انتقاد و پند تلقی ننمایید....در تجزیه و تحلیل نهائی اعتبارما در این کشور و بطور اعم در دنیا بستگی برفتار و عملکرد شهروندان ما در هر جائی که هستند دارد....آیا این امکان

---

[۸۵۴] - Ibid

[۸۵۵] - Dispatch 592, 26 June 1943.

وجود دارد که افسران و افراد ارتش ما براهی درست هدایت شوند و به آنان تاکید گردد که هر شهروند آمریکائی نماینده ایست از دولت خویش و در نتیجه مسئولیت بزرگی را بعهده دارد. من درخواست دارم که عقیده خود را واضحا بمن اظهار دارید."[۸۵۶]

امضا: ل.ج. درایفوس

تاریخ : ۲۶ جون ۱۹۴۳"

جواب ژنرالکانلی، چیزی جز موافقت کامل و همراهی نبود. پاسخ او بوزیر مختار نکات زیر را در بر داشت: "رابطه ما با مردم ایران نه تنها از تمایلات قلبی ماست بلکه اهمیت نهائی در انجام ماموریت مارا در بردارد. شما میتوانید به کمک و پشتیبانی ما در جلوگیری ازایجاد هر گونه فساد که امکان صدمه زدن به ماموریت های ما داشته باشد تکیه نمائید." ولی آینده نشان داد که حرفهای ژنرال کانلی، فقط حرف بود و ارزش دیگری را در بر نداشت. در نتیجه برخی از روز نامه های داخلی برشدّت حملات خود بر علیه آمریکا افزودند ولی رویهمرفته بیشترین آنها رویه ملایمی نسبت به آمریکا نگاه داشتند. برخی از روزنامه های مخالف از گروه چپ که بسود روسیه کارمیکردند و برخی بدلایل مختلف، مخالفت را پیشه خود ساختند. ادامه این ندانم بکاریها توسط امریکائیان در ایران برای درایفوس خیلی مشکل میآمد. او مرتبا در این باره با وزیر خارجه در تماس بود و گرفتاریهائی که هر روز در تهران و سایر نقاط کشور ایجاد میشد به او گزارش میداد.[۸۵۷] و از اینکه ژنرال کانلی با وجود دادن وعده در پیشگیری گرفتاریها کوچکترین کمکی در دنبال نداشت و عدم رضایت وی در نامه اش بخوبی آشکاربود:"نیروی نظامی آمریکا در ایران، بعنوان یک واحد الکلی و بی انضباطی و بدون کوچکترین احترام و حساسیت برای کشور و

---

[۸۵۶] - Department of State, Foreign Relations (1943), 4: 500.

[۸۵۷]- Dispatch 627, 22 June 1943.

مردم ایران خود را معرفی کردند... این سربازان، بدستور ژنرال کانلی برای جبران عدم رضایت از حضور شان در ایران آزاد گذاشته شدند تا هر کاری که میخواهند بکنند."^۸۵۸

اعمال افراد ارتش آمریکا در ایران بشدت خود ادامه یافت و یکی از عوامل اصلی تعویض عقیده مردم در باره آنان شد.با وجود کوشش های درایفوس و نامه هائی که بین او و وزیر خارجه رد و بدل شد در بهبود رویه ارتش کمکی نکرد. شکی در این نیست که هیچ هم آهنگی بین وزارت خارجه و وزارت جنگ آن کشور وجود نداشت. این گرفتاریها در تمامی مدت حضور آمریکائی ها در ایران ادامه داشت. ازسوی وزارت خارجه نامه درایفوس به وزیر جنگ آمریکا، استیتنسن فرستاده شد. جواب این نامه از سوی سرهنگ « مک کارتی» بوزارت امور خارجه رسیدو اشاره شدکه وزارت جنگ به این موضوع رسیدگی نموده و وزارت خارجه را از نتیجه آن آگاه خواهند نمود. ^۸۵۹

وزارت جنگ نیز کوچکترین نقشی در این باره بازی نکرد که از کارهای بی رویه و ننگ آور افراد ارتش آمریکا جلوگیری نماید. بر عکس در تاریخ سوم دسامبر ۱۹۴۳ نامه‌ای بوزارت امور خارجه مینویسند و خلاف کاریهای افراد ارتش را نا چیز جلوه داده و ازوزیر مختار آمریکا که کارهای نادرست آنان را گزارش میداد گله مند میشوند. در تاریخ ۲۹ژانویه ۱۹۴۴ سرهنگ مک کارتی آن نامه را باز خوانده و اظهار داشت که آن گزارش در غیاب او نوشته شده بدون اینکه از سوی وی اجازه‌ای صادر شده باشد. بطور کلی در هیچ مرحله گزارشی پیدا نمیشود که دلیل بر آن باشد که ارتش آمریکا کوچکترین گامی در باره اجرای نظم در افراد خود بر داشته باشد.

---

^۸۵۸ - Communiqué 671, 13 September 1943.

^۸۵۹ - Charles W. McCarthy; Colonel, SGC (General Staff Corps); Chief Liaison Section. OPD, WDGS; (Operation Division War Department General Staff).

قسمت دوم:
رفتار و رویه آمریکائیان غیر نظامی در ایران :

در این بخش برخورد آمریکائیان بطور عموم مورد بررسی قرار میگیرند و تکیه بیشتری به غیر نظامیان خواهد شد. این گروه از یک نقطه نظر در روابط بین دو کشور نقش بزرگتری را بازی کردند به سبب آنکه بتدریج تعداد آنان رو به افزایش بود و بطور کلی از کارهایشان اینطور روشن شد که آنها نیز بمانند افراد ارتشی کمترین آمادگی برای چنین ماموریتی در ایران را نداشتند. اگر از مشاورین و برخی از افراد منتسب به آنان بگذریم که به نسبت بیشتری دارای تحصیلات کاملتری بودند، توده این فرستادگان دانش ناچیزی داشتند، بویژه در باره کشور و مردمی که باید باآنها همکاری میکردند. بیشترین این افراد از رده کارگران بودند که حتی تحصیلات دبیرستانی رانداشتند. به این افراد حقوق خیلی بالائی تعلّق میگرفت واضافه بر آن برای کار در کشور در حال توسعه منافع دیگری نیز به آنها پرداخت میشد.

با کمال تاسف مقام تازه ای که این افراد بدست آوردند برای شخصیت آنان خیلی زیاد بود: حقوق زیاد، وضع کاری بهتر، ساعات بیکاری فراوان، و منافع شایان دیگر، باعث آن گردید که بیشترین آنها از خود بیخود شوند. اکثریت این افراد ناگهان خود را در یک وضع تازه با پول فراوان یافتند. در چنین وضعی راه و رسم زندگی آنان عوض گردید و روش افراد تازه بدوران رسیده و پول دار را در پیش گرفتند بدون آنکه برای چنین وضعی آمادگی داشته باشند. اکثریت همسران این کارگران از تحصیلات کافی نیز برخوردار نبودند ودر نتیجه بیکاری وقت خودرا صرف کارهائی بمانند قمار و مشروب خواری و پارتی رفتن، به بطالت میگذراندند . اوضاع آنان بسرعت بر زبانها افتاد وبیشترین مردم از این رویدادها با خبر شدند.

با درآمد زیادیکه داشتند کارگران محلی را با حقوق بالا استخدام میکردند وچنین امری باعث شد که کارگران از کارکردن برای ایرانیان اباء کرده و

بسوی این تازه بدوران رسیده ها روی می‌آوردند. از آنجائیکه شمارش آمریکائیان در ایران زیاد بود این کار باعث کمبود کارگران برای استخدام مردم کشور گردید، این امر در تهران بصورت بحرانی در آمد. البته نمیشود کارگران را سرزنش نمود که بدنبال کار بهتری بودندتا علاوه از حقوق بیشتر منافع دیگری مانند بهره برداری از سرویس آمریکا را در بر داشت. طبقه متوسط ایرانی که از دستیابی به گرفتن کمک تقریبا محروم شده بودند نسبت به آمریکائیها نفرت پیدا نموده و علناً از کارهای آنان انتقاد مینمودند.

ایجاد بازارسیاه که افراد ارتشی نیز در آن نقش بزرگ داشتند مسئله دیگری بود که مورد تنقید قرار داشت. لباس، پاپوش، اساسیه خانه و لوازم غیر نظامی به مانند اتومبیل و غذا که از کمیساریای آمریکا بدست می‌آوردند، در بازار آزاد بقیمت گزاف توسط آنان فروخته میشد. اتومبیل را که برای کار شخصی بدون پرداخت عوارض وارد میکردند و پس از مدت کوتاهی به چند برابر قیمت بمردم ایران میفروختند. این امر را بشخصه تجربه کرده ام. در سال ۱۹۶۶ که نیاز بیک اتومبیل بزرگتری داشتم،یکی از گروهبان های آمریکائی بعلت اتمام خدمتش در ایران اتومبیل فورد ۱۹۶۴ خود را میخواست بمبلغ ۶۰۰۰ دلار بفروشد. بهای درخواستی آن ماشین با وسایلی که دارا بود در آنزمان اندکی بیش از ۳۰۰۰ دلار در بازار آزاد در آمریکا نبود و ایشان البته از دادن مالیات و سود بازرگانی معاف بودند. خریدار ایرانی میبایست درآنموقع تمامی آن مبالغ را بدولت ایران بدهد. این یک نمونه کوچکی است از آنچه که درآن زمان در ایران میگذشت.

این افراد فراموش کرده بودند که علت بودن آنها در ایران بمنظور بازرگانی و وارد شدن در بازار سیاه نبوده است. ارتش آمریکا کوچکترین دخالتی در کار این افراد نکرد. شاید فکر میکردند که انجام چنین کارهائی محبت اضافی برای آنان بوده و آنهارا تشویق میکند که کارهای خود را بخوبی

انجام دهند. هیچوقت این فکر در مخیله آنان نگذشت که اعمالشان را دوستان و دشمنان با میکروسکپ قوی زیر نظر دارند. و خود این افراد فراموش کرده بودند که فرستادگان مردم آمریکا هستند و باید نمونه ای برای نگهداری حیثیت و آبروی کشور خود باشند (بنامه ای که وزیر مختار امریکا به ژنرال کانلی نگاشته مراجعه کنید).

بر خورد کارگران و کارمندان کمپانیهای بزرگ آمریکائی در ایران نیز دست کمی از بقیه آنان و بطور کلی غیر قابل پذیرش بود. برهان های نامبرده در بالا برای این گروه نیز صادق بودند و بر میگردد بر در آمد های هنگفت که خواب آنراهرگز ندیده بودند. وضع کاری آنها بسیار عالی و وقت کاملی برای انجام کارهای دلخواه خود داشتند.

نگارنده در هنگام اقامت خود در تهران همکاری نزدیک از نظر پزشکی با سفارت آمریکا داشتم و بمانند بسیاری از پزشکان ایرانی که تخصص خود را از آمریکا دریافت نموده بودند از مشاورین پزشکی سفارت آمریکا بودم. روزی در اواسط سال ۱۹۶۵ بود که تلفنی از یکی از کنسولهای سفارت دریافت نمودم، بمن اطلاع داد که همسر یکی از کارمندان آمریکائی را پلیس تهران بعلت کشتن شوهرش بزندان انداخته است. من از این مقوله توسط روزنامه های شهر با خبر بودم و بر طبق گزارش روزنامه ها، شوهر این خانم کارمند یکی از کمپانی های آمریکا و محل خدمتش در جنوب کشور بود. او دو هفته در خلیج فارس خدمت و دو هفته بعنوان مرخصی به تهران میآمد. در آن شب پس از صرف مشروب الکلی، گفتگوئی در میان میآید که منجر باین میگردد که زن با هفت تیر، شوهر خود را هدف گلوله قرار داده و او را از بین میبرد.

کنسول از من خواست که در صورت امکان با روسای زندان تماس گرفته و آنان را راضی کنم که مرا بعنوان پزشک خانم مزبور بپذیرند و اجازه دهند که او را معاینه و تحت درمان قرار دهم. و در خواست کرد که در هنگام دیدار از آن خانم به وی تاکید کنم که سفارت حد اکثر کوشش را در

آزادی و فرستادنش به آمریکا خواهد نمود. در همان روز به زندان زنان در نزدیکی میدان توپخانه رفتم. رئیس زندان پس از دریافت علت دیدار، مرا با خوش روئی پذیرفت و اجازه داد که هر وقت خواستم بتوانم بدون هیچگونه مانعی بدیدن آن زندانی بروم. بلافاصله بهمراهی یک بانوی زندانبان بدیدن خانم آمریکائی رفتم. خوشبختانه چون بانوی زندانبان انگلیسی نمیدانست توانستم براحتی با بیمار خود گفتگو نمایم. او زنی در اوایل چهل سالگی بود. از وی خواستم که جریان امر را بطور کامل برای من توجیه کند. او جزئیات را بدین نحو آغاز نمود: "ما در آنشب اندکی در خوردن نوشابه الکلی اصراف نمودیم و بدون آنکه به یک موضوعی توجه کنیم شروع به مجادله با یکدیگر نمودیم و یک وقت ملتفت شدیم که باهم داد و فریاد میکنیم." این بانو، نمیتوانست بخاطر بیآورد که چرا و چگونه کار به استفاده از اسلحه گرم کشید. پس از معاینه کامل او را مطمئن کردم که همه چیز درست خواهد شد و سفارت تمام کارهای لازم برای فرستادنش به آمریکا انجام خواهد داد. بمانند کسی که تازه بیدار شده و از جریان کارها با خبر شده باشد شروع بگریستن شدید نمود. خوشبختانه جریان طوری نمودارشده بود که او را بصورت یک مظلوم نشان میداد. از اینرو عقیده سایر زندانیان و زندانبانان نسبت به وی خوب بود. پیش از ترک محوطه، داروی روان بخشی تجویز نمودم و قول دادم که مرتبا بدیدارش بروم و اینکار را انجام میدادم و گزارش های کار خود را بسفارت میفرستادم. با وجود آنکه در آنزمان روابط خوبی بین دو کشور بر قرار بود و با وجود همکاری دولت ایران، حدود یکسال طول کشید که آن خانم را از زندان آزاد و از تهران به آمریکا بفرستند. باید یاد آور شوم که صفحات نخستین برخی از روز نامه ها بدین موضوع اختصاص داده شده بود که برای حیثیت و آبروی آمریکا بسیار زیان بخش بود.

چقدر بهتر بود که پیش از فرستادن این افراد به آنها درس میدادند که چگونه رعایت اخلاق را بکنند و رفتار آنان باید چگونه باشد و از وقت

بیکاری خود چگونه بهره گیری کنند. دولت آمریکا نمونه بسیار خوبی برای این موضوع داشت وآنهم خانم گریس درایفوس[۸۶۰] همسر وزیر مختار آمریکا در تهران بود. وی در هنگام همه گیری تیفوس در تهران دراوایل دهه ۱۹۴۰ با درست کردن درمانگاه پزشگی و یتیم خانه کمک های بسیار بزرگ به مردم نمود. میلسپو در باره او مینویسد: "وی در بالا بردن و نگهداری حیثیت آمریکا در ایران کاری را انجام داد که هیچ سفیری نتوانست هرگز انجام دهد."[۸۶۱]

از نقطه نظر استفاده از بازار سیاه، بیشترین مواد لازم ازمرکز پخش مواد اولیه آمریکا بدست میآمد. این مواد یا در ایران موجود نبودند و یا در بازار آزاد ارزش بسیاری داشتند. اقدام به چنین کاری برای برخی از آمریکائیان ساکن در ایران باعث ایجاد منبع در آمد دیگری بود. این مواد شامل بودند از انواع غذاها مانند: شکلات، غذای کودکان، فرآورده های گوشتی و غیره. در برابر این افرد سود جو، گروهی دیگر ازآمریکائی ها بودند که از همان راه، مواد غذائی را برای مردم فقیر ایران تهیه میکردند. نگارنده و همسرم دکتر ناهیدگیلک در آنزمان در تهران از یاری این افراد خیّر برخوردار بودیم. مواد غذائی برای کودکان فقیرمثل شیرخشک و برخی مواد بهداشتی لازم که در تهران یا موجود نبود و یا بسیار گران قیمت بودند برای ما میآوردند که در اختیار بیماران بی بضاعت بگذاریم.

از سوئی دیگر باید اذعان کنیم که برخورد و رفتار برخی از ایرانیان نسبت به آمریکائیان بسیار ناپسند و به زبان دیگر نا شایست بود. این رویدادها بیشتر از سوی جوانان ایرانی سرمیزد که برای ادامه تحصیل به آمریکا رفته بودند و در آنجا با دوشیزگان آمریکائی ازدواج و آنانرا به ایران میآوردند. برخی از این زنان مورد بدرفتاری شوهران خودو خانواده آنان قرار

---

[۸۶۰] - Grace Dreyfus.

[۸۶۱] - Arthur C. Millspaugh, Americans in Persia (1946)

میگرفتند و در مواردی کار بدآنجا میرسید که دخالت سفارت آمریکا را ایجاب مینمود که آنهارا به نحوی از ایران خارج کنند.فرستادن این بانوان از ایران با قوانین موجود در کشور بسیار سخت بود زیرا که بطور رسمی میبایست اجازه شوهرشان را داشته باشند و اینکار در بسیاری از موارد غیر ممکن بود.در نتیجه این بانوان گرفتار را میبایست از راههای غیر قانونی از کشور خارج نمود. خوشبختانه تعداد این افراد کم بودند و ما در جریان کار چند نفری از آنان بودیم.

در آنزمان بسبب بهبود وضع مالی در ایران و بالا بودن مصنوعی سطح زندگی تعداد بسیاری از جوانان کشور برای ادامه تحصیل به آمریکا میرفتند. بیشترین آنان از لحاظ دانش علمی در رتبه بالائی بودند ولی با تاسف زیاد اندکی از آنان از نقطه نظر فرهنگی آمادگی آنرا داشتند که نماینده با ارزشی برای کشور خود گردند و همان رویه صد سال پیش را دنبال میکردند که عواقب آنها همان بود که به آنها اشاره شد.

با آنچه که گفته شد مشخص میگردد که نمایندگان دولت آمریکا در ایران مجبور بودند که از دو جانب در رتق و فتق امور کارکنند. یکی در مورد شکایتهائی که از مردم و دولت ایران برای کارهای ناشایست آمریکائیان ساکن ایران چه ارتشی و چه شخصی مرتکب میشدند و دیگر حفاظت زنان آمریکائی که در دام جوانان نا جور ایرانی گرفتار و به کشور آمده بودند. با این گرفتاریها میبایست شکایتهائی که از سوی پزشکان و بیمارستانها به کنسولگری میرسید نیز بررسی نمایند. این شکایتها در باره عدم پراخت بدهی آنان به بیمارستانها و پزشکان بود. کارمندان شرکتهای آمریکائی چکهای بیمه را که بنام بیماران صادر میشد، بحساب خود ریخته و بدهی های خود را نمیپرداختند. در این مورد کار بجائی رسید که پزشکان و بیمارستان ها بیمه آنان را نمی پذیرفتند .

در برخی از موارد سفارت آمریکا مجبور میشد این خسارت ها را بپردازد. این نیز عمل نادرستی بود که این افراد تشویق میشدند تا بکارهای زشت

خود ادامه دهند. بطور کلی ممکن است که هرکدام از این رویدادها به تنهائی آنقدر مهم نبوده و باعث ایجاد ناراحتی نگردد. ولی جمع آنها موجب گرفتاریهای شدیدی برای دولت آمریکا میشد. اعمال این افراد مردم ایران را مجبور کرد که نظر خودرا نسبت به آمریکا و آمریکائیان تغییر دهند. اثراتی که از کسانی چون مورگان شوستر، آرتور پوپ ، هاوارد باسکرویل و بسیاری دیگر ایجاد شده بود، آنانی که به ایران آمدند تا مرحمی بزخمهای مردم ایران بگذراند و به آنها کمک نمایند و در رسیدن بدان آمال، برخی جان خود را از دست دادند.

آنچه که بدانها اشاره گردید ، چند سطری بطور خلاصه برای روشن نمودن وضع کشور در زمان اشغال نیروهای بیگانه بود. وزیر مختار آمریکا نامه های متعدد به فرمانده قشون آمریکائی درخلیج فارس نگاشته و در هر مرتبه پاسخی خالی و بی ارزش از آن فرماندهی دریافت نمود. بطور کلی ژنرال کانلی کوچکترین وقعی به گفتار نماینده دولت آمریکا نگذاشت. این نیز یک نمونه‌ای از عدم هم آهنگی و همکاری تشکیلات آمریکا درایران بود.

بخش شانزدهم

برخورد اشغالگران در ایران

در هنگامی که دولت آمریکا سخت مشغول جبران خلافکاریهای افراد آنکشور در ایران بود دولت روسیه شوروی نقشه دیگری را دنبال میکرد. منظور نهائی آنان این بود که تا سرحد امکان، هر چه عمیق تر در وضعیت سیاسی- اجتماعی کشور نفوذ کنند. وکوشش نمایند که خود را بجنوب ایران برسانند.

تمایل شدید روس ها دربسط توسعه ارضی کشور خود از یک سو و حس مال دوستی انگلیسی ها از سوی دیگر باعث ایجاد رقابت بزرگی بین آندو در ایران گردید. این هم چشمی که ازدو سده گذشته آغاز شد به همان شدت ادامه یافت نتیجه کار آنان باعث ایجاد اغتشاش و در هم گسیختگی امور ایران گردید و اشغال کشور در سال ۱۹۴۱ بر این مشکلات افزود.

این مسائل درست همآنهائی بودند که در دهه اول سده بیستم چند سالی پیش از آغاز جنگ اول جهانی ایجاد شده بودند. کشور ایران توسط انگلیسیها و روسها بر طبق قرادادی که به پیمان ۱۹۰۷ شناخته شده بود تقسیم شد. بر طبق این قرارداد کشور را بدو منطقه نفوذ انگلیس و روس بخش میکرد و در میان آندو، دولت دست نشانده ای را قرار میداد که بعنوان یک منطقه بیطرف منافع آنان را نگهداری کند. این پیمان پس از بروی کار آمدن کمونیستها در اواخر جنگ اول جهانی از سوی آنان لغو گردید.

در تمامی این مراحل روسیه برای رسیدن به آرزوی خود بزور متوسل میگردید. درطول بیش از یک سده، نخست روسیه تزاری و سپس روسیه شوروی همان سیاست توسعه با زور را پیروی کردند و با ایجاد تشکیلاتی در ایران بنفع خود، این سیاست را تقویت و توسعه میدادند. دولت ایران کوشش بسیار نمود که آمریکا را متوجه این خطر بنماید ولی سعی آنان

بی نتیجه ماند و هنگامی وزارت خارجه امریکا متوجه این خطر بزرگ شد که کار از کار گذشته بود.

در ۲۰ دسامبر ۱۹۴۴ تصادمی بین قوای دولتی و کارگران یکی از کارخانه های بافندگی در شاهی واقع در ایالت مازندران رخ داد. ژاندارم ها مجبور شدند که برای ساکت نمودن و جلوگیری از اغتشاش و پراکنده کردن گرد همآئی غیر مجاز، تیراندازی هوائی بعمل آورند و در این مورد بکسی آسیبی نرسید. در چنین هنگامی قوای روس به ژاندارم ها حمله نموده و آنهارا خلع سلاح و زندانی میکنند و زندانیهارا مجبور مینمایند که از شاهی تا ساری، مسافتی در حدود چهل و پنج کیلومتر را پیاده بپیمایند. دخالت شوروی در کارهای داخلی ایران بر خلاف قوانین موجود در پیمان دوستی سه گانه ۱۹۴۲ وپیمان آتلانتیک و کنفرانس قاهره بود که روسها همه آنهارا پذیرفته و امضاء کرده بودند. دراین پیمانها بطور صریح گفته شده که قوای اشغالگر حق دخالت در امور داخلی کشوررا ندارند. البته کاملا واضح بودکه آن قوانین برای روسیه و انگلیس دارای هیچگونه ارزشی نبودند. در دنباله این رویداد، دولت روسیه درباره برخورد نا بجای ژاندارم ها نسبت به اعتصاب گران و سپاه ارتش روسیه شکایت بوزارت خارجه ایران مینماید! در آنزمان ژاندارمری کشور زیر فرماندهی سرهنگ شوارتسکف (مشاور نظامی آمریکا در ایران)[۸۶۲] بود. این عمل دولت روسیه را باید تهاجمی به قدرت دولت امریکا و سیاست آن کشور در ایران تلقی نمود. سفیر آمریکا در تهران جریان حادثه را بوزیر خارجه آنکشور گزارش داد.[۸۶۳]

اندک زمانی پس از رویداد فوق، گروهی از کردها به ایستگاه نگهبانی رضائیه حمله کردند و تنی چند از افراد پلیس را کشتند. بعداً ثابت گردید که اینکار بدستور روسها انجام یافته بود. ارتش روسیه که پایگاه شان در

---

[۸۶۲] - Colonel Schwarzkopf.

[۸۶۳] - Department of State; Foreign Relations (1945); 8: 360

همان نزدیکی بود برای کمک نیآمدند و این بهانه را آوردند که نمیخواستند در کارهای داخلی ایران دخالت نمایند. ولی ارتش روسیه مانع حرکت نیروهای ایران برای سرکوبی افراد یاغی شدند. این عمل کاملا بر خلاف قرارداد ۱۹۴۲ بود.

ندادن جواب مثبت از سوی آمریکائیان و ادامه و تشدید وضع وخیم کشور، شاه را برآن داشت که به ناچار دست بسوی نماینده بلژیک (گرایفی) [۸۶۴]دراز کند و از وی یاری بخواهند که با سفرای آمریکا و انگلیس (موریس و سر ریدر بولارد) در تهران در این باره گفتگو نماید و وخامت کارهای روسیه را با آنان در میان بگذارند. [۸۶۵] گرایفی با سفیر آمریکا در ۲۱ فوریه ۱۹۴۵ ملاقات و حاصل کار خود را به شاه ابراز نمود که فاقدهر گونه نتیجه ای بود.در ۱۸ ژانویه ۱۹۴۵ نماینده ایران در واشینگتن، محمد شایسته با وزیرخارجه ملاقات نمود و ناراحتی های دولت خود را از کارهای شوروی به وی آگاهی داد و تقاضای یاری از دولتهای آمریکا و انگلیس را در حفاظت کشور نمود. همچنین دولت ایران از دولت آمریکا درخواست کرد که از تقاضای آنان در شرکت دولت ایران در گردهمآئی سران سه دولت(روزولت و استالین و چرچیل) پشتیبانی نمایند.[۸۶۶] در همان روز (۱۸ ژانویه ۱۹۴۵) رئیس بخش خاور میانه وزارت خارجه آمریکا (الن) در یادداشت خود بوزیر خارجه آمریکا از پیامی که توسط وزیر مختار ایران، شایسته، دریافت داشته بود آگاه نمود که دولتش از این هراس دارد روسها برای دریافت امتیازات و کنترل سیاسی در شمال ایران به زور متوسل

---

[۸۶۴] - Graeffe.

[۸۶۵] - Ibid; 362

[۸۶۶]- Crimea Conference (the Yalta Conference) which took place from Feb. 4-11, 1945.

خواهند شد."[۸۶۷] در آنزمان تمامی خطه شمال از خاور تا باختر زیر اشغال ارتش روس قرار داشت.

با وجود اینکه در چندین مورد دولت آمریکا به این امر اشاره نمود که حل امور مسائل داخلی ایران مربوط بدولت ایران میباشد ولی در عمل کمک قابل ملاحظه ای در این باره ننمود. بالاخره کفیل وزیر خارجه (گرو)[۸۶۸] در یادداشتی به سفیر آمریکا در تاریخ ۲۷ فوریه ۱۹۴۵[۸۶۹] اشعار داشت که با توجه به مواد ذکر شده در پیمان سه گانه دولت ایران حق داشت که جلوی اغتشاش هارا بگیرد و بدین نکته اشاره نمود که قوای ایران باید اجازه داشته باشند در اختلالات قبیله ای بمانند آنچه که در رضائیه رویداد دخالت نمایند...... ماده چهارم پیمان سه گانه صریحا میگوید که بودن قوای متفقین در ایران حالت اشغالی را ندارد."[۸۷۰]

بطور کلی این یادداشت، نکته قابل اهمیتی را دارا نبود ونظریه کفیل وزیر خارجه از این کار چه بود، نا معلوم بود. چرا این نامه را به سفیر در تهران فرستاده که علت آنهم آشکار نیست. وی کاملا از جریانات آنچه که میگذشت با خبر بود. انگلیسی ها، روسها و ایرانیان از محتوی پیمان آگاهی کامل داشتند. کفیل وزارت خارجه هیچگونه راه حلی را پیشنهاد نکرد و کوچکترین تماسی با دولتین روسیه و انگلیس نگرفت.

ایرانیان بر این امید واهی بودند که آمریکائیان بدولت شوروی فشار حواهند آورد و یا اقلا درخواست خواهند کرد که مواد پیمان سه گانه را مراعات کنند. همچنین امیدوار بودند که در کنفرانس یالتا جریان ایران را مورد بررسی قرار دهند و راه حلی برای این گرفتاریها پیدا کنند. سیاستمداران

---

[۸۶۷]- Department of State, Foreign Relations (1945); 8: 360

[۸۶۸] - Grew.

[۸۶۹]- Communiqué 106, 27 February 1945.

[۸۷۰]- Department of State; Foreign Relations (1945), 8: 364

ایرانی بمراتب در تجزیه و تحلیل امور مربوط به روسیه از آمریکائیان واردتر و واقع بین تر بودند.

در ۲۷ فوریه ۱۹۴۵ رئیس دفتر کارهای اروپائی (ماتیوس) در یادداشتی در باره ایران در کنفرانس یالتا مینویسد:"موضوع ایران اصلا در آن میتینگ مطرح نگردید." روسها دوباره موفق شدند با روش های سیاسی، گفتگو در باره ایران را وارد موضوعات جلسه نکنند. یکی از بهانه ها این بود که وقت لازم برای اینکار نبود و دیگر اینکه با پیش آوردن موضوع که اختلالات ایران حل شده است و دیگر احتیاج به گفتگو در این مورد نیست، قضیه ایران را از کنفرانس خارج کردند.

سه وزیر امورخارجه حاضر در کنفرانس[۸۷۱] موافقت کردند که مسائل مربوط به ایران باید در مراحل دیگر و زمانی بعد مورد گفتگو قرار گیرد. دولت آمریکا قادر بدرک این موضوع نبود که یک خطر تازه ای دنیا را تهدید میکرد«خطر جنگ سرد». در ایران روسها در حال ایجاد دولت های دست نشانده در شمال باختری و باختر ایران بودند که حیطه قدرت خود را افزایش دهند و بتوانند از آنجا بسایر نقاط ایران و خاور میانه دست اندازی نمایند. در هنگام کنفرانس سازمان ملل در تشکیلات بین المللی [۸۷۲]، نمایندگان ایران [۸۷۳] و نمایندگان آمریکا [۸۷۴] با هم ملاقات کرده و تصمیم گرفتند که موضوع ایران را در صورت جلسه قرار دهند. در آن میتینگ نماینده ایران به نمایندگان آمریکا آگاهی داد که خبر رسیده از

---

[۸۷۱]- Stettinius of the United States; Sir Anthony Eden of England, and Vyacheslav Mikhilovich Molotov of the USSR.

[۸۷۲]- The United Nations Conference on International Organization. It was held at San Francisco on April 25 to June 1, 1945.

[۸۷۳]- رئیس نماینگان ایران مصطفی عدل وزیر دادگستری بود. شایسته سفیرایران در واشینگتن نیز جز این گروه بود

[۸۷۴]- US delegation comprised of: Secretary of State, Stettinius; Paul H. Alling, political liaison office; US Delegation at meeting Foy D. Kohler.

تهران حاکی از آنست که ایدن وزیر خارجه انگلیس اظهار داشته که دولت بریتانیا حاضر خواهد بود قوای خودرا بتدریج پیش از پایان جنگ با ژاپن در صحنه اقیانوس کبیر از ایران خارج کنند، بشرط آنکه روسها نیز همزمان به چنین کاری دست بزنند. ایدن پیشنهاد کرده بود که دولت امریکا پیشقدم شده و از سوی خود چنین پیشنهادی را به هر دو دولت انگلیس و روس بکند و همکاری آنان را درخواست نماید.

در اینمورد عقیده سرپرست فرستادگان ایران بر این بود که با در نظر گرفتن چگونگی اوضاع، صلاح در این خواهد بود که این پیشنهاد از سوی نمایندگان دولت ایران انجام گیرد و اضافه نمود که در اجرای این امر همکاری دولت آمریکا اصل اساسی را تشکیل خواهد داد. باید اشاره نمود که تخلیه کشور از نیروی بیگانه حائز اهمیت بسیاری برای دولت ایران بود که از دخالت دائمی و بیجهت آنان در امورکشور بستوه آمده بودند. شاه این موضوع را در برخوردی که با سفیر آمریکا (موریس) در ۱۸ ماه می ۱۹۴۵ داشت در میان گذاشت.

در دنباله مذاکراتی که بین وزیر دادگستری ایران و وزیر امور خارجه آمریکا در ۲۱ می ۱۹۴۵ در هنگام کنفرانس سازمان ملل رخ داد، وزارت خارجه ایران یادداشتی به سفیر آمریکا در تهران فرستاد و تقاضای تخلیه کشور را از نیروی نظامی آمریکا نمود. یادداشت هائی در همان مضمون بدول انگلیس و روسیه نیز تسلیم گردید. در ملاقاتی که بین وزیرخارجه ایران و سفیر آمریکا در ۱۹ می ۱۹۴۵ در باره نیروی بیگانگان در ایران رخ داد،سفیر آمریکا را از متن چنین نامه هائی آگاه نمود و اظهار داشت فرستادن آن نامه بسفارت آمریکا صرفا جنبه تشریفاتی داشته و برای ساکت نمودن دو دولت شوروی و انگلیس بوده است و بدین جهت ایرانیان میخواستند که به دو دولت متخاصم نشان دهند که دولت ایران میخواهد که تمامی نیروهای خارجی از ایران خارج شوند.در حقیقت دولت ایران میخواهد که آمریکائی ها در کشور باقی بمانند و آنان را در باز گشت بوضع

بهتری یاری دهند. این اطلاعات به کفیل بخش خاور نزدیک و افریقا در برخورد ۲۱ می ۱۹۴۵ داده شد.
سفیر آمریکا اطلاع داد که مطابق دستوری که وی از وزارت جنگ آمریکا دریافت داشته فرماندهی خلیج فارس از اول جون ۱۹۴۵ منحل خواهد شد. آنچه که عجیب است این است که این اطلاعات که میبایست از راه وزارت امور خارجه به سفارت برسد چرا از راه غیر عادی و از وزارت جنگ به وی ابلاغ شده بود. موضوعی که برهانی برایش دردست نیست. آیا این یک علامت دیگری از عدم همکاری بین بخشهای مختلف در دولت آمریکا بود؟ با اتفاقاتی که در این باره رخ داده، چنین امری بعید بنظر نمیآید.
با تمامی این میتینگ ها و یادداشت هائی که بین دولت ایران با سفارت آمریکا در تهران و نمایندگی ایران در واشینگتن با وزارت خارجه آمریکا رد و بدل شد، برخی از روسا و سردمداران وزارت خارجه آمریکا کوچکترین آشنائی با وضع ایران را پیدا نکردند و هیچ دریافتی از آنچه در آن کشور میگذشت نداشتند.کفیل بخش امور خاور نزدیک (ماینر)[۸۷۵] در یادداشت ۲ جون ۱۹۴۵ بکفیل وزارت خارجه در باره درخواست ایران برای خروج نیروهای متفقین اظهار داشت: "برای اطلاع شما باید گفته شود که قوای انگلیس و روسیه در ایران بر طبق پیمان سه گانه ۲۹ ژانویه ۱۹۴۲ میباشند[۸۷۶]
یادداشت مزبور مبنی بردرک نادرست از سوی کفیل خاور میانه بود که از طرز بوجود آمدن پیمان سه گانه کوچکترین آگاهی نداشته است. این امر واقعا بسیار تاسف بار است که یکی از سردمداران وزارت خارجه و مامور خاورمیانه اطلاعی از آنچه در گوشه ای از آن بخش جهان میگذرد نداشته باشد. او از این موضوع نا اگاه بود که هیچیک از آن دو دولت طبق هیچ

---

[۸۷۵] - Harold B. Minor

[۸۷۶]- Department of State; Foreign Relations (1945); 8:376.

پیمانی وارد کشور نشدند بلکه بزور وارد مملکت گردیدند و پیمان سه گانه را با فشار، بخورد مردم ایران دادند و حتی خودشان مراتب مواد آن پیمان را اجرا نکردند.

وضع کشوراسفناک و هرج و مرج در آن حکمفرما گردید. در روز ۱۹ جون ۱۹۴۵ سفیر ایران در واشینگتن با"هرالد ماینور" و "لوئی هندرسن "که در آنزمان رئیس بخش خاور نزدیک و آفریقا بود ملاقاتی میکند و وضیعت کشور را برای آنان توجیه و اشعار میدارد که این بی نظمی در ایران نتیجه وجود نیرو های خارجی در مملکت میباشد. تقاضای او این بود که دولت آمریکا این گرفتاری ایران را در کنفرانسی که برای سران سه دولت (ترومن و چرچیل و استالین) در آینده نزدیک در برلین، پوتسدام، تشکیل خواهد شد(۱۷ جولای تا ۲ اگوست ۱۹۴۵) مطرح کند.

سفیر آمریکا در تهران (موررای)[۸۷۷] در نامه ۲۰ جون ۱۹۴۵ به وزیر امور خارجه آمریکا مینویسد که کنفرانسی با نخست وزیر ایران (صدر) داشته که از روش اتخاذی روس و انگلیس بسیار ناراحت بود. موررای گزارش داد که:" نخست وزیر اظهار داشت که بیشترین نمایندگان مجلس زیر نفوذ انگلیس میباشند و حال آنکه روسها تعدادی کمی ازآنان را زیر نفوذ خود دارند...ایرانیان زیر یوغ دو نیروی خارجی از هم پاشیده شده اند و قادر نیستند که بوضع نا بسامان خودصورتی دهند. فکر میکنم که من هم با نخست وزیر هم عقیده باشم و پیشنهاد میکنم که وضعی ایجاد گردد که بتوان دید ایرانیان را در آن کنفرانس مورد گفتگو قرار داد."[۸۷۸] موررای اظهار میدارد: "اکنون زمان آن رسیده است که ما صریحاً اعلام داریم که از فتنه ها و تحریکهای بیگانگان در وضع سیاسی ایران کاملاً با خبر هستیم

---

۸۷۷ - Murray.

۸۷۸- Ibid, 8: 376

و عدم رضایت خود را در اینباره با آنها در میان بگذاریم."[۸۷۹] مجدداً وزارت خارجه کوچکترین وقعی به پیشنهادات سفیر آمریکا ننمود.

در کنفرانس پوتسدام موضوع ایران بطور خیلی خلاصه پیش آمد ولی روسها اجازه ندادند که در باره تخلیه کشور گفتگوئی انجام گیرد.[۸۸۰] نتیجه آخرین اینبود: "نیروهای متفقین باید بدون معطلی از تهران خارج شوند و گامهای دیگر برای خروج ارتش بیگانه باید در جلسه ای که توسط وزرای خارجه در لندن در سپتامبر ۱۹۴۵ صورت میگیرد برداشته شود."[۸۸۱] بر طبق معمول سفیر آمریکا را در تهران از این تصمیم آگاه نکردند تا وقتی که او درخواست دریافت خلاصه مذاکرات کنفرانس را نمود.

ایرانیان یقین داشتند که روسها وقعی بدین قوانین نخواهند گذاشت و به نوشته های پیمان سه گانه عمل نخواهند نمود و به احتمال زیاد در موقع یاد شده کشور را ترک نخواهند کرد. در اوایل اگست ۱۹۴۵ ژاندارم های ایران پنج نفر از اهالی کردستان را که حامل نامه هائی برای کرد های یاغی بودند که آنان را تشویق به قیام و استقلال کردستان در عراق و ترکیه و ایران مینمودند، در شمال باختری کشور دستگیر کردند. در همان زمان ۳۷ نفر از افراد کادر افسری و سربازان ایرانی از لشکر مشهد فراری گشتند که توسط ژاندارمها توقیف و در این گیرو دار برخی از فراریون کشته شدند. پس از این حادثه روس ها بدولت ایران اطلاع دادند که اجازه نخواهند داد که دولت مرکزی با یاغیان در گیرشوند. دولت ایران از راه سفارت آمریکا در تهران تقاضای یاری از دولت آمریکا را نمود که حامی آنان در درخواستشان برای شرکت در کنفرانس وزاری خارجه در لندن باشند. موررای سفیر آمریکا درخواست ایران را به وزیر خارجه اطلاع

---

[۸۷۹]- Communiqué 416; 20 June 1945.

[۸۸۰]- Conference of Berlin (Potsdam), 1:1071.

[۸۸۱]- Ibid., 2:1477.

داد.[۸۸۲] درخواست ایران بر روی اصل ماده شش، ضمیمه یک، پیمان سه گانه بود.

در زمانی که این حوادث رخ میداد نشریه های شوروی آغاز به انتشار مقالاتی در باره آذربایجان ایران نمودند که این ناحیه باید مستقل گردد. شارژه آمریکا در شوروی جریان این رویدادها را به وزیر خارجه[۸۸۳] (برنز) اطلاع داد.[۸۸۴] در نوزدهم سپتامبر ۱۹۴۵ وزیر خارجه انگلیس (بوین)[۸۸۵] در یادداشت خود به (مولوتف)[۸۸۶] مینویسد: از آنجائیکه جنگ در خاور دور پایان یافته است، برهانی برای ماندن نیروهای انگلیس و روس را در ایران نمیبیند. و اشاره نمود که تعداد کمی از نیروی انگلیس در جنوب ایران تا ماه مارچ ۱۹۴۶ باقی خواهند ماند و این بر لوای پیمان سه گانه خواهد بود و اظهار داشت که روسها اگر بخواهند، میتوانند نیروی کمی در آذربایجان نگهدارند.

این کار وزیر خارجه انگلیس بسیار نسنجیده بود و یا آن جمله را برای نقشه دیگری که در نظر داشتند ابراز نمود.[۸۸۷] او با آگاهی زیادتری که از روحیه و طرز فکر روسها داشت میبایست درک مینمود که روسها بهر بهانه ای دست میزنند که از خاک ایران خارج نشوند و این گفته یک بهانه تازه-ای به آنها خواهد داد که در شمال ایران بمانند، مگر اینکه بوین[۸۸۸] عملا

---

[۸۸۲] - Murray to Secretary of State; Communiqué 702; 7 September 1945.

[۸۸۳] - Secretary Byrnes

[۸۸۴] - Communiqué 3269; 14 September 1945.

[۸۸۵] - Secretary Bevin

[۸۸۶] - Molotov; People Commissar for Foreign Affairs of the Soviet Union.

[۸۸۷] - Parliamentary Debates, House of Commons, 5th ser.,vol. 414.246.

[۸۸۸] - Bevin.

میخواست که بروسها پیش بهائی برای سود انگلیس در موضوعی دیگر بدهد. بوین همچنین اظهار داشت که این موضوع را در کنفرانس وزاری خارجه که در روزهای ۲۲-۱۷ سپتامبر در لندن خواهد بود مطرح خواهد نمود.

گفتار (بوین) برای روسها بسیار به موقع بود و به آنان فرصت داد که موقعیت خود را در آذربایجان محکم نمایند و بتوانند یک دولت دست نشانده در آنجا بجای گذارند. با سوابقی که ازانگلیسی ها در دسترس میباشد از عاقبت اینکار کاملا اطلاع داشتند ولی مطمئناً آمریکائی ها نتوانستند نقشه روس ها را درک کنند. شوروی حزب تازه‌ای در آذربایجان ایجاد نمود "حزب دموکراتیک آذربایجان" که جای نشین حزب توده گردید. این کار باعث ایجاد بنیادی برای تشکیل استان آزاد آذربایجان و الحاق آن بصورت یکی از اقمار شوروی گردید.

بخش هفدهم : جدائی خواهی و بحران های ناشی از آن: روسیه شوروی و نفت شمال ایران:

کوشش بی نتیجه فرستاده دولت روسیه شوروی (کافتارادزه، معاون وزارت خارجه شوروی) [۸۸۹] در بدست آوردن اجازه برای استخراج نفت شمال باعث ایجاد یک سلسله مشکلاتی برای دولت و مردم ایران و تا اندازه نسبتاً زیادی موجب تنش های جهانی گردید. ساعد نخست وزیر وقت که از دادن امتیاز بشوروی خود داری کرده بود، دشمن شماره یک روسیه محسوب میشد. کافتارادزه از ملاقات با وی خود داری کرد و کار او را "غیر دوستانه نسبت بروسیه تلقی نمود" و عزل او را از نخست وزیری خواستار شد؟ [۸۹۰]

برحسب دستور روسها، حزب توده دست به تظاهرات بر علیه دولت ایران زدند و درخواست برداشتن نخست وزیر را داشتند. افراد ارتش روسیه پیوسته آشوب طلبان را همراهی میکردند و در تظاهرات آنان شرکت داشتند و مامور حفاظت افراد حزب توده بودند.

حزب توده افراد غیر کمونیست را استخدام میکرد تا در اینگونه گردهمآئیها شرکت نمایند نگارنده چندین نفر از این اشخاص را میشناختم. آنها بطور کلی کارگران ساده و معمولی بودند که به دسته‌ای وابستگی نداشتند واز کمونیسم و یا کاپیتالیسم نیز آگاهی نداشتند. تنها منظور شان از شرکت در اینگونه موارد استفاده مالی بود که چند تومانی بدست آورند. چند نفر از آنان بمن گفتند که در قبال یک روز همکاری مبلغی معادل پنج تومان دریافت میکردند.

---

[۸۸۹] - Sergei Kavtaradze: Assistant Minister for Foreign Affairs.

[۸۹۰] - J.H. Bamberg; Soviet Interest in Iranian Oil during WWII: History of the British Petroleum (1994), 2:250-257.

مورخین دیگری که در این زمینه پژوهشی نمودند به همین نتیجه رسیده بودند؛ (جورج لنکاوسکی) نتییجه کاوشهای خود را که در تهران و تعدادی از شهرهای شمال انجام داده بود اینطور شرح میدهد: "روسها با کامیون های نظامی مردمی را که هیچ وابستگی با حزب توده نداشتند برای شرکت در این نوع تظاهرات میآوردند و به این افراد مطابق یک روز حقوق را میدادند".[۸۹۱] شورویها فشار سیاسی و نظامی خود را به دولت ایران ادامه دادند. روزنامه (تورود) وابسته به اتحادیه تجارتی شوروی حمله شدیدی به نخست وزیر نموده و انتقاد بسیار از وی نمود که پیشنهاد شوروی را نپذیرفت.[۸۹۲] روزنامه های حزب توده متن آن نوشته را در صفحات نخستین خود آوردند و آنرا بمانند اسلحه ای بر علیه نخست وزیر بکار بردند و تقاضای استعفای او را نمودند.[۸۹۳]

کافتارادزه به کارهای نادرست خود در ایران ادامه داد و در دفعات مکرر در ملاقات با خبرنگاران در سفارت روس در تهران به انتقاد از نخست وزیر ادامه داد. عدم کوچک ترین واکنشی از سوی آمریکا و یا انگلیس باعث گردید که روسها در کار خود جری تر گردند. زمانی نکشید که توده ای ها نام آمریکا را بر لیست موارد انتقادی خود افزودند. در ۴ نوامبر ۱۹۴۴ ایزوستیا، روزنامه رسمی دولت شوروی به آمریکا حمله میکند و بودن آنان را در ایران زیر پرسش میبرد و مینویسد: "چگونه است که وجود نیروی دیگری در ایران میباشد بدون آنکه قرار دادی با این کشور داشته باشند. چنین کاری با حیثیت و استقلال ایران مباینت دارد. نیروهای انگلیس و شوروی که در سر زمین ایران بر مشی پیمان دوستی سه گانه هستند، ولی بودن آمریکائی ها بدون داشتن هیچگونه پیمانی با دولت ایران

---

[۸۹۱] - George Lenczowski, Russian and the West in Iran 1914-1946, 220.

[۸۹۲] - Ibid; 218 Trud, the Organ of the Soviet Trade Union.

[۸۹۳] - Ibid; 220.

میباشد.[894] " روسها به روی خود نیآوردند و فراموش کردند که بودن آمریکائی ها در ایران فقط به منظور رساندن نیروهای لازم به آنان بوده که بتوانند با آلمان هیتلری روبروگردند. علاوه بر آن دولت ایران از آنان درخواست نمود که در ایران باقی بمانند.

باکمال تاسف آمریکا به این تبلیغات پاسخی نداد. گرفتاری بزرگ در این بود که این نوع ایدئولژی وطرز فکر روس ها بسرعت منتشر میشد. یادداشتی که توسط یونایتد پرس فرستاده شد معّرف این امر بود: "هیچ کس در اینجا تشویش خود را نمیتواند پنهان کند که قضیه بین ایران و روس در حال انفجار میباشد و در ضمن دولت های انگلیس و آمریکا را نیز در بر میگیرد... مراجع آمریکائی از این امر نگرانند که بیشترین اخبار نادرست از مسکو سر چشمه میگیرد".[895]

این امکان وجود دارد که واکنش آخری شوروی بر علیه آمریکا مربوط به ایستادگی کوچکی بود که آنان در مقابل روسیه نشان دادند. در یک سخنرانی در لندن سفیر آمریکا (لیلاند.ب.موریس) گفت: "دولت آمریکا به حقوق دولت ایران که بعنوان یک کشور آزاد نخواست که پیمان نفتی با شوروی امضاء نماید احترام میگذارد و آنرا حق آن دولت میداند."[896]

جوّ سیاسی که توسط شوروی و با کمک آنان توسط حزب توده در ایران ایجاد گردید بالاخره باعث آن شد که دولت ساعد از کار برکنار شود. نخست وزیر و دولت او در ۸ نوامبر ۱۹۴۴ استعفا دادند. مرتضی قلی بیات بجای وی منصوب شد که همان مشی ساعد را دنبال کرد و حاضر نشد که پیمانی برای استخراج نفت با شوروی ببندد.

---

۸۹۴ - Ibid, 221

۸۹۵ - Ibid, 222

۸۹۶ - Ibid, 221 (Leland B. Morris).

در دوم دسامبر ۱۹۴۴ دکتر محمد مصدّق وکیل اول تهران لایحه‌ای به مجلس تقدیم نمود که تا زمانی که نیروهای بیگانه درکشور وجود دارند دولتها حق بستن هیچگونه قراردادی برای دادن حق استخراج نفت را بیک کشور و یا کمپانیهای خارجی ندارند. این لایحه با اکثریت قاطعی به تصویب رسید، ۸۸ موافق و هفت مخالف. پس از تصویب این لایحه کافتارادزه در آخرین ملاقات خود با روزنامه نویسان بشدت مجلس را از کاری که انجام داده بود مورد انتقاد قرار داد و به مخبرین گفت که این عمل مجلس بدوستی بین ایران و روسیه ضربه شدیدی زده است. او روز بعد، ۹ دسامبر ۱۹۴۴ تهران را بقصد مسکو ترک نمود.

دولت ایران کاملا بر این موضوع واقف بود که روسها شکست اخیر را نادیده نخواهند گرفت و شکی نداشتند که بطرزی باعث گرفتاری جدیدی برای دولت و ملت ایران خواهند شد. تجربه آنان در درازای چند سده گذشته با روسها این امر را بیقین به آنان ثابت کرده بود و اشغال بخش های شمالی کشوربدست شوروی این خاطره تلخ را زنده میکرد که اشکال آینده باحتمال قوی در این مناطق رخ خواهد داد. این وهم و ترس آنها بیمورد نبود. اخباری که بتهران میرسید حاکی از آن بود که گروهی از خائنین به تحریک روسیه شوروی مشغول ایجاد برنامه های تجزیه ایران هستند. این امر بویژه در دو استان آذربایجان و کردستان نمودار بود. در هرحال شوروی مرزی در حدود ۹۰۶ مایل، از شمال خاوری تا شمال باختری با ایران داشت و تمامی این نواحی در معرض خطر بودند (پس از جدا شدن استانهای جنوبی روسیه در چند دهه گذشته در زمان حال ایران در بخش شمال خاوری ۶۱۶ مایل با ترکمنستان مجاور است و در باختر دریای مازندران ۲۶۶ مایل با اررّان یا آذربایجان و در شمال باختری ۲۲ مایل با ارمنستان).

**بحران های ایجاد شده توسط جدائی خواهان :
استان آذربایجان:**

آذربایجان بعلت همجواری نزدیک با ارّان یا آذربایجان شوروی در خط اول خطر قرار داشت. این استان شوروی تا جنگ اول جهانی بنام ارّان یا قفقاز یا البان و یا آلبانیا [۸۹۷] (نباید با کشور آلبانی اشتباه گردد) خوانده میشد. تعویض نام آن در ابتدا بدست دولت عثمانی انجام یافت. در سال ۱۹۱۱ زیر لوای دولت عثمانی حزب مساوات در باکو ایجاد گردید[۸۹۸]. در سال ۱۹۱۷ این حزب با حزب فدرالیست ترکیه یک جلسه مشترک تشکیل دادند و در پیرو این گردهمآئی بیکدیگر پیوستند و نام خود را "حزب دموکرات و مساوات فدرالیست ترکیه" خواندند.[۸۹۹]

مساوات در ۲۷ ماه می ۱۹۱۸ ایجاد دولتی نمود و آنرا بنام جمهوری آذربایجان خواند و نخستین پایتخت خود را در شهرگنجه قرار داد که بعدها به باکو منتقل گردید. ترکیه تقریباً بمدت دو سال این سرزمین را بدست داشت. در سال ۱۹۱۸ پس از شکست دولت عثمانی دولت روسیه مجددا قفقاز یا جمهوری آذربایجان را ضمیمه روسیه شوروی کرد و تصمیم گرفتند که نام آذربایجان را برای آن حفظ کنند .

بررسی تاریخی نشان میدهد که روسیه تزاری فقط آذربایجان ایران را بنام آذربایجان میشناخت. بر طبق پژوهش دکتر عنایت الله رضا، اولین جلد فرهنگ روسیه که در سال ۱۸۹۰ در سنت پیترزبورگ بچاپ رسیده آذربایجان را بشرح زیر بیان میکند: "آذربایجان در واقع آتورپاتکان در زبان پهلوی و آذربادکان بزبان ارمنی، یک استان صنعتی و غنی در شمال ایران

---

[۸۹۷] - Barthold, Collected Works (Moscow, 1971), 2: 123. Interview with Dr. E. Reza; Iran Chamber Web.

[۸۹۸] - Personal interview with Mohammad Ali Guilak, Author of The Revolution of Jungle.

[۸۹۹] - The Democratic Party of Turkish Mossavat Fedralist.

میباشد. سرحد آن به کردستان ایران و عراق عجم (خانقین) در جنوب، به کردستان ترکیه و ارمنستان، در باختر ارمنستان روسیه و قفقاز جنوبی، در شمال، مرز آن به رودخانه ارس منجر میشود." رضا توجیه میکند که اگر آذربایجان شوروی وجود داشت فرهنگ روسی اسم آنرا ذکر میکرد همانطوریکه از کردستان ایران و کردستان ترکیه و مشابه آنها نام برده است.

قفقاز در آغاز سده نوزدهم در دنباله جنگ هائی که بین روسیه تزاری و ایران رخ داد و منجر بشکست ایران گردید، آن استانها از ایران جدا و جزء مستملکات روسیه در آمدند. هر دو آذربایجان دارای تشابهات قومی و نژادی و زبانی هستند. این وقایع کار روسیه را خیلی راحت تر و آذربایجان ایران را طعمه آسانی برای شوروی میکرد و یا اقلا روسها اینطور تصور میکردند. همین امر باعث گردید که شوروی تعداد زیادی از کمونیستها و افراد شرور را از آذربایجان شوروی به آذربایجان ایران بفرستند و آنان را بومی قلمداد نمایند. این افراد وارداتی به سهولت با اهالی در میآمیختند و تشخیص آنان از یکدیگر دشوار میشد. در اینجا با همه این پیش درآمدها، شورویها حسابشان درست از آب در نیامد. مردم آذربایجان افرادی دلاور و میهن پرست هستند و بمراتب چنین امری را نشان داده‌اند، بویژه در دو دهه اول سده بیستم. در زمان انقلاب مشروطیت که هزاران نفر از آنان توسط ارتش روسیه تزاری و در زمان جنگ بین الملل اول بدست روسها کشته شدند.

استان کردستان:

فرق هائی بین آذربایجان و کردستان موجو داست که نیاز به توضیح دارد. قبایل مختلف کرد در میان کشورهای ایران و ترکیه و عراق و سوریه ساکنند و عدم هم آهنگی در میان آنان وجود دارد. شرایط جغرافیائی- سیاسی (ژئو- پولیتیکال) زندگانی این اقوام طوری است که آنها را

بسهولت دستخوش تحریکات بیگانگان قرار میدهد. وفاداری روسای این قبایل را به آسودگی میتوان خرید و رویدادهای سده بیستم این اوضاع را بخوبی روشن میکنند. در دوران بحرانی جنگ دوم جهانی که کشور زیر اشغال دو دولت مهاجم قرار گرفت و همبستگی تمامی مردم که اصل اساسی زنده ماندن کشور بود، برخی از سردمداران قبایل بر این مصمّم شدند که علم استقلال را بر پا کنند و به همکاری با دولتهای اشغالگر بپیوندند. این طرز تفکر باحتمال زیاد فرآورده اندک کسانی بود که منافع شخصی آنان ایجاب میکرد که نوکری خارجیان را بگردن گیرند. این گروه در صدد ایجاد کشوری بنام کردستان آزاد بودند که مستلزم جدا شدن کردستان های ایران، عراق، ترکیه و سوریه از آن کشورها میشد و لازم بگفتن نیست که هیچیک از این دول چنین امری را نمی پذیرفتند. در چنین زمان دولت شوروی در ایران حامی این گروه از کردهای تجزیه طلب بود.

از آغاز اشغال ایران در سال ۱۹۴۱ روس ها در صدد بودند که کردستان را بصورت یک استان مستقل و پیوسته به شوروی در آورند. از این تصمیم روسیه دول انگلیس و آمریکا آگاه بودند، ولی هیچ کدام از آنان نخواستند که از پیشروی شوروی در چنین موردی جلوگیری نمایند. این امر حاکی از آنست که چنین اتحادی فقط یک همبستگی سرسری بود تا یک وابستگی واقعی.[۹۰۰]

شوروی از روزهای نخستین اشغال ایران، شروع به ارسال اسلحه بکرد ها را نمود. بر این امید بودند که با تشکیل کردستان وابسته به روسیه، جای پای خوبی در باختر کشور برای هدف نهائی خود که رقابت با انگلیسی ها در

---

۹۰۰ - George Mamouli; Les Crises Turque et Iraniennes (1945-1947), L'Apport des Archives Caucasienne: Cahiers du Mond Russ (Janvier – Juin 2004), 273.

آن منطقه بود پیدا کنند. چنانکه "بریا" [۹۰۱] بدین امر اشاره میکند و میگوید "ما نباید انحصار این نواحی را تنها در دست دولت بریتانیا قرار دهیم."[۹۰۲] منظور او دسترسی به نفت بود. ولی باید در نظر گرفت که بودن روسیه در آن نواحی منافع انگلیس را مورد تهدید قرار میداد.

آغاز گامهای لازم برای تجزیه استان های ایران:

نامه سّری دولت شوروی به تجزیه طلبان:

استالین علاقه بسیاری به الحاق نواحی شمال ایران را بروسیه داشت. وی شخصا نقشه‌ای را که برای چنین امری آماده شده بود زیر نظر گرفت و مواظب انجام هرگام آن بود. در بهار سال ۱۹۴۵ کمیته مرکزی حزب کمونیست به مولوتف و کافتارادزه و میر باقراف (عضو کمیته مرکزی آذربایجان شوروی و سرپرستی انجام کارهای تجزیه طلبان آذربایجان و کردستان را بعهده داشت) اعلام نمود که نقشه‌ای برای تجزیه طلبان آذربایجان و تمامی نواحی شمال ایران که زیر اشغال روسیه بودند تهیه نمایند.

در ۱۲ جون ۱۹۴۵ بدستور استالین کمیته دفاعی شوروی [۹۰۳] یادداشت سری به کمیته دفاعی آذربایجان شوروی برای بررسی زمین شناسی نفت در شمال ایران فرستاد. این یادداشت بطور مشروح جزئیات تمام کارهائی که باید مطابق دستورات"پولیت بیورو" شوروی داده شده بود انجام شود و با دستوراتی که به باکو داده شده است هم آهنگ باشد.

Beria -[۹۰۱]

[۹۰۲] - Ibid, 274

[۹۰۳] - USSR, Decree of the Defense Committee 9168 SS, State Archives of Political Parties and Social Movements of the Republic of Azerbaijan, Baku, Gosudarstvennvi Arkhiv Politieheskikh Partii I Obshchestyen-nykh Divizhenii (GAPPOD)

در دنباله این امر در دو یادداشت جداگانه در تاریخ های ۶ جولای و ۱۴ جولای ۱۹۴۵ کمیته مرکزی حزب کمونیست شوروی اطلاعات مفصل و کامل به باقراف داد که او چگونه میبایست منافع روسیه را در ایران محافظت نماید. آن یادداشت ها، نکته به نکته عملیاتی راکه باید انجام گیرد تشریح نمود، بطور مثال: چگونه حزب دموکراتیک آذربایجان باید تشکیل گردد، و کردها را آماده برای قیام نمود که به سود تجزیه خواهان باشد، چگونه انجمن دوستداران شوروی را تشکیل داد و روزنامه‌ای ایجاد نمود و بچه نحو کوشش نمود که اشخاص مورد نظر بعنوان نماینده در مجلس آینده که بزودی انتخابات آن شروع میگردد انتخاب گردند و دستورات دیگری که ادامه آن از این نوشته بدور است. در ۱۴جولای، باقراف دستور گرفت که پیشه‌وری و کامبخش را به باکو احضار نماید تا در آنجا دستورات و اطلاعات کامل مربوط به انجام دادن وظایف خود را دریافت نمایند.

کامبخش یکی از مزدوران روسیه شوروی و از افراد عالی رتبه حزب کمونیست بود. جعفر پیشه‌وری نیز یکی از اعضاء رتبه بالای حزب کمونیست و جیره خوار روسها بود. وی درسال ۱۸۸۸ در ایران متولد شد. در آغاز زندگانی به باکو رفت و در آنجا تا روی کار آمدن کمونیست ها باقی ماند. در سال ۱۹۱۸ با گروهی از بلشویک ها با نام مستعار"سید جعفر بدکربه ائی" به ایران بر میگردد. در اواخر دهه ۱۹۲۰ مجددا بنام مستعار سلطان زاده به روسیه مراجعت و فعالیت زیادی در حزب کمونیست را آغاز میکند. در این مدت مسافرت هائی در کشورهای خاور میانه مینماید. پیشه وری در سال ۱۹۳۶ به ایران بر میگردد و اظهار میدارد که از طرف شوروی پاکسازی شده است (در اواسط دهه ۱۹۳۰ روسیه شوروی دست به پاکسازی بزرگی از ایرانیان ساکن آنکشور زد. گروهی انبوه از استان آذربایجان شوروی بویژه باکو و ترکمنستان بخصوص عشق آباد را از آن کشور بیرون راندند. سکونت این افراد در روسیه قانونی

و دارای کار و مشغول بازرگانی بودند. روسها اموال آنها را تاراج نمودند وسرمایه‌شان را از دستشان ربودند و همه رابه ایران پس فرستادند. به همراه این گروه، تعداد زیادی از جاسوسان خود را نیز وارد ایران نمودند که بموقع از آنان استفاده نمایند. پیشه وری بر طبق دستور دولت ایران پس از ورود، تحت نظر و به شهر کاشان فرستاده شد. او تاسال ۱۹۴۱ در آن شهر باقی ماند و پس از اشغال کشور بدست روسها و انگلیس ها آزاد و بتهران آمده و وارد حزب توده گردید و بسر دبیری روزنامه توده‌ای آژیر منصوب شد. مدتی بعد به دستور مسکو به تبریز رفت.

اسنادی توسط استاد دانشگاه باکو،"دکتر جمیل حسن لو" ارائه شده است که بطور واضحی نقشه های استالین را در ایجاد تجزیه ایران نشان میدهد.[۹۰۴] برای تشکیل حزب دموکراتیک آذربایجان، به حزب توده دستور داده شده بود که از توده‌ای های یاغی و کمونیست ها استفاده کنند و از این افراد برای اغتشاش های لازم بهره گیری نمایند.[۹۰۵] در همان حال از کردها درخواست شد که همزمان با ایجاد اختلاف و هرج و مرج در آذربایجان، آنها نیز دست به تظاهرات بزنند تا توده‌ای های آذربایجان فرصتی یافته و بهتر بتوانند مقاصد خود را انجام دهند.[۹۰۶]

---

[۹۰۴] - Cold War History Project; "Russian Archives, Working Paper 15, Washington, DC; Woodrow Wilson Center, 1997.

[۹۰۵] - George Mamoulia, Les Crises Turque et Iranienne (1945-1947), L'Apport des Archives Caucasienne: Cahiers Russe (Janvie-Juin 2004), 276/

P.A. Sudoplatov, Specoperacii Lubjanka I Kreml; 1940-1950; 1997, p. 425 (Special Mission Lubianca and Kremlin).

907- Ibid, p. 277.

خیانت به میهن:

بطور سطحی اینطور میتوان تصور نمود که تمامی گرفتاریهای ایران با شوروی بر منبع عدم پذیرش ایران در دادن حق اکتشاف نفت به آنان ایجاد شده است. اگر چه این امر کاملا درست و حقیقت را در بر دارد ولی نمیتوان آنرا تنها برهان و پایه این گرفتاریها شناخت. ازآغاز اشغال کشور، شوروی ها طرح در هم شکستن و ضمیمه نمودن استانهای شمالی ایران را به روسیه در نظر داشتند و برای نخستین گام، دو ایالتی که نزدیک بودند، آذربایجان و کردستان مورد نظر آنان قرار داشت که از لحاظ نظامی و اقتصادی نیز برای آنان قابل ارزش بود. آذربایجان در درجه نخستین بود که علاوه بر هم سرحدّی از نقطه نظر زبان و نژادی نیز با قفقاز و یا اررّان تشابه نسبتا زیادی را دارا بود.

برای اجرای چنین تصمیمی در سال ۱۹۴۲ روسها با آغاز ایجاد کمیته‌ای بنام "کمیته استانی آذربایجان" کار خود را شروع نمودند. این کمیته زیر نظر عامل ایرانی دولت شوروی"علی امیرخیزی" قرار گرفت و کار عمده آن آماده کردن زیر بنای حزب توده آن سامان بود. این کمیته بکارهای خود تا ۳ سپتامبر ۱۹۴۵ ادامه داد و در آنزمان منحل و بجای آن "حزب دموکراتیک آذربایجان" [۹۰۷] ایجاد گردید. پیشه‌وری از سوی شوروی مامور شد که کار این تشکیلات تازه را زیر نظر داشته باشد.

در زمان حیات خود کمیته استانی آذربایجان انتشار روزنامه‌ای را بزبان ترکی در تبریز آغاز نمود بنام "وطن یولاندا". سر دبیر این روزنامه شخصی بود از آذربایجان شوروی بنام "میرزا ابراهیم اف" که از سوی دولت روسیه

[۹۰۷] -Mazyar Behrooz; Rebel with a Cause: The Failure of the left in Iran (2000), 27.

در تبریز مستقر شده بود. این روزنامه از سال ۱۹۴۱ تا اوایل سال ۱۹۴۶ روزانه منتشر میگردید.[۹۰۸]

در حدود شش ماه پس از اشغال ایران، ارتش روسیه شوروی گروهی از فعالین سیاسی آذربایجان شوروی را برای دیداری به تبریز بردند. این گروه زیر نظر شخصی بنام"عزیز علی اف"بودند که منشی کمیته فرهنگی حزب کمونیست اررّان بود. همچنین در میان مدعوین شخص دیگری بود بنام "کاظم اف" که تخصصی در تاریخ سده نوزدهم آذربایجان داشت.[۹۰۹] کارهای این گروه در آذربایجان بطور کلی آشکار نبود ولی مشهودات حاکی بر این بودند که واحد تبلیغاتی ارتش سرخ (ج.یو.پ.پ) آذربایجان شوروی، کوشش بر آن داشت که رابطه ای نزدیک با مردم آذربایجان ایران بر قرار و سعی کنند که آنان را بسوی روسیه کمونیست هدایت نمایند.

ایجاد حزب دموکراتیک آذربایجان، روسای حزب توده را در تهران غافلگیر نمود. آنان نه از موضوع اطلاع داشتند و نه مورد مشاورت قرار گرفته بودند و با شگفتی تمام، از سوی دولت شوروی دستور یافتند که تشکیل این حزب تازه را در روزنامه های خود مورد ستایش قرار[۹۱۰] دهند و تبریک بگویند. در جواب اعتراض به این کار از سوی شوروی به آنان گفته شد که دستور رسیده را اطاعت نمایند

به دنبال تقدیر:

اولین کنگره حزب دموکراتیک آذربایجان در اکتبر ۱۹۴۵ تشکیل گردید. در آن میتینگ پیشه وری بعنوان رئیس کمیته مرکزی انتخاب شد. تشکیل این کنگره را بر طبق قرار پیشین در روز مراجعت گروه بزرگی از

---

[۹۰۸] - David B. Nissman; "The Use of Nationalism for Political Penetration", in the Soviet Union and Iranian Azerbaijan, 31
[۹۰۹] - Ibid.

[۹۱۰] - Mazyar Behrooz, rebel with a Cause: Failure of the Left in Iran, 28.

کارگران کارخانه های ایرانی که بر طبق دعوت دولت شوروی در آن کشور بودند تعیین شد.[۹۱۱] شکّی نیست که همراه گروه اخیر تعدادی زیاد از افراد آذربایجان شوروی را همراه نمودند که پشتیبان اعضای کمونیست آذربایجان ایران باشند. اسنادی که پس از برگشت سپاه سرخ از ایران دراواسط سال ۱۹۴۶ بجای مانده است بخوبی وظایف این گروه را در ایران بیان میکند.[۹۱۲] بررسی این اسناد بر مبنای ضرب المثل ها و ویژه گیهائی بود که بمرور زمان در گویش ها پیدا میشوند و معرّف تغییراتی هستند که مدت زمان نزدیک به دوسده به ظهور رسیدند.[۹۱۳]

از سوی دیگر پیشه وری، بدستور روسیه شوروی تمام همّ خود را مبذول به ایجادیک دولت مستقل نمود.کمیته مرکزی حزب دموکراتیک آذربایجان موافقت داشت روش یک استان مستقل را در پیش گیرد و کوشش نمود که مردم عادی را طبق نقشه مفصلی از دولت مرکزی ایران جدا کنند. اولین گام آنها ایجاد شایعات و تبلیغات شدید بر علیه دولت مرکزی بود. برای اینکار اخبار دروغ و نادرست را منتشر و بخورد مردم آذربایجان میدادند بمانند اینکه " ارتش ایران خود را برای قتل عام مردم آذربایجان آماده میکند."[۹۱۴] این گزارشات که از سوی روسیه پشتیبانی میشدند حائز هیچگونه حقیقتی نبودند، روسها حتی اجازه نمیدادند که ارتش ایران از تهران بسوی شمال حرکت کند، تا چه رسد به آذربایجان بروند؟ و در چنین صورتی چگونه آنان میتوانستند که مردم را قتل عام کنند!

---

[۹۱۱] - Allen W. Ford; The Anglo-Iranian Oil Dispute 1951-1952: A Study of the Rule of Law in Relation of State (Questia, 1954), 42.

[۹۱۲] - Richard Frye; Iran (Questia 1953), 86.

[۹۱۳] - Ibid, 86.

[۹۱۴] - David Nissman, The Soviet Union and Iranian Azerbaijan: The Use of Nationalism for Political Penetration (Questia 1987),30.

در ۹ نوامبر ۱۹۴۵ کمیته مرکزی حزب کمونیست آذربایجان، لایحه ای به تصویب میرساند که میتوانند با دولت ایران وارد جنگ گردند. به باور "نیسمن" که تحقیقاتی در این باره انجام داده است، گذراندن این لایحه برای مرعوب کردن روسای قبایلی که وفاداری خود را با دولت مرکزی و کشور خویش ادامه میدادند طرح و تصویب شد.[۹۱۵]

سفیر ایران در واشینگتن "حسین علا" با پرزیدنت ترومن ملاقاتی در ۲۹ نوامبر ۱۹۴۵ بعمل آورد. وی اوضاع ایران بطور مشروح و بویژه وضع آذربایجان را برای اوبیان نمود و گفت: "از جناب عالی آقای پرزیدنت در جنین موقعیت وخیمی با کمال خضوع استدعا دارم که برای حقوق ایران ایستادگی کنید. کشوریکه استقلال و حیثیت آنرا پایمال کردند و تنها شما هستید که میتوانید مارا یاری دهید."

روز بیشرمی و رسوائی:

روز شرم آوری را که بیشترین ایرانیان منتظر آن بودند بواقعیت پیوست. اولین کنگره ملی حزب دموکراتیک آذربایجان در ۱۲ دسامبر ۱۹۴۵ اعلام استقلال " آذربایجان دموکراتیک" را نمود."[۹۱۶] در همان زمان پیشه‌وری را بعنوان نخست وزیر حکومت جمهوری تازه، انتخاب کردند و دولت وی را بنام "ملی حکومت" خواندند و شاخه قانون گذاری آنرا بنام "ملی مجلس" نامیدند. دولت دارای ده پست وزارتی بود. (هیئت وزرا بغیر از پیشه وری عبارت بودند از جاوید وزیر داخلی، کاویان وزیر جنگ، مهتاش وزیر کشاورزی، بی ریا وزیر فرهنگ، اورنگ وزیر بهداری، الهامی وزیر دارائی، عظیما وزیر دادگستری ، کبیری وزیر راه و پست، و رسولی وزیر تجارت) و دولت تازه پرچم نوینی را درست نمود و سیستم پستی و پولی تازه‌ای را ابداع کرد. زبان رسمی را زبان آذری قرار دادند و با یک کودتا با یاری

---

[۹۱۵] - Ibid,31.

[۹۱۶]- Richard Frye; Iran (Questia) 1953, 85.

ارتش سرخ تمام ادارات دولتی و دفتر حکمرانی و پایگاهای ارتش و شهربانی وسایر دوایر دولتی ایران را تسخیر نمودند.
گروه زیادی از سربازان ارتش سرخ را از آذربایجان شوروی به آذربایجان ایران آوردند که اعمال خائنانه خود را بیاری آنان تکمیل کنند. این گروه مستقیما در ایجاد هرج و مرج و مشوب کردن اذهان مردم دخالت داشته اند. میرزا ابراهیم اف یکی از اعضا عالی رتبه "جی.یو. او.پی" ارتش سرخ آذربایجان شوروی نوشت: "از آنجائیکه تعداد زیادی از سربازان ارتش سرخ قفقار (آذربایجان شمالی مطابق گفته توده‌ایها) درآذربایجان ایران (آذربایجان جنوبی بر طبق تعریف کمونیستها) که ما اشغال کرده بودیم بودند ما دست به تبلیغات شدیدی زدیم و همچنین باعث ایجاد اغتشاش گردیدیم تا بتوانیم به مقصود خود نائل آئیم و همبستگی بین نظامیان و افراد عادی را ایجاد نمائیم."[۹۱۷] در چنین زمانی که این تحولات در شرف انجام بود، توده‌ایها و افراد ارتش سرخ گروه زیادی از مردم بویژه سربازان ارتش ایران را کشتند.

واکنش ایرانیان:

خبر تشکیل جمهوری آذربایجان با مخالفت شدید مردم و دولت ایران روبرو شد و از این پستی و فرومایگی که دولت شوروی بعنوان پاداش به ملت و دولت ایران داده بودند همگی دلتنگ شدند. این حادثه صفحات تاریک کشور را در اوایل سده بیستم مجددا بروی صحنه آورد. خاطره تلخ برخورد روسیه تزاری که در سده نوزدهم باعث جدائی بخش بزرگی از کشور شد، در خاطره ها روشن گردید. همان روش توسط روسیه شوروی دوباره مورد بهره گیری قرار گرفت. نفرت مردم ایران بر علیه روسیه دوباره پس از سالها بر ملاگشت. بار دیگر به ثبوت رسید که حوادث تاریخی

---

[۹۱۷] - David M. Nissman; the Soviet Union and Iranian Azerbaijan: The Use of Nationalism for Political Penetration (Questia), 1978, 31.

ممکن است که از خاطره بطور موقت بیرون روند ولی هیچوقت محو نخواهند شد. این رویداد باعث آن گردید که مردم ایران برای یاری بسوی آمریکا بنگرند.

پس ازآغاز این حادثه دولت ایران ارتش خود را به آن سو فرستاد به امید اینکه جلوی تجزیه طلبان را بگیرند. ولی متاسفانه پیشرفت نیروهای ایران را ارتش سرخ در حدود ۸۰ مایلی شمال تهران متوقف نمود. این عمل شوروی بر خلاف پیمان سه گانه دوستی بود که در سال ۱۹۴۲ متفقین با ایران امضاء کرده بودند که در آنجا صریحا ذکر شده بود که در صورت ایجاد اغتشاش در نواحی کشور، متفقین در اعمال دولت ایران برای حفظ استقلال خود دخالت نخواهند کرد. در اینجا روسها با تجزیه طلبان برعلیه دولت مرکزی کشور همدست و هم آهنگ شدند. درهمان هنگام سفیر دولت شوروی درتهران "ماکزیموف" و کفیل وزارت خارجه روسیه "کافتارادزه" منکر هر گونه دخالت دولت شوروی در اغتشاشات آذربایجان شدند.

آمریکا چه اقدام و یا کمکی کرد؟

همانطوری که در بخشهای پیشین اشاره شد، این عمل شوروی یک پدیده تازه‌ای نبود و از همان سالهای نخستین ورودشان به ایران، آنرا آغاز نمودند تا بدین مرحله رسید. سفیر آمریکا که شاهد این رویدادها بود، وزیر امور خارجه آمریکا را از این اوضاع مطلع مینمود.[۹۱۸] با تشدید این اتفاقات، موریس سفیر آمریکا در یادداشتی بوزیر خارجه خطرات عمل روسیه را به وی گوش زد و پیش بینی آینده بدی را نمود. اونوشت :" شکی نیست که دولت ایران پشتیبانی کامل ما را در شرایط فعلی نیاز دارد، ولی من شخصا معتقد هستم که هر گونه دخالت ما در تشویق آنان برای مقاومت در برابر

---

[۹۱۸] - Morris to the Secretary of State, Telegram 891.00/11-444, 1 November 1944.

روسها گرفتاری بزرگی در بر خواهد داشت مگر اینکه ما آماده باشیم که تا آخرین گام آنها را همراهی نمائیم." [۹۱۹]

شوروی بکارهای غیر قانونی خود ادامه داد و به کنترل نامه های پستی و سانسور کردن آنها پرداخت. این عمل شامل ارسال و دریافت پست های ایران و آمریکا نیز میشد.[۹۲۰] به مناسبت وخامت اوضاع، سر ریدر بولارد سفیر انگلیس در تهران بدستور ایدن وزیر خارجه انگلیس شکایت شفاهی دولت خود را به سفیر شوروی ماکزیموف اعلام نمود. پاسخ سفیر روسیه این بود: "این عمل توسط ارتش روسیه انجام گرفت بسبب آنکه دولت ایران رویه غیر دوستانه نسبت به شوروی نشان داده است."[۹۲۱] سفیر آمریکا نیز به اعمال شوروی به سفیر آنکشور اعتراض نمود. وی پاسخ داد که به این موضوع رسیدگی نموده و اشکالات را ترمیم خواهد کرد.[۹۲۲]

اعتراض دولت ایران:

در ۱۵ دسامبر ۱۹۴۵ نخست وزیر ایران حکیمی، جریان آذربایجان را به مجلس گزارش داد و قضیه ناهنجاری که ایجاد شده بود بیان نمود. وی به نمایندگان مردم اظهار داشت: "من میخواهم مجلس و مردم ایران را از آنچه در آذربایجان عزیز ما روی میدهد مطلع کنم. اکنون دیر زمانی است که گروهی ادعا میکنند که میخواهند تغییرات نوین و رفرم درکشور انجام دهند ولی در واقع باعث ایجاد سدّی در نوین سازی کشور میشوند و جلوی هر گونه پیشرفت را میگیرند... کار آنان بر خلاف قوانین ما است... ما کوشش میکنیم که این افراد را اگر ایرانی هستند و عشق به میهن دارند

---

[۹۱۹] - Ibid.

[۹۲۰] - Morris to Secretary Hull; Telegram 761.91/11-844, 8 November 1944

[۹۲۱] - Department of State, US Foreign Relations (1944), 4:473. Communiqué 847, telegram 761.91/11-1544, 15 November 1944.

[۹۲۲] - Department of State, Foreign Relations (1944), 4: 477.

هدایت نمائیم که از این خرابکاریها دست بردارند. این دولت کوشش نمود که نیروی امدادی برای جلوگیری از خرابکاریهای این افراد بفرستد ولی همان طوری که خبر دارید، دولت همسایه و دوست ما (روسیه) صلاح ندانست که با این افراد در گیر باشیم. از این دولت دوست ما رسما و دقیقاً تقاضا داریم که از ایجاد اینگونه مسائل که نتیجه مستقیم وجود قوای اشغالگر میباشد جلوگیری نماید."

نخست وزیر در همان جلسه به اطلاع نمایندگان رسانید که به توسط سفیر ایران در مسکو تقاضا نموده است که به وی اجازه داده شود که در جلسات وزاری امور خارجه متفقین که در مسکو از ۱۶ تا ۲۵ دسامبر ۱۹۴۵ روی میدهد شرکت نماید. در همین زمان دولت ایران از متفقین خواست که تمامی نیروهای خود را بر طبق پیمان دوستی ۱۹۴۲ تا مارچ ۱۹۴۶ از خاک ایران خارج نمایند. درخواست ایران برای شرکت در کنفرانس وزرای امور خارجه پذیرفته نشد. ایران مجددا در یک حالت بی ثباتی توسط دشمنان دوست نمای خود قرار گرفت.

معمای کردستان ایران:

بموازات رویدادهای آذربایجان ایران، دولت شوروی گرفتاری دیگری برای ایران در کردستان بمانند آذربایجان ایجاد نمود. آذربایجان را بعنوان مرکز پخش کمونیسم قرار دادند که از آنجا بدیگر نقاط ایران تعمیم دهند. مرحله دوم در لیست شوروی جدا نمودن کردستان بود که از آن راه بعراق و سایر مناطقی که در زیر نفوذ انگلیس بود رخنه کنند و بخلیج فارس نزدیکتر گردند. استانهای دیگر ایران را که روسیه میخواست به اقمار خود بیافزاید عبارت بودند از: گیلان، مازندران، گرگان و خراسان. تمامی این استانها از آغاز اشغال کشور در سال ۱۹۴۱ در زیر سلطه شوروی قرار گرفته بودند. کردستان، بدلایلی که در پیش بدان اشاره گردید پس از

آذربایجان در درجه اول اهمیت قرار داشت. نخستین پیروزی برای روسیه نفوذ بسوی جنوب وعراق محسوب میشد.
شوروی از روز های اول جنگ، کردها را تشویق می نمود که بتدریج راه جدائی طلبی را در پیش گیرند و خود را برای گام های نهائی آماده کنند. مخالفین دولت مرکزی و جدائی خواهان و اعضاء حزب کمونیست کردستان از روز های نخستین اشغال کشور توسط روسیه مجهز به لوازم جنگی شدند. بیشترین این ابزار ها متعلق بدولت و ارتش ایران بود که پس از اشغال توسط انگلیسی ها ضبط و سپس بروسها برای کار برد در جبهه جنگ اروپا داده شد. ولی پیش از دادن به روسها شماره های ثبت آن تفنگ ها توسط انگلیس یادداشت گردید. از این راه بود که بعدها توانستند سرنوشت آن سلاح ها را در یابند[۹۲۳]. تجزیه طلبان کردستان آخرین صاحبان این سلاح ها بودند که از آنها برای جنگ با دولت کشور خود، ایران، استفاده نمودند.
در اوایل سال ۱۹۴۲ تجزیه خواهان کرد با تصویب شوروی حزب "کوملی جیانووی کردستان" را تشکیل دادند که همان راه حزب کمونیست آذربایجان را دنبال کرد. قیام و جدائی خواهی هر دو استانها بعنوان نمونه برای گسترش این کار طرح ریزی شده بودند. آنانی که در راس آن تشکیلات قرار گرفتند کسانی بودند که بمردم و کشور خود خیانت کردند و طوغ بندگی دولت خارجی را بگردن نهادند که فقط برای منافع و مقام شخصی که نصیب آنان میگردید بود.
در اواخر سال ۱۹۴۵ فرمانده ارتش سرخ در باخترآذربایجان روسای کرد را جمع نمود و آنها را به باکو فرستاد تا در آنجا تمام مراحلی را که باید در هنگام جدا شدن طی کنند بخوبی بیاموزند. در آن میتینگ بود که نخست وزیر قفقاز بآنان گفت که دولت شوروی از حزب کومله و حزب کمونیست

---

[۹۲۳] - Encyclopedia Iranica, 3:232-234

کردستان کاملا ناراضی میباشد و به آنان ابلاغ شد که همان راهی را که آذربایجانی ها درپیش گرفتند آنها نیز باید پیروی نمایند و نخستین گام باید تشکیل "حزب دموکراتیک کردستان" [۹۲۴] باشد که اندک زمانی بعد این حزب زیر نظر قاضی محمد ایجاد گردید.

سه روز پس از انتشار خبر ایجاد جمهوری آذربایجان، در روز ۱۵ دسامبر حزب دموکراتیک کردستان اعلام تشکیل جمهوری کردستان را نمود و قاضی محمد بعنوان رئیس جمهور و حاجی بابا شیخ را بعنوان نخست وزیرمعیّن نمودندو تعداد محدودی از قبایل کرد به آنها پیوستند ولی بیشترین کردهای ایران از همکاری با قاضی محمد خود داری نمودند. آنان اعتمادی بروسیه نداشته و جنایتهای آنان را در ایران در سده گذشته فراموش نکرده بودند.

کردهای عراقی در ایران:

بیشترین تعداد مخالفین دولت ایران از کردهای عراقی تشکیل میشد که اکثریت آنها زیر فرماندهی "ملا مصطفی بارزانی" قرارداشتند. این شحص با بیش از سه هزار سپاه به قاضی محمد پیوست. او در آنزمان بصورت فراری بودکه از یک سو بسوی دیگر میگریخت. و بعلت ایجاد اغتشاش، تحت تعقیب قرار داشت. کردستان ایران پناهگاه سالمی برای او بشمار میرفت و از این نظر همکاری با قاضی محمد را پذیرفت.

بارزانی در ۱۴ مارچ ۱۹۰۳ در ده بارزان در کردستان عراق بدنیا آمد. در آنزمان عراق زیر سلطه دولت عثمانی قرار داشت. در طی سالهای ۱۹۳۲- ۱۹۳۳ او بهمراه برادرش احمد بارزانی برای استقلال کردستان میجنگیدند. در سال ۱۹۴۲و در هنگام شدت جنگ دوم جهانی بر علیه دولت عراق و

---

[۹۲۴] - Ibid, 232.

Eagleton, the Kurdish Republic, 34-36/ Roosevelt; Kurdish Republic, 256-257.

انگلیس قیام نمود و مجبور شد که از کردستان عراق خارج و در ایران سکنی گزیند. و اندکی پس از آن در سال ۱۹۴۵ با قاضی محمد همدست و هم آواز شد.

باکمال تاسف روسای قبایل کرد در بسیاری از موارد آلت دست دولتهای استعمارگر قرار میگرفتند و برخی از آنان برای سود شخصی خود دست بقیام بر علیه دول مرکزی خویش میزدند. بارزانی خود را در چنین وضعی قرار داده بود. پس از نابودی حکومت قاضی محمد، به روسیه گریخت و در سال ۱۹۵۸ بعراق برگشت و درسال ۱۹۶۵ مجددا بر علیه حکومت مرکزی کشور خود عراق، قیام نمود و با اسرائیل همراه گردید. با کمک اسرائیلی ها و دریافت اسلحه از آنان بکردها تعلیم ارتشی داد و نیروی چریکی ایجاد نمود بنام "پیش مرگ یا پش مارگه" . فرماندهی این گروه را اسرائیلی ها بعهده داشتند و باعث کشته شدن هزاران سرباز عراقی گشتند.[۹۲۵]

در یک برهه از زمان، بارزانی توسط محمد رضا شاه پهلوی حمایت میشد و با او رابطه‌ای نسبتا نیکو داشت. هم چنین از کمکهای دولت آمریکا در زمان ریاست جمهوری پرزیدنت نیکسن و مشاور امنیت ملی او، هنری کیسینجر، برخوردار بود که از او برای مخالفت با حکومت وقت عراق که با کمونیست ها رابطه نزدیک داشت استفاده میکردند. بارزانی در ۳ مارج ۱۹۷۹ در شهر واشنگتن در گذشت.

سودی که به روسیه شوروی رسید:

با ارتکاب بدین جنایتها دولت اتحاد جماهیر شوروی در طی چند روز توانست دو استان بزرگ کشور را از خاک میهن جدا نماید. آنان موفق شدند که آذربایجان و کردستان را بجرگه اقمار استانهای شوروی در آورند. این تصور در آنها بوجود آمده بود که با چنین کاری قدرت بیشتری بدست میآورند و میتوانند در مراحل بعدی برای گرفتن امتیازاتی که میخواهند،

[۹۲۵] - David A. Korn: The Middle East Quarterly, 1, no. 2, June 1994.

دولت ایران را زیر فشار قرار دهند. موفقیت موقتی آنان، در آنزمان موجب خوشحالی شان گردید.

سیاست آمریکا نسبت بروسیه شوروی در زمان جدائی خواهی:

سیاست آمریکا در باره شوروی در بیشتر این مواقع «سیاست سازشی» بود و کوشش میکردند که آنها را از خود راضی نگهدارند. شاید واشینگتن فکر میکرد که نقشه مهم تری را در پیش دارند که باید آنرا دنبال کنند و آن شکست آلمان هیتلری بود. اگر چه این نوع طرز فکر بظاهر درست می نمود ولی عملا و در واقع سطحی و برای دراز مدت بدون ارزش بود. دولت آمریکا بدرستی نتوانست این رویدادها را تجزیه و تحلیل نماید و در نتیجه حسابش غلط از کار در آمد. آمریکائیان کوچکترین آگاهی از رویه کار و طرز تفکر روسها را نداشتند، نه از سیاست آنان آگاه بودند و نه میدانستند که چگونه با آنان رفتار نمایند. عدم دانش، اساس گرفتاری های آمریکا را در خاور میانه تشکیل میداد که ضربه شدیدی به صلح و ثبات کشورهای آن ناحیه میزد. بزرگترین منبع اطلاعاتی آمریکا از سرویس خبری و آگاهی انگلیسی ها بود. اخباری که از این راه بدست میآمد ممکن بود که با واقعیت جور نیاید بویژه اگر نتیجه حاصل از آنها بسود انگلیسی ها نبود. این اشکالات در زمان ریاست جمهوری روزولت شدت بیشتری را دارا بود.

نقش پرزیدنت روزولت در گرفتاری با روس ها:

اطلاعات پرزیدنت روزولت درباره روسها بسیار نا چیز بود. او هرگز پژوهشی در باره شناسائی آنان ننموده و هیچ نوشته‌ای را در باره آنان نخوانده بود[۹۲۶] و ترجیح میداد که اطلاعات لازم را از اطرافیان خود بگیرد. باکمال تاسف در این مورد فقط دو نفر بودند که آگاهی اندکی در این موضوع

---

[۹۲۶] - E. Eubank, Summit at Tehran, (Questia 1985), 235.

داشتند: "جوزف ای. دیویس[۹۲۷]" و "ویلیام بولیت[۹۲۸]". در اینجا دیویس کوچکترین آشنائی با زبان روسی نداشت و نظر وی در این باره نمیتوانست صائب باشد. بولیت رابطه چندانی با پرزیدنت نداشت بدلیل آنکه "سامنر ولس[۹۲۹]" معاون وزارت خارجه، او را از اطرافیان ریاست جمهوری بدور کرده بود. ولی با توجه به یادداشتهای پیشین وی دائماً یک حالت ضد شوروی را دنبال مینمود.[۹۳۰]

پس از کنفرانس تهران، پرزیدنت به وزیر کار خود «فرانسیس پرکینز» گفت: "آرزومندم که کسی راجع بروسها اطلاعاتی بمن میداد. من یک روسی خوب را از یک روسی بد نمیتوانم تمیز بدهم. من میتوانم یک ایتالیائی خوب را از بد بشناسم... ولی من روسها را نمیتوانم درک کنم، واقعا نمیدانم که آنها را چه خوشحال و چه ناراحتشان میکند.[۹۳۱] کاش میتوانستم وضعیت آنانرا بررسی کنم."

متاسفانه پرزیدنت کوچکترین اطلاعاتی از چنین دشمن احتمالی را دارا نبود وهیچ کوششی نکرد که اقلا افراد با دانشی را دور خود جمع کند که او را در چنین موردی همراهی کنند. روزولت با پیشرفت موقعیت سیاسی متعدد که بدست آورده بود دچار حالت غرور گردید که باعث آن شد که از افراد با اطلاع وزارت خارجه دوری کند و این افراد را ارتجاعی، بوالهوس و متحجر مینامید[۹۳۲].

---

[۹۲۷] - Joseph E. Davis

[۹۲۸] - William Bullitt.

[۹۲۹] - Sumner Wells

[۹۳۰] - E. Eubank, Summit at Tehran (Questia, 1985), 235

[۹۳۱] - Ibid, 236.

[۹۳۲] - Ibid, 240.

در ۲۶ نوامبر ۱۹۴۳ ژنرال پاتریک هرلی[۹۳۳] به سفارت آمریکا آگاهی دادکه پرزیدنت پس از نیمروز ۲۷ نوامبر وارد تهران خواهد شد. و در ضمن به وزیر مختار آمریکا در تهران لویس درایفوس اجازه داده نشد که در فرودگاه حاضر شود و با رئیس جمهور کشور خود ملاقات نماید؟ [۹۳۴]در مقابل اعتراض او بچنین عمل ناهنجاری، به وی گفته شده بود که بعلت امنیت از آمدن اشخاص غیر نظامی بفرودگاه ممانعت شده است. درایفوس یک فرد عادی و معمولی نبود، بلکه نماینده دولت آمریکا در ایران بود و تنها آمریکائی بود که به اوضاع سیاسی کشور وارد و از چگونگی آنچه که در کشور میگذشت اطلاع کامل و کافی داشت. درست بر عکس، هنگامی که چرچیل وارد میشد وزیر مختار انگلیس از فرودگاه تا مقصد آنان، سفارت انگلیس، در رکاب او بود.

با چنین روحیه‌ای در کنفرانس سران سه دولت درتهران در نوامبر ۱۹۴۳روزولت تقریبا تنها بود. بگفته"یوبنک" در باره این کنفرانس: "فقدان هیچ یادداشتی و نبودن هیچ مشاوری از وزارت امور خارجه، کنفرانس تهران را بصورت یک امر یگانه‌ای در آورد و در اینجا که پرزیدنت آمریکا میباست وارد بحث و گفتگو گردد و تصمیم بگیرد، فاقد اطلاعات کافی و از یاری افراد بادانش بری بود و در این کنفرانس تنها ماند."[۹۳۵]

موضوع بندر آزاد:

با چنین تفصیلی میتوان حدس زد که این کنفرانس چگونه بر گزار گردید و چه تصمیماتی در آن گرفته شده است؟ پرزیدنت آمریکا ساده لوحی شگفت آوری از خود نشان داد. او به استالین پیشنهاد نمود که حاضر است به او یک بندر آزاد در خلیج فارس بدهد! پرزیدنت در یادداشتی به وزیر

---

[۹۳۳] - Patrick Hurly

[۹۳۴] - Luis Dreyfus.

[۹۳۵] - E. Eubank, Summit at Tehran (Questia, 1985), 240.

خارجه خود در این باره میگوید: "پیمان کنفرانس تهران خوب بود و سهم من در این بود که به استالین و چرچیل پیشنهاد نمودم که با تعیین سه و یا چهار نفر یک بندر تازه در راس خلیج فارس بنام « بندر آزاد» بنا کنیم که مرکز راه آهن و حمل و نقل اشیاء برای روسیه باشد و این به منفعت همه خواهد بود."[۹۳۶]

پیشنهاد روزولت را نه تنها باید به یک قضاوت بد، بلکه به عدم دانش وی به آنچه که میگذشت و بی اطلاعی کاملش از اوضاع و احوال دانست. کوچکترین امکانی وجود نداشت که انگلیسی ها با چنین پیشنهادی عجیب موافقت کنند و روسها را به خلیج فارس در مجاورت شرکت نفت ایران و انگلیس بیآورند که نزدیک معدن پر بهای "هندوستان" بنمایند. ایرانیان هیچوقت چنین امری را نمی پذیرفتند و روشن نبود که روسها نیز آنرا قبول نمایند. آنها برنامه دیگری درسر داشتند که الحاق استانهای ایران به شوروی بود.

پیشنهاد پرزیدنت بقدری خارج از منطق بود که بدون تامل از سوی اعضای وزارت خارجه آمریکا رد شد. "والاس موررای" مدیر بخش خاور نزدیک و آفریقا بوزیر خارجه نوشت: "لازم به گفتار نیست که تمامی ما هم عقیده هستیم که انجام پیشنهاد هشت دسامبر ۱۹۴۴، پرزیدنت یک اشتباه بزرگی خواهد بود[۹۳۷]." موررای همچنان ابراز نمود "با انجام چنین کاری ما هر چه را که رشته بودیم پنبه خواهد شد. ما نمیدانیم چگونه ممکن است آنطوری که پرزیدنت پیشبینی نمودند کاری را انجام بدهیم بدون آنکه از پیش با دولت انگلیس مشورت نموده و موافقت آنان را کسب کرده باشیم.[۹۳۸] ولی باید بگویم که تمامی ما که موضوع بندر آزاد را در

---

[۹۳۶] - President Roosevelt to the Secretary of State, Memorandum 761.91/12-844, 8, December 1944.

[۹۳۷]- Telegram 761.91/12844; 11 December 1944.

[۹۳۸] - Department of State; Foreign Relations (1944); 5:484.

خلیج فارس بررسی نموده‌ایم بر این گمان متّفق هستیم که بدید ما در این مورد غیر ممکن خواهد بود که راهی پیدا کنیم که این عمل را در پیش ایرانیان قابل قبول جلوه گر نمائیم. من یقین دارم که از دید مردم جهان این امر یک فشار سیاسی تلقی خواهد شد، «زنده کردن امپریالیسم گذشته».[۹۳۹]" به مرور زمان بی ارزشی این پیشنهاد ثابت وخود بخود به بوته اجمال رفت و فراموش گردید.

پرزیدنت روزولت باکمال تاسف از دانش نماینده خود در ایران کوچکترین استفاده‌ای ننمود که او را اقلا راهنمائی کند و اطلاعاتی در دسترسش قراردهد و حتی با درایفوس ملاقاتی نیز نکرد و در نتیجه سدّی برای خود ایجاد نمود. این در حالیست که فرستاده های دول روسیه و انگلیس همواره در خدمت استالین و چرچیل باقی ماندند. این نوع گرفتاریها تا زمان پرزیدنت ترومن ادامه یافت و در آنزمان بود که آمریکا شروع بدرک ژرفای گرفتاریهایش با روسیه را نمود و سیاست نسبتا خشن تری در برابر شوروی در پیش گرفت.

نیروهای بیگانه میبایست که خاک ایران را ترک کنند:

دولت ایران باین نتیجه رسیده بود که با بودن نیروهای اشغالگر در کشور بهیجوجه قادر نیستند که حراست مرزی و حیثیت مملکت را نگهداری نمایند. همانطور، کاملا آگاه بودند که وضعیت آذربایجان و کردستان تا هنگامی که ارتش سرخ در داخل ایران سکونت دارند قابل حل نخواهند بود. بدین برهان یک سلسله یادداشت هائی به متفقین فرستادند و درخواست کردند که آنان متن پیمان دوستی سه گانه سال ۱۹۴۲ را مراعات نمایند.

---

[۹۳۹] - Department of State; Foreign Relations: Murray to the Secretary Stettinius; Telegram 791.91/12-1944 (1944); 5:485.

آمریکا و انگلیس به این درخواست ایران جواب مثبت دادند ولی روسیه وقعی بدان ننهاد و بطور غیر رسمی خروج نیروهای خود را مشروط به دریافت اجازه استخراج نفت در شمال ایران کرد.

مقابله با رویدادهای آذربایجان و کردستان- آرشیو روسیه شوروی:

روسها فقط دنبال امتیاز نفت در شمال ایران نبودند بلکه در صدد بودند که محیطی ایجاد نمایند که برای زمان پس از جنگ، جای پائی برای خود باز کنند تا بتوانند با منافع انگلیس و آمریکا در خاور میانه رقابت نمایند.[۹۴۰] موفقیت آنان در صورت گرفتن امتیاز نفت، باعث میشد که به ۱۵۰ هزار کیلو متر مربع از خاک ایران را درشمال کشور بسود خود در دست گیرند.[۹۴۱]

حزب کمونیست اتحاد جماهیر شوروی[۹۴۲] که بعداً بنام حزب کمونیست شوروی خوانده شد، در نخستین روزهای اشغال ایران حزب کمونیست توده[۹۴۳] را در ایران تشکیل داد. دولت روسیه موضوع نفت را با اشکالات آذربایجان و کردستان مخلوط نمود تا بتواند از آنراه برای گرفتن امتیاز استفاده نماید. اشکال در گرفتن امتیاز نفت را روسها به کارشکنی انگلیس ها نسبت دادند و آنان را منبع اصلی گرفتاری خود دانستند.[۹۴۴]

مولوتف وزیر خارجه شوروی در باره درخواست ایران برای خروج از کشور مجبور شد که حتی برای ظاهر امر هم که باشد اقدامی در باره تقاضای ایران بکند و در جواب نماینده انگلیس میگوید "روسیه آماده بود که

---

۹۴۰ - Natalia I. Yergova; “The Iran Crisis 1945-46” (Working paper 15, Russian Archives, Institute of Universal History, Russian Academy of Science, May 1996.

۹۴۱ - Ibid, 4.

۹۴۲ - Soviet’s All-Union Communist Party (ACUP)

۹۴۳ - Communist Party of the Soviet Union (CPSU)

۹۴۴ - Ibid, 7.

بدرخواست ایران بطور مثبت نگاه کند."[۹۴۵] ولی این امر جوابی کاملا پوچ و بی معنی بود.

درکنفرانس پوتسدام، روسها با مهارت توانستند نظر خود را برآمریکا و انگلیس تحمیل کنند و موضوع ایران را به گردهمآئی وزرای خارجه خود که میبایست در سپتامبر همان سال (۱۹۴۵) در لندن تشکیل شود حواله کردند. تصور کرملین این بود که با ایجاد چنین تاخیری، فرصت یابند تا وضعیت خود را در ایران تحکیم نمایند. ناگفته نماند که مولوتف کوشش نمود که ازهر گونه گفتاری در باره ایران در کنفرانس وزرای خارجه جلوگیری نماید. اولین گامش این بود که از شرکت نمایندگان ایران در آن گردهمآئی جلوگیری نماید. سیاست مولوتف بر روی نامه رسیده از سیلین[۹۴۶] استوار بود.

سیلین عضو کمیسر وزارت خارجه روسیه در بخش خاور میانه بود. نامه او به"آندره‌ای ویشینسکی"[۹۴۷] که کفالت بخش خاور میانه را بعهده داشت، فرستاده شد و نتیجه حاصل از آن این بود: "درخواست ایران برای شرکت در کنفرانس وزرای خارجه نباید پذیرفته شود."[۹۴۸] مولوتف در جواب وزیر خارجه انگلیس "ارنست بوین "[۹۴۹] که پیشنهاد خروج نیروهای خارجی را از ایران در اواسط دسامبر ۱۹۴۵کرده بود رد نموده و اظهار داشت که دولت شوروی متن پیمان دوستی سه گانه را اجرا خواهد نمود. آن پیمان بطور واضح اشعار میدارد که تمامی نیروهای خارجی باید خاک ایران را در

---

۹۴۵ - Ibid, 8. V. Molotov to Archibalt C. Kerr (British Ambassador in Moscow)

۹۴۶ -Silin; Member of the People Commissariat of the Foreign Affairs' Middle East Department.

۹۴۷ - Andrei Vyshinsky

۹۴۸ - Ibid, 8.

۹۴۹ - Ernest Bevin.

عرض شش ماه پس از پایان جنگ ترک کنند.[950] تمام این تاخیر ها بسود ظاهری روسها بود و فکر میکردند که با این روش، وقت لازم را پیدا میکنند که اوضاع خود را در ایران تثبیت نمایند.

کوشش دولت ایران برای جلب یاری از آمریکا:

اوضاع وخامت بار استانهای شمال و شمال غربی ایران مسائل پیچیده و سختی برای دولت ایران بوجود آوردند. سرنوشت دولتها بستگی با چگونگی وضعیت آذربایجان وکردستان پیدا کرد. ناتوانی دولت در مورد خروج نیروی بیگانه از کشورکاملاً مشهود بود. در ۲۹ نوامبر ۱۹۴۵سفیر جدید ایران در واشینگتن "حسین علا" در ملاقات خود با پرزیدنت ترومن برای تقدیم استوارنامه خویش از موقعیت استفاده نموده و پیام دولت خود را به او داد و اشعار داشت: "این عقیده عمومی مردم ایران است که مواد کنفرانس نوامبر ۱۹۴۳ تهران، مورد اجرا قرار گیرد و سرزمین آنان کاملا از وجود نیروهای بیگانه که بودن آنها در یک کشور متفق هیچگونه لزومی ندارد پاک شود".[951]

در پایان این میتینگ سفیر ایران درخواست نمود که دولت آمریکا ایران را یاری دهد تا بتواند یک پست غیر دائمی در شورای امنیت سازمان ملل بدست آورد. او توضیح داد که اگر چنین موقعیتی به ایران داده شود وضعیت ایران را تقویت نموده و بهتر میتواند در برابر زور گوئیهای شوروی ایستادگی نماید.[952]

علاء، سفیر ایران، پیش از میتینگ خود با پرزیدنت ترومن، در ۱۸ نوامبر ۱۹۴۵، عین همان سخنان را بصورت نامه‌ای برای وزیر امور خارجه آمریکا فرستاد و نامه خود را با این جمله پایان داد: "با دانش به دوستی واقعی

---

[950] - Ibid, 9.

[951] - U.S. Department of State; Press release 896, November 29, 1945.

[952] United States Foreign Relations (1945), 8:461

بین این دو کشور و گمان تمامی که از آشنائی شما در باره خاور میانه داریم درخواست داریم که آنجناب با دید موافق نظر دولت ایران را بررسی نموده و ما را در گرفتن نمایندگی غیر دائمی در شورای امنیت سازمان ملل یاری دهید."[953]

درماندگی دولت ایران در برابر نیروهای مهاجم:

بازتاب رویدادهای شمال و باختر ایران بمانند شعله های آتش، شمال کشور را که زیر چنگال شوروی بود، میسوزاند. تجزیه طلبان و یاغیان و خائنین با کمک روسیه همه جا حتی به تهران روی میآوردند. پایتخت از چند جانب مورد خطر قرار گرفت: از باختر توسط یاغیان کردستان، از شمال توسط یاغیان آذربایجان و از خاور از ماجراجویان مازندران.

۲۵۰۰ یاغی مسلح، بیاری ارتش شوروی شهر زنجان را تسخیر نمودند. افراد ستاد ارتش زنجان بدستور روسها مجبور شدند که تسلیحات خود را بر زمین گذارند و هیچگونه مقاومتی نکنند. این حوادث توسط سرهنگ شوارتسکف مشاور آمریکائی ژاندارمری به سفیر آمریکا و از سوی او به وزیر خارجه آمریکا گزارش داده شد.

دولت مرکزی ایران از این حوادث بسیار نگران بود. هیئت مشاورین دفاعی و وزارت جنگ ایران ترس بسیار داشتند که این یاغیان و تجزیه طلبان به تهران حمله کنند و تخمین زده بودند که در چنین موردی در حدود ۱۰ هزار نفر از افرد دیگر به آنان ملحق خواهند شد. این افراد متشکل از روسهائی بودند که مخفیانه وارد شهر شدند و اعضای حزب توده و اراذل و اوباشی که از چنین مواردی استفاده میکردند.[954] این گزارشها توسط

[953] - United States Foreign Relations (1945), 501. BC/11-2845, 2316; 28 November 1945: 1945; 8:462-463.

[954] - Ambassador Murray to Secretary Byrnes, 891.00/11-2845; 28 November 1945.

موررای به وزیر خارجه « برنز» داده شد. او اظهار داشت: " شکی نیست که روسها با هر نوع وضعیت دفاعی که توسط دولت ایران گرفته میشود دخالت دارند و امکان زیادی است که تمام این حوادث را رهبری میکنند."[955] تصمیم دولت ایران بر این بود که مرکز کشور را به اصفهان تغییر دهند. همچنین به ارتش دستور داه شده بود که در صورت حمله به تهران تمام پل ها و شاهراه هارا منفجر کنند.[956]

اجازه فرستادن نیرو و مقابله با تجزیه خواهان:

در زمانیکه دولت ایران غرق در گرفتاریهائی که متفقین ایجاد کرده بودند، بدستور دولت، سفیر ایران در مسکو چندین بار با "ولادیمیر گرگوریویچ دکانوزف"[957] معاون وزارت خارجه جمهوری شوروی ملاقات و درخواست نمود که دولت روسیه به ارتش ایران اجازه دهد که با یاغیان آذربایجان و کردستان روبرو شوند. در جواب به ایرانیان گفته شد که اگر دولت ایران نیروئی به آن حدود بفرستند باعث خواهد شد که دولت شوروی نفرات ارتش خود را در آن اماکن افزایش دهد.[958]

سفیر ایران در مسکو جریان این ملاقاتهای خود و نتایج آنها را به هریمن سفیرآمریکا در روسیه نیزگزارش داد. هریمن در یادداشتی که بوزیر خارجه آمریکا فرستاد این موضوع را با وی در میان گذاشت و نوشت که: "دکانوزف بسفیر ایران گفت که این کارها با فرستادن نیرو بجائی نمیرسد

---

[955]- Ibid.

[956]- Murray to the Secretary Byrnes; 891.001/11-2745; 27November 1945.

[957] - Vladimir Georgiyevich Dekanozov; assistant people commissar for foreign affairs of the Soviet Union.

[958] - Harriman to the secretary of state; Telegram 891.00/11-2745; 27 November 1945.

United States Foreign Relations (1945) 8:459

و دولت شما میداند که چه باید بکند... سفیر(ایران) اینطور نتیجه گرفت که این اشاره به دادن امتیاز نفت بوده است."[۹۵۹] روسها پاسخ خود را در باره درخواست ایران برای فرستادن نیرو در ۲۶ نوامبر ۱۹۴۵ دادند. یادداشت آنان بدین صورت بود:

"در رابطه با پرسش وزارت خارجه راجع بفرستادن نیروی تقویتی برای استانهای شمالی.... با در نظر گرفتن اینکه هیچ اتفاق بدی نباید برای هیچ طرف، چه ایران و چه روسیه رخ دهد... دولت اتحاد شوروی فکر نمیکند که فرستادن نیرو در زمان حاضر عقلانی باشد... چنین کاری باعث ایجاد اختلال و خونریزی خواهد شد... و در چنین وضعی دولت روسیه مجبور خواهد بود برای نگهداری امنیت و صلح ارتش خود را تقویت نماید."[۹۶۰]

کاملا روشن است که برهانهای شوروی بکلی بی اساس بودند .هیچگونه امکان واقعی وجود نداشت که ارتش غیر مجهز دولت ایران بتواند در برابر ارتش قوی ۳۵ هزارنفری روسیه در ایران ایستادگی و یا از راه نبرد در آید.

دولتهای ایران در درازای سالهای ۱۹۴۶-۱۹۴۵:

یکی از بزرگترین گرفتاریهائی را که کشور ایران در آن دوره داشت، عدم ثبات دولتهای مرکزی بودند. از یک سو وجود نیروهای اشغالگر در داخل کشور و دخالت آنها در امور داخلی و از سوی دیگر وخامت اوضاع اقتصادی- اجتماعی و سیاسی، و نمایندگان مجلس که تعدادی از آنان نوکر و سر سپرده انگلیس و یا روس بودند. دولت روسیه و دولتهای دست نشانده‌ای که در آذربایجان و کردستان ایجاد نموده و بیش از پیش در امور داخلی ایران مداخله میکرد. در حدود اندکی بیش از دو سال ، شش کابینه

---

[۹۵۹] - Ibid.

[۹۶۰] - United States Foreign Relations; Murray to the secretary of state; 891.00/12-245, 2 December 1945/ 8:470-

در ایران تشکیل گردید[961] و نخست وزیران در اندک زمان مجبور به استعفا میگردیدند. اولین قربانی چنین وضعی کابینه ساعد بود که در شش آوریل ۱۹۴۴ بروی کار آمد. در زمان او بود که کافتارادزه را به ایران فرستادند تا امتیاز قرار داد نفت را در شمال ایران بگیرد.
مجلس راضی به چنین کاری نبود. روسیه عمل مجلس را غیر دوستانه دانسته و گناه را بگردن نخست وزیر نهادند و تقاضای عزل او را نمودند. حزب توده رهبری اینکار را بعهده گرفت. دشمنی روسیه بالاخره در تاریخ ۲۵ نوامبر ۱۹۴۴ باعث سقوط کابینه ساعد گردید.
پس از برکنار شدن ساعد مرتضی قلی بیات در همان تاریخ بوزارت منصوب شد. او سیاست ساعد را در مورد دادن امتیاز نفت دنبال نمود و درخواست روسها را درگرفتن آن امتیاز نپذیرفت. در آنزمان لایحه‌ای از مجلس گذشته بود که هیچ دولتی نمیتوانست با وجود نیروهای بیگانه در کشور هیچ پیمانی با دول و یا کمپانی های خارجی ببندد. بیات نیز چند ماهی بیش دوام نیاورد و در ۱۳ ماه می ۱۹۴۵ استعفا نمود.
همین وضع ادامه پیدا کرد. این کابینه ها را کابینه های چرخان میخواندند.

کوشش برای شرکت در کنفرانس وزرای خارجه:

از ۱۳ می تا ۳۰ اکتبر ۱۹۴۵ دو کابینه دیگر آمدند و رفتند بدون اینکه بتوانند کاری انجام دهند (دوره اول ابراهیم حکیمی از ۱۳ می تا ۶ جون ۱۹۴۵ و محسن صدر از ۶ جون تا ۳۰ اکتبر ۱۹۴۵). در ۳۰ اکتبر مجلس حکیمی را مجددا به نخست وزیری منصوب نمود. او کوشش بسیار کرد که راهی پیدا نماید که بتواند با روسیه کنار بیآید. همچنین سعی نمود که نمایندگانی به مسکو بفرستد تا شاید بتوانند گرفتاری موجود را ترمیم نمایند. ولی این اقدامات وی بدون نتیجه ماند. او برای اینکه بروسها نشان

- [961] باقر عاملی: نخست وزیران ایران از مشیرالدوله تا بختیار (۱۹۹۲) :۶۲۸-۵۵۰

دهد که حاضر به همکاری میباشد احمد قوام را که سه مرتبه نخست وزیر بود و سیاستمدار قادر و مورد احترام شوروی، در میان اعضاء نمایندگان خود گذاشت.[۹۶۲]

مقصود از این عمل این بود که راهی پیدا کنند که قوای خارجی را از ایران خارج نمایند. دولت ایران سفارت شوروی را از این تمایل خود که مایلند کمیته ای برای بهبود اوضاع بین دو کشور به مسکو بفرستند آگاه نمودند.

در عین حال به سفیر ایران در واشینگتن دستور داده شد که دولت آمریکا را از این تصمیم ایران مطلع نماید و از آنان در این باره درخواست یاری کنند. سفیر نامه رسیده را برای وزیر خارجه آمریکا فرستاد. پیام مزبور این بود: "اکنون که وزرای امور خارجه سه دولت متفّق به مسکو میروند بسیار با اهمیت خواهد بود که کوشش لازم برای پایان دادن بوضع ناهنجار ایران بشود. دولت ایران تقاضا دارد که مواد زیر مربوط بایران در برنامه این کنفرانس قرار داده شود... تخلیه فوری ایران از قوای بیگانه... در حال انجام چنین تخلیه‌ای، دادن اختیار کامل بدولت ایران برای حفاظت حدود و نگهداری تمامیت ارضی خود.[۹۶۳]" سفیر ایران نامه خود را با این جمله بپایان رسانید: "در چنین هنگام بحرانی که ایران تهدید بقطع عضو میشود ما از آنجناب درخواست داریم که از قدرت خود استفاده نموده و ما را یاری دهید تا مفاد پیمانهای اتلانتیک و دوستی سه گانه ۱۹۴۲ بمرحله عمل گذاشته شوند.[۹۶۴]"

---

[۹۶۲] - Record of talk of G. Rassadin, deputy head of the department of the Middle East of the People Commissariat of Foreign Affairs of the USSR in Iran; Nov. 25, 1945; AVP RF/f.06.op.7.p33.d461.1.46/ Natalia I. Yegrova: The Iran Crisis 1945-46 from the Russian Archives, Institute of University History; Russian Academy of Science, Working paper no. 15, My 1996. Cold War History Project; p. 13

[۹۶۳] - United States Foreign Relations; Communiqué 2418; 891.00/12-1045; 10 December 1945/(1945); 8:487-488.

[۹۶۴] - Ibid.

با همه این درخواستها نتیجه‌ای عاید ایران نگردید. یکبار دیگر ثابت شد که پیمانهائی که دولتهای نیرومند میبندند باندازه پشیزی ارزش ندارند. آنها هر کاری که بخواهند انجام میدهند، برای اینکه میتوانند. اگر هنگامی حادثه‌ای مطابق میل آنها نباشد، گناهکار واقعی دول کوچک هستند. حکیمی پس از مدتی از عقیده فرستادن هیئت نمایندگی به مسکو منصرف گردید. علت تغییر این بود که روسها درخواست گرفتن امتیاز نفت را خواهند نمود و او در موقعیتی نبود که بتواند به تقاضای آنان پاسخ گو باشد. دو تن از اعضای وزارت خارجه ایران (همایون و نبیل) این تصمیم را به سفیر آمریکا در تهران خبر دادند.

نکته دیگری که بسفیر آمریکا گزارش شد این بود، که دولت شوروی علاوه بر تقاضای امتیاز نفت، درخواستهای دیگری نیز از دولت ایران داشتند:

۱- داشتن حق حمل و نقل هوائی نه تنها بین روسیه و ایران بلکه در داخله کشور،

۲- داشتن حقوق ویژه در بندر پهلوی،

۳- پیمانی برای تعمیر و سازندگی راه های شمال ایران.[۹۶۵]

دولت حکیمی بدین فکر افتاد که اوضاع زمانی ایران را بصورت شکایت به شورای امنیت سازمان ملل ارجاع نماید. این امر مطابق مواد ۳۴ و ۳۵ قابل اجرا بود. شاه هم در میتینگی که با مورای داشت این سخنان را با وی در میان گذاشت. ولی مورای از صلاحیت انجام چنین کاری در آن برهه از زمان مطمئن نبود.[۹۶۶]

[۹۶۵] - United States Foreign Relations; Murray to the Secretary of State, Telegram 891.00/11-2645; 26 November 1945/ (1945), 8: 455-456.

[۹۶۶] - Murray to the Secretary of State Byrnes; telegram 891.00/11-2745; 27 November 1945.

انکار روسیه شوروی:

دولت روسیه شوروی با پیشنهادات آمریکا موافقت نکرد و در باره ترک خاک ایران اهمال مینمود. در ۲۴ نوامبر ۱۹۴۵ سفیر آمریکا در مسکو "آوریل هریمن" بر طبق دستور وزیر خارجه آن کشور بشوروی ها وظایف آنان را اعلام نمود و خاطر نشان کرد که دولت روسیه منشاء گرفتاریهای موجود در ایران و مسبب ایجاد تجزیه طلبان در شمال و باختر کشور میباشد. مولوتف در ۲۹ نوامبر ۱۹۴۵ به هریمن پاسخ میدهد: "نکات مندرج در یادداشت راجع بقیام مسلحانه شمال ایران مطابق اطلاعات موجود در دسترس دولت جماهیر شوروی با حقیقت وفق نمیدهد."[۹۶۷] مولوتف تمام رویدادهای آذربایجان و کردستان را منکر شد و قیام مسلحانه بر علیه دولت ایران را انکار نمود وکار یاغیان را یک پدیده دموکراتیک خواند.[۹۶۸]

وزیر خارجه روسیه مجددا گفته های پیشین دولت خود را تکرار نمود که هرگونه تقویت نیروهای دولتی ایران در آن مناطق در بهبود اوضاع آن سامان کمکی نخواهد کرد و مخالفت دولت روسیه را با آن روشها اعلام نمود. مولوتف واقعیت اوضاع را بر حسب نیاز دولت روسیه تغییر داد و نامه خود را به هریمن با این جمله پایان داد: "با در نظر گرفتن ملاحظات مذکور در فوق، دولت اتحاد جماهیر سوسیالیستیک شوروی مناسبتی برای تخلیه قوای خویش در ایران را نمیبینند."[۹۶۹]

---

[۹۶۷] - Harriman to Sectary Byrnes; Telegram 861.24591/11-3045; 30 November 1945.

[۹۶۸] - Ibid.

[۹۶۹] - Ibid.

گفته های مولوتف از هر نقطه نظر عاری از حقیقت بودند. وابسته نظامی آمریکا کاپیتان"گارگارین" [۹۷۰] بررسی کاملی در نواحی شمال باختری ایران نمود و گزارش داد که اعضاء حزب دموکراتیک آذربایجان در همه جا بودند و بیشترین آنان بزبان روسی سخن میگفتند. این پدیده نشان میداد که آنان ایرانی نبوده و از آذربایجان شوروی به ایران فرستاده شده بودند. زبان روسی در ایران متداول نبوده و تعداد اندکی در رده های بالای دانشگاهی آنرا میآموختند و این نکته مهمی برای تمیز دادن بین مردم دو آذربایجان بود. گارگارین همچنین اشاره نمود که او با گروه زیادی از اعضاء حزب دموکراتیک و مردم عادی که بحزب ملحق شده بودند گفتگو کرده و بیشترین آنان اذعان نمودند که از ترس جان به آن حزب پیوستند.[۹۷۱]

پاسخ مولوتف به هریمن چنان بی محتوی بود که سفیر آمریکا در تهران خود را موّظف دانست که توضیحی در آن باره بدهد. او اشاره نمود: "اظهار این امر، که رویدادهای آذربایجان قیامی مسلحانه بر علیه دولت مرکزی نیست صد در صد نادرست است. این افراد مسلح، پلیس و ژاندارم های دولت مرکزی را خلع سلاح کردند... عقیده روسیه شوروی که شورای متشکل حزب دموکراتیک سخنگوی مردم آذربایجان هستند، غیر قابل پذیرش میباشد".[۹۷۲] موررای از درخواست دولت ایران که بتواند نیروی ارتشی خود را برای دفاع و حفاظت حدود کشور بفرستد دفاع نمود و اعلام کرد که چنین عملی سابقه پیشین دارد و اظهار داشت: "دولت آمریکا در موقعیتی مجبور شد که تجزیه طلبی را با قدرت در کشور خود از بین

[۹۷۰] -This report was submitted to the American Ambassador in Tehran on December 1, 1945.

.[۹۷۱] - Telegram 891.00/12-245; US Foreign Relations (1945); 8: 470.

[۹۷۲] - Murray to Secretary Byrnes; telegram 891.00/12-645; 9 December 1945.

ببرد."[973] مورای همچنین به وزیر خارجه اطلاع داد که دولت شوروی از واگذاری راه آهن بدولت ایران تا کنون خودداری نموده است و حال آنکه دولتهای انگلیس و آمریکا این کار را در اول ماه جولای ۱۹۴۵ انجام دادند. در نتیجه دولت ایران از توقعی که داشت چشم پوشید.[974]

انگلیسی ها چه نقشه ای داشتند؟

در میتینگ وزرای امور خارجه در مسکو، وزیر امور خارجه انگلیس پیشنهاد کرد که کمیته‌ای سه گانه از روس و انگلیس و آمریکا برای حل مسائل موجود بین شوروی و ایران تشکیل گردد. شاه و نخست وزیر ایران بدین امر رضایت داشتند[975] و با فشار انگلیسی ها برای انجام چنین کاری مجلس مقاومت شدیدی بر علیه آن نشان داد.[976] اوضاع بوجود آمده باعث آن گردید که سفیر آمریکا یادداشتی سرّی و سریع در این باره بوزیر خارجه خود بفرستد.[977]

دکتر مصدّق سخنرانی شدیدی بر علیه چنین اقدامی در مجلس نمود و این امر را مساوی قرارداد ۱۹۰۷، انگلیس و روس وپیمان ۱۹۱۹ انگلیس و ایران دانست. انگلیسی ها تمایلی در اینکه ایران حافظ مرز و سرحد خود باشد نداشتند و کوشش آنان در این بود که منافع خود را بهر نوعی که باشد نگهداری نمایند و برای نیل به چنین امری حاضر بودند که دست شوروی را در شمال و باختر ایران آزاد بگذارند. این طرح انگلیسی ها از دید سفیر آمریکا مخفی نماند. او در گزارش خود به وزیر خارجه گفت:

---

[973] - Ibid.

[974] - Telegram 891.00/12-1345; 19 December 1945/ United States Foreign Relations (1945), 8: 493.

[975] - United States Foreign Relation (1946); 7:291.

[976] -Murray to Secretary of State; Telegram 761.91/1-1046; 10 January 1946.

[977] - Ibid.

"روش کنونی انگلیسی ها، نظر مرا تقویت کرده زیرا آنان مایلند یک برنامه سطحی با روسها درست کنند و آزادی به آنها در شمال بدهند تا خودشان بتوانند قدرت خویش را درجنوب تقویت نمایند... ممکن است که انگلیسی ها تصمیم گرفتند که با در گیری علنی با روسها در شرایط موجود خود داری نمایند چون فکر میکنند از این امر بهره‌ای نخواهند برد و میخواهند کاری کنند که قدرت خودرا در خلیج فارس تحکیم نمایند."[۹۷۸]
انگلیسیها برای استوار کردن قدرت خود در جنوب ایران پیشنهاد کردند که در خوزستان میتوانند زبان عربی را رسمی کنند و در نظر داشتند که به آن استان بمانند کاری که روسها در آذربایجان و کردستان نمودند آزادی بدهند.[۹۷۹] مورری از این رفتار انگلیسی ها که بدون مشاوره با آنان انجام میشد اظهار ناراحتی نمود و نوشت: "من نمیتوانم باور کنم که آیا انگلیسی ها این فکر را نکرده‌اند که اگر اینکار آنان در مجامع بین المللی مثل سازمان ملل منعکس گردد باعث بدنامی آنان نخواهد شد...؟ آنها باید بدانند که اعمالشان در نظر مردم دنیا یک عمل دیکتاتوری بر علیه دولت ایران تلقی خواهد شد و کارهایشان در جنوب همآنقدر ننگ آور خواهد بود که کارهای روسیه شوروی در شمال."[۹۸۰]

بسوی شورای امنیت سازمان ملل:

کابینه حکیمی بر این کار مصمّم شد که شکایت خودرا در جلسه سازمان ملل که در ژانویه سال ۱۹۴۶ در لندن تشکیل میشد مطرح نماید. دولت ایران محّق بود که شکایت خود را بر طبق ماده ۳۳ سازمان ملل و تطابق آن با پاراگراف اول ماده ۳۵ مطرح نماید. روسها بسختی کوشیدند که از شکایت ایران بسازمان ملل جلوگیری نمایند. ولی دولت آمریکا در

---

[۹۷۸] - United States Foreign Relations (1946); 7: 300.

[۹۷۹] - Ibid, p. 301

[۹۸۰] - Ibid.

پشتیبانی خود از ایران باقی ماند و این یکی از مراحل نادری بود که آمریکا دست بچنین کاری میزد. نماینده اول آمریکا در آن میتینگ "ادلای استیونسن"[۹۸۱] در این باره نوشت: "برنامه ما باید این باشد که ازحقوق ایران دفاع کنیم که بتواند گرفتاری خود را در شورای امنیت مطرح نماید. اگر شکایت آنان قابل پذیرش است در آنصورت ما باید از آن پشتیبانی نمائیم و درخواست پژوهش کامل را بکنیم."[۹۸۲]

هم زمان با سخنان استیونسن، نماینده آمریکا در شورای امنیت "استتینیوس"[۹۸۳] روش دولت آمریکا را اینطور بیان نمود: "من میخواهم بطور واضح اظهار نمایم که دولت آمریکا بر این باور است که هر یک از اعضا سازمان ملل اگر شکایتی داشته باشند، این حق را دارند که به شکایتشان گوش داده شود."[۹۸۴] در ۲۴ ژانویه ۱۹۴۶ شکایت ایران بطور رسمی در شورای امنیت مطرح گردید. زمان آن رسیده بود که دولت آمریکا گامی جهت مهار نمودن روسها بردارد. کاری که ایرانیان مدتها بود از آنان انتظار داشتند و آنها را تشویق میکردند و همچنین میخواستند به آمریکائیان عدم وجود کوچکترین انسانیتی را در سیاست انگلیس تفهیم نمایند.

انگلیسیها حاضر نبودند که ایران شکایت خود را از روسیه بسازمان ملل رجوع نماید و با این امر مخالفت میکردند.[۹۸۵] وزیر خارجه "برنز" در ملاقات خود با سفیر انگلیس "لرد هالیفاکس"[۹۸۶] در واشینگتن به وی

---

[۹۸۱] - Adlai Stevenson.

[۹۸۲] -Memorandum by A.E. Stevenson, 501.BC/1-146; 24 January 1946.

[۹۸۳] - Stettinius.

[۹۸۴] - Telegram 891.00/2846.

[۹۸۵] - Memorandum of Conversation by Dean Acheson; 891.00/1-346; 3 January 1946.

[۹۸۶] - Lord Halifax.

گفت که دولت آمریکا نمیتواند از شکایت ایران بشورای امنیت نسبت بدولت شوروی جلوگیری نماید و این امر را بسفیر دولت ایران در واشنگتن ابلاغ کرده اند.[۹۸۷]

در چنین زمانی تهران درکابوسی مطلق قرارگرفته بود. کابینه حکیمی بهر دری میزد تا راهی برای حل مشکلات خود با روسها بیابد، نا کام میماند. این شکست و ناراحتیهای ناشی از آنها باعث گردید که دولت پشتیبانی خود را در مجلس از دست بدهد و این امر بالاخره در تاریخ ۲۰ ژانویه ۱۹۴۶ منجر به استعفای او گردید.

حتی پیش از سقوط کابینه حکیمی، مجلس در صدد پیدا کردن یک نخست وزیر مبرّز و توانا بود که شاید بتواند سر و سامانی بوضع نا بهنجار کشور دهد. نمایندگان مجلس برای چنین موضوعی قوام السلطنه را در نظر گرفتند که تا آنزمان سه بار نخست وزیر شده بود. محمد رضا شاه نه قوام را دوست داشت و نه به او اعتماد میکرد و شخص دیگری را برای این پست در نظر گرفته بود. دکتر مصدّق نیز از پیشنهاد نخست وزیری او زیاد خوشنود نبود. بهر حال مجلس تصمیم گرفت که قوام را بر این کار بگمارد و شاه چاره‌ای جز پذیرفتن آن نداشت و او را در روز ۲۶ ژانویه ۱۹۴۶ به نخست وزیری منصوب کرد و بخشی تازه در تاریخ روابط ایران و شوروی ایجاد گردید.

نخست وزیری قوام و روابط او با روسیه و آمریکا و سازمان ملل:

نخستین گام نخست وزیر تازه این بود که دنباله شکایت دولت ایران را بر علیه شوروی، در شورای امنیت دنبال کند واز آن بعنوان حربه‌ای استفاده نماید تا بتواند روسها را به پای میز مذاکره بکشاند.[۹۸۸] قوام از دولت روسیه

---

[۹۸۷] - Memorandum by Henderson with the Iranian Ambassador, Ala. 891.00/1-446.

Murray to Secretary Byrnes; 891.00/2846.- [۹۸۸]

درخواست نمود که ملاقاتی با آنان داشته باشد. کرملین تقاضای او را پذیرفت و قوام در راس هیئتی در ۸ مارچ ۱۹۴۶ بسوی مسکو روانه شدند. در درازای ۱۸ روزه اقامتش در مسکو، قوام چهار بار با وزیر خارجه مولوتف و دوبار با جوزف استالین ملاقات نمود بدون آنکه نتیجه قابل ملاحظه ای بدست آورد. [۹۸۹] در اواخر اقامتش وزیر امور خارجه شوروی پیشنهاد عجیب و غریبی به او داد:

۱- ارتش سرخ برای مدت نا معلومی در ایران باقی خواهند ماند.

۲- دولت ایران استقلال آذربایجان را برسمیت شناخته و نخست وزیر آنرا بعنوان حکمران آن استان خواهد شناخت.

۳- آذربایجان، دو وزارت خانه: خارجه و جنگ را نخواهد داشت.

۴- سی در صد مالیاتهای جمع آوری شده در استان برای دولت مرکزی فرستاده خواهد شد.

۵- زبان رسمی آن استان آذری خواهد بود ولی تمام مراودات با دولت مرکزی بزبان فارسی انجام خواهد گرفت.

۶- روسیه تقاضای پیمان نفت با ایران را نخواهد کرد ولی یک کمپانی ایرانی- روسی برای کشف نفت تشکیل خواهد شد. برای ۲۵ سال اول، روسیه ۵۱٪ از سهام و ایران ۴۹٪ آنرا خواهند داشت. برای ۲۵ سال دوم هر دو کشور بطور مساوی و هر یک ۵۰٪ از سهام را خواهند داشت. [۹۹۰]

نخست وزیر ایران این پیشنهادات را بدون تامل رد نمود و از آنجائیکه کار دیگری نمیتوانست در آن کشور انجام دهد تصمیم به مراجعت میگیرد. پیش ازحرکت بسوی ایران، مولوتف از وی خواست که بازگشت خود را چند روز بعقب بر گرداند تا بتواند در جشنی که برای استالین گرفته میشود شرکت نماید. در آن جشن استالین به قوام اظهار داشت که سفیر

---

[۹۸۹] - مصطفی فاتح: تاریخ ۵۰ ساله نفت ایران (۱۹۵۶)؛ ۳۷۲

[۹۹۰] - Ibid, 373

تازه‌ای (سادچیکف)[991] با اختیارات کامل با او به ایران فرستاده میشود تا گفتگو ها را با ایرانیان در تهران ادامه دهد.[992]

روسیه پیوسته در خروج نیروهای خود از ایران تعلل میورزید. ارتش آنان میبایست تا مارچ ۱۹۴۶ تماماً خاک ایران را ترک نمایند. قوام هم در انجام کارها متردّد بود و کار کشور را در سازمان ملل با جدّیت پیگیری نمیکرد. این کار بطور طبیعی بزیان ایران تمام میشد. وزیر خارجه آمریکا در یادداشتی بسفیر خود در تهران دستور داد که این اشکال را به نخست وزیر گوشزد نماید واشاره کند که اگر ایران با روسیه در سازمان ملل روبرو گردد وضع دولت ایران در آن سازمان خیلی بهتر خواهد شد.[993] در۲۸ ژانویه سفیر ایران شکایت دولت خود را به شورای امنیت ارائه داد و تقاضا نمود که بدولت روسیه ابلاغ گردد که میبایست ایران را مطابق قرارداد سه گانه سال ۱۹۴۲ ترک نمایند و بدولت ایران اجازه دهند که نیروی ارتشی خود را بتواند برای سرکوبی یاغیان بفرستد.

نخست وزیر ایران متاسفانه درحالت بی تصمیمی قرارگرفته بود و این کار وی بضرر او در گرفتن نتیجه مثبت از سوی سازمان ملل میشد. ولی باید در نظر گرفت که عدم گرفتن تصمیم قطعی تا اندازه‌ای مربوط به نبودن اطمینان او بود که اگر روسها حاضر به همکاری نشوند تا چه حد سازمان ملل او را در مقابل شوروی کمک خواهد نمود.

در ۵ مارچ ۱۹۴۶ دولت آمریکا نامه نسبتا شدیدالحنی در باره تاخیر در تخلیه ایران به مولوتف فرستادند. آن یادداشت مجددا این موضوع را یادآوری نمود: «تمامی نیروهای خارجی بر طبق قرارداد پیمان دوستی سه گانه سال ۱۹۴۲ میبایست خاک ایران را در عرض شش ماه پس از اتمام

---

[991] - Sadchikov.

[992] - Byrnes to Murray; Telegram 891.00/1-2446; 28 January 1946.

[993]- Stettinus to Secretary Byrnes; 891.00/1-2946.

جنگ ترک نمایند و بر این روال روز تخلیه میبایست پیش از دوم مارچ ۱۹۴۶ باشد. دولت آمریکا دقیقا میخواهد که از نتیجه تصمیم دولت شوروی آگاهی یابد و امیدوار است که آن تصمیم مطابق برنامه تعیین شده باشد.»۹۹۴

باز گشت مجدد به شورای امنیت:

با توجه به اوضاع ایران و روابط آن با روسیه شوروی، شورای امنیت تصمیمات زیر را اتخاذ نمود:

اول- درخواست دولت ایران که بشورای امنیت در ۱۹ ژانویه ۱۹۴۶ ارجاع شده بود در برنامه شورا تا آنزمانی که شورا تصمیم به برداشت آن داشته باشد باقی خواهد ماند.

دوم- دول ایران و اتحاد جماهیرسوسیالیست شوروی، شورای امنیت را کاملا از پیشرفت مذاکرات خود و نتایج حاصل از آن در تمام مراحل اطلاع خواهند داد.۹۹۵

دولت شوروی در آگاهی دادن بشورای امنیت کوتاهی نمود و تا ۸ مارچ اطلاعاتی از آنان دریافت نشد. وزیر خارجه آمریکا "برنز" از شارژه خود در لندن خواست که این عدم همکاری روسیه را به آگاهی وزیر خارجه بریتانیا برساند و او را از این کار روسها آگاه نماید و گوشزد کند که دولت آمریکا خود این موضوع را در شورای امنیت مطرح خواهد نمود.۹۹۶

در ۱۸ مارچ ۱۹۴۶ سفیر ایران در واشینگتن نامه شکایت دولت خود را بر علیه شوروی بریاست سازمان ملل "تریگو لی"۹۹۷ ارائه داد. و در آن نامه

---

۹۹۴ - Byrnes to Chargé Kennan; Telegram 861.24591/3-546; 5 March 1946.

۹۹۵ - United States Foreign Relations (1946); 7: 324.

۹۹۶ -Telegram861-24591/3-846.

۹۹۷ - Trygve lie.

مجددا درخواست شد که شورای امنیت به درخواست ایران که مطابق پاراگراف اول ماده ۳۵ آئین نامه سازمان ملل بود بر علیه روسیه رسیدگی نماید.[۹۹۸] در ۲۹ مارچ ۱۹۴۶ شورای امنیت از دولتین ایران و روسیه خواست که متن مذاکرات خود و نتایج حاصل از آنها را تا آنزمان بشورا تسلیم کنند.[۹۹۹] در این مرحله قضیه تاحدودی مبهم میگردد و نمیتوان یقین کرد که آیا گفتگوی دیگری بین آمریکا و روسیه صورت گرفته یا خیر. بعضی بر این گمان هستند که پرزیدنت ترومن به روسها اولتیماتوم داده بود که یا ایران را ترک کنند و یا منتظر عواقب آن باشند. "ادوین رایت"[۱۰۰۰] گزارش میدهد که در پژوهشهای خود در هیچ جا نتوانسته چنین یادداشتی را در آرشیوهای رسمی و دولتی پیدا کند. آنانی که بر این باور هستند، میگویند که پس از فرستادن چنین نامه‌ای بود که روسها طرح تخلیه ایران را در ۲۴ ماه مارچ ۱۹۴۶ ریخته و اظهار داشتند که کشور را در عرض شش هفته ترک خواهند نمود.

موافقت نامه قوام و سادچیکوف و اشکالات آن:

درحالیکه شورای امنیت در مورد اوضاع ایران در حال مشورت بود، قوام و سادچیکف سفیر شوروی در ایران، در ۴ اپریل ۱۹۴۶ اعلام کردند که موفّق به ایجاد موافقت نامه‌ای شده‌اند.[۱۰۰۱] این توافق بیشتر در مورد استخراج نفت بود و در عین حال اشاره بوضع آذربایجان نموده وآن را یک مطلب داخلی توصیف نمود و بیان داشت که باید توسط دولت مرکزی

---

[۹۹۸] - United States Foreign Relations (1946); 7:365-366.

[۹۹۹] - Ambassador Stettinius to Secretary Byrnes; 501.BC/3-2946.

[۱۰۰۰] - Edwin Wright was general staff G-2 Middle East specialist in Washington (1945-1946); Bureau Near South-East Asia- African Affairs of the Dept. of State in 1946. Advisor UN Affiars 1947-1950 and advisor on Intelligence 1955.

[۱۰۰۱] - فاتح تاریخ ۵۰ ساله نفت ایران (۱۹۵۶) ' ۳۷۷

ایران بطور صلح و صفا وعادلانه حل گردد. از لحاظ نفت همان بود که در پیش بدان اشاره گردید.

امضاء این قرارداد متاسفانه اثری چندان در رفتار شوروی نداشت. در همان زمانی که شکایت ایران در شورای امنیت مطرح بود، دولت روسیه فشار زیادی بر نخست وزیر میآورد که شکایت ایران را از صورت مذاکرات شورای امنیت حذف کنند. قوام میترسید که اگر بسخنان روسها گوش کند، همانطور که تاریخ کراراً نشان داده ممکن است که شوروی به قولهای خود وفا نکند و نمیدانست که در چنین موقعیتی آیا خواهد توانست مجدداً شکایت خود را به شورای امنیت ببرد یا نه. از سوی دیگر از آن هراس داشت که اگر فشار زیادی بر روسها وارد آورد ممکن است که نتیجه معکوس ببار آید. بدین روی با سفیر آمریکا در این باره گفتگوئی انجام داد. سفیر با فسخ شکایت موافق نبود.[۱۰۰۲]

وزیر خارجه آمریکا "برنز" به سفیر خود دستور داد که به نخست وزیر اعلام دارد: " تصمیم گذاشتن و یا برداشتن شکایت ایران از دستور شورای امنیت فقط در اختیار آن شورا میباشد. شورا بنا به درخواست دولت ایران باتفاق آرا شکایت آنان را در دستور کار خود قرار داد و ایران باید با قدرت کامل در این باره ایستادگی نماید و تصمیمات شورا را با احترام بپذیرد."[۱۰۰۳] شورای امنیت در پایان به این نتیجه رسید که شکایت ایران باید تا ۶ ماه می ۱۹۴۶ در دستور باقی بماند.[۱۰۰۴] در آنروز علاء به "حافظ عفیف پاشا" پرزیدنت شورای امنیت اعلام کرد که روسیه شوروی استانهای خراسان و گرگان و گیلان و مازندران را تخلیه نمودهاند ولی دولت ایران

[۱۰۰۲] - Murray to Secretary Byrnes, Telegram 861.24591/4-1146

[۱۰۰۳] - Secretary Byrnes to Ambassador Murray; communiqué 308/ US Foreign Relations (1946), 7: 419-420.

[۱۰۰۴] - Stettinius to Byrnes Communiqué 99; telegram 501.BC/4-2346.

نمیتواند خروج آنها را از استان آذربایجان دقیقا اعلام دارد.[۱۰۰۵] در چنین موقعیتی نخست وزیر در کشاکش این بود که قراردادی با نخست وزیر آذربایجان"پیشه وری" برقرار کند. پیشه وری برای یک سلسله گفتگو بتهران دعوت شده بود. پیشه وری با ناراحتی تهران را در روز ۱۳ می ۱۹۴۶ بسبب عدم دریافت نتیجه مثبت ترک نمود[۱۰۰۶].

قوام با پیروی نکردن از یک سیاست مستقل در مقابل شوروی، خود را در وضعیت نا هنجاری قرارداده بود و این امر باعث آن گردید که شورای امنیت نمیتوانست رویه‌ای اتخاذ نماید که بتواند باو کمک کند. این گرفتاری را سفیر آمریکا در میتینگی که با وی داشت به او تذکر داد و به نخست وزیر گفت: "شورای امنیت تا کنون توانسته است کمکهائی با وجود عدم پیروی دولت ایران از یک سیاست مشخص وسخنان مخالف ازسوی علاء در نیویورک و فیروز در تهران به ایران بکند. ولی شما باید سیاست مشخصی را دنبال نمائید."[۱۰۰۷]

ترس قوام از این بود که فشار زیاد به روسها ممکن است باعث آن گردد که به ایران حمله کنند، در آنصورت ایران قادر به دفاع از خود نبوده و اطمینان نداشت که سازمان ملل در چنان هنگامی بیاری ایران خواهد آمد. این و هم در دنباله تهدیدی بود که توسط روسها در باره پیشه وری به وی شده بود.[۱۰۰۸] در ۲۱ می ۱۹۴۶ قوام به علاء دستور داد که به شورای امنیت آگاهی دهد که تمامی روسها و سربازان سرخ از آذربایجان خارج شده اند.[۱۰۰۹] اگر چه شایع شده بود که گروهی از سربازان شوروی در

۱۰۰۵- Ibid Communiqué 147; 501. BC/5-646.

۱۰۰۶ - Allen to Secretary of State; communiqué 680/tel.891.00/5-1346.

۱۰۰۷ - Ibid.

۱۰۰۸ - Stettinius to Byrnes; 501.BC/5-2046.

۱۰۰۹ - US foreign Relations (1946); 7: 469.

ارتش آذربایجان و گروه نسبتا زیادی از مردم عادی آذربایجان شوروی در ایران باقی ماندند.[۱۰۱۰]

یکی از اشکالات دولت قوام آن بود که اعضاء کابینه او یک هدف واحد را دنبال نمیکردند و باعث گرفتاری برای نخست وزیر میشدند. علاء در گزارش خود به شورای امنیت از آنچه که از سوی نخست وزیر دستور داشت تجاوز نمود و باعث ایجاد مشکلاتی برای قوام شد. نخست وزیر بقدری ناراحت شده بود که مصمّم شد یا علاء را از پست سفارت و نمایندگی سازمان ملل بردارد و یا بشدت او را توبیخ نماید. او مجبور گردید که جواب سخنان علاء را که بدون فکر در باره روسها در سازمان ملل گفته بود به شورویها بدهد.

"آلن" سفیر آمریکا در تهران بیاری علا بر آمد و شفاعت او را نزد نخست وزیر نمود که برداشتن او از پست سفارت برای ایران صورت خوشی نخواهد داشت.[۱۰۱۱] بالاخره قوام مصمّم شد که موضوع را برای آن زمان مسکوت بگذراد. دولت آمریکا نسبت به عملیات قوام حالت تردید داشت و احساس میکردند که او میخواهد بحساب افراد دیگر کابینه، برای خود اعتبار زیادتری درست کند. ولی مهمتر از همه از نزدیکی قوام با روسها خوشحال نبودند.[۱۰۱۲] آمریکائیها هراس از آن داشتند که این نزدیکی ممکن است باعث پیشرفت بیشتر روسها در خاور میانه گردد.[۱۰۱۳]

آمریکا میخواست که قوام سیاست محکمی را در برابر شوروی پیروی کند تا امکان آن باشد که اوضاع ایران را بصورت عادی برگردد. در ۲۰ جون ۱۹۴۶ کفیل وزارت خارجه آمریکا "اچسن" به "الن" سفیر خود دستور داد

[۱۰۱۰] - Stettinius to Byrnes; telegram 501.BC/5-2146.

[۱۰۱۱] - Allen to Secretary State; Communiqué 750; 501.BC/5-2546.

[۱۰۱۲] - Allen to Byrnes; Communiqué 821; 891.00/6-1046; 10 June 1946.

[۱۰۱۳] - Telegram 891.00/6-1746/ Communiqué 850; 17 June 1946.

که به نخست وزیر اعلام دارد که ادامه روابط او با شوروی ممکن است اثر نا مطلوبی برای ایران در بر داشته باشد و با پیروی از سیاست فعلی خود، کشور را در اقمار روسیه قرار دهد.[۱۰۱۴] کفیل وزارت خارجه همچنین اضافه نمود که قوام برای حل گرفتاریهای کشور خود باید بقدرت سازمان ملل تکیه نماید.[۱۰۱۵]

[۱۰۱۴] - Acheson to Allen; telegram 891.00/6-1546/ Communiqué 533.

[۱۰۱۵] - Ibid.

سیاست آمریکا در ایران در سال ۱۹۴۶:

تا این تاریخ کمکهای آمریکا به ایران بسیار نا چیز، غیر قابل پیش بینی و بطور کلی بسیار کم و خیلی دیرتر از زمانی میرسید که بدان نیاز بود. در این هنگام اینطور بنظر میآمد که دگرگونیهائی در چنین روشی دیده میشد. وزارت خارجه آمریکا مثل اینکه به نارسائی های خود پی میبرد. گرفتاری آمریکا اقلا در خاورمیانه بیشتر در نداشتن یک روش عاقلانه و سیاست درست بود که بتواند پیش بینی کاملی از وضع محلی بکند و آگاهی نسبتا صحیحی از آنچه در آن نقاط میگذرد بدست آورند.

در ۱۵ جولای ۱۹۴۶ وزارت خارجه آمریکا اظهارنامه‌ای که شامل چهار بخش زیر بود برای کمک به ایران فراهم نمود، که دولت آمریکا باید ایران را درچهارچوب پیمان اول دسامبر ۱۹۴۳ و برابر قواعد سازمان ملل پشتیبانی نماید و در انجام چنین نقشه‌ای نکات زیر را مورد اجرا قرار خواهد گذاشت:[۱۰۱۶] سیاسی، ارتشی، اقتصادی و اطلاعاتی. کمک واقعی که از این طرح به ایران رسید بسیار نا چیز و بیشتر در حد فرستادن متخصصین و مقادیری از لوازم ارتشی بود. آنچه که کشور بدان نیاز داشت وسایل بهتر نظامی و لوازم فنی بودند که دولت بتواند از مرزهای خود نگهداری نماید.

در چنین گیروداری قوام بالاخره دریافت که قادر نخواهد بود با جدائی خواهان بویژه در آذربایجان درگیر شود. او خود را آماده کرده بود که ارتش را بدان سوی بفرستد و این امر را با سفیر آمریکا "آلن" در میان گذاشت. دراین گفتگو از سفیر پرسش نمود که آیا سازمان ملل در صورت مقابله نظامی ایران با کمونیستها به او کمک خواهند نمود یا خیر؟[۱۰۱۷] قوام کاملا بدین مطلب آشنا بود که سه وزیر توده‌ای کابینه او مستقیما زیر

[۱۰۱۶] - United States Foreign Relations (1946), 7:507-508.

[۱۰۱۷] - Allen to Byrnes; telegram 891.00/8-1346/ Communiqué 1116, 13 August 1946.

نظرسفارت روس کار میکردند. اولین گام درمقابله با تجزیه طلبان این بود که این وزراء را به بهانه‌ای از کابینه اخراج نماید.[۱۰۱۸]

در آنزمان کاملا مسلم بود که ایران کمکی از دولت انگلیس نخواهد گرفت و اگر منافع آنان اجازه میداد شاید اندک کمکی میکردند. از دست دادن استانهای شمال ایران از جمله آذربایجان برای دولت بریتانیا کوچکترین اشکالی نداشت. سفیر انگلیس به سفیر آمریکا آلن اظهار داشت: "کوشش دولت تهران به نگهداری آذربایجان بعنوان بخشی از ایران بر خلاف واقعیت بوده و باعث ایجاد وضع نامعلومی میشود که در آن یک مرز مشخص وجود ندارد و روسها میتوانند به تهران نفوذ کرده و بسوی جنوب راه یابند."[۱۰۱۹]

از آنچه که روی داد این طور استنباط میتوان نمود که دو دولت روس و انگلیس در پشت پرده با یکدیگر سازش نموده و به این توافق رسیده‌اند که «آذربایجان سهم شما و خوزستان برای ما!». برای عملی کردن نقشه خود، انگلیسی ها دست بیک سلسله تبلیغات زدند و کوشش نمودند که ایجاد اغتشاش در جنوب ایران بنمایند. در ۲۷ سپتامبر ۱۹۴۶ علاء، سفیر ایران یادداشتی نسبتا طولانی که از سوی دولت ایران دریافت داشت به کفیل وزارت خارجه آمریکا "آچسن" ارائه داد. درآن یادداشت دولت ایران اظهار داشت که مدارک کاملا صحیحی در دست دارند که کارمندان انگلیسی کنسولگری انگلیس در جنوب ایران و بویژه کنسول آنان در اهواز "ا.سی. تروت"[۱۰۲۰] به ایجاد اغتشاش در آن نواحی پرداخته و کمک های لازم را به اخلالگران میکنند. و دولت ایران از بریتانیا خواسته است که کنسول مزبور را از ایران خارج نمایند و در همان نامه اشاره نمود که این موضوع را بشورای امنیت سازمان ملل ارجاع خواهد کرد.

[۱۰۱۸] - Telegram 891.00/8-2546/ Communiqué 1153; 25 August 1946.

[۱۰۱۹] - United States Foreign Relations (1946), 7: 517.

[۱۰۲۰] - A. C. Trott.

سفیر انگلیس "لاروژتل"[۱۰۲۱] در تهران، همانطوریکه عادت دائمی آنها است این بیانات دولت ایران را تکذیب نمود. در دنباله او وزیر خارجه انگلیس "بوین" نیز درگیری دولت خود را در گرفتاریهای جنوب تکذیب کرد.[۱۰۲۲]
سفیر آمریکا "الن" در یادداشت خود در این باره مینویسد:
"باید توجه داشت که عامل اصلی در نظر انگلیس این است که امتیاز نفت جنوب را محافظت کنند و آنان ایران را در آن محدوده میبینند."[۱۰۲۳] دید سفیر آمریکا در باره آذربایجان و کردستان بنحو دیگری بود. او بر این گمان بود که دولت آمریکا باید پشتیبانی خود را بطور کامل به درخواستهای ایران بدهد.[۱۰۲۴]
"اچسن" از رفتار دولت بریتانیا ناراحت و متوجه وخامت اوضاع در نواحی خاورمیانه گردید که اگر کارهای انگلیس به آنچه که روسها میکنند اضافه شود گرفتاریها را عمیق تر مینماید و بدین نتیجه رسید که دولت آمریکا باید بطور کامل از قوام در متحد کردن ایران پشتیبانی نماید.[۱۰۲۵]

تقاضا های تازه دولت شوروی:

درخواستهای روسیه از ایران تمامی نداشت. آخرین آنها عبارت از دستور آغاز انتخابات مملکتی بود که میخواستند هر چه زودتر شروع شود. کرملین رئیس بخش خاورمیانه وزارت خارجه خود "اس.آ. سیخوف"[۱۰۲۶] را به تهران فرستاد تا با سفیر آنان در این باره همکاری نماید.

[۱۰۲۱] - Le Rougetel.

[۱۰۲۲] - Acheson to Allen; telegram 740.0019/9-2746.

[۱۰۲۳] - Telegram 891.00/9-2846.

[۱۰۲۴] - Ibid.

[۱۰۲۵] - Acheson to Secretary Byrnes; telegram 740.00119/council/10-1

[۱۰۲۶] - S.I. Sychev.

این رویداد باعث گردید که وزارت خارجه آمریکا در برنامه خود در این مورد تجدید نظر نماید. در ملاقاتی که بین "اچسن" و رئیس بخش کارهای مربوط به خاور میانه و آفریقا " لوی هندرسن" رویداد، تصمیم بر این گرفته شد که از ایران بدون شرط و قیدی پشتیبانی کنند[۱۰۲۷]. این تصمیم با دانش به تمایل روسی گرائی قوام اتخاذ شده بود. در این میتینگ "هندرسن" گزارش داد که روسای هیات نظامی امریکا "[۱۰۲۸] همگی در این امر هم عقیده هستند که منافع نظامی ما در صورت تجزیه ایران به استانهای مجزا و تحت نفوذ قدرت های دیگر و یا کاملا زیر یوغ روسها باشد صدمه بزرگی خواهد دید."[۱۰۲۹]

در دنباله این گزارش وزارت خارجه پرسشنامه هائی به شعب دیگر خویش فرستاد و تقاضا کرد که عقاید خود را ابراز دارند. پاسخهای رسیده در کمیته "همکاری وزارت خارجه و دریاداری و جنگ" مورد بررسی قرار گرفت و نظریات آنان در ۱۲ اکتبر ۱۹۴۶ به ژنرال "اچ. هیلدرینگ"[۱۰۳۰] فرستاده شد. کمیته بر این باور بود که صرف نظر از نفت، وضعیت جغرافیائی ایران برای آمریکا دارای اهمیت بسیاری از نقطه نظر دفاع منطقه‌ای را دارد، بمانند نفت عربستان و کانال سوئز. نتیجه این بود که تجزیه ایران باعث نفوذ شوروی به جنوب و باختر خواهد شد ومنافع جهان آزاد را بخطر خواهد انداخت[۱۰۳۱] و پیشنهاد نمودند که اگر کمک های

[۱۰۲۷] - Henderson to Acheson; telegram 891.00/10-846

[۱۰۲۸] - Joint Chiefs of Staff

[۱۰۲۹] - Henderson to Acheson; telegram 891.00/10-846

[۱۰۳۰] - Major General H. Hilldring.

[۱۰۳۱] A.D. Read; 4818; 711.91/10-1246.

کوچکی به ارتش ایران بشود احتمالا باعث تقویت قدرت دفاعی و دوستی با آمریکا در "خاور میانه و خاور نزدیک" خواهد شد."[۱۰۳۲]

در ۸ اکتبر ۱۹۴۶ میتینگی با حضور اچسن، ماینور[۱۰۳۳] و علاء روی داد و در این گردهمائی علاء باطلاع آنان رساند که نرمش قوام در برابر روسها ناشی از نبودن چاره میباشد و ادامه داد که اگر نخست وزیر اندکی از سوی آمریکا تقویت بشود مشی کار آنان کاملا تغییر پیدا میکند.[۱۰۳۴] در اینجا واقعا این موضوع پیش میآید که چند نفر و چند بار و درچه موقعیت هائی باید به وزارت خارجه آمریکا این موضوع را گوشزد نمایند که آنها رویه خود را تغییر و یک سیاست قابل پذیرش را دنبال نمایند.

در ۱۹ اکتبر ۱۹۴۶ قوام بقول خود وفا کرد و تغییراتی در کابینه خویش داد و سه وزیر تودهای را از دولت بیرون کرد. باحتمال قوی اینکار زیر فشار آمریکا و شاید شاه انجام گرفت و در آنزمان اینطور شایع شده بود که امکان عزل قوام وجود دارد. بر طبق گفته الن، نخست وزیر با شاه در ملاقاتی در روز ۱۷ اکتبر۱۹۴۶ داشته و شاه بطور وضوح به او گفت که وزرای تودهای و مظفر فیروز باید اخراج شوند. قوام امکان ورود مجدد روسها را پیش کشید ولی شاه در این تقاضای خود مصراً باقی ماند.[۱۰۳۵] در این گفتگو شاه درخواست نمود و قوام پذیرفت که این مذاکره میبایست کاملاً سری بماند ولی قوام بر خلاف قول خود، این موضوع را با فیروز در میان گذاشت و فیروز نیز بنوبه خود تمام گزارشها را به سادچیکف افشاء نمود.

[۱۰۳۲] - Ibid

[۱۰۳۳] - Minor

[۱۰۳۴] - Memorandum by the Chief of the Division of Middle East Indian Affairs; 8 October 1946/ United States Foreign Relations (1946); 7:523.

[۱۰۳۵] - Allen to Secretary of State; telegram 891.002/10-2046.

سفیر انگلیس به الن اظهار داشت " از این میترسد که دست نشانده های روسیه در دولت آذربایجان، در امور داخلی کشور ایران دستی داشته باشند... و از اینروی من ترجیح میدهم که آذربایجان از ایران جدا شود."[۱۰۳۶] الن بهمان نتیجه‌ای رسید که حتی مردم عادی ایران از چندین دهه پیش آنرا میدانستند. وی اذعان نمود که "بیان سفیر انگلیس خاطره قرار داد ۱۹۰۷ را بیاد من میآورد، اگر چه سفیر آنرا نخواهد پذیرفت."[۱۰۳۷] شکی نیست که برگرداندن آذربایجان و کردستان به ایران نقشه انگلیسیها که آن استانها را بروسیه بدهند و در عوض خوزستان را برای خود نگهدارند بکلی بهم میزد.

بالاخره تحت فشار شاه و آمریکا، قوام مصمّم شد که نقشه حمله به شمال و از بین بردن نیروی"دموکراتیک آدربایجان" را مهیا نماید. در این تصمیمی که گرفته شد، زنجان را نخستین محل حمله تعیین نمودند که توسط سفیر آمریکا الن نیز تائید شد[۱۰۳۸]. از سوی دیگر وزیر خارجه آمریکا "برنز" بر طبق پیشنهاد شورای روسای ارتش آمریکا اقدام بفرستادن نیروی مختصر جنگی برای ارتش ایران نمود.[۱۰۳۹]

در چنین هنگامی دولت ایران واهمه زیادی از عکس العمل دولت شوروی داشت و از این کار هراسان بود و بدین جهت میخواست که از سوی دولت آمریکا مطمئن شود که در صورت لزوم ایران را در چنین موقعیتی همراهی نموده و تسهیلات لازم برای بردن شکایت ایران بسازمان ملل

[۱۰۳۶] - Allen to Byrnes; telegram 891.00/11-246. Communiqué 1403; 2 November 1946

[۱۰۳۷] - Ibid.

[۱۰۳۸] - Allen to Byrne; communiqué 1450; 891.00/11-846; 8 November 1946.

[۱۰۳۹] -Acheson to Allen; 891.51/11-1346.

متحد را فراهم خواهند ساخت"^{۱۰۴۰}. الن از وزارت خارجه درخواست نمود که در این مورد با ایران همراهی نماید: "من امیدوارم که وزارت خارجه در صورت شکایت ایران بسازمان ملل، همکاری کامل با آنها بنماید".^{۱۰۴۱} این امر بر خلاف رویه‌ای بود که انگلیس در پیش داشت.^{۱۰۴۲}

دولت آمریکا این اطمینان را به قوام داد. الن از سوی آچسن مامور گردید که به نخست وزیر بگوید که دولت ایران این حق را دارد که نیروی خود را برای باز گردانیدن آذربایجان بدان سوی بفرستد.^{۱۰۴۳} اندکی بعد دولت ایران، الن را مطلع نمود که قوای ایران بزودی بسوی آذربایجان روانه خواهد شد.^{۱۰۴۴} بهانه دولت ایران برای فرستادن نیرو به شمال این بود که دولت باید برای انجام انتخابات در ۷ دسامبر ۱۹۴۶ صلح و آرامش را در کشور ایجاد نماید. سفیر ایران در واشنگتن در ۵ دسامبر ۱۹۴۶ رئیس شورای امنیت "هرشل. وی. جانسن"^{۱۰۴۵} را از تصمیم دولت خود مطلع نمود.

در عین حال روسیه بر فشار خود میافزود که دولت مرکزی قوای نظامی به آذربایجان نفرستد. ولی نخست وزیر در برابر تهدید روسها پایداری نمود^{۱۰۴۶} بویژه که از پشتیبانی آمریکا برخوردار بود.^{۱۰۴۷} بگفته الن "من

---

^{۱۰۴۰} - Allen to Byrnes; telegram 891.00/11-2446.

^{۱۰۴۱} - Allen to Secretary of State; Communiqué 1356; 891.00/11-2946

^{۱۰۴۲} -US Embassy; communiqué 1540; 1 December 1946.

^{۱۰۴۳} - Acheson to Allen; telegram 891.00/2946/ Communiqué 993; 2 December 1946.

^{۱۰۴۴} - Allen to Secretary of State; telegram 891.00/ 10-346; Communiqué 1546.

^{۱۰۴۵} - Herschel V. Johnson.

^{۱۰۴۶} - Memorandum by Loy Henderson; 761.91/12-746.

^{۱۰۴۷} - Allen to Secretary of State; telegram 891.00/12-1146. Communiqué1580.

اطمینان دادم که وی با ایستادگی در برابر روسها ازپشتیبانی بیشتر شورای امنیت برخوردار میشود". [۱۰۴۸]

نقشه اشغال آذربایجان برای ورود ارتش ایران آماده شده بود. قوام تعدادی از عاملین دولت مرکزی را در تبریز داشت که او را از چگونگی اوضاع آنجا با خبر میکردند. در ۹ دسامبر ۱۹۴۶ ارتش ایران وارد زنجان شدند ومنتظر دستور بودند که بسوی تبریز و سایر شهرهای آذربایجان حرکت نمایند. در آنروز نخست وزیر با فرمانده ارتش ملاقات نمود و شاه در اواخر میتینگ به آنها پیوست. قوام تلگرافی از مامور خود درتبریز دریافت که موقعیت زمانی برای وارد شدن به تبریز اکنون کاملا آماده است. بلافاصله به ارتش دستور داده شد که بسوی تبریز روان شود. روز ۱۲ دسامبر ۱۹۴۶، تقریبا در حدود یکسال پس از جدا شدن از کشور، تبریز بدست نیروهای ایران افتاد. مردم آذربایجان قوای ایران را با آغوش باز پذیرفتند. "ساتن" کنسول ژنرال آمریکا در تبریز نوشت: "امروز بمانند این است که ما در شهر دیگری زندگی میکنیم. من از روزی که به آذربایجان آمدم این همه صورت خندان ندیدم. آنان خلاص شده و خوشحالند." [۱۰۴۹]

چرا شوروی عقب نشینی کرد؟

گفتگوهای بسیاری در باره اینکه چرا دولت روسیه دست نشانده‌های خود را رها کرد، صورت گرفت. دولتهای بزرگ هر یک این امر را نوعی تفسیر نمودند: فرانسوی ها بر این باور بودند که قرارداد نفتی را که قوام بآنها داده بود برای آنان ارزش بیشتری داشت تا نگهداری دولت پیشه‌وری. [۱۰۵۰] سفیر آمریکا در تهران گفته بود که پیدا نمودن و قضاوت در برهان کار روسها

[۱۰۴۸] - Ibid.

[۱۰۴۹] - Sutton to Secretary of State; telegram 891.00/12-1246; Communiqué 263.

[۱۰۵۰] - Telegram 891.6363/12-2046.

بسیار مشکل است.[1051] شاید روسها بخوبی نیّت و تصمیم ایرانیها را در نیافته بودند و یا واکنش شورای امنیت سازمان ملل را نتوانسته بودند که بدرستی بسنجند. سفیر آمریکا درمسکو اظهار داشت: "برای ما بزرگترین عامل شگفت آور، ضعف ارتش سرخ و دستگاه سیاسی آذربایجان شوروی بود. درست است که رژیم، مردم را از خود عاصی کرده بود ولی با همه اینها غیر قابل فهم است که دولت سوسیالیست شوروی نتوانست تشکیلات درستی در ارتش استانها که بیشترین آنان از آذربایجان شوروی آورده بودند بدهند که در مقابل ارتش ایران مقاومت نمایند. بدی تشکیلات و اعتماد بیش از اندازه و نا معقول آنان را برای این شکست باید ذکر نمود.[1052]

وقتی که چرخهای نظامی ایران بکار افتاد، روسها یا باید همین کاری را میکردند که کردند و یا میبایست که ارتش خود را مجددا به ایران میفرستادند. این عمل اخیر در صورت وقوع، بازتاب بسیار نا هنجاری در شورای امنیت و سازمان ملل را در بر میداشت. روسها نمیخواستند که درآن زمان چنین گرفتاری را برای خود ایجاد نمایند.

دولت ایران و شاه، پیروزی ارتش ایران را به سه عامل نسبت میدهند:

۱- ناتوانی نیروهای ارتش آذربایجان،

۲- تصمیم قطعی و ایمان به مقصود نهائی ارتش ایران، و

۳- اعتماد و اعتقاد دولت آذربایجان، روسها، و ایرانیان که دولت آمریکا بطور یقین پشتیبان ایران و استقلال کامل آن بود.[1053] امباسادور "اسمیت" دولت آذربایجان را بیک «خانه کارت بازی» تشبیه نمود (یعنی

[1051] - Allen to Byrnes; telegram 891.00/12-2346/Communiqué 1619.

[1052] - Ambassador Smith to Secretary Byrnes; telegram 891.00/12-2746/Communiqué 4476.

[1053] - Allen to Secretary of State; telegram 891.00/12-1746./Communiqué 1597.

یک مورد بی پایه و پوچ).[۱۰۵۴] در هر حال و هر چه باعث چنین پیروزی شده بود آنچه که حاصل شد یک نتیجه بسیار عالی بود برای سازمان ملل و شورای امنیت آن. باید دانست که چنین امری بهیچوجه قابل انجام نبود اگر ایران از پشتیبانی دولت آمریکا و بویژه یاری شخص پرزیدنت ترومن برخوردار نبود.

صرفنظر از دید نهائی آمریکا که آیا مایل بود بدولت های کوچک کمک نماید و یا میخواست که از انتشار کمونیسم در دنیا پیشگیری نماید و یا از قدرت روسیه شوروی در خاور میانه بکاهد[۱۰۵۵] نتیجه آن برای ایران استقلال و تامین حیثیت سیاسی و آزادی بود. افتخاری که مردم ایران برای بازگشت آذربایجان بدست آوردند قابل توجه و ارزش بسیار بود. شاه در گفتگوئی با سفیر آمریکا "الن" بدین موضوع اشاره نمود و گفت: "آذربایجان را میتوان "استالین گراد" جهان آزاد نام داد که از تجاوز شوروی در دنیا جلوگیری نمود." [۱۰۵۶]

تا چه حدی ترومن در رویدادهای ایران دخالت داشت؟

سیاست آمریکا نسبت به شوروی در دوره ریاست جمهوری ترومن با زمان روزولت فرق بسیاری داشت. ترومن رویه مسالمت آمیز روزولت را کنار گذاشته بود. وی خطر کارهای شوروی را در توسعه آمال خود در سیاست و اقتصاد جهانی درک نمود و کاملا از کارهای آنان در ایجاد جنگ سرد آگاه بود. اوضاع ایران را نیز روسها دریافته بودند و میدانستند که نخواهند توانست به آمال خود برسند و جوّ سیاسی جهان در آنزمان با آنان یار نبوده است. در اوایل سال ۱۹۴۶ حتی استالین بدین موضوع پی برده بود

[۱۰۵۴] - Smith to Byrnes; telegram 891.00/12-2746.

- [۱۰۵۵] مصطفی فاتح: تاریخ پنجاه ساله نفت ایران (۱۹۵۶)؛ ۳۸۳.

1057- Bill Samii; 60 Years After; The Anglo-Soviet Invasion of Iran and Washington-Tehran Relation. (REF/RL, Inc., 2005).

که کوشش در ایجاد حکومت دست نشانده در آذربایجان نتیجه‌ای مطلوب برای آنان نخواهد داشت و بطور غیر مستقیم تمایل آنکه یک قرارداد بازرگانی با ایران برای استخراج نفت برقرارکند از خود نشان میداد. در هنگامی که مسافرت نخست وزیر ایران به مسکو اعلام شد، سردمداران آذربایجان از این امر ناراحت شدند که شوروی ممکن است آنها را برای دستیابی به پیمانی با ایران رها نماید.

این وضع با آوردن شکایت از سوی ایران به سازمان ملل آشکارتر گردید. روسها فقط دو راه داشتند: یا از دستورات شورای امنیت سرپیچی میکردند و یا آنرا اطاعت نموده و بر طبق پیمان ۱۹۴۲ در مارچ ۱۹۴۶ خاک ایران را ترک مینمودند. در همان زمان استالین به "باقراف" و "ماسلنیکف"[۱۰۵۷] دستور داد که وسایل آمادگی خروج نیروی شوروی را از ایران بر طبق دستور شورای امنیت تا ۱۰ می ۱۹۴۶ آماده نمایند. این عمل ضربه بزرگی به پیکر دولت پیشه‌وری بود.[۱۰۵۸]

در اوائل کار دولت آمریکا در شک و تردید بود و مطمئن نبود که چه راهی را در باره ایران باید انتخاب نماید. وزیر خارجه "برنز" هنگامی که با آرای برخی از سناتورها مواجه شد بویژه سناتور "وندنبرگ"[۱۰۵۹] دریافت که در برابر روسها باید ایستادگی نماید و ایران را نمونه از قدرت سازمان ملل قرار دهد و مصمّم گردید که پشتیبانی از ایران را در برنامه کار دولت بگذراد. وی در یک سخنرانی در روز ۲۸ فوریه ۱۹۴۶ اظهار داشت: "آمریکا بصورت یک قدرت بزرگ رفتار خواهد نمود... ما نه تنها باید که امنیت خود را محفوظ داریم بلکه حافظ صلح جهانی باشیم... (آمریکا) نمیتواند

[۱۰۵۷] - Bagherov and Maslennikov.

[۱۰۵۸] - Fernande Scheid; Origin of the Cold War: An International History; 2nd ed. Part 2, Iran Crisis (1946), 106.

[۱۰۵۹] - Senator Vandenberg.

اجازه دهد که تجاوز در دنیا توسط آوردن فشار و دخالت بکشوری وارد آید."۱۰۶۰

سخنان و کارهای وزیر خارجه عکس العملی بود ازسیاست دولت ترومن. وزیر خارجه در سخنان خود در کنگره، این سیاست دولت را اعلام نمود که پرزیدنت به سازمان ملل اعتماد کامل دارد. برنز اشاره نمود: "او (پرزیدنت) بر این باور است که نباید اصل اساسی سیاست آمریکا این باشد که هر زمان استقلال کشور آزادی تهدید میشود ما میبایست که به تنهائی عمل کنیم و در صورت لزوم از ارتش خود استفاده نمائیم که از هر گونه تجاوزی پیشگیری کنیم، زیرا که سازمان ملل برای هیمن موضوع ایجاد شده است. آمریکا در نظر ندارد که این سازمان را ندیده بگیرد، یا اینکه آنرا تضعیف نماید ویا فلج کند."۱۰۶۱

آیا واقعا ترومن یادداشتی در باره تخلیه ایران به استالین فرستاده بود یا نه، حائز اهمیت زیادی نیست۱۰۶۲ و همانطور که در پیش بدان اشاره شد، بر حسب پژوهش "ادوین .ام. رایت" چنین یادداشتی در آرشیو دولتی آمریکا پیدا نشده است. بطور کلی در باره خاور میانه تصمیمات ترومن بسیار بجا و درست بوده و کمک های اقتصادی به ترکیه و یونان و ایران بجا و بموقع بودند. در وزارت خارجه آمریکا بخشی بنام "بخش یونان- ترکیه-ایران" ایجاد گردید. دراین نقطه زمانی، کوچکترین شکی باقی نخواهد ماند که کمک آمریکا باعث برقراری و ادامه استقلال و آزادی ایران گردید و مردم ایران از این یاری پرزیدنت ترومن سپاسگزارند.

۱۰۶۰ - James T. Patterson; Debating Twentieth-Century America (002), 37.

۱۰۶۱ - James F. Byrnes; Speaking Freely; (1947), 118.

۱۰۶۲ - Edwin M. Wright: Interview by R. D. Mc Kinzie; July 26, 1974.

پایان اغتشاش تجزیه طلبان:

در روز ۱۲ دسامبر ۱۹۴۶ پس از سقوط تبریز، دولت دست نشانده آذربایجان بکلی در هم فرو ریخت. بسیاری از اعضاء حزب کمونیست به "اررّان و یا آذربایجان شوروی" گریختند. پیشه‌وری نیز در میان این گروه بود. وی چندان رابطه خوبی با استالین پیدا نکرد و مدت کوتاهی پس از فرار بروسیه در یک حادثه اتومبیل کشته شد. شایعات حاکی بر این بودند که وی بدست نیروی مخفی شوروی از بین برده شده. از آنچه که معلوم است استالین ارزشی برای او قائل نبود.

چند روزی پس از آزادی آذربایجان ارتش ایران بسوی کردستان روان گردید. مهاباد بدون اشکال بدست ارتش افتاد. قاضی محمد و عده‌ای از همراهان وی اسیر شدند و برخلاف تصورش قبایل دیگر کردستان بیاری او نیآمدند و این از اول آشکار بود که آنان نمیخواستند با روسیه همکاری نمایند. فرمانده قوای او "ملا مصطفی بارزانی" بروسیه گریخت. قاضی محمد و برخی از اطرافیانش محاکمه و اعدام شدند.

با سقوط پیشه‌وری و قاضی محمد این بخش از تاریخ ایران بسته شد، ولی جنگ سرد که آغاز شده بود تا از بین رفتن جمهوری سوسیالیست شوروی ادامه یافت. جای تاسف بسیار است که سازمان ملل اعتبار خود را از دست داد که نتیجه اعمال نفوذ دول بزرگ بود و اثر این نزول در گرفتاری دولتهای کوچک تاثیر بسزا خواهد داشت.

این رویدادها موجب دگرگونی زیادی در روحیه مردم ایران شد و آنان تا حدودی به روابط خود با دول بیگانه آگاهی یافتند و دریافتند که چگونه انگلیسی ها نفت آنان را بغارت میبرند. بطور کلی جنگ و اشغال کشور بدست روس و انگلیس تا حدودی زیاد باعث بیداری مردم گردید. این امر نقطه آغاز جنبش های بعدی برای رهائی از دست شرکت نفت ایران و انگلیس گردید.

سخنان پایانی:

با پایان یافتن غائله های آذربایجان و کردستان، ایران موفق گردید که استقلال و امنیت خود را مجددا بدست آورد و پس از پایان جنگ جهانی دوم، دوره نوینی را آغاز نماید. همانطور که بیان گردید چنین امری بدون یاری آمریکا و بویژه پرزیدنت ترومن امکان پذیر نبود. نیّت او هر چه بود یا برای جلوگیری از کمونیسم و یا برای یاری به ملل کوچک که بر پای خود بایستند، ایران در زمان و مکان مناسب برای اجرای منوّیات وی بود.

روسیه مجبور گردید که از تمایل نادرست خود در ادغام بخشی از کشورهای دیگر به اقمار خویش صرفنظر کند. با در نظر گرفتن مراتب مذکور در بالا، ایران بهیچوجه قادر نبود که در برابر نیروی پر قدرت شوروی مقابله نماید. در چنین دورانی یاری از انگلیسی ها با سابقه موجود بکلی غیر قابل پذیرش بود. آنها به هیچ قواعد بین المللی و اخلاقی پای بند نبوده و نخواهند بود و برای منافع خویش هر کاری که لازم باشد انجام خواهند داد، همچنانکه حاضر بودند که در برابر دادن دو استان ایران بصورت امتیاز به شوروی منافع خود را در خوزستان محفوظ نگهدارند.

با وجود اینکه ایرانیان از کمک های آمریکا سپاسگزار بودند متاسفانه روابط بین دو کشور آنطوریکه میبایست بیشتر اوقات حالت متعادلی در بر نداشت. در چنین رویدادها دخالت دولت آمریکا بدون داشتن کمترین آگاهی از وضع اجتماعی و سیاسی و اقتصادی کشور ایران موجب بزرگترین گرفتاری بود. در بررسی روابط دو کشور در سده گذشته آنچه که بطور چشم گیری در تمامی این زمان در سیاست خارجی آمریکا مشهود میگردد عدم دانش آنان به آنچه که در اطرافشان میگذشت بود. بنظر میآید که سیاستمداران آن کشور در یک جّو دیگری زندگی میکنند و دور از رویدادهائی هستند که در دنیا پیوسته در حال تغییر میباشند. آنان ناتوانی عظیمی در درک مشکلات مردم داشتند و دارند و بدین ترتیب همان اشتباهات را دائماً تکرار میکردند و میکنند. بزرگترین گرفتاریشان

این است که در این زمان همان رویه ناپسند و استثماری دول اروپائی بویژه انگلیس را پیش گرفتند که نتیجه چنین عملی جز ببار آوردن مصیبت چیز دیگری نیست. در هنگام جنگ جهانی دوم که ایران توسط روس و انگلیس اشغال گردید به ایرانیان ثابت شد که دولت آمریکا کورکورانه سیاست انگلیس را دنبال و هرچه آنها میگویند آنرا گفته آخر دانسته و انجام میدهند. با پیروی چنین راهی برای خود مسیر سرازیری ایجاد کردند و احترامی که نخستین واردین آمریکائی بدست آورده بودند از بین بردند. این روش تا به امروز نیز ادامه دارد.

دولت آمریکا نتوانست دریابد که آنچه برای مردم و کشورش نیکوست ممکن است برای ملل وکشورهای دیگر مناسب نباشد. یکی از نتایج چنین رویه‌ای، فشار آنان برای اصلاحات ارضی در ایران بود که از اوایل سال ۱۹۵۰ گفتگو را در آن باره آغاز کردند. آنها بدین فکر بودند که اراضی ایران بطور نامتناسبی در میان مالکین پخش شده است و کشاورزان از آن بهره‌ای نمیبرند. از این رو پیشنهاد طرح پخش اراضی را با شاه بمیان آوردند و برای نخستین بار "ویلیام دوگلاس" در سال ۱۹۵۰ در ملاقاتیکه با شاه داشت این موضوع را عنوان نمود. لایحه تقسیم اراضی در سال ۱۹۶۱ از مجلس گذشت و در سال ۱۹۶۳ در زمان نخست وزیری امینی، یکی از محبوبین آمریکا، بمورد اجرا گذاشته شد. اینکار با اینکه امری لازم بود ولی بدون پی ریزی اساسی و آمادگی دولت و مالکین و رعایا انجام گرفت. روش اتخاذ شده نا درست بود. مالکان بزرگ موفق شدند که سوء استفاده نموده و بهره بهتری برای خود بدست آورند. از سوی دیگر مالکان کوچک و یا خرده مالکان که دارائی آنان از چند هکتار تجاوز نمیکرد بیش از همه زیان بردند و آب و نان خود را از دست دادند. قرار بر این بود کشاورزان ارزش زمینهای دریافتی را در زمان معین و باقساط به مالکین بپردازند که چنین امری در هیچ مورد انجام نیافت. افراد با نفوذ که شامل گروهی ازاعضای خانواده سلطنتی نیز بودند قادر شدند که هکتارها از

زمینهای پر ارزش را بعنوان ایجاد مزارع نمونه و پژوهشی برای خود نگهدارند ولی مردم عادی چنین حقی را دارا نبودند.
این نقشه با شکست مواجه شد و نتیجه مطلوب را نداد و زیانی غیر قابل جبران به کشاورزی کشور وارد آورد. کشاورزان که کوچکترین آگاهی از اداره امور را نداشتند زیان بیشتری بردند و در نتیجه ناراضی تر شدند. بانکی برای دادن وام برای خرجهای مقدماتی ایجاد شد. کشاورزان مبلغ دریافتی را برای منظور اصلی بکار نمیبردند. بسیاری از آنان، از این پول برای خرید اشیای تزیینی و لوکس استفاده میکردند. عدم توجه و نداشتن دانش کشاورزان که بدون تعلیم و بطور ناگهانی صاحب ملک شده بودند باعث پائین آمدن مقدار فرآورده های سالیانه شد و در درازای چند سالی برخی از اراضی قابل کشت بکلی از میان رفت. هم مالکین و هم کشاورزان و هم مردم، دولت ایران و آمریکا را مسئول این مشکلات دانستند. دولت آمریکا براین امید بود که با چنین کاری از شیوع کمونیسم در ایران جلوگیری نماید و پیشنهاد پخش اراضی را بدون توجه بوضع اجتماعی و اقتصادی کشور بکار بستند. این عمل سبب شد که مخالفین دولت و شاه و آمریکا دست به تعرض بگذارند که خمینی یکی از آنان بود.
همآنطوری که بخوبی مشاهده گردید عدم آشنائی دو ملت با یکدیگر باعث گرفتاری دائمی برای هر دوکشور شد. در اینجا باید گفته شود که وزارت خارجه آمریکا در موارد متعدد، اهمیتی به پیشنهادات فرستادگان خود در ایران نمیداد، برخی از آنان کسانی بودند که سالها در ایران زندگی کرده و بر چگونگی مردم و کشور، دانش کامل داشتند. اطلاعات و پیشنهادات رسیده از آنان یا بایگانی و یا بدور انداخته میشد. بدترین موارد زمانی بود که آن وزارتخانه، گزارشات نماینده خود را از تهران که از برخورد یک کشور دیگر شکایت میکردند بوزارت خارجه آن کشور برای ابراز دوستی میفرستادند و چنین کاری را در باره انگلیس انجام دادند.

فقدان یک روش و سیاست محکم و درست و نبودن رابطه لازم بین وزارتخانه های مختلف آمریکا گرفتاری دیگری بود که به مشکلات آنان میافزود. بارها دیده میشد که آنها با یکدیگر در رقابت و یا جدال بودند. توافق عملی در میانشان موجود نبود. این امر در مورد وزارت خارجه و وزارت جنگ بیشتر دیده میشد.

نه در زمان خیلی گذشته، "جیمی کارتر" فردی نورس در سیاست بین المللی بعنوان رئیس جمهوری کشور انتخاب گردید. با داشتن آگاهی بسیار ناچیز از سیاست خارجی، وی براحتی هدف دولتهای دیگر قرار گرفت که از او برای پیش بردن منافع خویش بهره گیری کنند. در باره ایران کشورهای انگلیس و فرانسه و آلمان هریک خرده حسابی داشتند که میخواستند با شاه ایران تصفیه نمایند. آنان موفق شدند که کارتر را به میان آورند. او در همان دامی افتاد که یکی از پیشینیان وی "آیزنهاور" در سال ۱۹۵۳ افتاد. نقش کارتر را در برداشتن شاه تا آن زمانی که اسناد مربوط آزاد نشود بخوبی بررسی نمیتوان کرد. کارترکه بمانند سایر سیاستمداران آمریکا دچار بیماری"وحشت از کمونیسم» بود با شست و شوی مغزی بدین نتیجه رسیده بود که چون "مردم ایران از شاه متنفرند و با برداشتن وی میتوان با یک تیر دو نشان را هدف قرار داد. مردم را با نبودن شاه راضی و با آوردن خمینی جلو پیشرفت کمونیست ها را گرفت." چنین طرز تفکری در کابینه کارتر کاشته شد و نقشه این امر بطور کامل توسط "زیبیگنیو بریژینسکی"، مشاور امنیتی پرزیدنت پذیرفته گردید که با ایجاد کمربندی از کشورهای مسلمان در جنوب روسیه از انتشار کمونیسم جلوگیری خواهد شد. بسیاری از مورخین و گروهی از سیاستمداران فرانسوی بطور واضح و آشکار کارتر را دراین رویدادها مقصر میدانند.

پس از روی کار آوردن خمینی، دولت آمریکا کوشش فراوانی نمود که با وی از در دوستی در آید ولی مساعی آنان بدون ثمر ماند. سفیر آمریکا در

سازمان ملل "اندرو یانگ"، خمینی را یک فرد مقدس خواند. سفیر آنکشور در ایران در روزهای نخستین انقلاب خمینی را "گاندی ایران» نامید . این گفته ها باضافه سخنان مسئولین دیگر آمریکا نشان دهنده آنست که این افراد از آنچه که در دیگر نقاط دنیا میگذرد بکلی بی خبر هستند و در موضوع ایران این عدم آگاهی در باره ملاً ها بحد غیر قابل تصور رسیده بود.

آمریکا در زمان حال نیز، چشم بسته همان سیاست آیزنهاور و کارتر را دنبال میکند وهنوز همان گرفتاریها را دارد و نمیداند که گام بعدی چه خواهد بود. دولت آمریکا هیچوقت یک سیاست واحد، درست و گویائی برای سیاست خارجی خود ایجاد نکرده است. نمیداند که با گرفتاری بین اسرائیل و عرب چگونه رفتار کند. ضعف در جائی که قدرت لازم است و تهاجم در هنگامی که نرمش پسندیده است بکار میبرند. دنیا را با قدرت نظامی خویش تهدید میکنند و با برخوردهای ناشیانه و متکبّرانه خود ایجاد دشمن مینمایند و امروزه پیشوائی خود را در میان دولتها و مردم جهان از دست داده و خود را از احترام دوست و دشمن محروم کرده‌اند. سیاست خارجی آمریکا عدم داشتن سیاست است و کارها را بصورت امر فوریتی انجام میدهند که بطور کلی نتیجه بسیار نا مطلوب ببار میآورد .

آمریکا باید از دنبال کردن عملیات استعماری و امپریالیستی در دنیا دست بردارد و بدان راهی که آنرا به بزرگترین و پیشرفته ترین ملل دنیا مبّدل نموده بود باز گردد. آمریکا آنچه را که انگلیسی ها در زمانهای چند سده گذشته بکار بسته و هنوز هم ادامه میدهند، باید از برنامه خود رها نماید زیرا که بطور کلی برای چنین کاری خلق نشده است و نباید بمانند آن کلاغ بشود که راه رفتن کبک را یاد نگرفت و در این ره، راه رفتن خود را نیز فراموش نمود.

نمایندگان سیاسی آمریکا در ایران از ۱۹۷۹-۱۸۸۳

Samuel G. W. Benjamin (1883–1885) - *first Chargé d'Affaires, but promoted to* Minister Resident *almost immediately*

Frederick H. Winston (1885–1886) - *Minister Resident*

E. Spencer Pratt (1886–1891) - *Minister Resident*

Truxtun Beale (1891–1892) - *Minister Resident*

Watson R. Sperry (1892–1893) - *Minister Resident*

Alexander McDonald (1893–1897) - Minister Plenipotentiary, *later Minister Resident*

Arthur S. Hardy (1897–1899) - *Minister Resident*

Herbert W. Bowen (1899–1901) - *Minister Resident*

Lloyd C. Griscom (1901–1902) - *Minister Plenipotentiary*

Richmond Pearson (1903–1907) - *Minister Plenipotentiary*

John Brinkerhoff Jackson (1907–1909) - *Minister Plenipotentiary*

Charles W. Russell (1909–1914) - *Minister Plenipotentiary*

John L. Caldwell (1914–1921) - *Minister Plenipotentiary*

Joseph Saul Kornfeld (1922–1924) - *Minister Plenipotentiary*

Hoffman Philip (1925–1928) - *Minister Plenipotentiary*

Charles C. Hart (1929–1933) - *Minister Plenipotentiary*

William H. Hornibrook (1934–1936) - *Minister Plenipotentiary*

Gordon P. Merriam (1936–1937) - *Chargé d'Affaires*(Interim)

Cornelius Van H. Engert (1937–1940) - *Chargé d'Affaires*(Interim)

Louis G. Dreyfus, Jr. (1940–1943) - *Minister Plenipotentiary*

Leland B. Morris (1944–1945) - *First ambassador*

Wallace Murray (1945–1946)

George V. Allen (1946–1948)

John C. Wiley (1948–1950)

Henry F. Grady (1950–1951)

Loy W. Henderson (1951–1954)

Julius C. Holmes - *nominated, but nomination withdrawn before approved*

Selden Chapin (1955–1958)

Edward T. Wailes (1958–1961)

Julius C. Holmes (1961–1965)

Armin H. Meyer (1965–1969)

Douglas MacArthur II (1969–1972)

Joseph S. Farland (1972–1973)

Richard Helms (1973–1977)

William H. Sullivan (1977–1979)

Walter L. Cutler - *nominated, but rejected by Iran*

Bruce Laingen (1979) - *Chargé d'Affaires, seized with the embassy on November 4, 1979. He was later released.*

نمایندگان سیاسی ایران در آمریکا از ۱۸۸۶ تا ۱۹۷۹

صدر السلطنه نوری ، حاج حسین قلی	۱۸۸۶-۱۸۸۹
مفخم الدوله ، اسحاق خان	
	۱۸۹۹-۱۹۰۳
ممتازالملک ، مرتضی خان	۱۹۰۴-۱۹۰۹
امیرتومان ، میرزا مهدی خان	۱۹۱۳-۱۹۱۸
صدری صدیق السلطنه ، عبدالعلی خان	۱۹۲۲-۱۹۲۱
علا، حسین	۱۹۲۲-۱۹۲۴
کاظمی ، باقر	۱۹۲۴-۱۹۲۶
مفتاح ، داود	اکتبر ۱۹۲۶-اپریل ۱۹۳۰
عضدی ، یدالله	جولای ۱۹۳۱-اپریل ۱۹۳۳
جلال علا ، غفّار*	اپریل ۱۹۳۳-ژانویه ۱۹۳۶
دفتری ، علی اکبر	ژانویه ۱۹۳۹-دسامبر ۱۹۳۹
شایسته ، محمد**	دسامبر ۱۹۳۹-مارچ ۱۹۴۴
علا، حسین	سپتامبر ۱۹۴۵-مارچ ۱۹۵۰
انتظام ، نصرالله	جون ۱۹۵۰-سپتامبر ۱۹۵۲
صالح ، اللهیار	سپتامبر ۱۹۵۲-اکتر ۱۹۵۳
انتظام ، نصرالله	اکتبر ۱۹۵۳-ژانویه ۱۹۵۶
امینی، علی	ژانویه ۱۹۵۶-اپریل ۱۹۵۸
اردلان، علی قلی	اپریل ۱۹۵۸-فوریه ۱۹۶۰
زاهدی ، اردشیر	مارچ ۱۹۶۰-اپریل ۱۹۶۲
قدس نخعی	اپریل ۱۹۶۲-مارچ ۱۹۶۳
فروغی، محمود	مارچ ۱۹۶۳-فوریه ۱۹۶۵
خسروانی ، خسرو	اپریل ۱۹۶۵-اپریل ۱۹۶۷
انصاری ، هوشنگ	می ۱۹۶۷-اگست ۱۹۶۹

افشار ، امیر ارسلان   اکتبر ۱۹۶۹- مارچ ۱۹۷۳
زاهدی ، اردشیر***   مارچ ۱۹۷۳- فوریه ۱۹۷۹

*- روابط بین ایران و آمریکا بطور موقت و از سوی ایران با فراخواندن نماینده خود قطع گردید و حال آنکه نماینده آمریکا در ایران باقی ماند. این امر بسبب مقالات توهین آمیزی بود که از سوی برخی از روزنامه های آمریکا بر علیه رضا شاه نوشته شده بود.

**- در سال۱۹۴۴، نمایندگی بین ایران و آمریکا و انگلیس بحد سفارت بالا برده شده بود.

***- در این سال بعلت روی کار آمدن خمینی و دشمنی بین ایران و آمریکا، سفارت هر دو کشور بسته شدند. کارهای سفارت آمریکا در یران بعهده سفارت سوئیس و کارهای سفارت ایران در آمریکا را سفارت پاکستان بعهده گرفتند.

فهرست برخی از نگارشهائی که در این نبشته مورد قرار گرفتند و خواندن آنها در درک رویدادها بسیار سودمند هستند. بهره برداری

1-Abbasov, Mamed: The Anglo-American Oil Conterversy in Iran 1919-1924. Khazar University, Azerbaijan; Khazar University Press 1999
2- Abrahamian, Ervand: The 1953 Coup in Iran. Science and Society; Vol. 65, No 2; summer 2001, p. 182-215
3-Abrahamian, Ervand: Iran between Two Rervolutions. Princeton, NJ. Princeton University Press, 1982
4- Afary, Janet: The Iranian Constitutional Revolution 1906-1911. New York Columbia Univerity Press, 1996.

۵-افشار، ایرج: نامه های لندن از دوران سفارت تقی زاده در انگلستان. چاپ علمی ۱۹۹۶

۶-باقر عاملی: نخست وزیران ایران از مشیرالدوله تا بختیار. چاپ علمی ۱۹۹۱

7- Ali, Tariq: Operation Iranian Freedom; The Nation, Vol. 227, Aug. 18, 2003 7-
8- Alexander, Yonah, and Allen Nanes, ed.;*The Unted States and Iran: A Documentary History*. Fredrick, Maryland: University Publications of America, Paperbck, 1980.
9- Bayle, Peter G, ed.;*Churchill-Eisenhawer Correspondance, 1953-1955*. Chapel Hill, NC; NC Unversity Press, 1990.
10- Beigie, Begli, and Amir Rostam;" Repeating Mistakes: *Britain, Iran and the 1919 Treaty"*. The Iranian, March 27, 2001.
11- Bill, Jmaes A. Ed. Mussadiq, Iranian Nationalism and oil. Austin, Texas: UniversityofTexas Press, 1988.
12- BILL, James A. "Politics in the Middle east, (The Harper Collins Series in Comperative Politics); Harpercollins College Div., 1990.
13- Bill, James A.: The Eagle and the Lion; The Tragedy of American-Iranian Relations. New Haven, Connecticut; Yale Univ., Press, 1988.
14- Binder, Leonard: Iran: PoliticalDevelopment in a Changing Society. Los Angeles,CA; Unversity of California Press, 1964.
15- Blanchard, William H.; Neocolonialism American Style, 1960-2000. Wesport, Connecticut, Greenwood Press 1966.
16- Bonakdarian, Mansour: The US-Iranian Relation 1911-1951. MacMillan Center for Internationa and Area Studies.
17- Brown, Edward G. The Persian Revolution of 1905-1909. Washington, DC; Mage Publishers, 1995.

18- Bullard, Sir Reader: Britain and the Middel East, From Earliest Time to 1950. London, England: Hutchinson's University Library, 1951.
19- Churchill, Sir Winston: The Grand Alliance. Boston, MA, Houghton Mafflin Company, 1950.
20- Cottam, Richard W. Iran and the United States; A Cold War Case Study; Pittsburg, Pennsylvania, Pennsylvania Univ., Press, 1988.
21- Cronin, Stephanie: The Army and the Creation of the Pahlavi State in Iran, 1910- 1926. London, England: Taurus Academic Studies, 1997.
22- Davis, Simon: A Projected Trustship? America Internationalism, British Imperialism and the Reconstruction of Iran; 1938-1947; Democracy and Statecraft 17, No. 1, March 2006.
23- Donovan, John; ed.: US and Soviet Policy in the Middle East, 1957-1966. New York: Facts on File, 1974.
24- Engdahl, Willaim: A Century of War: Anglo-American Oil Politics and the World Order. London, England: Pluto Press, 2004.
25- Eubank, Keith; Marrow W.: Summit at Tehran, New York; William Morrow nd Co. Inc.1985.
26- Fatemi, Framarz; The USSR in Iran.Cranbury, New Jersey;A.S. Barnes and Company, 1980.
27- Ford, Allen W.; The Anglo-Iranian Oil Dispute of 1951-1952; A Study of the Role of Law in Relation of State. Berckley, CA. Univerisity of California Press, 1954.
28- Foreign Relations of the United States1921; Vol. IIPublication No. 894; Bureau of Publication Affairs, Nera East and Africa, US Printing office 1936.
29- IBID: 1923, Vol. II, Publication No. 1202, pp 711-736 US Printing Office, 1938.
30- ": 1924, Vol. II, Publiocation No. 1374, pp 539-591, US Printing Office 1939.
31- ": 1925, Vol. II, Publication No. 1519, pp 676-690, US Printing Office, 1940.
32- ": 1927, Vol. III, Publication No. 1729, pp 523-593; US Printing Offoice, 1942.
33- ": 1928, Vol. III, Publication No. 1841, pp 682-749; US Printing Office, 1943.
34- ": 1932, Vol. II, Publication No. 3011, pp 793-812, US Printing Office,1947.
35- ": 1936, Vol. III, Publication No. 9339, pp342-400; US Printing Office, 1953.

36- ": 1937, Vol. II, Publication No. 5442, pp718-766; US Printing Office, 1954.
37- ": 1938, Vol. II, PublicationNo. 5798, pp727-762; US Printing Office, 1955.
38- ": 1939, Vol. IV, Publiucation No. 5849, pp524-544, US Printing Office, 1955.
39- ": 1940, Vol. III, Publication No. 6638, pp621-702, US Printing Office, 1958.
40- ": 1941, Vol. III, Publication No. 6809, pp 352-485, US Printing Office, 1959.
41- ": 1942, Vol. III, Publication No. 7165, US Printing Office, 1961.
42- ": 1942, Vol. IV, Publication No. 7534, US Printing Office, 1963.
43- ": 1943, Vol. IV, Publication No. 7565, pp391-635, US Printing Office 1964.
44- ": 1944, Vol. V, Publication No. 7859, pp 303-499, US Printing Office 1965.
45- ": 1945, Vol. V, Publication No. 8427, pp359-585, US printing Office, 1969.
46- ": 1946, Vol. VII, Publication No. 8490, pp 289-567, US Printong Office1969.
47- ": 1947, Vol. Vol. V, Publication No.8592, pp890-998, US Printing Office, 1971.
48- ": 1948, Vol. V, Part I, Publication No. 8802, US Printing Offoce, 1975.
49- ": 1949, Vol. VI, Publication no. 8585, pp 471-593, US printing Office, 1977.
50- Ganji, Manouchehr: Defying Iranian Revolution, Greenwood Publishing, 2002.
51- Gasiorowski, Mark: US Foreign Policy and the Shah, Building a Client State, Cornelle University Press, 1991.
52- Haas, William S.: Iran, Columbia University Press, 1946.
53- Haykal, Mohammad, Iran, the Untold Story, Pantheon Book, 1982.
54- Heravi, Dr. Mehdi; Iranian-American Diplomacy, Ibex Publishing, 1999.

۵۵- وزارت امور خارجه ایران؛ بخش تحقیقات " سیاست گذاران و رجال سیاسی در روابط خارجی ایران ۱۹۸۵.

۵۶- کشفی، دکتر منصور: سیر تحول صنعت نفت در ایران؛ دالاس ۲۰۰۰ .

۵۷- کسروی، احمد: تاریخ مشروطیت ایران، چاپ نگاه ، ۱۹۹۴.

58- Kinzer, Stephen: All the Shah's Men; An American Coup and the Root of the Middle East Terror; 2002.

59- Kinzer, Stephen: Bitter Fruit; the Story of American Coup in Guatemala,1999.
60- Korn, David A.: The Last Years of Mostafa Barzani,The Middle EastQuarterly I, No. 2 (June 1994).
61- Ladeen, Michael and Lewis, William: Debacle: The American Failure in Iran,1981.
62- Lenczowski, George: Iran Under the Pahlavis; 1978.
63- Lenczowski, George: Russia and the West in Iran; 1918-1948, A Study in Big Power Rivelry, 1949.
64- Lukacs, John: Ike, Winston and the Russians, NewYorkTimes, Feb.10, 1991.
65- Lytle, Mark Hamilton: The Origin of the Iranian-American Alliance, 1941- 1953, 1987.
66- Mamoulia, George: "Les Crises Turque et Iranienne 1945-1947; L'Apportdes Archives Caucasienne." Cahier du Mond Russe 45/1-2 (Janvier-Juin 2004).
67- Martin,Venessa:Islam and Modernism, the Iranian Revolution of 1906, 1989.
68- McDaniel, Robert A.: The Shuster Mission and the Persian Constitutional Revolution, 1974.
69- McFarland, Stephen L.: The Iranian Crisis of 1946 and the onset of the Cold War; 1944.
70- McKinzie, Richard D.: Oral HistoryInterview with EdwinM. Wright;1974.
71- Mee, Charles L.; Meeting of the Potsdam, 1975.
۷۲- موژن ،علی: بررسی مناسبات ایران و آمریکا ۱۹۲۵-۱۸۲۵ ، وزارت خارجه ایران ۱۹۷۶.
73- Nadeau, Remi: Stalin, Churchill and Roosevelt Divide Europe, 1990.
74- Olson, William J.: Anglo-Iranian Relation During World War I, 1984.
75- Pahlavi, Mohammad Reza: Answer to the History, 1980.
76- Parson, Anthony: The Pride and the Fall: Iran 1974-1979, 1984.
77- Pilveski, Philip: I Accuse: Jimmy Carter and the Rise of Militant Islam, 2007.
78- Rezun, Miron: The Soviet Union and Iran from the Beginningof Pahlavi Dynasty until the Soviet Invasion in 1941, 1988.
79-Roosevelt, Krmit: Counter Coup; the Struggle for Control of Iran, 1979.
80- Rosmaita, Gregory J.: Strange Menagerie: the Atlantic Charteras the Root of American Entanglement in Iran and its Influence upon the Development of the Policy of Containment 1941-1946, 1999.
81- Sabahi, Houshang: British policy in Persia 1918-1925, 1990.
82- Saikel, Amin: The Rise and Fall of the Shah, 1980.

83- Saleh, Ali Pasha: ed.Cultural Ties Between Iran and the United States, 1976.
84- Sand, G. N. ed. Defending the West; Truman-Churchill Correspondances 1945-1960, 2004.
85- Searight, Sarah;The Britishin the Middle East, 1970.
86- Shapiro, Leonard: ed. "No.81, Persia--- RSFSR Treaty of Freindship"; Soviet Treaty Series; Vol. I, Washington, DC 1950.
87- Shawcross, William: The Shah's Last Ride;1989.
88- Shuster W. Morgan: The Strangling of Persia, 1912 republished 1987.
89- Sick, Gary: All Fall Down; 1986.
90- Skrin, Clarmont; World War in Iran, 1962.
91- Stettinius, Edward R.; Roosevelt and the Russias: The Yalta Conference, 1949.
92- Sullivan, William: Mission to Iran, 1981.
93- Taheri, Amir: Nest of Spies: America's Journey to Disaster in Iran1988.

۹۴- ترکمان ، محمد: اسناد نقض بیطرفی ایران در شهریور ۱۳۲۰ ؛ ۱۹۹۱.

95- Wilber, Donald N.: Iran, Pastand Present, 1981.
96- Wright, Denis: The English Among the Persian. 1977
97- Wright, Denis: The Persians Among the English,
98- Yarshater, Ehsan; ed. Encyclopedia Iranica, Anglo-Iranian Relation and Agreement, Vol.II, pp 41-61, 1987.
99- Yegrova, Natalia: The Iran Crisis of 1945-1046: A viewfrom Russian Archives; Working Papers No. 15, Cold War International History Project,1996.
100- Zayar, Dr.: The Communism Party of Iran; Chapter 3, the Iranian Revolution: Past, Present and Future, 1999.
101- Zirinsky, Michael: "Onward Christian Soldiers: Presbyterian Missionaries and the Ambiguous Orgins of American Relations with Iran." In Altruism and Imperialism: Western Cultural and Religious Missions in the Middle East. Ed. Reeva S. Simon and Eleanor H. Tejirian; Columbia Unvesity, Middle East Institute, 2

فهرست راهنما

آ_ا

ابتهاج...................... ۲۸۶, ۲۸۷, ۲۸۹, ۳۰۰
ابراهیم یزدی................ xxx
اترتن....................... ۲۴۴
اچسن....................... xii, xix, ۲۹۸, ۴۲۶, ۴۲۹, ۴۳۰, ۴۳۱, ۴۳۲, ۴۳۴
احمد شاه................... xxviii, ۲۱, ۱۱۹, ۱۴۸, ۱۴۹, ۱۵۰, ۲۷۳
ادوین رایت................. ۴۲۳
ادیسن روآن................. ۲۰۴
استالین.................... xxvi, ۱۰۹, ۲۱۴, ۳۴۵, ۳۴۶, ۳۴۹, ۳۷۰, ۳۷۵, ۳۸۶, ۳۸۸, ۴۰۲, ۴۰۴, ۴۲۰, ۴۳۷, ۴۳۸, ۴۳۹, ۴۴۰
استاندارد اویل............. xiv, ۸۴, ۸۹, ۹۰, ۱۲۸, ۱۳۰, ۱۳۲, ۱۳۴, ۱۳۶, ۱۳۷, ۱۳۸, ۱۳۹, ۱۴۰, ۱۴۲, ۱۴۳, ۲۰۴
استاینهارت................ ۲۳۱, ۲۴۸
استتی نیوس............... ۲۸۷
استراتکونا................ ۹۷, ۹۸, ۹۹
استوآرت................... ۳۱, ۴۷, ۶۱, ۲۳۸
اسمایت.................... ۱۴۸, ۱۴۹
اسمیت..................... ۱, ۸۸, ۱۱۶, ۱۲۷, ۲۷۲, ۴۳۶
اکرمن..................... v, xxxiii, ۳۸, ۴۲, ۵۶, ۵۸
الکتن...................... ۱۸۳
الن........................ xix, ۵, ۶۹, ۳۷۰, ۴۲۶, ۴۲۸, ۴۲۹, ۴۳۰, ۴۳۲, ۴۳۳, ۴۳۴, ۴۳۷
الهیار صالح................ ۳۲۱, ۳۲۲, ۳۲۵
الینگ...................... ۲۲۵, ۲۶۱, ۳۱۷, ۳۱۸, ۳۲۳, ۳۲۵
ام. ای. اس. سی............ ۳۲۴, ۳۲۷, ۳۲۸
ام. آی. سیکس.............. xiii, xxv
امیر عباس هویدا............ xxx
امیر موید.................. ۱۴۷
امین الدوله فرخ............. ۸
انتونی جنکینسن............. xvii, ۷۵
اولن....................... ۱۹۴, ۱۹۶, ۱۹۹, ۲۰۱, ۲۰۲, ۲۰۳, ۲۰۴

ایدن ..... xxiv, ۱۵۴, ۲۲۷, ۲۲۸, ۲۴۲, ۲۵۰, ۲۵۳, ۲۵۷, ۳۰۵, ۳۴۵, ۳۷۳, ۳۹۵
ایزوستیا ۳۸۰
ایسم هاوارد ۱۹۹, ۲۰۱
ایمبری ..... v, ۸۱, ۸۲, ۸۳, ۸۴, ۸۵, ۱۴۰, ۱۴۱, ۲۰۳, ۲۰۴, ۲۰۵
اینگرت ۱۳۰, ۱۳۲, ۱۳۳, ۱۳۵, ۱۴۳, ۱۴۴, ۱۹۷, ۲۱۱, ۲۱۴, ۲۶۱, ۲۶۲
آبراهامیان ..... xxi, ۱۱۷
آذربایجان دموکراتیک ۳۹۲
آرامکو ۹۱
آرتور. سی. میلسپو ۲۸, ۲۷۰
آسوشیتد پرس ۱۱۶, ۲۳۰
آنگلو-پرشین ۱۰۱
آیت الله کاشانی ..... xv, xxii
آیرونساید ۱۴۸
آیزنهاور xiii, xiv, xv, xviii, xix, xx, xxi, xxiv, xxv, xxvi, xxvii, xxxi, ۱۳۴, ۴۴۴, ۴۴۵

ب

باتلر ۲۲۴, ۲۲۵, ۲۲۷
باسکرویل ..... v, xxxiii, ۱۲, ۱۳, ۱۴, ۱۵, ۱۶, ۱۷, ۱۸, ۱۹, ۲۰, ۵۰, ۵۲, ۵۳, ۳۶۷
باقراف ۳۸۶, ۳۸۷, ۴۳۸
بانک شاهنشاهی ۹۳, ۱۵۱, ۲۳۴, ۲۷۶, ۳۲۳
بایندر ۲۳۲, ۲۳۳
برنز ۴۳, ۲۹۸, ۳۷۷, ۴۰۹, ۴۱۸, ۴۲۲, ۴۲۴, ۴۳۳, ۴۳۸, ۴۳۹
بروکلین ایگل ۱۶۰, ۱۶۱, ۱۶۴
بریا ..... xxvi, ۳۸۶
بقائی xxix
بلشویک ۱۰۸, ۱۰۹, ۱۴۷, ۱۴۸, ۳۸۷
بنت ۱۹۶, ۱۹۷, ۱۹۹, ۲۰۲
بنجامین ۱۰, ۱۱, ۶۵
بندر آزاد ..... viii, ۴۰۲, ۴۰۳
بندر شاه ۲۰۷
بنی صدر xxx
بولارد ۷۹, ۱۵۳, ۲۲۷, ۲۳۵, ۲۴۰, ۲۴۹, ۲۵۰, ۲۵۱, ۲۵۵, ۲۵۷, ۲۵۸, ۲۵۹, ۲۸۶, ۳۷۰, ۳۹۵
بوین ۳۷۷, ۳۷۸, ۴۰۶, ۴۳۰

بهائی	۲۳, ۴۶, ۸۳, ۳۷۸
بی بی سی	۲۴۰
پارسن	۳۰۱
پاکارد	۷
پرشین ماینینگ	۹۳
پرکینز	۲, ۳, ۴۰۱
پرل	۲۳۳, ۳۰۱

پ

پوپ	v, xxxiii, ۳۶, ۳۷, ۳۸, ۳۹, ۴۰, ۴۱, ۴۲, ۴۴, ۵۵, ۵۶, ۵۷, ۵۸, ۳۶۷
پوتسدام	۳۷۵, ۳۷۶, ۴۰۶
پورتمن	۹۷, ۹۸
پهلوی	xx, ۱۱, ۲۸, ۳۲, ۴۰, ۱۴۷, ۱۵۰, ۱۶۷, ۱۹۱, ۲۳۷, ۲۶۷, ۲۷۴, ۳۴۶, ۳۴۷, ۳۴۸, ۳۸۳, ۳۹۹, ۴۱۳
پیتمن	۱۶۹, ۱۷۲, ۱۸۱
پیشه وری	۳۸۷, ۳۹۰, ۳۹۱, ۳۹۲, ۴۲۵
پیمان اتلانتیک	۲۴۳, ۳۱۴
پیمان بازرگانی	vii, ۲۵۹, ۲۶۱, ۲۶۳
پیمان سعد آباد	۲۱۲
پیمان سه گانه	۲۹۳, ۳۰۳, ۳۰۵, ۳۱۳, ۳۱۵, ۳۱۶, ۳۱۸, ۳۳۷, ۳۷۱, ۳۷۴, ۳۷۶, ۳۷۷, ۳۹۴

ت

تاماس جفرسن	۷۴, ۸۶
تایمز	۲۵, ۸۵, ۱۸۷, ۱۸۹, ۱۹۰, ۱۹۱
تروتسکی	۱۰۹
ترومن	xiii, xiv, xxiii, xxvi, ۷۰, ۳۷۵, ۳۹۲, ۴۰۴, ۴۰۷, ۴۲۳, ۴۳۷, ۴۳۹, ۴۴۱

ج

جردن	v, ۳۰, ۳۱, ۳۲, ۳۳, ۳۴, ۳۵, ۳۶, ۳۷, ۵۹, ۶۰
جلال	۴۱, ۱۷۰, ۱۷۱, ۱۷۲, ۱۷۳, ۱۷۶, ۱۷۷, ۱۷۸, ۱۸۰, ۱۸۱, ۱۸۲, ۱۸۳, ۱۸۶, ۱۸۸, ۱۸۹, ۳۲۰, ۴۴۹

جنکینسن..xvii

چ

چرچیل, xviii, xix, xxiii, xxiv, xxv, xxvi, xxvii, ۱۰۱, ۱۰۲, ۱۳۴, ۲۲۶, ۲۳۱, ۲۳۸, ۲۴۳, ۳۰۵, ۳۱۴, ۳۲۵, ۳۴۵, ۳۴۹, ۳۷۰, ۳۷۵, ۴۰۲, ۴۰۳, ۴۰۴

ح

حاجی بابا شیخ...۳۹۸
حاجی واشینگتن..۱۲
حزب دموکراتیک آذربایجان............................۳۷۸, ۳۸۷, ۳۸۸, ۳۸۹, ۳۹۰, ۳۹۱, ۳۹۲, ۴۱۵
حزب دموکراتیک کردستان..۳۹۸
حکیمی..۳۹۵, ۴۱۱, ۴۱۳, ۴۱۷, ۴۱۹

خ

خلعتبری..۱۲۴
خلیج فارس..........۲۴, ۷۰, ۷۱, ۷۵, ۷۶, ۷۷, ۷۸, ۱۰۵, ۱۰۶, ۱۱۱, ۱۲۳, ۱۲۹, ۱۵۱, ۱۶۸, ۱۷۰, ۱۷۱, ۱۷۳, ۱۷۴, ۱۷۵, ۱۷۹, ۱۸۰, ۱۸۶, ۱۹۷, ۲۰۰, ۲۰۱, ۲۰۶, ۲۰۷, ۲۱۹, ۲۷۸, ۳۵۰, ۳۵۴, ۳۵۷, ۳۵۸, ۳۶۳, ۳۷۴, ۴۰۲, ۴۰۳, ۴۰۴, ۴۱۷
خمینی....................xxi, xxix, xxx, ۴۶, ۸۵, ۱۴۱, ۲۰۵, ۳۰۸, ۴۴۳, ۴۴۴, ۴۵۰
خواجه نصیری...۸۵, ۱۴۱, ۲۰۵
خوشتاریا........۱۲۰, ۱۲۴, ۱۲۵, ۱۲۶, ۱۲۷, ۱۲۹, ۱۳۰, ۱۳۵, ۱۳۷, ۱۳۸, ۱۴۰, ۱۴۲, ۱۹۸

د

دارسی...۹۴, ۹۵, ۹۶, ۹۷, ۹۸, ۹۹, ۱۲۳
دالس..xix, xxiv, xxv
داوس..۸, ۹
دراموند ولف..۹۲
درایفوس, ۴۷, ۴۸, ۶۲, ۶۳, ۲۲۷, ۲۳۰, ۲۳۱, ۲۴۸, ۲۴۹, ۲۵۰, ۲۵۱, ۲۵۲, ۲۵۳, ۲۵۴, ۲۵۶, ۲۵۹, ۲۶۲, ۲۸۰, ۲۸۱, ۲۸۲, ۲۸۳, ۲۸۴, ۲۸۵, ۲۸۷, ۲۹۰, ۲۹۸, ۳۰۵, ۳۱۶, ۳۲۳,

	۳۲۴, ۳۲۶, ۳۲۷, ۳۲۸, ۳۲۹, ۳۳۰, ۳۳۱, ۳۳۲, ۳۳۳, ۳۳۴, ۳۳۵, ۳۳۶, ۳۳۸, ۳۳۹, ۳۴۰, ۳۴۱, ۳۴۴, ۳۵۴, ۳۵۵, ۳۵۷, ۳۵۹, ۳۶۰, ۳۶۵, ۴۰۲, ۴۰۴
دکانوزوف،	۲۴۸
دکتر محمد مصدق	xi, ۲۸۶, ۳۸۲
دوتی	۱۶, ۱۷
دولو	۲۶۳
دیرینگ	۱۳۴, ۱۳۵
دیلی میرور	۱۴۵, ۱۵۴, ۱۵۵, ۱۵۶, ۱۵۷, ۱۶۰, ۱۶۱, ۱۶۴

ر

رابینسن	۱۷۲, ۲۷۹
راه آهن	vi, ۸۷, ۱۱۳, ۱۱۶, ۱۵۱, ۱۵۲, ۱۶۱, ۱۹۳, ۱۹۴, ۱۹۵, ۱۹۶, ۱۹۷, ۱۹۸, ۱۹۹, ۲۰۰, ۲۰۱, ۲۰۲, ۲۰۳, ۲۰۶, ۲۰۷, ۲۰۸, ۲۰۹, ۲۱۰, ۲۱۵, ۲۳۰, ۲۳۲, ۲۳۴, ۲۷۶, ۲۷۷, ۳۲۸, ۳۳۰, ۳۴۰, ۴۰۳, ۴۱۶
رایت	۹۷, ۹۸, ۱۰۸, ۱۲۸, ۲۲۰, ۲۲۱, ۲۲۳, ۴۳۹
رضا خان	۳۰, ۱۳۷, ۱۴۵, ۱۴۶, ۲۷۰
رضا شاه	xiv, ۳۰, ۱۱۹, ۱۴۲, ۱۴۵, ۱۵۰, ۱۵۱, ۱۵۲, ۱۵۳, ۱۵۴, ۱۵۷, ۱۶۰, ۱۶۷, ۱۹۰, ۱۹۱, ۲۰۵, ۲۰۶, ۲۰۷, ۲۰۸, ۲۰۹, ۲۱۱, ۲۱۲, ۲۱۶, ۲۱۸, ۲۲۶, ۲۳۲, ۲۳۳, ۲۳۴, ۲۳۵, ۲۳۶, ۲۳۹, ۲۴۳, ۲۴۶, ۲۴۹, ۲۵۶, ۲۵۷, ۲۵۸, ۲۵۹, ۲۶۵, ۲۶۶, ۲۶۷, ۲۶۸, ۲۷۴, ۲۷۵, ۲۷۶, ۳۰۵, ۳۰۶, ۳۱۶, ۳۴۸, ۳۵۲, ۳۹۹, ۴۱۹, ۴۵۰
رمزی ماکدوناد	۱۰۲
روتس تن	۲۴۱
روزولت	viii, xiii, xiv, xxii, xxiii, xxiv, ۱۵۳, ۱۷۶, ۱۷۹, ۲۳۱, ۲۳۵, ۲۳۶, ۲۳۸, ۲۴۳, ۲۴۶, ۲۴۷, ۲۴۸, ۲۴۹, ۲۸۷, ۲۹۵, ۲۹۶, ۳۱۴, ۳۱۶, ۳۴۳, ۳۴۴, ۳۴۹, ۳۷۰, ۴۰۰, ۴۰۱, ۴۰۲, ۴۰۳, ۴۰۴, ۴۳۷
رویتر	۹۱, ۹۲

س

سادچیکف	viii, ۴۲۱, ۴۲۳, ۴۳۲
ساعد	۲۳۱, ۲۸۵, ۳۷۹, ۳۸۱, ۴۱۱
سامنر ولس	۲۲۲, ۲۲۴

ستّارخان	۱۶, ۱۷, ۱۸
سنت جرمن	۱۶۸
سوپر	۱۳۷, ۱۴۰, ۲۰۴
سی بورد	۱۴۳
سی. اس. آی	۱۰۰
سی. آی. ا	xx, xxi, xxii, xxxi, ۲۷۵, ۳۰۶, ۳۰۸, ۳۴۱
سیخوف	۴۳۰
سیمور	۸۳, ۸۴
سینکلر	۸۱, ۸۴, ۸۵, ۱۳۶, ۱۳۷, ۱۳۸, ۱۳۹, ۱۴۰, ۱۴۱, ۱۹۴, ۱۹۷, ۲۰۳, ۲۰۴

ش

شالچی	۲۱۸, ۲۱۹
شاه طهماسب	xvii, ۷۵
شاه عباس	xviii, ۷۶, ۷۷
شایسته	xxi, ۱۱۰, ۲۱۷, ۲۱۹, ۲۲۱, ۲۴۳, ۲۵۹, ۲۶۱, ۲۶۹, ۲۷۱, ۳۱۷, ۳۱۸, ۳۱۹, ۳۵۰, ۳۵۶, ۳۷۰, ۳۷۲, ۴۴۹
شرلی	xviii, ۷۶
شفق	۱۴
شوارتزکف	۲۷۸
شورای امنیت	۴۰۷, ۴۰۸, ۴۱۳, ۴۱۷, ۴۱۸, ۴۱۹, ۴۲۱, ۴۲۲, ۴۲۳, ۴۲۴, ۴۲۵, ۴۲۶, ۴۳۴, ۴۳۵, ۴۳۶, ۴۳۷, ۴۳۸
شورهام	۲۳۳
شوستر	v, xxiii, xxiv, ۲۰, ۲۲, ۲۳, ۲۴, ۲۵, ۲۶, ۲۷, ۲۸, ۲۹, ۳۰, ۵۴, ۱۳۸, ۱۶۴, ۱۹۴, ۱۹۶, ۲۶۸, ۲۶۹, ۲۸۵, ۲۹۱, ۳۶۷
شهر کودکان لهستانی	۳۴۹
شیخ خزعل	۹۹, ۲۷۵
شیلتن	۱۹۵

ص

صارم الدوله	xxviii, ۱۱۱, ۱۹۸
صمصام الدوله	۱۱۰
صمصام السلطنه	۲۵

ض

ضرغامی.. ۱۵۳، ۲۳۹
ضیاءالدین طباطبایی.................................. ۱۲۰، ۲۸۶

ع

عامری... ۲۶۲
عباس اف... ۲۰۵
عباس میرزا... ۷۱
عبدالرحمن فرامرزی..................................... xx
عبدالله خان.. xvii
علا .... ۳۸، ۳۹۲، ۴۰۷، ۴۲۶، ۴۴۹
علائی... ۱۳۷، ۲۷۱
علی پاشا صالح... ۲۸۱، ۲۸۲
علی منصور... ۲۳۲، ۲۶۲
عهدنامه ترکمانچای...................................... ۷۳
عهدنامه گلستان.. ۷۱، ۷۲

ف

فرست اکسپلوریشن کمپانی............................... ۹۷
فرمانفرما................................. xxviii, xxix, ۱۱۱, ۱۱۹, ۱۹۸
فروغی.. ۴۰، ۱۵۴، ۲۴۶، ۲۶۶، ۴۴۹
فریم... ۴، ۵، ۶
فلچر... ۱۳۵
فورد.................................... ۲۸۵، ۲۸۶، ۲۸۷، ۲۸۸، ۳۶۲
فیشر... ۹۷
فیلیپس.................................... ۱۵۵، ۱۷۰، ۱۷۲، ۱۷۷

ق

قاضی محمد ۳۹۸, ۳۹۹, ۴۴۰
قدس ۱۵۵, ۱۵۶, ۱۵۸, ۱۸۶, ۱۸۹
قرارداد ۱۹۰۷ .... ۷۹, ۸۰, ۱۰۷, ۴۱۶
قرارداد سری اسلامبول ۱۰۸
قطب زاده xxx
قوام . viii, ۴۴, ۴۱۲, ۴۱۹, ۴۲۰, ۴۲۱, ۴۲۳, ۴۲۴, ۴۲۵, ۴۲۶, ۴۲۸, ۴۳۰, ۴۳۱, ۴۳۲, ۴۳۳, ۴۳۴, ۴۳۵

ک

کاپس ۴۶
کادمن ۸۹, ۱۰۰, ۱۳۲, ۱۳۳, ۱۴۲
کارتر .... xxix, xxxi, ۳۰۷, ۳۰۸, ۴۴۴, ۴۴۵
کاظمی ۱۵۸, ۴۴۹
کافتارادزه ۳۷۹, ۳۸۰, ۳۸۲, ۳۸۶, ۳۹۴, ۴۱۱
کاکران ۷, ۶۷, ۲۵۲
کاکس ۱۱۱, ۱۱۳, ۱۱۹, ۱۹۴
کالج البرز ۳۵, ۳۶, ۵۹
کالج آمریکائی ۳۴, ۳۵
کالج لافایت ۳۱, ۳۴, ۳۵
کالدول ۱۲۸, ۱۴۹
کامبخش ۳۸۷
کانلی ۳۵۰, ۳۵۴, ۳۵۷, ۳۵۸, ۳۵۹, ۳۶۳, ۳۶۷
کتابچی ۹۳, ۹۵, ۹۶
کرمیت روزولت xxiii
کریاژین ۲۵۷
کلاک ۴۷
کلبی ۱۲۸
کمبل ۲۴۹
کمپانی نفت بختیاری ۹۹
کمیته استانی آذربایجان ۳۸۹
کمیته سی . اس. سی ۳۲۴
کندی ۳۰۸
کنسشن سندیکیت ۹۸

کنفرانس یالتا	۳۴۴, ۳۷۱, ۳۷۲
کورزن	۷۷, ۱۱۷
کورن فلد	۲۷۲
کوملی	۳۹۷
کیب	۵, ۶
کیسن	۱۰

گ

گاتلیب	۱۳۷, ۱۹۶, ۱۹۷, ۲۰۰
گدیس	۱۳۱, ۱۳۵
گرانت	۲, ۳
گرایفی	۳۷۰
گرو	۱۱۳, ۲۹۰, ۲۹۷, ۲۹۸, ۳۷۱
گریس درایفوس	۴۸
گلبنگیان	۸۷, ۸۸, ۸۹
گور اوزلی	۷۱

ل

لافایت آمریکائی	۱۲, ۱۹
لانسینگ	۱۱۶
لند-لیس	۳۲۸, ۳۲۹
لیلان موریس	۲۹۶

م

ماریوت	۹۵, ۱۲۳
ماکسیموف	۲۸۸
مالینکف	xxvi
ماینور	۳۷۵, ۴۳۲
محمد رضا شاه	۲۳۵
محمد علی شاه	۱۴
مدرّس	۱۱۰

مرل اسمیت.. ۱۲۸
مری پارک.. ۳۷
مریام.. ۱۵۷, ۱۸۶, ۱۸۹, ۱۹۰, ۲۶۱
مستوفی.. ۲۷۶, ۳۰۱, ۳۰۲
مشیرالدوله.. ۱۱۶, ۱۲۰, ۱۲۷, ۲۷۲, ۴۱۱, ۴۵۱
مصدق.. xii, xiii, xv, xvi, xix, xx, xxii, xxiv, xxv, xxix, ۳۰۰, ۴۱۶, ۴۱۹
مظفرالدین شاه.. ۱۴, ۹۶
ملا مصطفی بارزانی.. ۳۹۸, ۴۴۰
موافقت نامه ۱۹۱۹.. vi, ۱۰۷
مودی.. ۴۵, ۴۶, ۴۷, ۶۱
مورای.... ۴, ۶, ۱۴۱, ۱۴۲, ۱۵۵, ۱۵۶, ۱۵۷, ۱۷۴, ۱۷۵, ۱۷۸, ۱۸۰, ۱۸۵, ۲۰۳, ۲۰۴, ۲۰۵,
۲۱۸, ۲۲۰, ۲۲۳, ۲۲۴, ۲۲۵, ۲۲۷, ۲۲۹, ۲۳۱, ۲۳۷, ۲۳۹, ۲۵۹, ۲۶۴, ۲۷۲, ۲۷۳,
۲۹۸, ۳۰۴, ۳۱۷, ۳۱۸, ۳۲۱, ۳۲۲, ۳۲۵, ۳۲۶, ۳۷۵, ۳۷۶, ۴۰۳, ۴۰۹, ۴۱۳, ۴۱۵, ۴۱۷
مورگان.. v, xxiii, ۲۰, ۲۲, ۵۴, ۹۳, ۱۳۸, ۱۶۴, ۱۹۴, ۲۶۸, ۲۸۵, ۲۹۱, ۳۶۷.
موریس.. ۲۸۹, ۳۷۰, ۳۷۳, ۳۸۱, ۳۹۴
موس.. ۲۲۲, ۲۵۴, ۲۶۰
مولوتف.. ۲۴۰, ۲۴۱, ۲۴۲, ۲۴۵, ۳۷۷, ۳۸۶, ۴۰۵, ۴۰۶, ۴۱۴, ۴۱۵, ۴۲۰, ۴۲۱
مونراد.. ۲۱
مونرو.. ۸۱, ۱۶۵
میرزا ابراهیم اف.. ۳۸۹, ۳۹۳
میرزا کوچک خان.. ۱۴۷
میریام.. ۲۱۹
میسکی.. ۲۵۳, ۲۵۷, ۳۴۶
میلسپو v, vii, ۲۹, ۳۰, ۴۸, ۱۰۰, ۱۶۴, ۱۹۶, ۱۹۷, ۲۶۸, ۲۷۱, ۲۷۲, ۲۷۳, ۲۷۴, ۲۷۵, ۲۷۶,
۲۷۹, ۲۸۰, ۲۸۱, ۲۸۲, ۲۸۳, ۲۸۴, ۲۸۵, ۲۸۶, ۲۸۸, ۲۸۹, ۲۹۰, ۲۹۱, ۲۹۲, ۲۹۳,
۲۹۴, ۲۹۵, ۲۹۶, ۲۹۷, ۲۹۹, ۳۰۰, ۳۰۱, ۳۰۲, ۳۰۳, ۳۰۴, ۳۰۵, ۳۰۶, ۳۰۹, ۳۱۰, ۳۶۵

ن

ناصرالدین شاه.. xxviii, ۱۱, ۹۲, ۱۱۱, ۱۲۴, ۱۲۵, ۱۴۵
نخجوان.. ۷۳, ۱۵۳, ۲۳۹.
نصرت الدوله فیروز.. ۸۱, ۱۱۱
نفت ایران– انگلیس.. ۳۳۰
نفت سینکلر.. ۱۳۶

نفت شمال .. vii, ۸۱, ۱۲۳, ۱۲۴, ۱۲۶, ۱۲۷, ۱۲۸, ۱۲۹, ۱۳۰, ۱۳۲, ۱۳۴, ۱۳۵, ۱۳۶, ۱۳۷, ۱۳۹, ۱۴۰, ۱۴۲, ۱۴۳, ۱۹۸, ۲۰۴, ۲۱۳, ۲۱۵, ۲۳۴, ۳۷۹
نیکسن ۳۳۸, ۳۳۹, ۳۹۹
نیکلسن ۵, ۶۸, ۷۸
نیویورک دیلی میرور ۱۴۵

و

وارث ملک کیان ۸۵, ۲۰۵
واول ۲۵۳
وثوق الدوله .... xxviii, ۲۵, ۸۰, ۱۱۰, ۱۱۳, ۱۱۶, ۱۱۷, ۱۱۸, ۱۲۰, ۱۲۴, ۱۲۷, ۱۲۹, ۱۹۸
ولچ ۳۴۷
ولس ۲۲۵, ۲۳۷, ۳۱۷, ۳۱۹, ۴۰۱
وودهاووس xxv
ویشینسکی ۲۵۴, ۴۰۶
ویلسن ۱۸, ۱۱۴, ۱۱۸, ۱۶۹, ۱۷۹
وینانت ۲۲۸, ۲۵۳, ۳۲۵, ۳۳۶, ۳۳۹

ه

هاردینگ ۹۵, ۹۶, ۱۲۳, ۱۳۸, ۱۳۹
هافمن ۶, ۲۷۵, ۳۰۱
هال ۴۷, ۱۴۴, ۱۵۹, ۱۶۱, ۱۶۲, ۱۶۹, ۱۷۱, ۱۷۲, ۱۷۳, ۱۷۴, ۱۷۶, ۱۷۷, ۱۷۹, ۱۸۰, ۱۸۳, ۱۸۷, ۱۸۸, ۲۳۷, ۲۴۲, ۲۴۳, ۲۴۹, ۲۵۰, ۲۵۱, ۲۵۳, ۲۶۰, ۲۶۳, ۲۸۱, ۲۸۳, ۲۸۹, ۲۹۰, ۳۲۶, ۳۳۲, ۳۳۸, ۳۴۳, ۳۴۴, ۳۵۴, ۳۵۵
هالیفاکس ۲۲۲, ۴۱۸
هرلی ۳۴۱, ۴۰۲
هریمن .... xiv, ۴۰۹, ۴۱۴, ۴۱۵
هلمز ۹۰, ۳۰۸, ۳۰۹
هندرسن ۱۸۷, ۳۷۵, ۴۳۱
هورنی بروک ۱۵۸, ۱۷۸, ۱۸۳
هول بروک ۱۸۴, ۱۸۵
هویدا xxxi
هیتلر ۱۵۲, ۲۱۴, ۲۲۶, ۲۳۴, ۲۴۶, ۲۷۸, ۳۴۵

هیوز ۱۳۱, ۱۹۸, ۲۰۰, ۲۰۱, ۲۷۰

ی

یو.کی.سی.سی ۳۲۱, ۳۲۴, ۳۳۲, ۳۳۳, ۳۳۵, ۳۳۸
یونایتد پرس .... ۲۳۱, ۳۸۱.